国家出版基金项目
NATIONAL PUBLICATION FOUNDATION

欧亚历史文化文库

总策划 张余胜

兰州大学出版社

明长城时代的开启

——长城社会史视野下榆林长城修筑研究

下册

丛书主编 余太山
赵现海 著

图书在版编目（CIP）数据

明长城时代的开启 ：长城社会史视野下榆林长城修筑研究 / 赵现海著. -- 兰州 ：兰州大学出版社，2014.6
（欧亚历史文化文库 / 余太山主编）
ISBN 978-7-311-04371-1

Ⅰ. ①明… Ⅱ. ①赵… Ⅲ. ①长城—修建—研究—榆林市—明代 Ⅳ. ①K928.77

中国版本图书馆CIP数据核字(2014)第118604号

策划编辑　施援平
责任编辑　许　景　王曦莹　施援平
装帧设计　张友乾

书　　名　明长城时代的开启
——长城社会史视野下榆林长城修筑研究(下册)
丛书主编　余太山
作　　者　赵现海　著
出版发行　兰州大学出版社　(地址:兰州市天水南路222号　730000)
电　　话　0931-8912613(总编办公室)　0931-8617156(营销中心)
0931-8914298(读者服务部)
网　　址　http://www.onbook.com.cn
电子信箱　press@lzu.edu.cn
印　　刷　兰州人民印刷厂
开　　本　700 mm×1000 mm　1/16
总 印 张　40.75 (插页5)
总 字 数　563千
版　　次　2014年6月第1版
印　　次　2014年6月第1次印刷
书　　号　ISBN 978-7-311-04371-1
定　　价　122.00元(上、下册)

(图书若有破损、缺页、掉页可随时与本社联系)
淘宝网邮购地址:http://lzup.taobao.com

目录

下册

5　陕北地形与明中期延绥镇营堡纵深防御体系的建立

5.1　绪论

明中期蒙古各部穿过阴山走廊，进入河套之后，重点进攻的地区便是位于河套南面，正面阻截河套的内核心边疆榆林地区，这一地区由明前期俨然内地一转为边疆争战之地，呈现了“边疆化”历史趋势。为应对这一地缘形势变化，明朝逐渐提高榆林军队防御规格，最终于天顺二年建立独立的延绥镇。与此同时，明朝开始将北部边疆流行之营堡防御体系引入榆林地区，逐渐构建了具有广阔纵深的内核心边疆营堡防御体系，促使陕北地区社会面貌发生巨大改变，呈现“军事化”历史趋势。本书对明中期在蒙古各部冲击之下，在榆林地区建立军镇，修筑营堡、城寨的制度建设进行考察，并结合陕北地理特征，对军镇、营堡、城寨选址标准进行归纳分析，最后借鉴军事学中的“纵深防御”(defense-in-depth)概念，对延绥镇营堡纵深防御体系的战略特点予以揭示，从而在陕北地理背景之下，全面勾勒出明中期在这一地区的最初制度框架、政治立意与社会影响。

5.2　天顺二年延绥镇建立与管辖地域

仁宗时，明朝即转向收缩边疆政策，开始提升本处内层防线之陕北地区防御级别。“升锦衣卫指挥佥事林观、刘俨俱为陕西都司都指挥佥事，观掌绥德卫，俨掌延安卫。"[1]宣德时期亦是如此。"升绥德卫指挥使王永为陕西都指挥佥事，仍于延安、绥德巡督守备。"[2]虽然大同镇、山西军队兼管黄河西岸，但陕北军队同样亦曾在河东活动。正统元年八月，明朝敕宁夏总兵官史昭称："延安都指挥王永欲往河曲焚草搜贼，已允所请。"[3]河曲便处河东之地，属大同、山西军队辖地。也就是说，在中央斥责之下，陕北、山西开始共同协防黄河地带。宣德年间，陕北军队亦开始得到火器。[4]

英宗即位后，鉴于榆林东北开始频繁遭到兀良哈之进攻，遂逐步提高陕北武将级别，从都司官衔上升至都督官衔，[5]并陆续增强陕北军队实力。不仅发还京操班军，[6]而且开始从陕西都司调遣班军。[7] 伴随防御规格日渐提升、防御体系日渐完备，陕北军队遂从陕西都司中逐

〔1〕〔明〕杨士奇等：《明仁宗实录》卷1下"永乐二十二年八月甲子"条，第30页。

〔2〕〔明〕杨士奇等：《明宣宗实录》卷109"宣德九年三月庚寅"条，第2447页。

〔3〕〔明〕陈文等：《明英宗实录》卷21"正统元年八月甲子朔"条，第403页。

〔4〕"给延安绥德官军手把铳六百，信炮六百四十及铳箭火药。"参见〔明〕陈文等：《明英宗实录》卷24"正统元年十一月丙辰"条，第486页。

〔5〕"命镇守延安、绥德都指挥佥事王永回陕西都司署事，敕都指挥同知王祯代永镇守"，参见〔明〕陈文等：《明英宗实录》卷34"正统二年九月癸丑"条，第669－670页；"辛亥，升镇守延安等处都指挥同知王祯为都指挥使，绥德卫指挥使吴信为都指挥佥事，指挥佥事胡原为指挥同知，以获虏寇功也。"参见〔明〕陈文等：《明英宗实录》卷38"正统三年春正月辛亥"条，第744－745页；"升镇守延安、绥德等处都指挥使王祯为右军都督佥事，以黑木沟获虏功也。"参见〔明〕陈文等：《明英宗实录》卷76"正统六年二月乙亥"条，第1487页；"升镇守延安、绥德都指挥佥事王祯为都督佥事，仍旧镇守。"参见〔明〕陈文等：《明英宗实录》卷121"正统九年九月丁亥"条，第2436页；"召镇守延安、绥德都督王祯还京，敕都督佥事杨信代祯镇守，张钦副之。"参见〔明〕陈文等：《明英宗实录》卷276"天顺元年三月乙亥"条，第5877页；"敕镇守延绥等处都督同知王祯等曰……"参见〔明〕陈文等：《明英宗实录》卷188"景泰元年闰正月戊午"条，第3835页；"升镇守延绥等处都督同知王祯为右都督……"参见〔明〕陈文等：《明英宗实录》卷201"景泰二年二月庚午朔"条，第4271页。

〔6〕"发遣陕西边卫官军操备京师者各还原卫。先是，上谕行在兵部尚书王骥曰：'陕西官军在京操备者，兹欲发回，以防胡寇，卿可与太师英国公张辅等计议可否以闻。'至是，骥会辅等议陕西西北俱临边境，而绥德、延安、庆阳、平凉、秦州五卫尤为切近，宜即遣还，各守分地。其腹里卫分，仍旧更番赴京操备。故有是命。"参见〔明〕陈文等：《明英宗实录》卷1"宣德十年春正月壬寅"条，第36页。

〔7〕"备御榆林庄陕西都指挥王永等奏累年黄河冻消，将西安等卫发来备冬官军放回。今闻达贼在河套，逼近府谷等处。恐探知无备，窃来犯边，乞暂留守哨。从之。"参见〔明〕陈文等：《明英宗实录》卷28"正统二年三月癸巳"条，第555页。

渐分立出来，而成为独立防区。主将亦不再受陕西其他军镇武将之节制，称“镇守延绥”，[1]不过仍受陕西文官系统节制。景泰元年(1450)，

镇守延绥等处都督同知王春奏：“达贼入寇，臣等预令极边人民移入腹里，镇守陕西都御史王文、宁夏参赞军务佥都御史韩福等乃移文禁止，以致达贼将山城、清平二驿，巴门、摆铺百户所人畜抢杀，宜治文等失机误事之罪。”[2]

榆林庄也已专门命将驻守。“升绥德卫指挥佥事许英为署都指挥佥事，哨守榆林庄。镇守都御史陈镒奏英晓边事善战斗，为众所服，故有是命。”[3]此外，榆林庄还修筑城池。“修陕西榆林庄塞城。”[4]“戊子，镇守延安等处都督佥事王祯奏：榆林庄城垣原以沙土修筑，天雨颓塌。请俟明年春扣发军余，择土坚筑。从之。”[5]明人有榆林周边十八寨之说。“我高皇帝再造区夏，尽复秦汉之故境，河南地皆我中国有。时议者不能因河为塞，乃就近地设榆林庄等十八寨，屯兵戍之。”[6]

“土木之变”对明朝北疆的冲击甚大，甚至陕北南部亦开始修筑城堡，以坚壁清野。由于蒙古绝大多数的进攻，基本限于物资、人口之抢掠，而非取代明朝政权之举动，因此坚壁清野是明朝减少边民损失的直接手段，也是克制蒙古战略的有效方式，以至于有“筹边莫尚坚壁清野”之说法。[7] 景泰元年，“丙午，陕西合水县丞潘敬言：本县去边三百余里，部民多在迤北，随田以居。遇贼辄惊走，不能生理。本县旧有土城，臣欲修筑，置立垛口、门栅，冬寒河冰之时，即徒近边，丁夫入城，选民壮千人持兵以守。至春暖河开，仍令耕种。从之。”[8]“命修筑陕西

[1][明]陈文等：《明英宗实录》卷37“正统二年十二月乙亥”条，第718页。
[2][明]陈文等：《明英宗实录》卷188“景泰元年闰正月庚申”条，第3838页。
[3][明]陈文等：《明英宗实录》卷43“正统三年六月己未”条，第832页。
[4][明]陈文等：《明英宗实录》卷83“正统六年九月己未”条，第1665页。
[5][明]陈文等：《明英宗实录》卷147“正统十一年十一月戊子”条，第2898－2899页。
[6][清]谭吉璁：《延绥镇志》(康熙)卷6－3《巡抚延绥都察院题名记》(姚鏌)，第542页。
[7][明]黄景昉著，陈士楷、熊德基点校：《国史唯疑》卷12《补遗》，第362页。
[8][明]陈文等：《明英宗实录》卷190“景泰元年三月丙午”条，第3898页。

宁州、真宁、合水、安塞、鄜州等处土城。”[1]

天顺年间，孛来部落开始更长时间地居留河套之中，并以此为基地，不断进攻河套周边地带，尤其陕北地区。相对于其他地区，榆林之所以成为孛来进攻的重点地区，在于榆林的位置、地形与布防。从位置而言，榆林地处河套正南部，直接面对孛来南下之势；从地形而言，榆林与河套交界地区属风沙区，地势较为平坦，利于蒙古骑兵作战。从布防来看，榆林是明前期军事防御最为薄弱的地区。成化时期陕西巡抚马文升称：“陕西三边，榆林最为要害。盖甘凉可以坚壁清野，而坐困虏寇。宁夏可以恃山沮河，而守御叛羌。惟榆林河套山泽之利，足以资虏人马之用，又兼入境抄掠，常获厚利，是以侵犯我边，曾无虚岁。”[2]

天顺二年(1458)，蒙古进攻榆林，延绥守将遂充总兵官。“虏酋孛来寇延绥。守将都督佥事张钦连战败之，进都督同知，命佩征虏副将军印，总延绥、庆阳诸路兵。”[3]不过此时张钦尚属作战总兵官，并非镇守总兵官。天顺二年，“乙巳，封都督同知杨信为彰武伯，命充总兵官，佩征虏副将军印，镇守延绥等处地方。”[4]延绥镇遂正式建立，[5]镇址在

---

[1]〔明〕陈文等:《明英宗实录》卷190“景泰元年三月辛亥”条，第3902页。

[2]〔明〕刘吉等:《明宪宗实录》卷79“成化六年五月癸巳”条，第1540－1541页。

[3]〔明〕陈建撰，〔明〕岳元声订:《皇明资治通纪》卷18《戊寅天顺二年》，收入《四库禁毁书丛刊》，影印北京师范大学图书馆藏明刻本，北京出版社1995年版，第407－408页。

[4]〔明〕陈文等:《明英宗实录》卷287“天顺二年二月乙巳”条，第6150－6151页。《陕西通志》(嘉靖)、《陕西通志》(康熙)皆以王祯为延绥镇总兵官之始，其实王祯一直未充总兵官。参见〔明〕赵廷瑞修，〔明〕马理纂《陕西通志》(嘉靖)卷19《人物六·榆林总兵》，全国图书馆缩微文献复制中心摄制，1992年。

[5]艾冲认为延绥镇实际形成于正统二年，镇守总兵官则定设于天顺二年，参见艾冲:《明代陕西四镇长城》，陕西师范大学出版社1990年版，第4页；胡凡认为延绥镇的形成是在正统元年至十年之间，它的形成和王永、王祯有直接关系，而以王祯更为重要，参见胡凡:《论明代九边延绥镇之形成》，载《中国史研究》2008年第2期；于默颖认为延绥设镇不晚于永乐，至正统初王祯镇守其地，以及修筑边防公事，应视为延绥称镇的标志，参见于默颖:《明蒙关系研究——以明蒙双边政策及明朝对蒙古的防御为中心》，内蒙古大学博士学位论文，2004年，第103－104页；范中义认为延绥镇初设于景泰元年，天顺二年设置镇守总兵官，参见范中义:《明代九边形成的时间》，载《大同高等专科学校学报》1995年第4期；韦占彬认为延绥镇建于天顺二年，参见韦占彬:《明代“九边”设置时间辨析》，载《石家庄师范专科学校学报》2002年第3期；田村实造认为榆林总兵官设置于成化九年，参见〔日〕田村實造《明代の北邊防衛體制》，載《明代滿蒙史研究——明代滿蒙史料研究篇》，京都大學文學部(京都)1963年版，第102頁。

绥德卫。帅府亦于这一时期修建。“帅府。中城鼓楼西，天顺中置。”[1]伴随着延绥镇的建立，榆林地区从而脱离陕西都司、宁夏镇管辖，成为独立的军事防区，陕北地区边疆化历史进程正式完成。绥德镇之所以以绥德卫作为镇治驻地，大体有三方面的因素：首先，绥德卫地处榆林南部丘陵、低山分布之地，南依延安卫军事烘托，体现出“依险”特点，这是延绥镇设治于绥德卫的军事因素。其次，绥德卫地处无定河下游，控制陕北河谷主干通道，防止河套蒙古沿无定河南下，进入黄河中游两侧的西北内地，体现出“扼要”特点，这是明朝最初置镇于绥德的交通因素。最后，绥德卫在经济上还借助陕北屯田中心延安卫之便利，体现出“就粮”特点，这是延绥镇设治于绥德卫的经济因素。

延绥镇总兵官佩印屡有变化。《明英宗实录》载，天顺四年，继任之张钦改佩靖虏副将军印。“甲寅，命延安、绥德等处左参将都督同知张钦佩靖虏副将军印，充总兵官，同左少监田蔼镇守地方。”[2]据《明孝宗实录·房骥传》记载，弘治十一年(1498)，房骥已改佩靖虏将军印。“弘治十一年，升右府署都督佥事，充总兵官，挂靖虏将军印，镇守延绥，未拜命卒。特赐葬祭。”[3]但当时记载却未及佩印之事，故此为孤证。“命左军都督府都督佥事庄鉴镇守宣府，福建都指挥佥事房骥升

[1]〔明〕郑汝璧等修，〔明〕刘余泽等纂，陕西省榆林市地方志办公室整理：《延绥镇志》(万历)卷1《舆图·延绥镇图说》，第107页。

[2]〔明〕陈文等：《明英宗实录》卷232“天顺四月闰十一月甲寅”条，第6679页。但据《明宪宗实录·张钦传》的记载，天顺三年，延绥总兵官已改靖虏将军印。“天顺己卯，佩靖虏将军印，充总兵官，仍守延绥。”参见〔明〕刘吉等：《明宪宗实录》卷141“成化十一年五月己巳”条，第2631页。从史料学的角度来讲，《明英宗实录》所载更为原始，史料性更强，而《张钦传》却为后人之追溯与创作，故以《明英宗实录》之记载为准。据《明孝宗实录·鲁鉴传》的记载，成化年间鲁鉴已改佩靖虏将军印。“协同镇守甘肃左副总兵右军都督府都督同知鲁鉴卒。鉴，西宁人，袭其父失加指挥同知职，以功累升至都督同知。初守备红城子，既而充右参将分守庄浪，添守西宁，复充左副总兵，协守甘肃，挂靖虏将军印，充总兵官，镇守延绥等处，赐诰，加荣禄大夫。后以疾致仕。”参见〔明〕李东阳等：《明孝宗实录》卷185“弘治十五年三月乙酉”条，中研院历史语言研究所(台北)1962年校勘本，第3409页。但《明宪宗实录》仍载为靖虏副将军。成化二十二年，“甘肃左副总兵署都督同知鲁鉴佩靖虏副将军印，充总兵官，镇守延绥。”参见〔明〕刘吉等：《明宪宗实录》卷275“成化二十二年二月乙巳”条，第4641页。同理，亦依据《明宪宗实录》之记载。

[3]〔明〕李东阳等：《明孝宗实录》卷144“弘治十一年闰十一月己丑”条，第2521页。

署都督佥事，镇守延绥；陕西都指挥同知郭鋐升署都督佥事，镇守宁夏。"[1]弘治十二年(1499)，陈瑛改佩征西将军印。"罢镇守延绥署都督佥事熊冈，命镇守陕西右军都督府都督同知陈瑛佩征西将军印往代之。"[2]据《明武宗实录》载，正德四年(1509)始添铸靖虏将军印与延绥总兵官。[3] 这项记载称添铸却有不妥，原因在于天顺二年，已铸靖虏将军印。"造平虏将军、平虏副将军、靖虏将军、靖虏副将军、平胡将军、平胡副将军、平狄将军、平狄副将军印各一。"[4]从上条记载中可以看出，正德四年以前，延绥总兵官改佩镇西将军印。而吴江大致在正德四年四月继任延绥镇总兵，但却未见佩印记载，故上条记载亦为孤证。[5]

但《大明会典》(万历)、《续文献通考》、《明史·职官志》却皆载延绥镇总兵官军号为"镇西将军"。[6]《明史》且称洪熙元年(1425)制颁。[7] 但洪熙时期，延绥尚未建镇，相应亦未有总兵佩印的情况。尽管"镇朔将军印"在洪武时期已有，[8]但并未见具体记载。《明史·职官志》的记载基本来源于《菽园杂记》，只是将"靖虏副将军"改为"镇

[1]〔明〕李东阳等：《明孝宗实录》卷143"弘治十一年十一月癸巳朔"条，第2471页。

[2]〔明〕李东阳等：《明孝宗实录》卷148"弘治十二年三月乙酉"条，第2614页。据《明武宗实录·张安传》载，弘治年间张安已改佩镇西将军印。"都督佥事张安卒。安在成化间，以指挥同知从征神木，升指挥使。弘治初，充大同游击将军，又充副总兵，协守宁夏，升左府署都督佥事，寻实授，佩镇西将军印，充总兵官，镇守延绥。在镇尝以战功，玺书褒美。正德间，仍佩印，移镇大同。寻乞休卒，赠荣禄大夫。"参见〔明〕费宏等：《明武宗实录》卷126"正德十年六月乙酉"条，中研院历史语言研究所(台北)1962年校勘本，第2533页。而《明孝宗实录》却载为弘治十三年挂征西将军印。"升山西行都司都指挥使张安为署都督佥事，挂征西将军印，充总兵官，镇守延绥。"参见〔明〕李东阳等：《明孝宗实录》卷162"弘治十三年五月己未"条，第2914页。同理，以《明孝宗实录》为准。

[3]〔明〕费宏等：《明武宗实录》卷53"正德四年八月癸亥"条，第1203－1204页。

[4]〔明〕陈文等：《明英宗实录》卷297"天顺二年十一月庚子"条，第6319页。

[5]〔明〕费宏等：《明武宗实录》卷49"正德四年夏四月己卯"条，第1118页。

[6]〔明〕申时行登修，赵用贤登纂：《大明会典》(万历)卷126《镇戍一·将领上·延绥》，收入《续修四库全书》，影印明万历内府刻本，上海古籍出版社2002年版，第284页；〔明〕王圻：《续文献通考》卷95《职官考·将军》，第5709页。

[7]〔清〕张廷玉等：《明史》卷76《职官志五·总兵官》，第1866页。

[8]〔明〕沈德符：《万历野获编》卷2《列朝·符印之式》，收入《元明史料笔记丛刊》，中华书局1959年版，第59页。

西将军”，应继承了《大明会典》（万历）的记载。[1]《明史·吴江传》便将吴江所佩印改为征西将军印。“乃进雄署都督同知，以延绥总兵官吴江所佩征西将军印佩之，而别铸靖虏将军印予江。”[2]可见，《明史》因非一人所修，故出现歧义记载。正德四年（1509），延绥镇总兵官改佩靖虏将军印后，仍偶有改佩镇西将军印者。“起原任总兵萧如熏挂镇西将军印，镇守延绥。”[3]“升江西按察使陈仪、广东按察使萧应坤为广西左、右布政使，吴自勉为镇西将军，总兵官，镇守延绥等处地方。”[4]

成化八年（1472），延绥镇治向北迁至榆林卫。嘉靖时期成书之《继世纪闻》载：“盖自成化八年间设榆林镇，巡抚余都御史子俊增置城砦，陕西民供馈不继，奏送江南折粮银，以补不足。”[5]《延绥镇志》（万历）载：“成化七年，都御史王锐建置榆林卫。八年，都御史余子俊于旧城北增筑城垣，置榆林卫指挥使司，隶陕西都司。”[6]《延绥镇志》（康熙）亦载：“至成化七年，巡抚王公锐奏立榆林卫。八年，余肃敏代锐，始迁绥德镇于榆林。”[7]《国榷》记载了余子俊迁镇榆林，劳役军民甚重。

> 薛应旂曰：“尝视师延绥，其故老咸曰：‘镇城旧在绥德，余公迁出榆林，军民役死，不下万计，穷簷荒废，千里巨墟，孤儿寡妇，衰麻扶杖，日哭于军门，而浮沙筑墙，终难就绪。向使移镇河湟，逼逐套虏，兴此大役，犹可言也，顾仅仅止此。今榆林孤城，悬于荒漠，

[1]〔明〕陆容撰，佚之点校：《菽园杂记》卷9，收入《元明史料笔记丛刊》，中华书局1985年版，第108页。〔清〕张廷玉等：《明史》卷68《舆服志四·百官印信》，第1662－1663页。

[2]〔清〕张廷玉等：《明史》卷175《曹雄传》，第4664－4665页。

[3]〔明〕叶向高等：《明神宗实录》卷580“万历四十三年七月壬子”条，第11024页。

[4]〔明〕汪楫辑：《崇祯长编》卷9“崇祯元年五月壬戌”条，中研院历史语言研究所（台北）1962年校勘本，第461页。

[5]〔明〕陈洪谟：《继世纪闻》卷2，收入《元明史料笔记丛刊》，中华书局1985年版，第83页。

[6]〔明〕郑汝璧等修，〔明〕刘余泽等纂，陕西省榆林市地方志办公室整理：《延绥镇志》（万历）卷1《建置沿革》，第27页。

[7]〔清〕谭吉璁：《延绥镇志》（康熙）卷6－2《艺文志·榆问》（张珩），第539页。不过《九边图论》却载为成化九年。“成化九年，都御史余子俊建议徙镇榆林堡。襟吭既据，内地遂安。”参见〔明〕许论：《九边图论·榆林》。

劳师戍守,岁费万千。绥德藩篱,竟失锁钥,虏骑长驱,直闯内地,其贻谋不审矣。'由此观之,则宣、大之役,台省交章,非无自也。"谈迁曰:"余肃敏饬边修备,可谓国之能臣,当时阻格,不过狃偏安、怵大役耳。易世而后,犹有遗议,如薛仲常者,虽非通论,不可不存其说。"[1]

榆林卫之设置,源于成化时期榆林地区不断遭受长期驻牧河套的鞑靼部落的进攻。成化六年(1465)三月,延绥镇巡抚王锐曾有设置五卫之建议。"延绥榆林城,镇羌、安边二营堡,俱系要地,城堡草创,军马单弱,难以御贼。宜于榆林城添设三卫,于镇羌、安边二营各设一卫,增兵防守。"[2]五月,陕西镇守武将白玉亦请求设置三卫。"延绥边方东西绵亘二千余里,通接察罕脑儿、断头山诸处,最为要害。诸营堡防守官军,俱于陕西南阳、潼关摘调,每岁分番往来无常,恐非经久之计。切见榆林城、安边营、神木县系边境要冲,土地广饶,水草便利。宜于其地各立一卫,或分调延绥、庆阳三卫官军,或编送内外问拟刑徒,及近岁清出诸卫新军,守御其地。"[3]但最终仅设置榆林一卫。

明朝之所以迁移延绥镇治,在于榆林南北地形之差异。榆林由北至南,地形大体可分3类,明长城以北为风沙区,中部为丘陵沟壑区,西南部白于山区一带无定河、大理河、延河、洛河发源地为梁状低山丘陵区。因此,榆林地形愈往南愈险要,这也是明朝在延安、绥德依险设防之地理原因。而愈往北,榆林地形愈加平坦而无险,相应不便于防守,这也是明前期在河套南缘广大地区,除府谷、神木稍有兵力外,其他地区并无机构设置之地理因素。明前期蒙古尚未进入河套,榆林较少临敌,绥德卫借助当地相对较好的生态条件,发展军屯的同时,依托南部延安卫,对整个榆林甚至河套形成拱卫之势。明中期榆林屡受蒙古进攻,绥德卫之于榆林便骤显鞭长莫及之感。"榆林旧治绥德,而弃米脂、鱼河等处于外,几三百里。虏轻骑入掠,镇兵出御之每不及,而返虏

[1]〔清〕谈迁:《国榷》卷40《宪宗成化二十二年》,中华书局1958年版,第2517-2518页。

[2]〔明〕刘吉等:《明宪宗实录》卷77"成化六年三月辛卯"条,第1491页。

[3]〔明〕刘吉等:《明宪宗实录》卷79"成化六年五月甲申"条,第1531页。

得投隙焉。"[1]迁镇榆林卫正是弥补延绥镇军事重心过于靠南、靠内，而河套南缘防御力量既弱，又无山险之军事地理不足，从而御敌于榆林境外之战略举措。"外控胡虏，内抚延绥，疆土开拓，藩篱益固。于是，延绥之地，始免抢攘，势同腹里。"[2]

之所以选择榆林卫作为延绥镇新的治所，在于榆林卫以东神木、府谷在地理上过于偏东，以西三边（今定边县、安边镇、靖边县）地势平坦，不便据守，而榆林卫居于河套南缘中部偏东之地，不仅控制着蒙古经由河套南下陕北的主干河谷，而且有山险之地理优势足以依托，周边生态环境亦较为适宜。"延绥镇城半倚驼山为固，西临榆溪、芹河诸水，系极冲中地。"[3]"驼山。镇中东面皆山，迤逦起伏，其形类驼，故名。"[4]驼山为榆林提供地理屏障的同时，亦富有山泉，榆林著名的景观之一普惠泉及其传说，便形象地反映了这一点。"又因为驼山的半腰涌出一股水源，就是现在的普惠泉，泉周围住的人便越来越多。明太祖朱元璋洪武二年(1369)，将村庄建为寨子。"[5]榆林卫东北又有红山、马神山、跛那山，[6]亦有山泉。"红山，在镇北五里。山皆红石，地近沙阜，因筑红山墩于上龙峡。有水自沙漠来，从石穴流下，陡落数千仞，合于黑水。又马神山，在镇东北二里。秋祭马社于池，因名。"[7]西

---

[1]〔明〕许论：《九边图论·榆林》。

[2]〔明〕陈子龙等：《明经世文编》卷118《杨石淙文集·论绥德卫迁改榆林城事宜状》（杨一清），中华书局1962年版，第1118页。

[3]〔清〕谭吉璁：《延绥镇志》（康熙）卷1－3《地理志·延绥镇》，第288页。

[4]〔明〕郑汝璧等修，〔明〕刘余泽等纂，陕西省榆林市地方志办公室整理：《延绥镇志》（万历）卷2《山川·驼山》，第109页。

[5]《可爱的榆林》编委会编：《可爱的榆林》，陕西人民出版社1996年版，第9页。"榆林古城北角的驼峰山下，有一股清澈透明的泉水从一个磨盘当中的圆孔中淌了出来，流向榆林全城，千百年来供人们生活之用。这股泉水，在炎热的三伏天里，喝在嘴里又凉又甜又爽口，使人浑身非常舒服。在严寒的数九天里，泉水热气腾腾，永远也不结一点冰。这股泉水就是普惠泉。老人们说，经常喝普惠泉水，年轻的姑娘和媳妇就会面嫩如桃花。榆林城的姑娘自古以来为什么又白又嫩，据说就是因为从小喝普惠泉水的缘故。因此，普惠泉水又被人们称为'桃花水'。"参见《可爱的榆林》编委会编《可爱的榆林》，第12页。

[6]〔清〕顾祖禹撰，贺次君、施和金点校：《读史方舆纪要》卷61《陕西十·榆林镇·跛那山》，第2924页。

[7]〔清〕顾祖禹撰，贺次君、施和金点校：《读史方舆纪要》卷61《陕西十·榆林镇·红山》，第2923页。

南又有黑山。《延绥镇志》(万历)记载,“黑山。镇西十五里。登其巅,数百里川原在指顾中。”[1]又据《读书方舆纪要》之记载,“黑山,在镇南十里。水草甘美,正统中朔骑内侵,率由此驻牧。成化中始筑塞堡,并种柳万株,以防冲突,山下黑水出焉,合大川河流绕卫城。”[2]此外,榆林卫周边又有黑水、宜水、肆卢川、三岔川、芹河(芹菜沟)。[3]“芹水在长城北可数十里,经鱼沟子而南,会于溪。平波澄澈,芹藻缤纷,如翠带。故有斯目矣。”[4]

山泉、河流的滋润使榆林周边生态环境较好。“传说,在很久很久以前,榆林这块地方叫做驼山,为什么呢?因为靠东城的这座山像一个卧在那里的骆驼。驼山上下到处长的都是又粗又大的榆树,这里到处都是茂密的森林,真是一座榆树的大海洋。在驼山下有一个村庄,叫榆林庄。”[5]榆溪河(见图5-1)是榆林的母亲河,该河上接河套之五道河,由北至南穿越榆林城,下游汇于榆林最大的河流无定河。无定河古称奢延水,又名朔方水,[6]由于在山陕交界处汇于黄河,蒙古可由河套南下,经五道河—榆溪河—无定河—黄河,进入山陕腹里地区,对明朝西北社会构成巨大威胁,相应,这一河谷通道是陕北交通与军事之主干道。延绥镇移置榆林,正是从军事地理出发,扼制这一主干道,防止蒙古大规模进入西北内地的制度设计。顾炎武称:“红山在卫北八里,山皆红石,地近沙漠,稍东因筑红山墩。黑山在卫南十里,俗名黑土圪鞑。其北水甘草茂,北虏内侵,必驻此以便水草。”[7]

---

[1][明]郑汝璧等修,[明]刘余泽等纂,陕西省榆林市地方志办公室整理:《延绥镇志》(万历)卷2《山川·黑山》,第109页。

[2][清]顾祖禹撰,贺次君、施和金点校:《读史方舆纪要》卷61《陕西十·榆林镇·黑山》,第2924页。

[3][清]顾祖禹撰,贺次君、施和金点校:《读史方舆纪要》卷61《陕西十·榆林镇》,第2930-2932页。

[4][清]谭吉璁:《延绥镇志》(康熙)卷1-4《山川下》,第304页。

[5]《可爱的榆林》编委会编:《可爱的榆林》,第54-55页。

[6][清]顾祖禹撰,贺次君、施和金点校:《读史方舆纪要》卷61《陕西十·榆林镇·奢延水》,第2929页。

[7][清]顾炎武:《肇域志·陕西九·榆林卫》,收入《续修四库全书》,影印上海图书馆藏清抄本,上海古籍出版社1995年版,第99页。

图 5－1　榆溪河,2009 年摄

虽然镇治迁移,但在官方制度体系中,仍保持“延绥镇”旧称而未改。在历朝实录中,基本皆称“延绥镇”,称“榆林镇”者仅 3 处。[1] 作为明朝国家行政法典,《大明会典》(万历)亦称“延绥镇”而不名“榆林镇”。[2] 《明史》专称“延绥镇”,而无一例“榆林镇”之记载。因此所谓“榆林镇”之称,只是史籍因地俗称而已。《延绥镇志》(万历)指出了这种不同称谓之间的视角差异。“今地多榆,故曰榆林。以木之茂,在榆溪之阳,故曰榆阳。以其为延安、绥德之保障,屯戍又皆其人也,故镇曰延绥。”[3]明人亦有连称二词者。王鏊奏称:“今边方之重者,曰大

〔1〕〔明〕张居正等:《明世宗实录》卷 112“嘉靖九年四月乙丑”条,第 2649 页;卷 274“嘉靖二十二年五月甲子”条,第 5379 页。〔明〕叶向高等:《明神宗实录》卷 164“万历十三年八月庚申”条,第 2992 页。

〔2〕〔明〕申时行登修,赵用贤登纂:《大明会典》(万历)卷 126《镇戍一・将领上》,第 284 页。

〔3〕〔明〕郑汝璧等修,〔明〕刘余泽等纂,陕西省榆林市地方志办公室整理:《延绥镇志》(万历)卷 1《镇名》,第 26 页。

同、曰宣府、曰延绥、榆林。"〔1〕清初,明遗民多有以延绥、榆林为二镇者,张岱在《石匮书》中所列九边次序为辽东、蓟州、宣府、大同、榆林、延绥、宁夏、甘肃、固原。〔2〕黄宗羲在《明夷待访录》中称:"宜将辽东、蓟州、宣府、大同、榆林、宁夏、甘肃、固原、延绥俱设方镇,外则云、贵亦依此例,分割附近州县属之。"〔3〕顾炎武在《天下郡国利病书》中亦称:"而甘肃、宁夏、固原、延绥、大同、宣府、榆林、代州等九边,边各置镇。"〔4〕颇令人不解。

成化十一年(1475),榆林城规模为:"城垣一所,周围六里零二百四十六步一尺五寸。"榆林城控制大边长城 75 里 330 步,边墩 9 座,崖砦小墩 42 座,川面水口 22 处,守瞭墩 5 座。〔5〕此后,榆林城不断增扩,规模逐渐壮大,有"三拓榆阳"的传说。〔6〕东城门 2 座,即威宁门、振武门;南城门 1 座,即镇远门;西城门 4 座,即广榆门、宣武门、龙德门、新乐门;北城垣无城门;中部建有镇北楼,加上各城门楼,城墙四角楼及东城上的讯敌楼、观远楼,全城墙上共建有城楼 14 座,城周长 5354 步,东

〔1〕〔明〕陈子龙等:《明经世文编》卷 120《王文恪公文集·上边议八事》(王鏊),第 1147 页。

〔2〕〔清〕张岱:《石匮书》卷 25《地理志·九边》,见《续修四库全书》,影印南京图书馆藏稿本,上海古籍出版社 2002 年版,第 286-287 页。

〔3〕〔清〕黄宗羲:《明夷待访录·方镇》,北京古籍出版社 1955 年版,第 21 页。

〔4〕〔清〕顾炎武:《天下郡国利病书》第 32 册《浙江上·备录·会稽县志》,收入《四部丛刊三编》,商务印书馆(上海)1936 年版。

〔5〕〔明〕余子俊:《余肃敏公经略公牍·榆林城》,收入《天一阁藏明代政书珍本丛刊》,线装书局 2010 年版,第 410-414 页。

〔6〕"[成化]八年,都御史余子俊于旧城北增筑城垣,置榆林卫指挥使司,隶陕西都司。二十二年,巡抚黄黻展北城。弘治五年,巡抚熊繍展南城。周围一十三里三百一十四步。隆庆元年,巡抚王公遴自水西门起,至信地楼止,筑逻城七里。万历元年,巡抚张守中修筑高厚,顶阔三丈,底阔五丈,高三丈六尺。城西南枕河堤,东北临沙碛,匪溃则淤,必砖甃乃固。先嘉靖庚子,巡抚张公珩自南薰门起,抵西角,砖包一里许。隆庆末年,巡抚郜公光先自正西门起抵北,砖包二里许。万历八年,巡抚宋公守约、宪副洪公忻、总兵傅公津,十年,巡抚王公汝梅,宪副赵公云翔、总兵贾公国忠,周围俱用砖包。其大楼一十五座,腰铺四十七座,东门二、西门四、南门一。万历三十五年,巡抚涂公宗濬于城北十里筑镇北台于款贡城,高七丈,层台峻堞,依凭天险。"参见〔明〕郑汝璧等修,〔明〕刘余泽等纂,陕西省榆林市地方志办公室整理《延绥镇志》(万历)卷 1《建置沿革·榆林卫》,第 27 页。"墩台七十四座。"参见〔明〕郑汝璧等修,〔明〕刘余泽等纂,陕西省榆林市地方志办公室整理《延绥镇志》(万历)卷 1《建置沿革·榆林城》,第 51 页。"边垣长三十一里零三百五十八步,墩台七十四座。"参见〔清〕谭吉璁:《延绥镇志》(康熙)卷 1-3《地理志·中路》,第 289 页。

门、南门有瓮城，并设千斤闸，与城墙构成完整的防御体系。万历三十五年（1607），延绥巡抚涂宗濬于城北十里筑镇北台（见图5－2），高达7丈。起到为榆林城瞭哨之作用。榆林镇边垣长31里358步，墩台74座。[1] 根据《延绥镇志》（万历）图示，榆林城呈“凸”形。[2] 榆林“骆驼城”之名与其地形有关。榆林东西两边为山，中间为洼地，榆溪河从西北至东南贯穿榆林城。因为这种两边高、中间低的地形类似驼峰，故名“骆驼城”或“驼城”。东西墙保护榆林两翼，榆溪河供应榆林水源，东山之北麓向西延伸，镇北台恰坐落于此，这样榆林镇便成为依山带河的形胜之地。

图5－2　榆林城镇北台，2009年摄

〔1〕〔清〕谭吉璁：《延绥镇志》（康熙）卷1－3《地理志·中路》，第289页。

〔2〕〔明〕郑汝璧等修，〔明〕刘余泽等纂，陕西省榆林市地方志办公室整理：《延绥镇志》（万历）卷1《舆图·延绥镇图说》，第11页。

延绥镇总兵官权力最初较小。“镇守总兵官之敕谕者,所以震轧诸将,调度各营也。臣观延绥总兵官李辅敕谕未见开有节制副、参、游、守等将字样,何以杜骄抗之渐?此敕谕之宜申明者一。”[1]延绥镇疆域变化不大。西界最初部分地区改归宁夏镇。正统三年(1438)二月,章聪奏:“陕西新设宁塞、定边二处哨马营墩,俱属镇守延安、绥德都指挥同知王祯提督。缘二处营墩附近宁夏,去绥德千余里,宜令宁夏总兵官提督为便。”“上善聪言,命所司即议行之。”[2]正统八年(1443),河套西南定边、宁塞再次归延绥镇守武将管辖。

乙丑,参赞宁夏军务右佥都御史卢睿奏:定边、宁塞二营,旧隶延安,后隶宁夏。然宁塞去延安九十里,去宁夏七百里;定边去宁塞二百里,去宁夏四百里。乞以二营仍令延安提督。兵部言:宜从所奏,并令延安原调去宁夏官军一千余名,拨三分之一回延安守备。上曰:“宁塞、定边仍令延安镇守官提督。延安原调宁夏官军俱令退还。令卢睿同总兵等官分拨得宜奏来,务各谨守边备,不许徇私偏执,妨废边务。”[3]

宁夏、延绥遂以定边为界,此后亦一直延续下来。“镇守延安、绥德都督佥事王祯奏:乞与宁夏分画地界,于花马、定边二营之中,各认分守,有警不致推调。兵部请命参赞军务佥都御史卢睿等躬临其地,如奏处置。从之。”[4]东部疆界则至黄河西岸黄甫川。《边政考》载:“榆林

---

〔1〕〔清〕谭吉璁:《延绥镇志》(康熙)卷6《艺文志·奏疏·因事据愚亟图整饬疏》(王轮),第509页。

〔2〕〔明〕陈文等:《明英宗实录》卷39“正统三年二月己卯”条,第762-763页。

〔3〕〔明〕陈文等:《明英宗实录》卷106“正统八年秋七月乙丑”条,第2153-2154页。

〔4〕〔明〕陈文等:《明英宗实录》卷108“正统八年九月辛未”条,第2191页。

镇自黄甫川至定边营，千五百里有奇。”[1]西南则包括庆阳卫。天顺二年，“兵部言：镇守延绥太监王春奏即今黄河将冻，守备兵少，乞行陕西布、按二司遣官编集延安、庆阳二府民壮于边隘守备，待春暖河开，即行放散。从之。”[2]南部则包括延安卫。《延绥镇志》（万历）载：“榆林东抵偏关，西接宁夏，绵亘千八百里。辖卫四、城堡三十七。起黄甫川，抵双山十二营堡为东路神木道，葭州及府谷、神木、吴堡三县隶焉。起常乐，抵清平十堡为中路榆林道，绥德州及米脂、清涧两县隶焉。起龙州抵盐场十五营堡为西路靖边道，保安、安定、安塞三县隶焉。延安州县则属河西分巡道。庆阳州县则属河西分守道。”[3]延绥镇总兵官有时以管辖地域被称作“延安、绥德、庆阳等处总兵官”。[4]《延绥镇志》（康熙）载：“延绥镇，明有庆阳、延安、绥德及榆林，皆为镇属。故旧志载延、庆两府及州县。”[5]《延绥镇志》（康熙）又载：“都督总兵官一员辖三路兵马，自黄甫川以至定边，内则延安、宜君诸营皆隶焉。”[6]延绥镇镇址迁至榆林后，只是变化了防御重心，延安卫仍在防御范围，即延绥镇南界至延安卫。北界至府谷县，修筑边墙后则止于边墙。万历年间墙外为俺答汗弟麦力艮吉囊即袄儿都司部落。“在陕西、延、宁、河套一带边外住牧。东至黄甫与山西岢岚相邻，西连宁夏、甘肃三

[1]〔明〕张雨：《边政考》卷2《榆林卫·兵食》，第116页。“且延绥地方，东起府谷堡，西至定边营，萦纡二千余里。”参见〔明〕刘吉等：《明宪宗实录》卷40“成化三年三月丙寅”条，第799页。《延绥镇志》（康熙）称其为1200余里，参见〔清〕谭吉璁：《延绥镇志》（康熙）卷3《官师志·武职》，第342页；《延绥镇志》（康熙）卷6《艺文志·镇北楼记》，第546页。其他记载基本相同。〔明〕霍冀：《九边图说·延绥镇》，第198页；〔明〕茅元仪：《武备志》卷207《占度载·镇戍四·延绥》，第287页；〔明〕郑大郁：《经国雄略·边塞考》卷3《榆林》，中华全国图书馆文献缩微中心据中国国家图书馆藏明末三槐堂刻本摄制，1993年；罗哲文认为“延绥镇总兵驻地在榆林堡，管辖的长城东起清水营，西至花马池，全长一千七百七十里。”参见罗哲文：《长城》，北京出版社1982年版，第48页。

[2]〔明〕陈文等：《明英宗实录》卷294“天顺二年八月丁巳”条，第6271页。

[3]〔明〕郑汝璧等修，〔明〕刘余泽等纂，陕西省榆林市地方志办公室整理：《延绥镇志》（万历）卷1《舆图·延绥镇图说》，第4页。

[4]〔明〕陈文等：《明英宗实录》卷294“天顺二年八月癸亥”条，第6273页。

[5]〔清〕谭吉璁：《延绥镇志·凡例》（康熙），第279页。

[6]〔清〕谭吉璁：《延绥镇志》（康熙）卷3－2《武职》，第342页。

镇。"[1]由于延安卫所辖地区皆处延绥镇内地，蒙古进入较少，明军防御体系建设主要集中于榆林卫、庆阳卫辖区。故本书仅对这两处区域军事建设加以讨论。

5.3 陕北地形特征与正统至天顺时期榆林营堡寨纵深防御体系的初步构建

由于地壳运动与风雨侵蚀的影响，陕北地形沟壑纵横。由于中国地势西北高、东南低的特征，陕北河流基本呈现由北至南的水流方向。其中由东至西，黄甫川、浊轮川、屈野川、明堂川（榆溪河）、黑水河5条河流，皆由河套流入榆林，成为蒙古经河套南下榆林的主要行军大道。其原因在于两个方面：从蒙古战术方式来看，蒙古依靠骑兵作战，马匹不易通过连绵凸起之山梁，宜于通畅平坦之河谷，而且马匹需补给水草，始能保持长途奔驰，因此顺逐水草不仅是蒙古在草原地带游牧之惯例，而且是进入长城以内行进道路之特征。从蒙古战略目的来看，明代蒙古由于草原地区政争频繁，基本丧失了蒙古种族初兴之时，开拓边疆、建立帝国之政治宏图，而是将主要精力投入到草原争雄之上，进入明朝境内基本是为抢夺生存物资。陕北地区由于处于气候半干旱向干旱过渡地带，降雨量稀少，完全"靠天吃饭"的山梁农业无法维持稳定有效的农业种植，较为富庶的农业地带、民众聚落基本皆位于可以灌溉的山谷地区。相应，蒙古重点进攻的地区也是山谷农业地带。可见，从战略、战术两个层面来看，蒙古在榆林地区重点进攻的目标皆处于河流分布之处。相应，明朝也沿河谷地带，多数在河谷旁边山坡之处，构建防御工事，从而阻遏蒙古骑兵南下。也就是说，明朝与蒙古在榆林地区的军事争夺，基本围绕河流分布呈网络化展开。成化七年（1471），陕西巡抚马文升奏："沿边一带，山坡重复、崖涧深陡，贼马之来，必循大

[1]〔明〕萧大亨：《北虏世系》，载薄音湖、王雄编辑点校：《明代蒙古汉籍史料汇编》第2辑，内蒙古大学出版社2000年版，第256页。

川而行。"[1]嘉靖时期陕西巡按御史张雨编《边政考》,于边墙境外标注蒙古进攻通道时,便大多以水流而名。

明中期榆林地区为抵御蒙古部众,所构建之营堡[2]防御体系,便基本遵循3个具有先后次序之原则。

首先是"扼要"。明朝构建营堡防御体系,以抵御蒙古军队为首要目的,故在边境要冲与内地咽喉地带,即使地理环境不便于驻扎,但出于军事目的,亦须建置于此。这类营堡主要集中于边境尤其西部边境风沙区。榆林风沙区"主要分布在大柳塔—神木—高家堡—榆林—鱼河堡—横山县城—靖边县城—梁镇—定边县城南—红柳沟连线以西、以北的广大地区"。[3] 榆林西部边境由于处于典型风沙区,因此地势平坦、开阔,是河套蒙古大规模进入榆林之要冲地带,明朝于是设置定边营、旧安边营、盐场堡、砖井堡等营堡,其军事地理皆存在无山险保障之缺陷。比如定边营,"本营四面平旷,无险可据,南藩环庆、西捍固靖,万一不虞,全陕便道"。[4] 再如旧安边营,"本营四面平漫,冲要难守"。[5] 这也是明朝在榆林西部多设置规格较高的营,以兵力弥补地理缺陷之原因。而盐场堡除控制榆林、宁夏之间咽喉地带外,尚有保障盐业经济之目的。"本堡原为护守盐池,平旷难守。"[6]这类城堡在榆林东部亦有存在。比如高家堡,"堡修在川中,四面平旷,无险可恃。西北高山,俯视城中,虚实易见。虏若抵川,南犯葭州之豆峪,东犯神木之大和砦,西绝建安之柴炭道路。极冲难守"。[7] 而在内地部分地区,

---

〔1〕〔明〕刘吉等:《明宪宗实录》卷78"成化六年夏四月乙亥"条,第1523页。

〔2〕"寨落"为营堡与较少出现的城的低级防御建筑与层级。

〔3〕陕西师范大学地理系《陕西省榆林地区地理志》编写组:《陕西省榆林地区地理志》,陕西人民出版社1987年版,第43页。

〔4〕〔明〕郑汝璧等修,〔明〕刘余泽等纂,陕西省榆林市地方志办公室整理:《延绥镇志》(万历)卷1《建置沿革·定边营》,第38-39页。

〔5〕〔明〕郑汝璧等修,〔明〕刘余泽等纂,陕西省榆林市地方志办公室整理:《延绥镇志》(万历)卷1《建置沿革·旧安边营》,第37页。

〔6〕〔明〕郑汝璧等修,〔明〕刘余泽等纂,陕西省榆林市地方志办公室整理:《延绥镇志》(万历)卷1《建置沿革·盐场堡》,第39页。

〔7〕〔明〕郑汝璧等修,〔明〕刘余泽等纂,陕西省榆林市地方志办公室整理:《延绥镇志》(万历)卷1《建置沿革·高家堡》,第29页。

出于控制咽喉要道,亦有堡于无险地带者。比如柳树涧堡,"堡在平地,无险可恃。虽东面倚山,山巅瞰堡,左右阔涧直通境外,乃大举屯驻之处,防守最难"。[1]

其次为"依险",即布防于河谷山坡之处,以控制蒙古打通陕北地理脉络。榆林大多数营堡皆属这一类型。榆林西南部白于山脉地区为低山地带,明朝在此所建营堡大多皆依山面河。而东部横山山脉南北属丘陵地区,地势亦起伏不平。"尝阅东路形胜,双山以东虽有河而各处有险,神木以东既有山而更险。"[2]由于山、谷相成,因此河谷众多,既构成了河套蒙古南下榆林之交通道路,也为明朝军队防御提供了山险保障与用水方便。"榆林东路黄甫川堡与晋岢岚楼子营仅一河之隔,迤西至双山一十二城。冈阜交错,深堑高崖,蜿蜒四五百里,东南逼临大河。故东路之利,利在险也。虽间有窃掠,而大举深入则昔多未有。然秋则虑入双山之大川,南近米脂为最冲。冬则虑黄甫之河冰,一马可度。随时设备,其容缓乎？且密迩葭州、府谷、神木、吴堡诸邑,军民杂居,牧保为难。为东路计者,当以捍御责之将领,收敛责之有司,庶堡可坚而野可清矣。"[3]榆林东部亦多为这一类型营堡。东北部分虽属风沙区,但横山山脉余脉延伸至这一地带,比如双山堡、新兴堡、建安堡便属这一类城堡。双山堡,"城东北深沟,南面峻坡渠壑,西面稍平,守城颇易"。[4] 新兴堡,"堡原为砌砖井而设。城在高原,之四面沟壑,绕以溪水,足堪自守"。[5] 建安堡,"堡西、南、北俱临深沟,东南地形微

[1][明]郑汝璧等修,[明]刘余泽等纂,陕西省榆林市地方志办公室整理:《延绥镇志》(万历)卷1《建置沿革·柳树涧堡》,第36页。

[2][明]郑汝璧等修,[明]刘余泽等纂,陕西省榆林市地方志办公室整理:《延绥镇志》(万历)卷1《建置沿革·黄甫川堡》,第62页。

[3][清]谭吉璁:《延绥镇志》(康熙)卷1-3《地理志·附记》,第300页。

[4][明]郑汝璧等修,[明]刘余泽等纂,陕西省榆林市地方志办公室整理:《延绥镇志》(万历)卷1《建置沿革·双山堡》,第28页。

[5][明]郑汝璧等修,[明]刘余泽等纂,陕西省榆林市地方志办公室整理:《延绥镇志》(万历)卷1《建置沿革·新兴堡》,第37页。

峻,其险足恃”。[1]

最后是“就水”。陕北由于属黄土高原典型地带,普遍存在水源、水质较差之情况。明朝出于扼要、依险之考虑,有时将营堡建于缺乏水源地带,虽有助于达成军事防御目标,但自身饮水、生活用水便长期存在不便。为解决这一问题,亦有迁移位置,以就水源者。明代榆林营堡迁移例子中,相当一部分属于这一类型。但相对于就水,明朝更加强调军事防御,因此虽然许多营堡皆存在就水困难,但最终并未迁移,这也是导致榆林军队长期生活困苦的原因之一。即使为就水而迁移之城堡,基本也皆因附近有水源处亦有大体仿佛之军事价值,明朝始允许迁徙。成化七年3处城堡迁徙,便典型地体现了这一特征。成化七年七月,“甲戌,复徙平夷、清平、镇靖三堡于旧城。时巡抚延绥右副都御史余子俊言:响水、白洛、塞门三堡,往者兵部尚书王复行边,徙置黑河山等处,易今名。今军士皆言平夷水脉顿涸,清平、镇靖又去水太远。其旧堡响水等城尚完好可居,乞仍旧处。其新堡量兵护守。遇警暂时按兵于此巡哨。兵部议可,从之。”[2]再比如常乐堡,“汉榆溪地,又名岔河儿。国初成化初,巡抚卢祥建堡。弘治二年,巡抚刘忠因缺水,离边稍远,地多沙碛,虏入罔测,北出二十里建今堡”。[3]

可见,明朝在构建榆林营堡防御体系之时,尽量结合陕北地形特征,寻找既能抵御河套蒙古,又可保障自身之地理位置。但在地理存在缺陷地区,亦出于军事防御目的,设置营堡。相应,明代榆林营堡便大

---

〔1〕〔明〕郑汝璧等修,〔明〕刘余泽等纂,陕西省榆林市地方志办公室整理:《延绥镇志》(万历)卷1《建置沿革·建安堡》,第28页。

〔2〕〔明〕刘吉等:《明宪宗实录》卷93“成化七年秋七月甲戌”条,第1781页。

〔3〕〔明〕郑汝璧等修,〔明〕刘余泽等纂,陕西省榆林市地方志办公室整理:《延绥镇志》(万历)卷1《建置沿革·常乐堡》,第28页。

体可分为“扼要型”、“依险型”与“就水型”。[1] 而在建立方式上,许多营堡皆是在北宋城寨基础上提升规格而成。

从营堡防御特征而言,这一形式属于军事学中的“纵深防御”。营堡防御并不以“御敌于国门之外”为战略理念,而是在冷兵器时代背景下,发挥地形这一在相当程度上可以转化为战斗力的军事因素,最大限度地将自身战略、战术与对地形的了解、利用充分结合起来,从而弥补自身的战术劣势,甚至将其转化为战术优势。蒙古骑兵在冷兵器时代面对步兵时,其速度所产生的冲击力具有压倒性优势。明朝在逐渐丧失外核心边疆尤其阴山边疆之后,骑兵由于牧场与训练场的减少,其数量与战斗力已呈现大为下降的趋势。明中期榆林军队又由于兵力较少、武器装备较差,在面对蒙古骑兵时,更显得捉襟见肘。在这种战术困境下,榆林军队充分利用陕北地形,等待蒙古部属进入他们并不熟悉的地理环境,从而如明初蒙古引诱明军进入草原之圈套一样,利用蒙古部属对周边地形缺乏认识的特点,从而将之圈围在河谷地区,加以歼灭。成化二年七月,翰林院提督四夷馆吏部郎中刘文便指出:“陕西诸边宜俟贼退之后,相其险要,深为阱沟;因其高阜,建为墩堡。急则有所凭恃,而应援便则出其不意,而掩击必有擒获之功。”[2] 这种将战争地带充分延伸到己方的熟悉区域,从而发挥地理优势的战略理念,便是所谓的“纵深防御”。纵深防御不以控制土地,而是以消灭敌人为直接方式与首要目的,在长期战争对峙中,是一种歼灭敌人有生力量,有效解决战争的主动姿态或积极立场。虽然榆林营堡纵深防御体系以此为战略理念,但在具体实践中,却由于具体情况的复杂性,而无法完全实现

〔1〕张玉坤、李哲对榆林堡寨选址原则与类型进行了全面分析,参见张玉坤、李哲:《龙翔凤翥——榆林地区明代长城军事堡寨研究》,载《华中建筑》2005 年第 1 期。李严则专门撰写了硕士学位论文,将文献考证与实地调研相结合,考察了榆林堡寨建置沿革、地形特点、聚落特征,并提出堡寨是有层次化防御体系之观点。他认为多条长城防线之间之区别不单纯局限于位置与走向,还有不同军事地位与互相协防之含义。此外,后勤补给、聚落发展、文化渗透等,也是一些因素。层次化防御最明显之体现是“城套城”之设计,通过结合自然环境,形成微地形优势。其中“走分水地带,易守御而节戍卒之效,便施工而收城塞之用”是城堡选址的基本原则。参见李严:《榆林地区明长城军事堡寨聚落研究》,天津大学硕士学位论文,2003 年。

〔2〕〔明〕刘吉等:《明宪宗实录》卷 32“成化二年秋七月癸未”条,第 636 – 637 页。

其战略目的，甚至产生了诸多不可忽视的问题，这也是后来榆林边墙与营堡相结合形成的榆林长城防御体系兴起的战术根源。

虽然相对于丘陵、低山地带，平原地带更适宜蒙古骑兵奔驰，但明朝最初在榆林西部采取空置政策，当地并无民政机构，相应亦无规模可观的民居与农田，蒙古若欲抢掠人口、物资，需进一步越过白于山、太白山，进入陕西腹里，始能达成目的。这不仅大为增加进攻难度，而且容易被榆林军队阻断归路。与此不同，榆林东部虽为丘陵、低山分布地区，但河谷地区却直通河套，为蒙古提供了往来自由之交通线路。因此，正统时期，兀良哈最初探索经由河套南下之军事通道时，出于兵力较少、经验不足等多方面考虑，便选择了以榆林东部作为进攻重点。而位于黄河沿岸，陕北军队鞭长莫及、山西军队防御不便的黄甫川地区相应成为延绥镇最早修筑城堡之地。"镇守山西都督佥事李谦言：偏头关隘口止有官军五百人守备，及灰沟村、黄甫川、楼子寨三堡每处亦止有官军五百余人，向因虏贼犯境，已增官军一千人，冰冻之时，于黄河兼守，冰解回卫。今境外屡报声息，请循大同边卫事例，添拨神铳手于灰沟村三堡防守，庶警急易于策应，待冰解各回原卫所。从之，命行在工部别造手把铳给之。"[1]因此，《延绥镇志》(万历)所载天顺中该地尚为清水营辖地误。"黄甫川堡。东至黄河三十里，西至清水营十五里，南至府谷县九十五里，北至大边二十里。春秋赵地。唐胜州地，后为紫城郡。宋府州地。明天顺中清水营。弘治初，始添设关。"[2]堡城"设在山畔，系次冲中地"；[3]依托黄甫川水而建，"黄甫川水出塞外牛武城，南流经堡东，入黄河"；[4]属于依险型城堡，"堡西北就山，东南临川，直冲焦家坪、府谷县等处。军多异姓顶补，临时难用。近虽改设守

[1]〔明〕杨士奇等：《明宣宗实录》卷73"宣德五年十二月"条，第1716－1717页。

[2]〔明〕郑汝璧等修，〔明〕刘余泽等纂，陕西省榆林市地方志办公室整理：《延绥镇志》(万历)卷1《建置沿革·黄甫川堡》，第31页。

[3]〔清〕谭吉璁：《延绥镇志》(康熙)卷1－3《地理志·黄甫川堡》，第291页。

[4]〔清〕谭吉璁：《延绥镇志》(康熙)卷1－4《山川下》，第305页。

备，终属孤悬”，[1]“本边城设在平川，而土城非砖，西北受敌更甚……惟黄甫四时防胡，三冬防河，视诸路缓急悬矣”。[2] 黄甫川堡不断扩建，在万历时期形成如下规模。“周围三里三百一十步，楼铺十六座。……万历三十五年，巡抚都御史涂公宗濬周围用砖包砌，高□丈。”[3]“墩台二十八座”，[4]属较大规模的城堡。《延绥镇志》（康熙）所载规模稍大。“周围凡三里零二百七十四步，楼铺十六座。万历三十五年，巡抚涂宗濬用砖包砌。边垣长三十里零二百一十步，墩台二十八座。”[5]据《延绥镇志》（万历）图示，黄甫川堡为两角抹平之正方形。[6]黄甫川堡位于今府谷县黄甫镇政府所在地，堡在镇治西侧之山上。黄甫川堡居黄甫川西侧，依山面水，堡址一直伸入黄甫川河谷。“文革”期间，黄甫川堡遭到很大的破坏。目前仅西墙完整保存，尚高大（见图5-3），北墙西半部尚存，不过部分已低矮，且被公路斩断（见图5-4）。东、南二墙皆已不存。堡南更高之山顶上有二高大墩台，山腰处有一墩台，处于公路东侧。堡西侧、西南各有一毁坏严重之墩台。东北、东南各有小型墩台一座，控遏水道。再往北去，河东岸尚有一俏立之墩，墩上长出一树，颇为灵秀（见图5-5）。堡西群山连绵，沿山脊大边墩台绵延不绝。堡南至清水营，除山上墩台外，河道西侧也多设置墩台，用于控制水道。堡地势西南高、东北低。黄甫川堡值得注意的是北墙下黄甫川河床处，有一暗门，非常平坦而宽阔，尚可直接通入堡中。

---

〔1〕〔明〕郑汝璧等修，〔明〕刘余泽等纂，陕西省榆林市地方志办公室整理：《延绥镇志》（万历）卷1《建置沿革·黄甫川堡》，第31-32页。

〔2〕〔明〕郑汝璧等修，〔明〕刘余泽等纂，陕西省榆林市地方志办公室整理：《延绥镇志》（万历）卷1《建置沿革·黄甫川堡》，第61-62页。

〔3〕〔明〕郑汝璧等修，〔明〕刘余泽等纂，陕西省榆林市地方志办公室整理：《延绥镇志》（万历）卷1《建置沿革·黄甫川堡》，第31页。

〔4〕〔明〕郑汝璧等修，〔明〕刘余泽等纂，陕西省榆林市地方志办公室整理：《延绥镇志》（万历）卷1《建置沿革·黄甫川堡》，第61页。

〔5〕〔清〕谭吉璁：《延绥镇志》（康熙）卷1-3《地理志·东路》，第291页。

〔6〕〔明〕郑汝璧等修，〔明〕刘余泽等纂，陕西省榆林市地方志办公室整理：《延绥镇志》（万历）卷1《舆图·延绥镇图说》，第5页。

图 5－3　黄甫川堡西墙，2010 年摄

图 5－4　黄甫川堡北墙，2010 年摄

图 5-5　黄甫川堡北墩,2010 年摄

而在黄甫川堡以北,明朝最初尚设置楼子营。"楼子营。黄甫川北六十里。戍楼、城堞俱存。今移其营于河东,仍旧名。散其民于河东河曲县贾家窟沱等处。始议府谷撤戍,时有贾姓者富于赀。按地者求贿不得,故破散其众。"[1]楼子营位于今山西河曲县楼子营镇所在地。

正统二年(1437)三月,兀良哈进攻府谷。"备御榆林庄陕西都指挥王永等奏:累年黄河冻消,将西安等卫发来备冬官军放回。今闻达贼在河套,逼近府谷等处。恐探知无备,窃来犯边,乞暂留守哨。从之。"[2]府谷(今陕西省榆林市府谷县)是榆林最靠东北之地,东临黄河,自河套有黄甫川、浊轮川、屈野川、孤山川由北而南流入府谷。府谷既与河套有多条水道相连,自然成为兀良哈进攻的主要地区之一。兀良哈由此进一步南下榆林以东。"守备延安、绥德监察御史章聪奏:陕西绥德卫备御榆林庄指挥佥事刘鹏、千户刘兴等哨守不严,致达贼潜入

[1] [明]郑汝璧等修,[明]刘余泽等纂,陕西省榆林市地方志办公室整理:《延绥镇志》(万历)卷 2《古迹·楼子营》,第 123 页。

[2] [明]陈文等:《明英宗实录》卷 28"正统二年三月癸巳"条,第 555 页。

羊羔山等处，杀伤军人，抢掠孳畜，请治之。上命执问如律。”[1]羊羔山位于榆林“东南五十余里”，[2]即后来所设常乐堡境内。[3]有榆溪河自河套向南流过，榆林相应也成为兀良哈重点进攻的地区之一。

进入夏季之后，伴随着蒙古草原生态条件的改善，黄河冰冻亦消，榆林防御压力减轻，调来班军再次复归原地。[4]不过鉴于兀良哈距边不远，陕北军队系统已开始为秋冬季节榆林防御常态化未雨绸缪。正统二年五月，“守备延安、绥德监察御史章聪奏请每岁八月，以各卫操备官军选三千六百人，分三队，令都指挥或指挥领之。一自府谷抵榆林庄，一自榆林庄抵大兔鹘，一自大兔鹘抵保安、塞门，往来巡哨。寇至则合兵追剿。仍以都指挥王永提督如故。从之。”[5]榆林庄即后来之榆林城前身，大兔鹘位于后来所筑威武堡（今榆林市横山县塔湾镇东一公里杨小川沟沟口东山畔上），[6]保安即延安府保安县（今陕西省延安市志丹县），塞门即金明川沿岸塞门守御千户所（今陕西省延安市安塞县北延河沿岸），后改为塞门堡。如果连接以上地区，基本形成了河套东南缘之纵向防线，从而阻止兀良哈进一步进入陕北腹里。

明朝除在河套东部针对兀良哈进攻进行军事部属外，还开始控制兀良哈南下榆林东部之河谷要道。主持者为延绥整饬边备文官。据《延绥镇志》（康熙）记载，正统初年、二年延绥巡抚郭智先后建立多处堡寨。仁宣以后，明朝逐渐向军镇派遣文官，以协助、制约武将，文官外巡使职名目众多，但其职责主要是负责军镇后勤事务，比如修建防御工

---

〔1〕〔明〕陈文等：《明英宗实录》卷28“正统二年三月癸巳”条，第555页。

〔2〕〔清〕刘于义等监修，沈青崖等编纂：《陕西通志》（雍正）卷11《山川四·榆林府·榆林县》，第600页。

〔3〕〔清〕谭吉璁：《延绥镇志》（康熙）卷1－4《地理志·山川》，第302页。

〔4〕“巡抚陕西行在工部右侍郎罗汝敬奏：即今边境宁息，绥德卫原留西安等卫备冬官军正当农务时月，宜放回各卫所屯种。从之。”参见〔明〕陈文等：《明英宗实录》卷29“正统二年夏四月壬戌”条，第575页。

〔5〕〔明〕陈文等：《明英宗实录》卷30“正统二年五月癸巳”条，第595－596页。

〔6〕〔清〕刘于义等监修，沈青崖等编纂：《陕西通志》（雍正）卷16《关梁一·榆林府·怀远县·威武堡》，第858页。

事,而武将权力则逐渐限于统率作战。[1] 延绥地区也在这一潮流中派遣整饬边备文官。宣德十年十月,“升行在河南道监察御史郭智为行在都察院右佥都御史,命往绥德、延安,同守备都指挥佥事王永整饬边备,俱降敕谕之”,[2]但数月后郭智便去职。正统元年二月,“命右佥都御史郭智参赞宁夏军务。”[3]因此郭智职任既非巡抚,也应无时间修筑以上诸堡寨,至少多数堡寨非其所筑,而应是其继任者章聪所筑。正统元年(1436)十一月,“命监察御史章聪督边备于延安、绥德,以备边都指挥王永奏请也。”[4]章聪职衔为“守备延安、绥德监察御史”。[5] 正统三年(1438)七月,章聪免职下狱。[6] 章聪用心边事,多次围绕修筑营堡之事向朝廷奏报,故《延绥镇志》(康熙)所载郭智修筑堡寨应皆为章聪所筑。

章聪所筑堡寨,地处府谷者为孤山堡(见图5-6)。“孤山堡。东至木瓜园四十里,西至镇羌四十里,南至府谷县四十里,北至大边十五里。唐胜州地,后为孤圪塔马营。国朝正统二年,巡抚郭公置堡西南。成化初,移置今堡。”[7]孤山堡系在孤山儿砦基础上提升规格而成。“孤山儿砦。在[绥德]州北四百里,又有五寨,曰伯颜、曰双山、曰拜堂、曰鱼儿河、曰榆林庄,俱在城之北。”[8]孤山堡属依险型城堡。“城设在山畔,系次冲上地。”[9]“本边城结在山崖,亦称险固。但南关居民稠密,而关外久颓,非结草之固,不可不图保障。”[10]孤山堡虽属依险型

[1]关于此,详见拙著《明代九边长城军镇史——中国边疆假说视野下的长城制度史研究》,第647-665页。

[2][明]陈文等:《明英宗实录》卷10“宣德十年冬十月丁未”条,第191-192页。

[3][明]陈文等:《明英宗实录》卷14“正统元年二月庚子”条,第250页。

[4][明]陈文等:《明英宗实录》卷24“正统元年十一月丁未”条,第481页。

[5][明]陈文等:《明英宗实录》卷28“正统二年三月癸巳”条,第555页。

[6][明]陈文等:《明英宗实录》卷44“正统三年秋七月甲辰”条,第860页。

[7][明]郑汝璧等修,[明]刘余泽等纂,陕西省榆林市地方志办公室整理:《延绥镇志》(万历)卷1《建置沿革·孤山堡》,第30页。

[8][明]郑汝璧等修,[明]刘余泽等纂,陕西省榆林市地方志办公室整理:《延绥镇志》(万历)卷2《古迹·孤山儿砦》,第122页。

[9][清]谭吉璁:《延绥镇志》(康熙)卷1-3《地理志·孤山堡》,第291页。

[10][明]郑汝璧等修,[明]刘余泽等纂,陕西省榆林市地方志办公室整理:《延绥镇志》(万历)卷1《建置沿革·孤山堡》,第60页。

图 5-6 孤山堡全景,2010 年摄

城堡,但缺乏水源。"堡背山俯川,眄水相合,似得形胜。南去黄河甚近,冰结,虏每渡河,抢山西保德州等处。俱通大举要地,虽零寇稍息,终须可虞。且城中无水,尤防持久。"[1]孤山堡位于孤山川沿岸,孤山川上游接沙梁川,后者发源于河套。孤圪塔马营原筑于山巅,孤山堡移至山畔。[2] 而在府谷东北尚归山西管辖处,正统初年亦增置了烟墩。正统三年三月,"镇守山西左都督李谦等奏:黄河西岸沟涧路多,达贼来往虽有守备官军,俱在河东,瞭望不见。宜于河西高阜要地守瞭,庶不误事。上从之。命增黄河西岸烟墩五处。"[3]成化十一年时,孤山堡"城垣一所,周围一里零二百七十五步,边墩六座:大山墩、永镇墩、安家山墩、东山墩、武宁墩、中山墩",控制大边长城 78 里,崖砦 31 座,川面水口 3 处,[4]属小规模的城堡。孤山堡不断扩建,在万历时期规模为:"城周围三里三十四步,楼铺一十四座。万历三十五年,巡抚都御史

〔1〕〔明〕郑汝璧等修,〔明〕刘余泽等纂,陕西省榆林市地方志办公室整理:《延绥镇志》(万历)卷 1《建置沿革·孤山堡》,第 30-31 页。

〔2〕〔清〕谭吉璁:《延绥镇志》(康熙)卷 1-3《地理志·双山堡》,第 291 页。

〔3〕〔明〕陈文等:《明英宗实录》卷 40"正统三年三月庚子"条,第 776 页。

〔4〕〔明〕余子俊:《余肃敏公经略公牍·孤山堡》,第 369-372 页。

涂公周围用砖包砌,高□丈",[1]"墩台五十五座"。[2]《延绥镇志》(康熙)载:"边垣长三十七里零二百五十五步,墩台五十座。"[3]据《延绥镇志》(万历)图示,孤山堡为两角抹平之长方形(见图5-7,5-8)。[4]

图5-7 孤山堡南墙,2010年摄

在神木地区,章聪在秃尾河下游设置了高家堡(今陕西省榆林市神木县高家堡镇)。正统二年十一月,兀良哈进至金刚沟。"镇守延安、绥德都指挥同知王祯等奏:鞑贼五百余骑,掠金刚沟南,官军追击,败之,生擒五人,斩首二级,获马三十五匹,并追还被掠人畜。上赐敕奖之。"[5]金刚沟在榆林东部后来所建之"高家堡北十里"。[6]《延绥镇志》(万历)载高家堡筑于正统四年(1439)。"高家堡。东至柏林堡四

[1][明]郑汝璧等修,[明]刘余泽等纂,陕西省榆林市地方志办公室整理:《延绥镇志》(万历)卷1《建置沿革·孤山堡》,第30页。

[2][明]郑汝璧等修,[明]刘余泽等纂,陕西省榆林市地方志办公室整理:《延绥镇志》(万历)卷1《建置沿革·孤山堡》,第60页。

[3][清]谭吉璁:《延绥镇志》(康熙)卷1-3《地理志·高家堡》,第291页。

[4][明]郑汝璧等修,[明]刘余泽等纂,陕西省榆林市地方志办公室整理:《延绥镇志》(万历)卷1《舆图·延绥镇图说》,第6页。

[5][明]陈文等:《明英宗实录》卷36"正统二年十一月癸丑"条,第707-708页。

[6][清]刘于义等监修,沈青崖等编纂:《陕西通志》(雍正)卷13《山川六·葭州·虎峪沟》,第721页。

图 5-8　孤山堡北门,2010 年摄

十里,西至建安堡四十里,南至葭州一百六十里,北至大边三里。唐丰州地,宋飞鸦川,元弥川巡检司。国朝正统四年,巡抚陈公镒建。后肃敏公展修。"[1]但《明英宗实录》载正统三年时已出现此堡。"先是,监察御史章聪奏陕西高家等堡十处,俱达贼出没之所,备御军马众多。"[2]故此堡也应为章聪所建,由指挥使守备。"初信以绥德指挥使守备高家堡,虏入寇,信辄拥兵自卫,不敢击。千户张林等追战,尽还所掠。"[3]高家堡地势平坦,"城设在平川,系极冲上地"。[4] 之所以设置于此,是出于扼守边境要冲之考虑,因此高家堡属于扼要型城堡。"堡修在川中,四面平旷,无险可恃。西北高山,俯视城中,虚实易见。虏若抵川,南犯葭州之豆峪,东犯神木之大和砦,西绝建安之柴炭道路。极冲难守。"[5]成化十一年,高家堡"城垣一所,周围一里零三百步,边墩

[1]〔明〕郑汝璧等修,〔明〕刘余泽等纂,陕西省榆林市地方志办公室整理:《延绥镇志》(万历)卷1《建置沿革·高家堡》,第29页。

[2]〔明〕陈文等:《明英宗实录》卷41"正统三年夏四月甲子"条,第795页。

[3]〔明〕陈文等:《明英宗实录》卷44"正统三年秋七月甲辰"条,第860页。

[4]〔清〕谭吉璁:《延绥镇志》(康熙)卷1-3《地理志·高家堡》,第291页。

[5]〔明〕郑汝璧等修,〔明〕刘余泽等纂,陕西省榆林市地方志办公室整理:《延绥镇志》(万历)卷1《建置沿革·高家堡》,第29页。

八座：绵羊头墩、峰子梁墩、高家堡墩、金刚墩、老虎山墩、高庙儿墩、杏树梁墩、牛皮要墩”，控制大边长城60里零119步，崖砦小墩27座，川面水口31处，[1]属小规模城堡。高家堡不断扩建，万历时期规模为：“城周围三里八十九步，楼铺一十五座。万历三十五年，巡抚都御史涂公宗濬周围用砖包砌，高□丈”，[2]“墩台四十四座”。[3]《延绥镇志》(康熙)载：“周围凡三里零二十九步，楼铺一十五座……边垣长四十二里零二百三十八步，墩台四十四座。”[4]“三里零二十九步”应为“三里八十九步”之讹误。据《延绥镇志》(万历)图示，高家堡为正方形。[5]现堡内南北街一道，东西街一道，成“丁”字形，中有中兴楼1座，北城墙上有三官楼1座，东北有城隍庙1座。[6]

由于无定河是连接榆溪河、黄河之主干道，章聪于此重点修筑堡寨，设响水、鱼河、水地湾三堡寨。“响水堡。汉圁阴地。明正统初巡抚郭置。”响水堡位于榆林东南无定河上游(今榆林横山县城东50公里的无定河南岸响水镇政府所在地)，因堡东1公里处有天生桥，水从洞出，其势如雷，故名响水。响水堡地处榆溪河与无定河交汇之处，历来是兵家必争之地。响水堡建于山坡之上，“城设在山坡，系极冲中地”；[7]属依险型城堡，“堡东、西、南三面倚山险，又无定河环流，足堪自保”。[8] 成化十一年，响水堡“城垣一所，周围三里零二百九步二尺，边墩四座：郭家梁三墩、郭家梁墩、沙河掌墩、沙河山墩”，控制二边长

[1]〔明〕余子俊：《余肃敏公经略公牍·高家堡》，第392－395页。

[2]〔明〕郑汝璧等修，〔明〕刘余泽等纂，陕西省榆林市地方志办公室整理：《延绥镇志》(万历)卷1《建置沿革·高家堡》，第29页。

[3]〔明〕郑汝璧等修，〔明〕刘余泽等纂，陕西省榆林市地方志办公室整理：《延绥镇志》(万历)卷1《建置沿革·高家堡》，第57页。

[4]〔清〕谭吉璁：《延绥镇志》(康熙)卷1－3《地理志·高家堡》，第290页。

[5]〔明〕郑汝璧等修，〔明〕刘余泽等纂，陕西省榆林市地方志办公室整理：《延绥镇志》(万历)卷1《舆图·延绥镇图说》，第9页。

[6]杨和春主编：《神木县志》，经济日报出版社1990年版，第439页。

[7]〔清〕谭吉璁：《延绥镇志》(康熙)卷1－3《地理志·响水堡》，第289页。

[8]〔明〕郑汝璧等修，〔明〕刘余泽等纂，陕西省榆林市地方志办公室整理：《延绥镇志》(万历)卷1《建置沿革·响水堡》，第33页。

城58里260步，崖砦小墩33座，川面水口8处，守瞭墩台8座，[1]属较大规模城堡。响水堡不断扩建，万历时期规模为："周围三里二百一十步，楼铺八座。万历六、七年重修，加高帮厚，砖砌牌墙、垛口，共高三丈。"[2]《延绥镇志》（康熙）载："边垣长一十九里零二百七十八步，墩台二十二座。"[3]据《延绥镇志》（万历）图示，响水堡为一边凹凸之正方形（见图5－9）。[4] 响水堡面对宽阔的无定河床，行经堡处，折而向东，河床骤而变窄。响水堡所在山岭规模很大，北部为堡城，南部为农田，土地平整，一望无际，能够提供丰富的粮食资源。响水堡东、西、北墙保存相对完整，尤以东、西二墙较为高大，一直延伸至山之北端。西垣仍存部分，十分高大（见图5－10）。响水堡尚有东、西、北3座墩台。其中东、西墩台所连直线，大体与无定河防线垂直，正形成横截之势。东门、西门（见图5－11）仍存，东门正处于山岭北边峭壁之上，上题"渊停"二字，其意便取自响水堡横阻无定河之意（见图5－12）。堡南现有墩3座，皆甚高大，分布于农田之中（见图5－13）。响水堡虽地势平坦，但由于山岭较高，饮水困难。目前响水村多数居民已迁至山下，应与此有关系。这可能也是响水堡后来一度迁移的原因。至迟正统三年二月之前，兀良哈已进入响水寨。"先是，镇守延安、绥德都指挥同知王祯等奏[绥德卫指挥程]林率领马步官军哨备响水寨，被鞑贼入境杀伤官军，抢掠马匹，宜治以罪。"[5]成化二年，兵部尚书王复至西北整饬边务，从而将响水堡迁移至以西40里的黑河山，改名"平夷堡"，清改名"平彝堡"。《延绥镇志》（康熙）载："[成化]八年移守平彝堡。九年，余子俊撤平彝，仍守响水。"[6]两次迁徙时间皆系误载。余子俊迁回响水堡的时间是成化七年。成化七年七月，"甲戌，复徙平夷、清平、

---

[1][明]余子俊：《余肃敏公经略公牍·响水堡》，第420－423页。

[2][明]郑汝璧等修，[明]刘余泽等纂，陕西省榆林市地方志办公室整理：《延绥镇志》（万历）卷1《建置沿革·响水堡》，第33页。

[3][清]谭吉璁：《延绥镇志》（康熙）卷1－3《地理志·响水堡》，第289页。

[4][明]郑汝璧等修，[明]刘余泽等纂，陕西省榆林市地方志办公室整理：《延绥镇志》（万历）卷1《舆图·延绥镇图说》，第12页。

[5][明]陈文等：《明英宗实录》卷39"正统三年二月辛未"条，第756－757页。

[6][清]谭吉璁：《延绥镇志》（康熙）卷1－3《地理志·响水堡》，第289页。

镇靖三堡于旧城。”

图 5 - 9　响水堡，2009 年摄

图 5 - 10　响水堡西墙，2009 年摄

图 5 - 11　响水堡大西门,2009 年摄

图 5 - 12　响水堡东门,2009 年摄

图5－13　响水堡北墩,2009年摄

《延绥镇志》(万历)载鱼河堡建于正统二年。“鱼河堡。东至榆林石佛堂界六十里,西至响水堡四十里,南至米脂县九十里,北至归德堡四十里。汉圁阴地,为黑土坨塔。国朝正统二年,巡抚郭公置鱼河砦于九股水。成化十一年,余肃敏公置今城,撤鱼儿河军守之。”[1]鱼河砦又称鱼儿河寨、鱼河寨,地处榆溪河、无定河交汇处之九股水,加之地势平坦,“城设在平川,系腹里上地”,[2]不仅是蒙古军队进入榆林后就水草之处,[3]而且是陕北交通枢纽地区。《读史方舆纪要》引《五边考》载:“鱼儿河,榆林转输之要道也。其西北有乱峰墩、野猪峡,乃直冲鱼河之径。寇入鱼河,则榆林、绥德断而为二矣,故防御最急。”[4]因此鱼河堡属扼要型城堡。“堡居无定、明堂两大河之交。先年大举南下,就

〔1〕〔明〕郑汝璧等修,〔明〕刘余泽等纂,陕西省榆林市地方志办公室整理:《延绥镇志》(万历)卷1《建置沿革·归德堡》,第32页。

〔2〕〔明〕郑汝璧等修,〔明〕刘余泽等纂,陕西省榆林市地方志办公室整理:《延绥镇志》(万历)卷1《建置沿革·鱼河堡》,第32页。

〔3〕〔清〕顾炎武:《肇域志·陕西九·榆林卫》,第99页。

〔4〕〔清〕顾祖禹撰,贺次君、施和金点校:《读史方舆纪要》卷61《陕西十·榆林镇·鱼河堡》,第2937页。

水扎营,零贼尤易窃掠。"[1]鉴于鱼河寨的战略地位,正统三年明朝于其周边增筑墩台。"镇守陕西都御史陈镒奏请展筑鱼儿河屯寨,添设大伯川等墩台六座。从之。"[2]成化十一年,鱼河堡"城垣一所,周围二里零二百七十五步二尺,墩台四座:峰子山墩、中山墩、银州墩、龙泉墩",控制二边长城72里300步,崖砦小墩56座,川面水口19处,[3]属中等规模城堡。鱼河堡不断扩建,"周围三里三百步,楼铺一十五座。隆庆六年,加高三丈。万历四年,砖砌牌墙、垛口五尺,共高三丈五尺"。[4] 据《延绥镇志》(万历)图示,鱼河堡为正方形。[5]

而在榆林南部的绥德地区,正统二年,章聪亦建水地湾寨于无定河西侧。"双山堡。东至建安堡四十里,西至常乐堡四十里,南至葭州五十里,北至大边十里。汉真乡县地。国朝正统二年,巡抚郭公筑水地湾寨。成化间巡抚余子俊移筑今堡,并柳树会兵守之。"[6]水地湾寨位于绥德卫(今榆林市绥德县)、无定河西侧小理水(今小理河)下游。明朝建立响水、鱼河、水地湾三堡寨之后,与榆溪河已设置之榆林寨相结合,从而构建了榆溪-无定一线河谷地带之纵深防御体系。

正统初年,章聪除在榆林东部构建堡寨纵深防御体系外,还出于直接阻挡兀良哈南下之目的,在河套西南缘风沙草滩地带建立了定边营、安边营、砖井堡与宁塞营。"定边营。东至砖井五十里,西至宁夏花马池六十里,南至石涝池一百里,北至大边五十步……国朝正统二年,置定边营。"[7]定边营位于今定边县城,地势平坦。"城设在平川,系极冲

---

[1] [明]郑汝璧等修,[明]刘余泽等纂,陕西省榆林市地方志办公室整理:《延绥镇志》(万历)卷1《建置沿革·鱼河堡》,第32页。

[2] [明]陈文等:《明英宗实录》卷43"正统三年六月庚申"条,第834页。

[3] [明]余子俊:《余肃敏公经略公牍·鱼河堡》,第417-419页。

[4] [清]谭吉璁:《延绥镇志》(康熙)卷1-3《地理志·鱼河堡》,第289页。

[5] [明]郑汝璧等修,[明]刘余泽等纂,陕西省榆林市地方志办公室整理:《延绥镇志》(万历)卷1《舆图·延绥镇图说》,第11页。

[6] [明]郑汝璧等修,[明]刘余泽等纂,陕西省榆林市地方志办公室整理:《延绥镇志》(万历)卷1《建置沿革·双山堡》,第28页。

[7] [明]郑汝璧等修,[明]刘余泽等纂,陕西省榆林市地方志办公室整理:《延绥镇志》(万历)卷1《建置沿革·定边营》,第38页。

上地”,[1]属典型之扼要型营堡。“本营四面平旷,无险可据,南藩环庆、西捍固靖,万一不虞,全陕便道。先设守备,近改副总兵、添宪臣防御似周,但副总兵协守太远,兵止千五,兵备兼属延宁,事亦牵制云。”[2]成化十一年定边营规模为“城垣一所,周围四里零一百七十步,边墩五座:新安墩、新添墩、安静墩、平虏墩、安定墩”,控制大边长城 87 里 342 步,崖砦小墩 62 座,水口 4 处。[3] 明后期不断扩建,“嘉靖中,游击梁震设关。城周围四里一百七十五步,楼铺二十八座。万历元年,展西关。三、四两年,将旧城加高帮厚。六年,砖砌牌楼、垛口五尺,共高三丈六尺”,[4]“墩台七十七座”。[5]《延绥镇志》(康熙)载:“边垣长五十四里,墩台七十七座。”[6]据《延绥镇志》(万历)图示,定边营为正方形。[7] 定边营故城以鼓楼为中心,向四方延伸,原城也不甚大。1970 年,修筑防空洞时,定边营城砖全被拆用。20 世纪 80 年代以来,墙土多被民房建筑取用,部分城墙基作了民房地基。整个城垣已严重残缺。[8] 目前城内仅存鼓楼与西侧一处土墩。

《延绥镇志》(康熙)载旧安边营设于正统二年。“旧安边营。东至柳树涧四十里,西至砖井五十里,南至新安边六十里,北至大边一里。宋盐州地,后为深井。国朝正统二年,巡抚郭公置。”[9]其位置冲要而

---

[1]〔清〕谭吉璁:《延绥镇志》(康熙)卷 1 – 3《地理志 · 定边营》,第 293 页。

[2]〔明〕郑汝璧等修,〔明〕刘余泽等纂,陕西省榆林市地方志办公室整理:《延绥镇志》(万历)卷 1《建置沿革 · 定边营》,第 38 – 39 页。

[3]〔明〕余子俊:《余肃敏公经略公牍 · 威武堡》,第 488 – 491 页。

[4]〔明〕郑汝璧等修,〔明〕刘余泽等纂,陕西省榆林市地方志办公室整理:《延绥镇志》(万历)卷 1《建置沿革 · 定边营》,第 38 页。

[5]〔明〕郑汝璧等修,〔明〕刘余泽等纂,陕西省榆林市地方志办公室整理:《延绥镇志》(万历)卷 1《建置沿革 · 定边营》,第 68 页。

[6]〔清〕谭吉璁:《延绥镇志》(康熙)卷 1 – 3《地理志 · 定边营》,第 293 页。

[7]〔明〕郑汝璧等修,〔明〕刘余泽等纂,陕西省榆林市地方志办公室整理:《延绥镇志》(万历)卷 1《舆图 · 延绥镇图说》,第 21 页。

[8]陈兴旺主编:《定边县志》,陕西地方志丛书,方志出版社 2003 年版,第 842 页。

[9]〔明〕郑汝璧等修,〔明〕刘余泽等纂,陕西省榆林市地方志办公室整理:《延绥镇志》(万历)卷 1《建置沿革 · 旧安边营》,第 37 页。

难守。“城设在平川，系极冲中地。”[1]“本营四面平漫，冲要难守。”[2]“本边城建大道上，四面受敌，最难坚守。又如旧字一墩、旧字二墩，适中空，地势平衍，且皆大川。每岁淮雨之候，山水漭漾壅冲，大口鸱张，大举多由此地，应增土墩一座。又如旧字三墩、四墩、五墩、二十三墩、二十四墩、二十八墩、二十九墩、四十墩、四十一墩、四十二墩、四十三墩、四十四墩，共计十二空，相距左右墩台辽阔，地复平旷，绝无险隘，虏贼蹂躏要害，亦须每空适中增修土墩一座，庶可杜畔销萌。”[3]成化年间，延绥镇巡抚余子俊修筑二边长城后，将安边营迁至今榆林市定边县新安边镇，称“新安边营”，原安边营荒废。故余子俊于成化十一年颁布之《边备榜文》中，亦不载旧安边营。[4] 不过值得注意的是，旧安边营徙于成化十三年(1477)之后。“甲戌，巡抚陕西右都御史余子俊等奉敕言备边事。一延庆境外密迩河套，地名深井。正统初筑安边营，迨虏入套，时出虏掠，边臣闭门不敢与敌。有诏移安边营于中山坡，就险守备。而边人狃于久安，至今未徙，宜趣令徙之……兵部具拟其便，从之。”[5]成化末年，明朝鉴于定边营孤立，缺乏支援，再次回迁，故称“旧安边营”。明后期不断扩建。“城周围四里三分，楼铺二十座。隆庆六年，加高三丈四尺。万历六年，砖砌牌墙、垛口五尺，共高三丈九尺”，[6]“墩台四十九座”。[7] 《延绥镇志》(康熙)载：“边垣长三十三里零二十三步，墩台五十一座。”[8]据《延绥镇志》(万历)图示，旧安边

---

〔1〕〔清〕谭吉璁：《延绥镇志》(康熙)卷1-3《地理志·旧安边营》，第292页。

〔2〕〔明〕郑汝璧等修，〔明〕刘余泽等纂，陕西省榆林市地方志办公室整理：《延绥镇志》(万历)卷1《建置沿革·旧安边营》，第37页。

〔3〕〔明〕郑汝璧等修，〔明〕刘余泽等纂，陕西省榆林市地方志办公室整理：《延绥镇志》(万历)卷1《建置沿革·旧安边营》，第65页。

〔4〕〔明〕余子俊：《余肃敏公经略公牍·新兴堡》，第477-480页。

〔5〕〔明〕刘吉等：《明宪宗实录》卷170“成化十三年九月甲戌”条，第3077-3078页。

〔6〕〔明〕郑汝璧等修，〔明〕刘余泽等纂，陕西省榆林市地方志办公室整理：《延绥镇志》(万历)卷1《建置沿革·旧安边营》，第37页。

〔7〕〔明〕郑汝璧等修，〔明〕刘余泽等纂，陕西省榆林市地方志办公室整理：《延绥镇志》(万历)卷1《建置沿革·旧安边营》，第65页。

〔8〕〔清〕谭吉璁：《延绥镇志》(康熙)卷1-3《地理志·旧安边营》，第292页。

营为长方形。[1]

旧安边营位于今定边县安边镇治。1970年修筑防空洞时,旧安边营城砖全被拆用。目前尚存东、北、南三面墙。其中北墙虽有一大豁口,但却最为雄壮。东、南墙却基本成为民居的院墙了。西北、东北、东南之墩台甚为高大,应是原城楼旧址。目前旧安边营北部空地已完全沦为垃圾场。在旧安边营北面数里为大边长城。营与堡寨相比,规模较大,明朝之所以于安边营设营,在于这一地区地势平坦,而忻都大川(今榆林市定边县安边镇八里河)也在其东侧,由北向南流过。周边又有野马涧、柳树涧。"野马涧,在镇西安边旧营东北。天顺中寇犯安边,官军败之于野马涧。又东为柳树涧,景泰中石彪御敌于安边营口,追至昌平墩,大败之于野马涧半坡,转战六十余里至柳树涧是也。"[2]安边营相应是蒙古大规模进入之地。地形上平原与丘陵之差别,正是明朝于榆林西部设置靖边、安边、宁塞、定边四营,而于东部仅设置清水一营的地理根源。也正是由于这一原因,明朝后来在此增加安边营守军数量。"增置延安卫安边营守备军,从巡抚陕西右都御史王文奏请也。"[3]

《延绥镇志》(万历)载砖井堡设于正统二年。"砖井堡。东至旧安边四十里,西至定边五十里,南至新兴堡一百里,北至大边一里。宋盐州地。旧新兴堡有古井,以砖甃者,故砖井名。国朝正统二年,巡抚郭公置。"[4]砖井堡位于今定边县砖井镇北1公里处。堡之得名源于当地以砖砌井。因地势平漫,"城设在平川,系极冲上地",[5]属典型之扼要型城堡,防御十分困难。"本营四面俱平坦。先年止城西有一井,近城中开有新井,水可足用。南土山迤逦,雨水泛涨,最为城害。极当冲

[1][明]郑汝璧等修,[明]刘余泽等纂,陕西省榆林市地方志办公室整理:《延绥镇志》(万历)卷1《舆图·延绥镇图说》,第18页。

[2][清]顾祖禹撰,贺次君、施和金点校:《读史方舆纪要》卷61《陕西十·榆林镇·野马涧》,第2932页。

[3][明]陈文等:《明英宗实录》卷113"正统九年二月庚戌"条,第2286页。

[4][明]郑汝璧等修,[明]刘余泽等纂,陕西省榆林市地方志办公室整理:《延绥镇志》(万历)卷1《建置沿革·砖井堡》,第37页。

[5][清]谭吉璁:《延绥镇志》(康熙)卷1-3《地理志·砖井堡》,第293页。

要，兵马单弱，防守最难。先年，大举由此溃墙，深入二次。”[1]成化九年（1473），在总兵官刘聚、参赞军务王越的主持下，砖井堡向南迁移至新兴堡。嘉靖中期再次回迁。故余子俊于成化十一年颁布之《边备榜文》中，亦仅载新兴堡，而不载砖井堡。[2] 砖井堡不断扩建，万历时期规模为：“周围三里二百五十步，楼铺一十二座。万历六年，加高帮厚，砖砌牌墙、垛口五尺，共高三丈五尺”，[3]“墩台二十二座”，[4]属较大规模城堡。《延绥镇志》（康熙）载：“边垣长一十七里，墩台二十二座。”[5]据《延绥镇志》（万历）图示，砖井堡为长方形。[6] 但实地考察所见，砖井堡呈正方形，目前仅余夯土墙体，保存尚可，四周堡墙、四角敌台及控遏大边长城皆存，南部尚存瓮城，尤以北墙、西墙保存完整（见图5-14）。东墙有所倾塌，多处挖洞，且有民居、厕所傍墙而建。砖井堡北侧数十米外便为大边长城（见图5-15），被公路斩断。堡内20世纪70年代尚有居民，后全部迁出，改为农田，砖井堡才得以较为完整地保存下来。砖井堡虽然与旧安边营一样，皆处控扼边境的平原地区，但由于当地并无大型河流，并未有蒙古依循南下的交通道路，因此地位不如旧安边营重要，相应仅设堡而未设营。

至迟在正统三年初，宁塞营也已建立。正统三年二月，“镇守延安、绥德都指挥同知王祯奏：延安卫宁塞哨马营最为要地，陕西都司委署都指挥佥事陈斌在彼备冬，斌历练老成，宜常留守备。从之。”[7]《读史方舆纪要》认为宁塞营建于正统三年。“宁塞营在延安府保安县北

---

〔1〕〔明〕郑汝璧等修，〔明〕刘余泽等纂，陕西省榆林市地方志办公室整理：《延绥镇志》（万历）卷1《建置沿革·砖井堡》，第37页。

〔2〕〔明〕余子俊：《余肃敏公经略公牍·新兴堡》，第477-480页。

〔3〕〔明〕郑汝璧等修，〔明〕刘余泽等纂，陕西省榆林市地方志办公室整理：《延绥镇志》（万历）卷1《建置沿革·砖井堡》，第37页。

〔4〕〔明〕郑汝璧等修，〔明〕刘余泽等纂，陕西省榆林市地方志办公室整理：《延绥镇志》（万历）卷1《建置沿革·砖井堡》，第67页。

〔5〕〔清〕谭吉璁：《延绥镇志》（康熙）卷1-3《地理志·砖井堡》，第293页。

〔6〕〔明〕郑汝璧等修，〔明〕刘余泽等纂，陕西省榆林市地方志办公室整理：《延绥镇志》（万历）卷1《舆图·延绥镇图说》，第19页。

〔7〕〔明〕陈文等：《明英宗实录》卷39“正统三年二月戊寅”条，第761-762页。

百八十里，旧名兀剌城，正统三年改筑宁塞城，设军备御。"[1]宁塞营后改为降宁塞堡（今榆林市靖边县西南100里石窑沟乡宁塞堡），位于白于山（今靖边县白于山）北、红柳河（今靖边县红柳河）下游，由于白于山地势较高，红柳河流向此地后，逐渐向四周漫延而形成大小不等的湖泊，使周边地区生态颇好，相应是明朝重点加强经营之地。正如上文所述，宁塞营、定边营一度改归宁夏镇管辖。不过正统八年（1443），定边、宁塞二营再次改属榆林军队系统。

图5－14　砖井堡，2010年摄

图5－15　砖井堡大边长城，2010年摄

〔1〕〔清〕顾祖禹撰，贺次君、施和金点校：《读史方舆纪要》卷61《陕西十·榆林镇·安边营》，第2936页。

在章聪的设计里,营堡建筑不仅是抵御河套蒙古之防御工事,而且还是实行坚壁清野的保民设施。正统三年二月,章聪奏:"葭州、府谷等县并延绥二卫官员、军民散牧牛马,为贼探知,累来抢掠。宜敕王祯及副使周廉等,每年九月初,尽数拘入烟墩一二百里内牧放便益。"在兀良哈不断南下与明朝修筑营堡内外作用之下,榆林民众与军事关系愈来愈密切,章聪从而进一步请求建立土兵制度,弥补榆林军事防御薄弱问题。"绥、葭二州,府谷、神木等七县人民熟于弓马,宜选壮丁,简官率领,冬月给与器械,赴王祯处操练。遇警协军追剿,有功一体升赏。"对于这些建议,"上善聪言,命所司即议行之"。[1]

正统三年之后,明朝又陆续在榆林修筑了一些堡寨。至迟在正统六年(1441)闰十一月,明朝在神木县已建立杨家城寨。"初,镇守陕西右副都御史陈镒奏令延绥各边堡采刈秋青草,而各堡执称沙漠无草。镒令管粮参政李寅、佥事许资等覆勘。资奏镇守官都督佥事王祯意在勒要民供,宜治其罪。祯抗奏不服,云镒使资害已,并摭镒奏移神木县、杨家城寨不便……至是,翺等奏县、寨移居山顶实不便,宜移置神木县于平川,杨家城寨于县西五十里……"[2]至迟在正统七年(1442),明朝也已建立栢林寨。栢林寨,又作柏林寨,位于今榆林市神木县解家堡乡柏林堡村。"开设陕西延安府栢林寨仓,从镇守都督佥事王祯奏请也。"[3]当地尚有其他寨落。"柏林。在[绥德]州东北五十里。又有五寨:曰柳树、曰高家、曰东村、曰神木、曰府谷,俱在城之东北。"[4]成化时期栢林寨升为栢林堡。"东至大柏油堡二十里,西至高家堡四十里,南至黄河一百二十里,北至边二里。唐胜州地。产柏故名。"[5]堡城依险而建。"城设在山原,系极冲下地。"[6]栢林河流过城堡。成化

[1][明]陈文等:《明英宗实录》卷39"正统三年二月己卯"条,第762-763页。

[2][明]陈文等:《明英宗实录》卷86"正统六年闰十一月辛未"条,第1719-1720页。

[3][明]陈文等:《明英宗实录》卷97"正统七年冬十月庚寅"条,第1940页。

[4][明]郑汝璧等修,[明]刘余泽等纂,陕西省榆林市地方志办公室整理:《延绥镇志》(万历)卷2《古迹·柏林》,第122页。

[5][明]郑汝璧等修,[明]刘余泽等纂,陕西省榆林市地方志办公室整理:《延绥镇志》(万历)卷1《建置沿革·柏林堡》,第29页。

[6][清]谭吉璁:《延绥镇志》(康熙)卷1-3《地理志·栢林堡》,第290页。

十一年栢林堡/寨规模为"城垣一所,周围一里零一十三步一尺,边墩五座:黑峰子墩、大栢油墩、镇子昂墩、青杨岔墩、杏树梁墩",控制大边长城67里296步,崖砦小墩34座,川面水口19处,[1]属小规模城堡。栢林堡不断扩建,万历时期规模为:"城周围一里一百二十四步,楼铺八座。万历三十五年,巡抚都御史涂公宗濬周围用砖包砌,高□丈",[2]"墩台二十六座"。[3]《延绥镇志》(康熙)所载规模扩大近一倍,"周围凡二里零一十二步,楼铺八座。万历三十五年,巡抚涂宗濬用砖包砌。边垣长四十三里零一十六步,墩台二十六座"。[4] 据《延绥镇志》(万历)图示,栢林堡为正方形。[5] 现堡已成断壁残垣,受到流沙的严重侵蚀。[6]

虽然《延绥镇志》(万历)载余子俊移水地湾寨于双山堡,但事实是至迟在天顺元年(1457)已完成迁徙。当年,石亨充任总兵官,率兵"搜套",从而提出向北迁移诸多营堡,以加强河套南缘防御,其中"双山堡移真溪滩"之规划,便显示出双山堡之移建不同于成化时期。[7] 双山堡依险而建。"城设在山冈,系极冲中地",[8]属典型之依险型城堡。"城东北深沟,南面峻坡渠壑,西面稍平,守城颇易。但迤南多葭州人户住,当沙河之冲,虏若潜踪河下,一时猝至,收敛为难,直犯柳树会、豆峪、大会、葭州等处。近有议车道峁筑墩瞭望,亦收敛之一策也。"[9]双山堡附近为葭芦河发源地。成化十一年双山堡规模为"周围一里零三

〔1〕〔明〕余子俊:《余肃敏公经略公牍·栢林砦》,第387-390页。

〔2〕〔明〕郑汝璧等修,〔明〕刘余泽等纂,陕西省榆林市地方志办公室整理:《延绥镇志》(万历)卷1《建置沿革·柏林堡》,第29页。

〔3〕〔明〕郑汝璧等修,〔明〕刘余泽等纂,陕西省榆林市地方志办公室整理:《延绥镇志》(万历)卷1《建置沿革·柏林堡》,第57页。

〔4〕〔清〕谭吉璁:《延绥镇志》(康熙)卷1-3《地理志·栢林砦》,第290页。

〔5〕〔明〕郑汝璧等修,〔明〕刘余泽等纂,陕西省榆林市地方志办公室整理:《延绥镇志》(万历)卷1《舆图·延绥镇图说》,第8页。

〔6〕杨和春主编:《神木县志》,第439页。

〔7〕〔明〕刘吉等:《明宪宗实录》卷27"成化二年三月己未"条,第538页。

〔8〕〔清〕谭吉璁:《延绥镇志》(康熙)卷1-3《地理志·双山堡》,第290页。

〔9〕〔明〕郑汝璧等修,〔明〕刘余泽等纂,陕西省榆林市地方志办公室整理:《延绥镇志》(万历)卷1《建置沿革·双山堡》,第28页。

百五十五步一尺，边墩五座：河西梁墩、谢家梁墩、峰子山墩、艾蒿梁墩、圪塔墩”，控制大边长城 78 里 115 步，崖砦小墩 28 座，川面水口 40 处，[1]属小规模城堡。双山堡不断扩建，万历时期规模已扩大两倍。“周三里九十步，楼铺一十四座。万历二年，加高二丈五尺。六年重修”，[2]“墩台四十座。又建安、双山适中伙修边墩一座。”[3]《延绥镇志》（康熙）载：“边垣长三十里零四十五步，墩台四十座。”[4]据《延绥镇志》（万历）图示，双山堡为两角抹平之长方形。[5] 双山堡位于今榆林市榆阳区麻黄梁镇双山村上岗之上。现堡垣较完整，但砌砖大部分被拆除。残堡垣东西 340 米，南北 450 米，周长 1580 米。[6]

这一时期，无定河流域仍是榆林堡寨重点建设的地区，明朝在无定河中游建立了波罗堡。据《延绥镇志》（康熙）载，波罗堡建于正统十年（1445）。“波罗堡。东至响水堡四十里，西至怀远堡四十里，南至绥德州二百五十里，北至大边一十三里。汉白土县地……国朝正统十年，巡抚马公恭置。”[7]“波罗”一词为佛语，意为“渡到彼岸”。之所以有此地名，在于当地之佛教传说。“无定河南岩上有巨人迹二，俗称波罗佛经此，不知自何代也。石剥之烂，足迹愈显。”[8]不过据《读史方舆纪要》载，当时所建者应为波罗寺砦，而且最初地址在后来波罗堡之南。“波罗堡，在响水堡西四十里。旧为波罗寺砦，属绥德州，后改今属。《边略》云：‘景泰中石亨议移砦于滥柴关，不果。成化二年王复请移于

---

[1]〔明〕余子俊：《余肃敏公经略公牍·双山堡》，第 401－404 页。

[2]〔明〕郑汝璧等修，〔明〕刘余泽等纂，陕西省榆林市地方志办公室整理：《延绥镇志》（万历）卷 1《建置沿革·双山堡》，第 28 页。

[3]〔明〕郑汝璧等修，〔明〕刘余泽等纂，陕西省榆林市地方志办公室整理：《延绥镇志》（万历）卷 1《建置沿革·双山堡》，第 55 页。

[4]〔清〕谭吉璁：《延绥镇志》（康熙）卷 1－3《地理志·双山堡》，第 290 页。

[5]〔明〕郑汝璧等修，〔明〕刘余泽等纂，陕西省榆林市地方志办公室整理：《延绥镇志》（万历）卷 1《舆图·延绥镇图说》，第 10 页。

[6]霍世春主编：《榆林市志》，三秦出版社 1996 年版，第 682 页。

[7]〔明〕郑汝璧等修，〔明〕刘余泽等纂，陕西省榆林市地方志办公室整理：《延绥镇志》（万历）卷 1《建置沿革·波罗堡》，第 33 页。

[8]〔明〕郑汝璧等修，〔明〕刘余泽等纂，陕西省榆林市地方志办公室整理：《延绥镇志》（万历）卷 1《建置沿革·波罗堡》，第 33 页。

堡北响铃塔,即今堡也……'"[1]波罗堡虽属依险型城堡,"城设在山畔,系极冲中地",[2]但地理仍存在缺陷。"堡西北虽有石岸,东南平沙,难于摆守。弘治辛酉,几失陷。赖北有无定河,沙滩陷马,春、夏、秋三时不能近城。遇冬冰结,贼马一驰即至。又大川河口宽漫难守,慌惚都河口于怀远堡协守,两相耽误,最宜堤备。"[3]成化十一年,波罗堡"城垣一所,周围二里零一十一步,边墩七座:定远墩、海子山墩、广武墩、黑河山墩、硬地梁墩、石马山墩、摆刺峰墩",控制二边长城55里270步,崖砦小墩28座,川面水口14处,[4]属中等规模堡。波罗堡不断扩建,万历时期规模为:"城周围二里二百七十步,楼铺十座。万历元年重修。万历六、七年,加高帮厚,砖砌牌墙、垛口,共高三丈五尺",[5]"墩台三十五座"。[6]《延绥镇志》(康熙)载:"边垣长三十五里零四十七步,墩台三十五座。"[7]但波罗堡管辖区域整体而言较易防守。"本边带河易守,如波字三墩及二十六墩、二十七墩、三十五墩,此四堡皆险。盖以直冲大川及芹河并慌忽渡河俱贼讧径路,零贼间常窃犯。然河水有泥,善殢马足,不能深入。波字一墩、二墩、三墩、九墩、十一墩、二十五墩、二十六墩,此七墩俱系沙壅边空,零贼常窃犯,而兵马可遄至,堵遏不得南下。惟是二十九墩、三十一墩,此二墩西空窜远,离于接烽,适中各增为便。"[8]波罗堡位置在响水堡上游,即以西,位于今榆林市横山县城东北25公里的无定河南岸山畔波罗镇政府所在地。

---

[1][清]顾祖禹撰,贺次君、施和金点校:《读史方舆纪要》卷61《陕西十·榆林镇·响水堡》,第2937页。

[2][清]谭吉璁:《延绥镇志》(康熙)卷1-3《地理志·波罗堡》,第289页。

[3][明]郑汝璧等修,[明]刘余泽等纂,陕西省榆林市地方志办公室整理:《延绥镇志》(万历)卷1《建置沿革·波罗堡》,第33页。

[4][明]余子俊:《余肃敏公经略公牍·波罗堡》,第425-430页。

[5][明]郑汝璧等修,[明]刘余泽等纂,陕西省榆林市地方志办公室整理:《延绥镇志》(万历)卷1《建置沿革·波罗堡》,第33页。

[6][明]郑汝璧等修,[明]刘余泽等纂,陕西省榆林市地方志办公室整理:《延绥镇志》(万历)卷1《建置沿革·波罗堡》,第53页。

[7][清]谭吉璁:《延绥镇志》(康熙)卷1-3《地理志·波罗堡》,第289页。

[8][明]郑汝璧等修,[明]刘余泽等纂,陕西省榆林市地方志办公室整理:《延绥镇志》(万历)卷1《建置沿革·波罗堡》,第53页。

波罗堡地处黄云山顶,北为无定河,靠近河边之山坡有修于成化年间的凌霄塔,塔河相映,风景优美(见图5－16)。塔东又有多处废弃民宅,再往东便可看到已成废墟的堡城。波罗堡据称是目前榆林营堡中保存最好的城堡,是榆林诸堡中唯一的陕西省文物保护单位,但同样破坏严重。四面堡墙皆有残存,东、南二墙较高大,东墙墙根尚有未及挖走之墙砖(见图5－17),又有散落一地之碎块。东墙中部有暗门一处。南墙部分尚为砖筑,但大多已剥露,夯土露于外,倾危严重。南墙尚存瓮城一座,且存二砖筑门洞。北墙低矮(见图5－18),大西门仍为砖筑,甚为雄伟,上题“凤翥”(见图5－19)。小西门经过重修,上题“通顺”,南、北门洞亦为砖筑,较为低矮(见图5－20)。

图5－16　波罗堡凌霄塔,2009年摄

图 5－17　波罗堡东墙,2009 年摄

图 5－18　波罗堡北墙,2009 年摄

图 5－19　波罗堡大西门,2009 年摄

图 5－20　波罗堡南门,2009 年摄

怀远堡筑于天顺中期。“怀远堡。东至波罗堡四十里,西至威武堡四十里,南至安塞县三百里,北至大边五十里。汉白土县地,国朝名

为白家梁。天顺中筑堡,撤土门堡军守之。"[1]怀远堡亦依险而设。"城设在山上,系极冲上地。"[2]"堡设在高阜,正东有土山,俯视城中,虚实易见。西北距沟,南西平衍。若虏犯西川、安定,径路,极为冲要。"[3]成化十一年,怀远堡"城垣一所,周围一里零四十步,边墩六座:古峰子墩、大沙梁墩、海子山墩、箭柴山墩、高峰子墩、石庙儿墩",控制二边长城73里216步,崖砦22座,川面水口10处,[4]属小规模堡。明后期怀远堡规模不断扩建。"城周围二里一百八十步,楼铺十二座。隆庆六年,加高二丈五尺。万历六年,加高六尺,砖砌牌墙、垛口五尺,共高山丈六尺",[5]"墩台二十七座"。[6]《延绥镇志》(康熙)所载规模稍有扩大。"周围凡二里零一十七,楼铺十二座。隆庆六年加高。万历六年,砖砌牌墙、垛口。边垣长四十三里零三十七步,墩台二十七座。"[7]据《延绥镇志》(万历)图示,怀远堡为长方形。[8]怀远堡(见图5-21)地处今横山县城南1公里处的山顶,位于无定河支流芦河东岸,城址原名白家梁。怀远堡四周墙体皆有残存,东门、北门皆存门洞,东北角、东南角尚存楼铺2座。南面之山有墩台2座。东墙内侧亦有住家搭墙而居(见图5-22)。堡之南,遥望有墩台2座。堡东南角处有一大口圆井。堡内尚存一城楼,南题"永绥斯土",北题"拱辰",另两侧题字已被铲除。随着怀远堡的建立,明朝已在无定河流域建立4座城堡,无定河流域城堡纵深防御体系遂正式完成。

---

[1][明]郑汝璧等修,[明]刘余泽等纂,陕西省榆林市地方志办公室整理:《延绥镇志》(万历)卷1《建置沿革·怀远堡》,第33页。

[2][清]谭吉璁:《延绥镇志》(康熙)卷1-3《地理志·怀远堡》,第289页。

[3][明]郑汝璧等修,[明]刘余泽等纂,陕西省榆林市地方志办公室整理:《延绥镇志》(万历)卷1《建置沿革·怀远堡》,第34页。

[4][明]余子俊:《余肃敏公经略公牍·怀远堡》,第429-433页。

[5][明]郑汝璧等修,[明]刘余泽等纂,陕西省榆林市地方志办公室整理:《延绥镇志》(万历)卷1《建置沿革·怀远堡》,第33-34页。

[6][明]郑汝璧等修,[明]刘余泽等纂,陕西省榆林市地方志办公室整理:《延绥镇志》(万历)卷1《建置沿革·怀远堡》,第53页。

[7][清]谭吉璁:《延绥镇志》(康熙)卷1-3《地理志·怀远堡》,第289页。

[8][明]郑汝璧等修,[明]刘余泽等纂,陕西省榆林市地方志办公室整理:《延绥镇志》(万历)卷1《舆图·延绥镇图说》,第13页。

图 5－21　怀远堡，2009 年摄

图 5－22　怀远堡东墙，2009 年摄

而在绥德地区,正统时期明朝建立了大量寨落。正统五年(1440),"镇守延安、绥德都指挥使王祯,守备土门寨都指挥刘福受舍人赂,妄奏功次。事觉,上命祯自陈,其实余下巡按御史收鞫之。"[1]土门寨位于绥德以西,而明朝在绥德共建十八寨。"土门寨。在绥德州西,又有响水、麻河、大兔鹘、波罗寺四寨,俱在州之西。自李广寨以下,凡十八寨,皆有戍兵,隶绥德卫。"[2]"土门砦。在(绥德)州西二百五十里,又有四寨,曰响水、曰麻河、曰大兔鹘、曰波罗寺,俱在城之西。"[3]至迟在正统六年(1441),绥德卫大桑坪寨也已建立。"陕西绥德卫守备大桑坪寨指挥佥事安贵言:本寨地临极边,新设营堡守备。其军士自馁,其马口粮月支止四斗,食用不足。乞如例量拨在官屯田与赎罪草束支给兼用,口粮月增五升。从之。"[4]大桑坪寨位于绥德卫北十里处(今榆林市绥德县北十里艽园沟乡桑坪则村)。至迟在天顺二年,大桑坪寨已升级为桑坪堡。"召协同分守延绥东路都指挥同知李鉴还京,以哨备桑坪堡都指挥佥事刘瑛代之。"[5]

相对于榆林东部,榆林西部营堡防御体系建设仍较薄弱,纵深性虽开始体现,但仍不如榆林东部典型。龙州寨至迟在正统六年已建立,该寨位于今靖边县城东南 18 公里处、东芦河沿岸的龙州乡西大涧。当年十一月,"陕西按察司佥事许资言:'洪武间置延安、绥德二卫。比因胡寇出没,增置各寨堡守备。军马既众,粮刍益费。臣见龙州寨平地约千余顷,及各寨俱有荒地可耕,乞令守备军余以时播种,食其所入,庶兵有刍粮之储,民无转输之苦。'上命佥都御史王翱及都司布政司覆实,从之。"[6]正统十年,"协赞延绥军务监察御史马恭劾守备龙州寨都指挥佥事谢信匿军粮入己,多支廪给,擅毁边寨城门,宜逮治。上诏信具实

[1][明]陈文等:《明英宗实录》卷 68"正统五年六月乙亥"条,第 1304 页。

[2][明]李贤等:《大明一统志》卷 36《延安府·关梁》,第 2954 页。

[3][明]郑汝璧等修,[明]刘余泽等纂,陕西省榆林市地方志办公室整理:《延绥镇志》(万历)卷 2《古迹·土门砦》,第 122 页。

[4][明]陈文等:《明英宗实录》卷 81"正统六年秋七月壬寅"条,第 1617 页。

[5][明]陈文等:《明英宗实录》卷 291"天顺二年五月丙午"条,第 6223 页。

[6][明]陈文等:《明英宗实录》卷 85"正统六年十一月辛丑"条,第 1704 页。

状以闻。"[1]以把总守备龙州寨。"命署都指挥佥事陈聚任陕西都司，守备龙州寨。"[2]"丁丑，陕西延绥龙州寨戍卒因修理城堑，得铜钱、金盏等物。把总守备署都指挥佥事陈聚收贮之官，因而侵欺其半。事觉，下陕西按察司论当征赃，赎斩还职。从之。"[3]

至迟于正统十二年(1447)，明朝建立了榆林西部最后一个营——靖边营。"增设靖边营利益仓，从镇守延安绥德等处都督佥事王祯奏请也。"[4]《读史方舆纪要》记为正统十三年(1448)。"又靖边营，亦在保安县东北。正统十三年修筑旧城，设靖边营，成化中改属榆林卫，为西路要地。"[5]《延绥镇志》(万历)所载时间尤其晚。"靖边营。东至镇靖八十里，西至宁塞四十五里，南至延安府三百二十里，北至大边一里。宋夏州兀喇城保安军，范仲淹即其东西筑哨马营。国朝景泰四年，巡抚陆公矩改筑新城。成化十一年，余子俊改置靖边营，撤保安兵守之。"[6]相应，《读史方舆纪要》与《延绥镇志》(康熙)所载时间皆不正确。靖边营地处无定河支流西芦河流入白于山的汇聚地带，生态环境亦相应较好，故而亦是明朝重点控制的地区。靖边营虽设在平原，"城设在平原，系极冲上地"，[7]但系依托西芦河而建，周边地理颇为险要，亦属依险型营堡。"营东、西、北皆天堑深沟，堪以据守。南面涧口虽平，近筑新军、家丁二营以为重障，城守颇易。"[8]成化十一年，靖边营规模为"城垣一所，周围三里零九十二步，边墩六座：镇宁墩、长宁墩、永固墩、威远墩、保定墩、红柳河口墩"，控制大边长城 73 里零 252 步，

[1]〔明〕陈文等:《明英宗实录》卷 130"正统十年六月癸丑"条，第 2585 页。

[2]〔明〕陈文等:《明英宗实录》卷 139"正统十一年三月辛卯"条，第 2763 页。

[3]〔明〕陈文等:《明英宗实录》卷 177"正统十四年夏四月丁丑"条，第 3426 页。

[4]〔明〕陈文等:《明英宗实录》卷 155"正统十二年六月甲子"条，第 3024 页。

[5]〔清〕顾祖禹撰，贺次君、施和金点校:《读史方舆纪要》卷 61《陕西十 · 榆林镇 · 安边营》，第 2936 页。

[6]〔明〕郑汝璧等修，〔明〕刘余泽等纂，陕西省榆林市地方志办公室整理:《延绥镇志》(万历)卷 1《建置沿革 · 靖边营》，第 35 页。

[7]〔清〕谭吉璁:《延绥镇志》(康熙)卷 1 – 3《地理志 · 靖边营》，第 292 页，〔清〕顾祖禹撰，贺次君、施和金点校:《读史方舆纪要》卷 61《陕西十 · 榆林镇 · 安边营》，第 2936 页。

[8]〔明〕郑汝璧等修，〔明〕刘余泽等纂，陕西省榆林市地方志办公室整理:《延绥镇志》(万历)卷 1《建置沿革 · 靖边营》，第 35 页。

崖砦小墩32座,川面水口14处,[1]属较小规模营。但明后期靖边营不断扩展,规模增大一倍有余。"城周围八里,楼铺二十九座。隆庆六年,加高三丈。万历六年,砖砌牌墙、垛口五尺,共高三丈五尺,楼铺二十九座。"[2]不过《延绥镇志》(康熙)所载规模仅比成化十一年时稍大。"周围凡四里三分,楼铺一十九座。隆庆六年加高。万历六年砖砌牌墙、垛口。边垣长四十七里,墩台四十三座。"[3]参考靖边营周边深沟纵横,扩建余地有限,因此《延绥镇志》(万历)所载巨大规模应为误载,所谓"八里"应为"四里"。据《延绥镇志》(万历)图示,靖边营为长方形。[4] 靖边营现存夯土城墙。

而在此之外,成化以前明朝尚于无定河支流芦河修筑了白洛城。延绥镇分守西路参将房能奏:"移营堡以固边方。臣所守迤东地方,原设塞门堡、白洛城二处,俱在偏南以里,去边墩相远,道路迂曲,声势不闻,遇有警急,缓不及事,况其军民反在堡外耕牧。看得白洛城北地名砖营,塞门堡北地名榆林,依据险阻,水草便利,又与大兔鹘、龙州边堡接径端直,营堡联络,易为应援。可将安定县守城官军一百员名,并入白洛城数内操守为宜。请敕兵部转行陕西都布按三司委官,亲诣其地,会同臣等勘视,期以来年春初,量起延、庆二府人夫,及见操民壮,并工建筑完备,移置屯戍,则藩篱永固、居民获安,虽劳一时之力,而实为经久之利。"[5]白洛城,又作白落城。"在安定县西北八十里。洪武三年开设。正统三年,指挥张英重修。"[6]成化年间,白洛城升级为清平堡。现城堡已被毛乌素流沙掩盖,今属靖边县高家沟乡阳畔村东门沟自然

[1][明]余子俊:《余肃敏公经略公牍·靖边营》,第453-456页。

[2][明]郑汝璧等修,[明]刘余泽等纂,陕西省榆林市地方志办公室整理:《延绥镇志》(万历)卷1《建置沿革·靖边营》,第35页。

[3][清]谭吉璁:《延绥镇志》(康熙)卷1-3《地理志·靖边营》,第292页。

[4][明]郑汝璧等修,[明]刘余泽等纂,陕西省榆林市地方志办公室整理:《延绥镇志》(万历)卷1《舆图·延绥镇图说》,第16页。

[5][明]刘吉等:《明宪宗实录》卷12"天顺八年十二月丁亥"条,第256-258页。

[6][明]郑汝璧等修,[明]刘余泽等纂,陕西省榆林市地方志办公室整理:《延绥镇志》(万历)卷2《古迹·白洛城》,第121页。

村管理,旁有无定河支流清平水(今门沟河)流过。[1]

成化以前,虽然明朝在榆林地区初步构建了营堡纵深防御体系,但与榆林广阔的面积相比,营堡防御体系仍显得较为分散,而且由于这一地区长期防御薄弱之缘故,兵力在营堡分散驻守之后,尤其显得不敷于用。虽可抵御蒙古小规模进攻,但若遇其大举,便显得无能为力。景泰元年(1450),“镇守陕西兴安侯徐亨奏:镇守延绥等处都督佥事王祯擅弃原守寨堡,移入腹里,葭、绥二州,延、庆二府守备。其地狭隘,不堪屯牧,恐胡寇占据所弃寨堡,以为巢穴。宜令本官还回原寨堡,果有星散小寨,宜并入大城,协力固守。仍乞削祯,令升都督同知职事,戴罪操备。事下,兵部移文右都御史王文等官。勘实具奏,亨所言有理,祯偏执不从。遂敕祯候春暖河开,将移入腹里,军民抚恤,前往原寨堡守备,已升职事不动。若再偏执误事,不宥。”[2]有鉴于此,成化时期明朝大大增加了营堡数量与防守兵力。

5.4　成化时期榆林边墙修筑以前的营堡增筑与移动

成化时期,除孛来属下多数部众仍遵守朝贡体制外,鞑靼其他部落鉴于内部战乱,开始大规模南下,并较为固定地游牧于河套之内,从而对榆林地区构成了长期而严重的威胁。在这一军事形势下,榆林边境营堡的军队数量,尤其较低规格营堡的军队数量,明显不敷于用。成化元年(1465),延绥镇总兵官张杰请求由西部诸营调集军队,增援东部诸堡。“延绥、庆阳等境广袤千里,甚宜耕牧,但须增立营堡,以时开闭,使我有险可守,寇无利可乘。且所辖东西二十五营堡,每堡顿兵不过一二百人,势孤兵弱,难以应敌,远兵猝难应援。府谷县境极临东边,西距诸营八百余里,师来寇去,劳敝无功。可选诸营精兵九千,分为六哨,分屯府谷、神木二县,龙州、榆林二城,高家、安边二堡,统驭得人,训

[1]〔清〕谭吉璁:《延绥镇志》(康熙)卷1－4《山川下》,第305页。

[2]〔明〕陈文等:《明英宗实录》卷187“景泰元年春正月壬午”条,第3774－3775页。

练有法，无事则巡历边疆，遇警则彼此应合。"同时，张杰奏请将腹里军队调至边境。"延安地临极边，鄜州、定边、庆阳俱在腹里，相去不止数程，遇警猝难驰报。况虏入寇，必经边堡而过延安、肤施、甘泉等县，方到鄜州、庆阳。其鄜庆所屯防秋军士二千余人，乞分布沿边要害以备调用。"明朝同意了这两项建议。[1]

成化初年，明朝鉴于榆林东部兵力薄弱，遂大规模增筑营堡，同时调整、升级堡寨位置与级别，以构建全面、严密的营堡纵深防御体系。修筑者为延绥镇巡抚卢祥。卢祥于天顺八年(1464)十二月始任延绥镇巡抚。"己亥，升顺天府府丞卢祥为都察院右佥都御史，巡抚延绥等处地方。"[2]成化四年(1468)八月，卒于任上。[3]

在府谷地区，卢祥升级原来的孤圪塔马营，"孤山堡，唐胜州地，后为孤圪塔马营。明正统二年，巡抚郭置堡西山。成化初，移置今堡。城

[1]〔明〕刘吉等:《明宪宗实录》卷14"成化元年二月壬辰"条，第320-321页。

[2]〔明〕刘吉等:《明宪宗实录》卷12"天顺八年十二月己亥"条，第266页。

[3]〔明〕刘吉等:《明宪宗实录》卷57"成化四年八月己亥"条，第1162页。

设在山畔，系次冲上地”，[1]并且在其东部修建了府谷堡，成化三年迁移至清水川，改名清水营。“清水营。东至黄甫川一十五里，西至木瓜园三十里，南至府谷县八十里，北至大边二十里。唐胜州地，宋属府州路，元为芭州。国朝成化二年，巡抚卢公祥置，撤府谷县兵守之。”[2]清水营依山面河，“城设在山坡，系次冲中地”；[3]地势十分开阔，“营左右两川虽倚山修筑，然山平川广，虽据为险，堡城背高面下，虚实易见。嘉靖间，曾失一关。东邻黄甫之冲要，虏以饵兵劫之，两失难援。兵力寡少，保守不易”；[4]便于防守，“本边城雄峙山麓，西北皆逶迤石径，殊足为守”。[5] 成化三年（1467）八月，“戊申，巡抚延绥右佥都御史卢祥奏：近者整饬边备兵部尚书王复议移府谷堡于巴川旧城，而巴川旧城水泉枯涸，难聚人马。别有地名清水川，正当冲要，颇有水泉，可立城堡，宜更移筑。从之。”[6]成化十一年，清水营“城垣一所，广□□□□□四步，边墩七座：仝家山墩、柴关儿墩、□□□墩、四州墩、清水川墩、白家梁墩、石家墕墩”，控制大边长城 125 里 18 步，崖砦小墩 61 座，川面水

---

〔1〕〔清〕谭吉璁：《延绥镇志》（康熙）卷 1－3《地理志 · 孤山堡》，第 291 页。明初开国功臣汤和后人汤胤绩便阵亡于此，在朝野引起了很大震动。“汤胤绩，字公让，号东谷，东瓯襄武王曾孙也。周文襄闻其名，召作启示数万言，亭立具状。文襄荐其有文武才，驿召赴京。于少保谦请试之，立将台下，问兵事，应对如洪钟。万众环视叹赏，即授锦衣卫百户。尝从兴济伯礼部尚书杨善通问英宗于塞外。天顺时，为校事掊摭下狱，谪为民，编籍常州。成化初，复官充参将，守御延绥孤山堡。堡无备戍卒，不习战。一日，登城曰：‘四望黄沙，白草漫漫，吾一腔血，乃委于此耶？’”参见〔清〕谭吉璁：《延绥镇志》（康熙）卷 3－4《名宦志下 · 明》，第 371 页。“汤胤绩为参将守北边。一日，胡寇时至，领兵出战，战没。将数月，口外通州驿天色将暝，忽有兵官至驿，驺从甚盛，坐中室，令免供具，但索纸笔砚、灯烛，闭户而寝。明早，驿卒候其起，寂然无声，开户视之，无一人在内，但见壁间有诗曰：‘手提长剑斩渠魁，一箭那知中两腮。胡马践来头似粉，乌鸦啄处骨如柴。交游有义空挥泪，弟侄无情不举哀。血污游魂归不得，幽冥空筑望乡台。’胤绩素能诗，好怪，其为鬼亦如此。晋陵王希范为余言。”参见〔明〕王锜撰，张德信点校《寓圃杂记》卷 9《汤胤绩驿壁诗》，明史料笔记丛刊，中华书局 1984 年版，第 71－72 页。

〔2〕〔明〕郑汝璧等修，〔明〕刘余泽等纂，陕西省榆林市地方志办公室整理：《延绥镇志》（万历）卷 1《建置沿革 · 清水营》，第 31 页。

〔3〕〔清〕谭吉璁：《延绥镇志》（康熙）卷 1－3《地理志 · 清水营》，第 291 页。

〔4〕〔明〕郑汝璧等修，〔明〕刘余泽等纂，陕西省榆林市地方志办公室整理：《延绥镇志》（万历）卷 1《建置沿革 · 清水营》，第 31 页。

〔5〕〔明〕郑汝璧等修，〔明〕刘余泽等纂，陕西省榆林市地方志办公室整理：《延绥镇志》（万历）卷 1《建置沿革 · 清水营》，第 61 页。

〔6〕〔明〕刘吉等：《明宪宗实录》卷 45“成化三年八月戊申”条，第 931 页。

口28处。[1] 清水营不断扩建,万历时期规模为:“周围凡三里一十八步,楼铺一十九座。万历三十五年,巡抚都御史涂公周围用砖包砌,高□丈。新修关城三里二百九十八步”,[2]“墩台三十二座”,[3]属较小规模营。《延绥镇志》(康熙)载:“边垣长三十里零二百一十步,墩台三十八座。”[4]据《延绥镇志》(万历)图示,清水营为长方形,但西南角阙。[5]

站在宽阔的清水川,身处漫野金黄的芦苇丛中,看到远处扑面而来的清水营(见图5-23。在榆林营堡中,没有一个营堡如此彻底地暴露

图5-23 清水营,2009年摄

[1]〔明〕余子俊:《余肃敏公经略公牍·清水营》,第364-367页。

[2]〔明〕郑汝璧等修,〔明〕刘余泽等纂,陕西省榆林市地方志办公室整理:《延绥镇志》(万历)卷1《建置沿革·清水营》,第31页。

[3]〔明〕郑汝璧等修,〔明〕刘余泽等纂,陕西省榆林市地方志办公室整理:《延绥镇志》(万历)卷1《建置沿革·清水营》,第61页。

[4]〔清〕谭吉璁:《延绥镇志》(康熙)卷1-3《地理志·清水营》,第291页。

[5]〔明〕郑汝璧等修,〔明〕刘余泽等纂,陕西省榆林市地方志办公室整理:《延绥镇志》(万历)卷1《舆图·延绥镇图说》,第5页。

在面前。清水营从山顶一直延伸至河谷，气势雄伟，直插天际。清水营依山面水，关楼即建在山顶处，南、北两墙顺着山势，一直延伸至河谷。河谷西侧原来为东门，目前已毁为民居。河谷两侧原来应有多处墩台，目前仅存两处。清水营上半部分已经荒芜，内中堆满了瓦砾，应是拆毁建筑时所留。清水营南墙外，顺应山势又修筑了一道城墙，扩充了营堡的规模。堡墙保存完整，南部内墙上半部保存完整，下半部多已拆毁，尚存一堵高大墙体，屹立于山坡之巅，遥望河谷。南内墙有不少石头夹杂其间，无疑加固了墙体。南内墙中段尚有暗门一处，且被加以修缮。南外墙倾圮严重。北墙只有上半部保存完整，下半部已被拆除，或为民居院墙，最东端伸入河谷，仅存一段。两墙之间，尚有高大墩台一座。山顶关楼南侧亦有两道西墙（见图 5－24），构成一座较大的瓮城。清水营之西，即山后约 1 里处，有高大墩台 1 座，西侧便是高峻之悬崖。西北处为广阔山原。西北约 3 里处有一墩台，墩台东侧且有一平坦山原，疑为点将或练兵之所。向东望去，东北山坡上有一墩台，上已长树。更远之山顶，有一处红色圆墩，人工铲削的痕迹较明显，疑亦为墩台。区分清水营上半部、下半部的是清水营学校。清水营学校上下连接一条山坡上的小径，几乎是沿着山脊，下面便是沟谷，非常陡峭。清水营下半部分民居辐辏，青灰色古建筑随处可见，但多已废弃。清水营原有城门 4 座，目前仅存南门砖券拱洞，规模很大，气势雄伟，与榆林东门不相上下（见图 5－25）。从目前南门遗存来看，当时清水营尚有“城中城”。南门西侧便有高大夯土墙。南、北墙下半部多被拆毁，从遗存墙体来看，清水营非常类似于正方形。

镇羌堡也由卢祥修筑。“镇羌堡。东至孤山堡四十里，西至永兴堡三十七里，南至府谷县八十里，北至大边十里。隋连谷县地。唐麟州郡。国朝始守东村。成化二年，巡抚卢祥置。”[1]镇羌堡属依险型城堡，“城设在山原，系极冲中地”，[2]虽然地家川在旁边流过，但却缺乏

〔1〕〔明〕郑汝璧等修，〔明〕刘余泽等纂，陕西省榆林市地方志办公室整理：《延绥镇志》（万历）卷1《建置沿革·镇羌堡》，第 30 页。

〔2〕〔清〕谭吉璁：《延绥镇志》（康熙）卷 1－3《地理志·镇羌堡》，第 291 页。

图 5-24　清水营西墙，2010 年摄

图 5-25　清水营南门，2010 年摄

水源。“堡设在山原高处，前后皆深沟，守堡易而取水难。正北仅距虏巢仅二三十里，一马可到。又地多沟渠、林木，难以瞭望。”[1]但由于镇羌堡地处扼制河套蒙古进入榆林之要冲，故而一直未被迁移。“镇羌堡，在神木堡东四十里。《边略》云：‘自正统初孛来入套，镇羌为最冲，寇东西突犯，恒取道于此。’”[2]不过《余肃敏公经略公牍》中并未记载该堡。万历时期规模为：“城周围二里二十步，楼铺十座。万历三十五年，巡抚都御史涂公周围用砖包砌，高□丈”，[3]“墩台三十一座”。[4]《延绥镇志》（康熙）载：“周围凡二里零二十五步，楼铺八座。万历三十五年，巡抚涂宗濬用砖包砌。边垣长四十五里零一百一十九步，墩台二十九座”，[5]属中等规模城堡。

镇羌堡位于今榆林市府谷县新民乡新民堡村。所谓“新民”，是新中国成立后出于维护民族团结的考虑，在全国范围内将“镇羌”统一更改的结果。新民堡村原为新民镇治，后因交通不便，迁移至山下，经济非常繁荣，不过其坐落于山间之旧址却仍保持着原有的宁静。四望镇羌堡环境，东、南皆有沟涧，尤以南部为深，四周为地势较低的丘陵地带，镇羌堡就坐落于这样一座山原之上，居高临下，控制边境。因镇治迁移的缘故，虽然镇羌堡内古建筑基本皆已拆毁，不过墙体大体保存完整，只有南墙西部被拆除，东部稍显低矮。南墙从内部看，原本较之其他堡墙，可能即较低矮。南墙外为沟谷，南墙原来即系铲削墙体而成。整体上看来，镇墙堡墙体显得高大而厚实（见图 5－26、图 5－27）。堡内四面民居皆以堡墙为院墙。南门目前尚存，在其门楼之上便是新筑之遏云楼。墙体剥离严重，东侧已被拆毁，后被居民用现代砖重砌。西

---

〔1〕〔明〕郑汝璧等修，〔明〕刘余泽等纂，陕西省榆林市地方志办公室整理：《延绥镇志》（万历）卷1《建置沿革·镇羌堡》，第30页。

〔2〕〔清〕顾祖禹撰，贺次君、施和金点校：《读史方舆纪要》卷61《陕西十·榆林镇·神木堡》，第2936页。

〔3〕〔明〕郑汝璧等修，〔明〕刘余泽等纂，陕西省榆林市地方志办公室整理：《延绥镇志》（万历）卷1《建置沿革·镇羌堡》，第30页。

〔4〕〔明〕郑汝璧等修，〔明〕刘余泽等纂，陕西省榆林市地方志办公室整理：《延绥镇志》（万历）卷1《建置沿革·镇羌堡》，第59页。

〔5〕〔清〕谭吉璁：《延绥镇志》（康熙）卷1－3《地理志·镇羌堡》，第291页。

侧墙体被辟为院墙,院中房屋、院墙多拆毁墙砖修成。瓮城仅存西侧之门与数米长断垣,从斩断部分可看到夯土、砖筑结合之结构。东门位于东西主干道,已被拆毁,原址处堆积了大量碎砖、瓦砾。镇羌堡东、北两面尚存宽大之瓮城,皆为四方形。东瓮城较为完整,处于东墙靠北部分,门在南侧,较宽大,尚被作为由东部进入堡内北侧之路径。门东侧被居民挖开一洞,用于存贮草料。西侧也有一洞,堆满了杂物。瓮城内种植玉米。北瓮城因被道路穿越的缘故,仅余半面。东侧也有暗门,砖块砌筑。镇羌堡东、南皆有高大空心墩台一座。南墩台南侧洞口目前被重新砌砖,大概是被当地居民开发利用之结果。镇羌堡东北、西北远处皆有墩台,东南、西南有墩台遗址。大边长城在镇羌堡西侧,沿山之走势,蜿蜒北去。镇羌堡内原来庙宇、碑刻众多,皆在"文革"中被毁。目前堡中心处为鼓楼,鼓楼下为木质结构,撑起城楼,颇为奇特。堡内有1997年所立"陕西省甘露工程管网供水项目"标志牌,想来当地因地势较高,存在饮水困难。

图5-26　镇羌堡东墙,2010年摄

图 5-27　镇羌堡南墙,2010 年摄

在神木地区,卢祥将栢林寨升级为堡。“栢林堡,唐胜州地,产栢,故名。明成化初,巡抚卢祥置。”[1]卢祥还在神木寨的基础上建立神木堡。“柏林。在(绥德)州东北五十里。又有五寨:曰柳树、曰高家、曰东村、曰神木、曰府谷,俱在城之东北。”[2]关于神木堡的具体修筑时间,史无明载,不过“神木堡”首次出现于明实录中则是在成化二年,该堡相应也应为卢祥所筑。大同镇官员奏:“虏入神木堡西,及掠水磨川。”[3]神木堡位于今神木县城,又称“神木县堡”。[4] 神木堡与府谷堡相似,亦与县治重合,是榆林明代营堡中较为特殊者,这源于神木县历来的重要地位。“神木堡。东至永兴四十里,西至大柏油四十里,南至黄河一百二十里,北至大边四十里。春秋赵地。汉五原新秦地。后周为银、胜二州地。唐麟州地。宋移治吴儿堡,改镇西军,后为神木寨。

〔1〕〔清〕谭吉璁:《延绥镇志》(康熙)卷 1-3《地理志 · 栢林堡》,第 290 页。

〔2〕〔明〕郑汝璧等修,〔明〕刘余泽等纂,陕西省榆林市地方志办公室整理:《延绥镇志》(万历)卷 2《古迹 · 柏林》,第 122 页。

〔3〕〔明〕刘吉等:《明宪宗实录》卷 26“成化二年二月甲戌”条,第 513 页。

〔4〕〔明〕张雨:《边政考》卷 1《边图》,第 22 页。

元置云州。国朝为神木县，后因县兵马为堡，县、堡、所同城。”[1]神木东有九龙山，西有二郎山，西侧由北至南有窟野河流过，作为窟野河的支流，滴水崖水由西至东汇入其中。可见神木既是险要之地，又是交通要冲。这也是明朝初年便甚为重视此地，设立县治与千户所的原因。堡城设于河谷地带。“城设在平川，系极冲之地。”[2]“堡设在大川之中，东西高阜。虏登此，城中虚实易见。”[3]成化十一年，神木堡规模为“城垣一所，周围二里零八十步，边墩五座：镇远墩、西平墩、柴家墩、铧子墩、毛峰子墩”，控制大边长城85里357步，崖砦小墩36座，川面水口10处，[4]属中等规模城堡。神木堡不断扩建，万历时期规模为：“周围五里，楼铺三十三座。隆庆五六年，加高帮厚。万历六七年，周围俱以砖包砌。共高三丈五尺”，[5]“墩台六十座”。[6]《延绥镇志》（康熙）所载规模稍有扩大。“周围凡五里零七十步，楼铺三十三座，隆庆五六年加高。万历六七年用砖包砌。边垣长七十五里零八十六步，墩台六十座。”[7]据《延绥镇志》（万历）图示，神木堡为正方形。[8]

由于神木城为明清、民国以至今日县治所在，故堡城目前已不存在。据城内飞云洞遗址1922年《重修北关飞云洞大仙楼碑记》所载，神木北门即在飞云洞附近。飞云洞之南为凯歌楼，俗称中楼、大楼，为隆庆元年（1567）神木参将高天吉得胜归来，感谢天恩所建，是神木堡城仅存之文物。虽然神木堡城基本不存，不过其东西两侧九龙山、二郎

[1]〔明〕郑汝璧等修，〔明〕刘余泽等纂，陕西省榆林市地方志办公室整理：《延绥镇志》（万历）卷1《建置沿革·神木堡》，第29页。

[2]〔清〕谭吉璁：《延绥镇志》（康熙）卷1－3《地理志·神木堡》，第291页。

[3]〔明〕郑汝璧等修，〔明〕刘余泽等纂，陕西省榆林市地方志办公室整理：《延绥镇志》（万历）卷1《建置沿革·神木堡》，第30页。

[4]〔明〕余子俊：《余肃敏公经略公牍·神木堡》，第382－385页。

[5]〔明〕郑汝璧等修，〔明〕刘余泽等纂，陕西省榆林市地方志办公室整理：《延绥镇志》（万历）卷1《建置沿革·神木堡》，第29－30页。

[6]〔明〕郑汝璧等修，〔明〕刘余泽等纂，陕西省榆林市地方志办公室整理：《延绥镇志》（万历）卷1《建置沿革·神木堡》，第58页。

[7]〔清〕谭吉璁：《延绥镇志》（康熙）卷1－3《地理志·神木堡》，第291页。

[8]〔明〕郑汝璧等修，〔明〕刘余泽等纂，陕西省榆林市地方志办公室整理：《延绥镇志》（万历）卷1《舆图·延绥镇图说》，第8页。

山拱卫堡城之长城却多数犹存。神木县城有秦、明两代长城。秦长城横亘高速公路之上,为不斩断长城,公路在其下穿越而过,这是目前为止在榆林发现的第一例路避长城的情况。神木堡西部军事布置围绕滴水崖设置(见图 5-28),民国年间曾经修复。这在二郎山民国二十六年(1937)石壁摩崖石刻《重修西山担桥前后边墙题名碑》中有清楚的记载。目前尚可见墩台 4 座,其中一座于 20 世纪 90 年代修复。神木县长城协会 1996 年《修复滴水崖明长城烽火台碑记》载滴水崖墩台原为秦长城、明长城交汇处,修筑于成化八年,新中国成立后被毁。此次由神木长城协会号召,神府精煤公司出资修复。据当地人讲,原来这 4 座墩台之间有坚固夯土城墙连接,墩台宽广。“文革”中,当地居民将砖墙拆下建房,台基也拆去一半。目前四堡间墙体仅存少量部分,且多被辟为民居后墙。墩台南侧皆有洞,但多已被掩埋或半掩埋。大边长城在神木堡东北侧蜿蜒北去。神木堡东部军事布置围绕九龙山设置,目前尚可见墩台有 3 座。一在东北,一在东南,还有一座居于九龙山东南伸出城内部分,居高临下,可俯瞰全城。东北墩尚高大,东南墩已低矮,山角墩仅残存小部分,裸露出内部砖砌部分,为一圆形,可能用于藏兵或兵器。九龙山长城墙体为神木堡东墙外层,沿九龙山体由北至南

图 5-28　神木滴水崖墩台,2009 年摄

曼延贯穿，并在南、北两端各向西折弯，拱卫神木堡。目前东墙北部虽有断续、削薄，但尚存不少高大地段。南段却甚低矮，已逐渐与山体融合，山角之墩台成为其目前残存之醒目的部分。

神木信仰系统设立于东山、西山之上。东山又称“九龙山”，这取自九座似龙头之山峰伸向神木县城之地形（见图5-29）。九龙山原来庙宇众多，不过在“文革”中基本皆被拆毁，场地及材料用作修建粮仓，目前九龙山上可见多处粮仓旧址，大量明砖被用作建筑材料。与九龙山相对，位于库野河西岸，便是著名的二郎山。二郎山因两边高，中间低，形似笔架，被巡游至此的明武宗赐名为“笔架山”。二郎山山势陡峭，下临河流，成为神木信仰系统最为发达的地区（见图5-30），比九龙山信仰场所更为集中，且保留下来更多的遗址。二郎山信仰场所之修建在明以前便已经开始，经过不断发展，形成包括儒、释、道多种信仰在内的完备的信仰空间。不过登上二郎山，首先映入眼帘的仍然是山前稍宽阔处所立“无祀孤魂之位”。二郎山最下层祭祀场所为“地藏洞”，始建于正统年间，祭祀地藏王菩萨。不过洞内藻井石雕却以道家八卦为中心。张公庙位于八仙洞左上方，是一处很有特点的祭祀场所，是嘉靖年间大同总兵官张坚为其父——死于“土木堡之变”的宣府参将张锐建立的家庙。中间供奉者为张锐，已从人升华为神，被称作“黑云老仙”，着明代官服。两旁陪祀者为唐代张说、北宋张充之（见图5-31）。张公庙曾被毁坏，目前之格局为1985年重设。

在榆林东北，卢祥则增筑常乐堡。“常乐堡。东至双山堡四十里，西至榆林镇城四十里，南至葭州一百四十里，北至大边半里。汉榆溪地，又名岔河儿。国初成化初，巡抚卢祥建堡。弘治二年，巡抚刘忠因缺水，离边稍远，地多沙碛，虏入罔测，北出二十里建今堡。”[1]常乐堡，又作长乐堡。“长乐堡，镇东三十里。成化中置。”[2]常乐堡地势平坦，

〔1〕〔明〕郑汝璧等修，〔明〕刘余泽等纂，陕西省榆林市地方志办公室整理：《延绥镇志》（万历）卷1《建置沿革·常乐堡》，第27-28页。

〔2〕〔清〕顾祖禹撰，贺次君、施和金点校：《读史方舆纪要》卷61《陕西十·榆林镇·长乐堡》，第2937页。

图 5－29　神木九龙山，2010 年摄

图 5－30　神木二郎山信仰建筑群，2010 年摄

属扼要型城堡，“城设在平川，系极冲中地”；[1] 旁有獐河（今称头道河）经过，“常乐獐河水又西注之，而其源自塞外葫芦海也”。[2] 常乐堡位于今榆阳区牛家梁乡常乐堡村。成化十一年，常乐堡规模为“周

〔1〕〔清〕谭吉璁：《延绥镇志》（康熙）卷 1－3《地理志 · 常乐堡》，第 290 页。

〔2〕〔清〕谭吉璁：《延绥镇志》（康熙）卷 1－4《山川下》，第 304 页。

图 5-31　神木二郎山张锐庙,2010 年摄

围一里零二百一十步,边墩三座:白崖儿墩、白崖儿二墩、暖泉山墩",控制大边长城 55 里 245 步,崖砦 20 座,川面水口 13 处。[1] 常乐堡不断扩建,万历时期规模为:"周围三里五十步,楼铺一十五座。万历六年重修,高三丈五尺",[2]"墩台三十七座。"[3]《延绥镇志》(康熙)载:"边垣长一十八里零一百七十六步,墩台三十七座"。[4] 据《延绥镇志》(万历)图示,常乐堡为长方形。[5] 现堡垣砌砖全被拆除,残存土墙大部被沙埋压至顶,沙未压处高 6—7.9 米。东堡垣尚存砖券城门洞,宽 2.8 米,高 3.3 米,城门通高 9 米,洞额镶石刻"威惠门"三字。残堡垣东西 448.5 米,南北 404.5 米,周长 1705.8 米,内现居村民 70 多户,尚存明清时期永宁寺庙 1 处。[6]

---

[1]〔明〕余子俊:《余肃敏公经略公牍·常乐堡》,第 439-442 页。

[2]〔明〕郑汝璧等修,〔明〕刘余泽等纂,陕西省榆林市地方志办公室整理:《延绥镇志》(万历)卷 1《建置沿革·常乐堡》,第 28 页。

[3]〔明〕郑汝璧等修,〔明〕刘余泽等纂,陕西省榆林市地方志办公室整理:《延绥镇志》(万历)卷 1《建置沿革·常乐堡》,第 55 页。

[4]〔清〕谭吉璁:《延绥镇志》(康熙)卷 1-3《地理志·常乐堡》,第 290 页。

[5]〔明〕郑汝璧等修,〔明〕刘余泽等纂,陕西省榆林市地方志办公室整理:《延绥镇志》(万历)卷 1《舆图·延绥镇图说》,第 11 页。

[6]霍世春主编:《榆林市志》,第 682 页。

卢祥之后,延绥镇继任之巡抚王锐继续增筑、升级堡寨,不过将重点转移到了构建榆林西部营堡纵深防御体系上,以弥补这一地带防御体系缺乏战略纵深之弊端,从而使榆林东、西部军事力量分布大体呈现平衡之势。大体而言,王锐对榆林西部的经略,基本围绕芦河流域展开。芦河是无定河支流,发源于横山境内,由东北向西南流过今靖边县境内,下游汇于榆林最大规模的山脉——白于山之中。在靖边县东北,芦河分为两股,一向东南,称东芦河;一向西南,称西芦河,最终皆汇聚于白于山。

怀远堡是地处芦河最上游,也是第一个建立的城堡。成化五年,王锐在怀远堡以下,建立了芦河第二个城堡——威武堡。"威武堡。东至怀远堡四十里,西至清平堡四十里,南至安塞县三百里,北至大边四里。汉白土县地,后为响铃塔。国朝成化五年,巡抚王公锐置,撤大兔鹘堡军守之。"〔1〕威武堡依山面河。"城设在山阜,系极冲上地。"〔2〕威武堡虽属依险型城堡,但由于山形较为平坦、水道众多,因此不易防守。"堡北面有沟,通慌惚都河。东西山洼近城平漫,且多飞沙拥城,东西负沟微险。南面平垣,直至小里河等处。边外水头甚多,系通大举要路,易犯难守。"〔3〕成化十一年,威武堡"城垣一所,周围二里零八十步,边墩六座:塔儿山墩、海子山墩、可可山墩、杏树梁墩、木瓜山墩、四里窊墩",控制二边长城63里44步,崖砦小墩32座,川面水口34处,〔4〕属中等城堡。明后期威武堡不断扩建。"周围二里八十步,楼铺一十四座。隆庆六年,加高二丈。万历六年,砖砌牌墙、垛口五尺,共高三丈五尺。"〔5〕《延绥镇志》(康熙)载:"边垣长三十四里零三百二十一步,墩

〔1〕〔明〕郑汝璧等修,〔明〕刘余泽等纂,陕西省榆林市地方志办公室整理:《延绥镇志》(万历)卷1《建置沿革 · 威武堡》,第34页。

〔2〕〔清〕谭吉璁:《延绥镇志》(康熙)卷1-3《地理志 · 威武堡》,第290页。

〔3〕〔明〕郑汝璧等修,〔明〕刘余泽等纂,陕西省榆林市地方志办公室整理:《延绥镇志》(万历)卷1《建置沿革 · 威武堡》,第34页。

〔4〕〔明〕余子俊:《余肃敏公经略公牍 · 威武堡》,第434-438页。

〔5〕〔明〕郑汝璧等修,〔明〕刘余泽等纂,陕西省榆林市地方志办公室整理:《延绥镇志》(万历)卷1《建置沿革 · 威武堡》,第34页。

台二十六座。"[1]据《延绥镇志》(万历)图示,威武堡为长方形。[2]威武堡位于今横山县塔湾镇政府东1公里杨小川沟沟口的东山畔上。虽临芦河,威武堡址要更为靠里一些。四面城墙皆有残存,但皆低矮。堡内已辟为农田(见图5－32,图5－33),大片碎砖瓦砾遍布于地。堡东有墩台4座,相互之间距离大体相等(见图5－34)。从怀远堡至威武堡,沿途所见二边长城连绵甚长,但基本皆已仅存夯土,盘旋于群山之间,仍然十分巍峨与雄伟。

图5－32 威武堡,2009年摄

威武堡之外,王锐继续沿芦河向南延展防御体系,建立清平堡、龙州城与镇靖堡。清平堡前身为白洛城,地处东芦河支流清平堡河。"清平堡。东至威武堡四十里,西至龙州城三十里,南至延安卫屯七十里,北至大边十五里。汉白土县地,后为砖营儿地。国朝成化初,巡抚

[1]〔清〕谭吉璁:《延绥镇志》(康熙)卷1－3《地理志·威武堡》,第290页。

[2]〔明〕郑汝璧等修,〔明〕刘余泽等纂,陕西省榆林市地方志办公室整理:《延绥镇志》(万历)卷1《舆图·延绥镇图说》,第14页。

图 5－33　威武堡北墙，2009 年摄

图 5－34　威武堡东北角敌楼，2009 年摄

王公锐置，撤白落城兵守之。"[1]清平堡虽属依险型城堡，"城设在山原，系极冲中地"，[2]但山形亦较为平坦。"堡东北有垛沟，四面小山上皆淤沙，常被拥城。南面平漫，直通白落城、卧牛城等处。军少、边冲，易犯难守。"[3]清平堡河流过城堡。清平堡又作靖平堡、靖坪堡。"靖平堡，在威武堡西五十里。旧为白洛城，天顺中守将房能请移于城北砖营儿，不果。成化二年王复奏移之，改今名。七年余子俊以去水太远，复还旧治。"[4]成化十一年，清平堡规模为"城垣一所，周围三里零二百三十步，边墩四座：硬道墕墩、鹰窝山墩、臭栢峰墩、新添墩"，控制二边长城70里342步，崖砦小墩23座、水口7处，[5]属较大规模城堡。明后期清平堡不断扩建。"城周凡三里八十四步，楼铺一十三座。隆庆六年，加高二丈七尺。万历六年，砖砌牌墙、垛口五尺，共高三丈二尺。"[6]《延绥镇志》(康熙)载："边垣长三十一里零二百六十九步，墩台三十一座。"[7]据《延绥镇志》(万历)图示，清平堡为宽扁之水龙头形。[8] 清平堡原属横山县，1942年划归靖边县，位于今县城东40公里高家沟乡南门沟村。清平堡依山而建，北、东、南三面环水，东、北城垣是从斜坡劈下10—13米的土崖，外用砖砌而成。东西宽275米，南北长580米，城墙高7—10米不等。现西、南城垣多被黄沙压埋。据城中现存瓦砾堆推测，城北半部原为建筑群落。[9]

而在清平堡西侧东芦河干流，王锐将龙州寨升级为龙州城。"龙

[1]〔明〕郑汝璧等修，〔明〕刘余泽等纂，陕西省榆林市地方志办公室整理：《延绥镇志》(万历)卷1《建置沿革·清平堡》，第34页。

[2]〔清〕谭吉璁：《延绥镇志》(康熙)卷1-3《地理志·清平堡》，第290页。

[3]〔明〕郑汝璧等修，〔明〕刘余泽等纂，陕西省榆林市地方志办公室整理：《延绥镇志》(万历)卷1《建置沿革·清平堡》，第34页。

[4]〔清〕顾祖禹撰，贺次君、施和金点校：《读史方舆纪要》卷61《陕西十·榆林镇·靖平堡》，第2937页。

[5]〔明〕余子俊：《余肃敏公经略公牍·清平堡》，第439-442页。

[6]〔明〕郑汝璧等修，〔明〕刘余泽等纂，陕西省榆林市地方志办公室整理：《延绥镇志》(万历)卷1《建置沿革·清平堡》，第34页。

[7]〔清〕谭吉璁：《延绥镇志》(康熙)卷1-3《地理志·清平堡》，第290页。

[8]〔明〕郑汝璧等修，〔明〕刘余泽等纂，陕西省榆林市地方志办公室整理：《延绥镇志》(万历)卷1《舆图·延绥镇图说》，第14页。

[9]温怀德主编：《靖边县志》，陕西人民出版社1993年版，第389页。

州砦。在县西北一百七十里。正统三年，指挥陶敏重修。”[1]“龙州城。东至清平堡三十五里，西至镇靖堡四十里，南至延安府三百里，北至大边五里。汉为龙州。宋夏州石堡砦，为范仲淹哨马营。国朝洪武初，设兵备御。成化五年，巡抚王公锐建。”[2]龙州城属于内地扼要型城堡。“城设在平地，系极冲中地。”[3]“城设在石山岭，四面俱深沟，城守无虞。但东接清平河口，西接麻黄梁，俱通虏要路。边长兵寡，防守极难。”[4]“涚忽都河水出龙州城南宜家畔，合城北乌龙洞泉水及城西水，东流四十里，清平水北注之。”[5]龙州城、清平堡从而亦通过水道联系在一起。龙州城有芦河支流流过。但其管辖区域防守较易。“本边城负山斗绝，虏不敢仰窥。其龙字十九墩为险，四面凭数十仞。其余墩台虽平漫无险，而栉比相望，可恃无虞。”[6]成化十一年，龙州城规模为“城垣一所，周围二里零二百九十五步一尺，边墩七座：水脑儿墩、麻子城墩、龙州墩、牛营儿墩、化窑寺墩、滴水窊墩、广威墩”，控制二边长城77里96步，崖砦小墩30座，水口5处，[7]属中等规模城堡。明后期龙州城规模为：“城周围二里三百一十六步，楼铺九座。隆庆六年，加高二丈八尺。万历六年，砖砌牌墙、垛口五尺，共高三丈三尺”，[8]“墩台二十五座”。[9]《延绥镇志》(康熙)载：“边垣长三十四里，墩台二十五

---

〔1〕〔明〕郑汝璧等修，〔明〕刘余泽等纂，陕西省榆林市地方志办公室整理：《延绥镇志》(万历)卷2《古迹·龙州砦》，第121页。

〔2〕〔明〕郑汝璧等修，〔明〕刘余泽等纂，陕西省榆林市地方志办公室整理：《延绥镇志》(万历)卷1《建置沿革·龙州城》，第34页。

〔3〕〔清〕谭吉璁：《延绥镇志》(康熙)卷1-3《地理志·龙州城》，第291页。

〔4〕〔明〕郑汝璧等修，〔明〕刘余泽等纂，陕西省榆林市地方志办公室整理：《延绥镇志》(万历)卷1《建置沿革·龙州城》，第34-35页。

〔5〕〔清〕谭吉璁：《延绥镇志》(康熙)卷1-4《山川下》，第305页。

〔6〕〔明〕郑汝璧等修，〔明〕刘余泽等纂，陕西省榆林市地方志办公室整理：《延绥镇志》(万历)卷1《建置沿革·龙州堡》，第62页。

〔7〕〔明〕余子俊：《余肃敏公经略公牍·龙州城》，第444-447页。

〔8〕〔明〕郑汝璧等修，〔明〕刘余泽等纂，陕西省榆林市地方志办公室整理：《延绥镇志》(万历)卷1《建置沿革·龙州城》，第34页。

〔9〕〔明〕郑汝璧等修，〔明〕刘余泽等纂，陕西省榆林市地方志办公室整理：《延绥镇志》(万历)卷1《建置沿革·龙州堡》，第62页。

座。”[1]据《延绥镇志》(万历)图示,龙州城为宽扁靴形,两边笔直。[2]龙州城位于今靖边县东南龙州乡龙州村。嘉庆十四年(1809),大水冲塌龙州城南、北城角各一段。同治六年(1867),回民起义攻陷城堡,后为荒城。目前,城砖已被当地农民拆除,土城墙已残缺不全,有五六处豁口。北城被水冲塌,成为深堑。[3]

而在西芦河,王锐则建立了镇靖堡。“镇靖堡。东至龙州四十里,西至靖边营八十里,南至延安府三百里,北至大边二里。宋夏州地,后为白滩儿地。国朝始守塞门。成化五年,巡抚王公锐进守笔架城。八年,余肃敏公移兵守之。”[4]正如上述响水堡还治旧地,镇靖堡迁回故地时间亦在成化七年,而非成化八年。镇靖堡虽属依险型城堡,“城设在山畔,系极冲中地”,[5]但却经常面临河水冲城之自然危险。“堡北临快滩,河水涨,易于淹城,河岸沙土易于崩塌,每遇上流岸崩拥水,则下流断流,城中无人,人马俱困。”[6]“镇靖堡之海棠河及东西二河,俱从塞外而来会焉。”[7]“镇靖堡,在靖边营东九十里。本名塞门堡,天顺中房能请移于堡北榆柳庄,不果。成化二年,王复又请移于榆柳庄,改今名。既又移于迤北白塔涧口,就快滩河迤南之险。其河深二十丈,远百里。九年余子俊复移还故城。”[8]不过管辖区域防守较易。“本边城西面倚山,形势亦岩。而镇字十八墩起四十二墩止,俱高山崄巇。其余墩台平漫,与极冲墩空俱声援,鳞次可恃,无虞。”[9]成化十一年,镇靖

[1]〔清〕谭吉璁:《延绥镇志》(康熙)卷1-3《地理志·龙州城》,第291页。

[2]〔明〕郑汝璧等修,〔明〕刘余泽等纂,陕西省榆林市地方志办公室整理:《延绥镇志》(万历)卷1《舆图·延绥镇图说》,第14页。

[3]温怀德主编:《靖边县志》,第390页。

[4]〔明〕郑汝璧等修,〔明〕刘余泽等纂,陕西省榆林市地方志办公室整理:《延绥镇志》(万历)卷1《建置沿革·镇靖堡》,第35页。

[5]〔清〕谭吉璁:《延绥镇志》(康熙)卷1-3《地理志·镇靖堡》,第292页。

[6]〔明〕郑汝璧等修,〔明〕刘余泽等纂,陕西省榆林市地方志办公室整理:《延绥镇志》(万历)卷1《建置沿革·镇靖堡》,第35页。

[7]〔清〕谭吉璁:《延绥镇志》(康熙)卷1-4《山川下》,第305页。

[8]〔清〕顾祖禹撰,贺次君、施和金点校:《读史方舆纪要》卷61《榆林镇·镇靖堡》,第2938页。

[9]〔明〕郑汝璧等修,〔明〕刘余泽等纂,陕西省榆林市地方志办公室整理:《延绥镇志》(万历)卷1《建置沿革·镇靖堡》,第62-63页。

堡规模为“周围三里零二百六十二步，边墩七座：褚字号高山大墩、尤字号守口大涧墩、何字号永远大山墩、榆林山新大墩、平虏山新大墩、寸草山新大墩、泥滩山旧大墩”，控制二边长城68里106步，崖砦小墩38座，川面水口17处，[1]属较大规模城堡。明后期镇靖堡不断扩建。“城周围四里三分，楼铺一十九座。隆庆六年，加高三丈四尺。万历六年，砖砌牌墙、垛口五尺，共高三丈九尺。”[2]“墩台四十二座”。[3]《延绥镇志》（康熙）载：“边垣长四十七里，墩台四十三座。”[4]据《延绥镇志》（万历）图示，镇靖堡为椭圆碑形。[5]镇靖堡位于今靖边县镇靖镇政府所在地，地势与响水堡有些相似，依山而建，前有河水迎面而来，为山所阻，绕道而过（见图5－35）。不同于响水堡者，镇靖堡处于山腰平原地带，利于农耕。镇靖堡四面堡墙皆存，西墙位于山顶，南半部分系铲削山体而成（见图5－36）。山上城墙与平地城墙已被隔断。包砖虽早已拆毁，但城墙保存相对完整，城堡规模基本保持了原貌，东门、南门尚有敌楼遗址，这应是该堡被列为靖边县文物保护单位的原因。堡内南北中轴线处有砖台两座，一座匾额上写有“节鼎天地”，另一座写有“浩气凌云”。镇靖堡规模较小，但充分利用了地理条件，居山谷之中而建，堡前及东侧有河，两面为山，堡横截河流，两面山上皆修筑长城、墩台，以为呼应，如臂膀一般，颇有气势。

除在芦河流域构建城堡纵深防御体系之外，王琺还在与芦河大体呈平行分布，亦是无定河支流的红柳河西部建立柳树涧堡。该堡系在柳树寨基础上提升而成。“柏林。在[绥德]州东北五十里。又有五

[1]〔明〕余子俊：《余肃敏公经略公牍·镇靖堡》，第448－551页。

[2]〔明〕郑汝璧等修，〔明〕刘余泽等纂，陕西省榆林市地方志办公室整理：《延绥镇志》（万历）卷1《建置沿革·镇靖堡》，第35页。

[3]〔明〕郑汝璧等修，〔明〕刘余泽等纂，陕西省榆林市地方志办公室整理：《延绥镇志》（万历）卷1《建置沿革·镇靖堡》，第62页。

[4]〔清〕谭吉璁：《延绥镇志》（康熙）卷1－3《地理志·镇靖堡》，第292页。

[5]〔明〕郑汝璧等修，〔明〕刘余泽等纂，陕西省榆林市地方志办公室整理：《延绥镇志》（万历）卷1《舆图·延绥镇图说》，第15页。

图 5 - 35　镇靖堡,2009 年摄

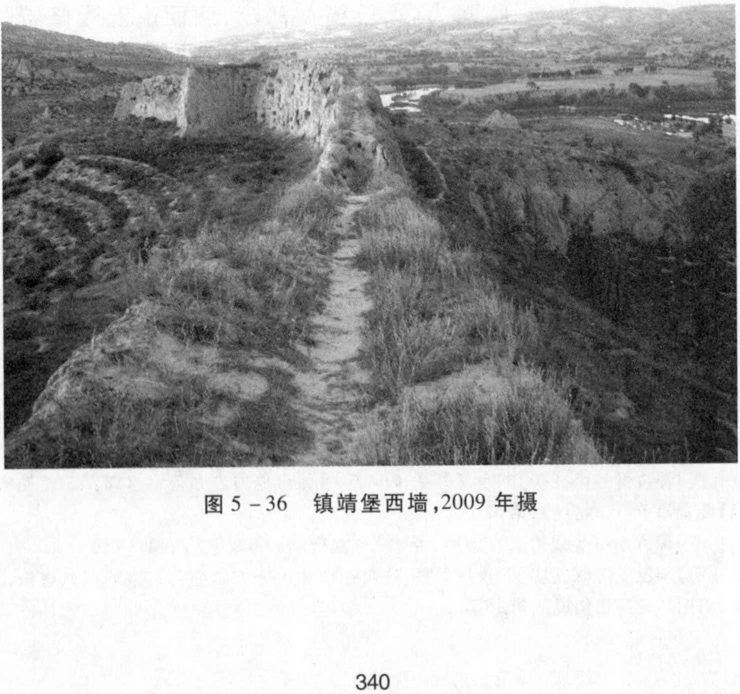

图 5 - 36　镇靖堡西墙,2009 年摄

寨：曰柳树、曰高家、曰东村、曰神木、曰府谷，俱在城之东北。”[1]“柳树涧堡。东至宁塞营三十四里，西至永济堡三十里，北至大边一里。宋夏州地，古有柳树涧，故名焉。国朝始设柳树涧，钱参将死之，参将岳嵩退保。至成化九年，肃敏余公奏守永济。嘉靖三十七年，巡抚董威筑旧堡，复自永济堡移守于此。”[2]柳树涧堡是榆林内地另一处扼要型城堡。“城设在山上，系极冲中地。”[3]“堡在平地，无险可恃。虽东面倚山，山巅瞰堡，左右阔涧直通境外，乃大举屯驻之处，防守最难。”[4]“宁塞、柳树涧平川错杂，为延安之门户。居常小窃，秋高大举。较之镇靖、靖边，犹为要害。柳树涧迤西则旷野平原，无险可据。”[5]明后期柳树涧堡不断扩建，“城周围凡三里七分，楼铺一十八座。隆庆六年，加高二丈八尺。万历六年，砖砌牌墙、垛口五尺，共高三丈三尺”，[6]“墩台四十八座”。[7]《延绥镇志》（康熙）载：“边垣长三十三里零二百三十六步，墩台四十八座。”[8]据《延绥镇志》（万历）图示，柳树涧堡为椭圆碑形。[9]柳树涧堡位于今定边县郝滩乡南35里柳树涧村。城垣仍在，砖石无存，城内一片废墟。[10]该堡亦是明末农民战争领导者张献忠的出生之地。

---

〔1〕〔明〕郑汝璧等修，〔明〕刘余泽等纂，陕西省榆林市地方志办公室整理：《延绥镇志》（万历）卷2《古迹·柏林》，第122页。

〔2〕〔明〕郑汝璧等修，〔明〕刘余泽等纂，陕西省榆林市地方志办公室整理：《延绥镇志》（万历）卷1《建置沿革·柳树涧堡》，第36页。

〔3〕〔清〕谭吉璁：《延绥镇志》（康熙）卷1－3《地理志·柳树涧堡》，第292页。

〔4〕〔明〕郑汝璧等修，〔明〕刘余泽等纂，陕西省榆林市地方志办公室整理：《延绥镇志》（万历）卷1《建置沿革·柳树涧堡》，第36页。

〔5〕〔清〕谭吉璁：《延绥镇志》（康熙）卷1－3《地理志·附记》，第300页。

〔6〕〔明〕郑汝璧等修，〔明〕刘余泽等纂，陕西省榆林市地方志办公室整理：《延绥镇志》（万历）卷1《建置沿革·柳树涧堡》，第36页。

〔7〕〔明〕郑汝璧等修，〔明〕刘余泽等纂，陕西省榆林市地方志办公室整理：《延绥镇志》（万历）卷1《建置沿革·柳树涧堡》，第64页。

〔8〕〔清〕谭吉璁：《延绥镇志》（康熙）卷1－3《地理志·柳树涧堡》，第292页。

〔9〕〔明〕郑汝璧等修，〔明〕刘余泽等纂，陕西省榆林市地方志办公室整理：《延绥镇志》（万历）卷1《舆图·延绥镇图说》，第17页。

〔10〕陈兴旺主编：《定边县志》，第842页。

5.5 明中期河套营堡防御理念由沿河筑守至河套南缘的内移

蒙古进入河套之后，明朝军队系统鉴于这一地区之重要位置与其薄弱防御，很早便已向中央奏请改变明前期河套空置局面，将营堡纵深防御体系移植此处，从而固定控制河套，堵塞蒙古进入明朝内地的巨大漏洞。最早提出这一建议者为正统时期宁夏镇军队系统。“正统间，有宁夏副总兵黄鉴奏，欲偏头关、东胜州、黄河西岸地名一颗树起，至榆沟、速迷都、六镇、沙河、海子山、大石脑儿、麤石海子、回回墓、红盐池、百眼井、甜水井、黄沙沟，至宁夏黑山觜马营等处，共立十三城堡、七十三墩台，东西七百余里，实与偏头关、宁夏相接，惟隔一黄河耳。当时议者以为地平漫难处，已之。”[1]海子山位于河套以内。[2] 回回墓在宁夏中卫南部，“回回墓堡。在卫城南一百二十里，宣德六年建”。[3] 红盐池在河套以内，今伊克昭盟伊金霍洛旗南。“红盐池在右翼前旗西南三百里，蒙古名五楞池。明成化中，总督王越败套寇于红盐池，即此”。[4] 百眼井位于今伊克昭盟鄂托克旗公其日嘎乡百眼井村。甜水井位于今乌拉特旗东，“甜水井在[乌喇忒]旗东三十里，蒙古名赛音”。[5] 其他地区所在位置虽尚不清楚，但根据已知地名，可知黄鉴构划之河套营堡防御体系，分为两层，由黄河外层防线、河套内层防线共同组成。黄河外层防线东起偏头关，沿黄河外侧，向西北延伸至东胜、乌拉特，沿河筑守。这一防线从地理位置而言，实为填补东胜卫内徙之后，蒙古进入河套东西之防御漏洞，从而将固定战线从内核心边疆重新移回外核心边疆。其军事规格、军队规模虽远不及明初东胜诸卫攻防

---

〔1〕〔明〕刘吉等：《明宪宗实录》卷27“成化二年三月己未”条，第538页。

〔2〕〔清〕刘于义等监修，沈青崖等编纂：《陕西通志》（雍正）卷13《山川六 · 彬草湖》，第731页。

〔3〕〔明〕李贤等：《大明一统志》卷37《宁夏中卫 · 关梁》，第2627页。

〔4〕〔清〕和珅等：《大清一统志》（乾隆）卷408《鄂尔多斯 · 山川 · 红盐池》，第486页。

〔5〕〔清〕和珅等：《大清一统志》（乾隆）卷408《乌喇忒 · 山川 · 甜水井》，第477页。

体系，更毋论秦汉、隋唐时期，但毕竟有恢复明初旧疆，向慕汉民族强盛之风的意味。而河套内层防线东起伊金霍洛旗，向西南经鄂托克旗，跨越黄河，延伸至宁夏镇境内。这一防线定位于抵御突破黄河外层防线之蒙古部众，利用控制河套水道的地理优势，阻止其进一步南下宁夏镇。之所以重点保障宁夏镇，而非榆林镇，在于黄鉴宁夏军队系统之缘故。

黄鉴之后，石亨再次提出置守河套。"总兵官石亨又奏，欲将延绥一路营堡移从直道，以府谷堡移柴关故城等处，孤山、东村二堡移野芦川，神木堡移杨家城，柏林、高家二堡移石落涧，双山堡移真溪滩，榆林城移桦林白涧滩，响水、波罗二堡移白土窑，土门堡移白腊峰，兔鹘堡移滥柴关，龙州城移北城，塞门堡移古窑，靖边营移蒯河，宁塞营移察罕脑儿等处，直与安边、定边相对。当时守土者亦以徙置烦劳，已之。"[1]正统至天顺时期，石亨除供职大同、主持京营之外，仅在天顺元年（1457）奉命搜剿河套。为解决鞑靼对河套的威胁，明朝派遣当时第一武将石亨，整合大同、山西、榆林、宁夏军队，开展较大规模的"搜套"军事行动。"命忠国公石亨充总兵官，佩征虏副将军印，调大同、偏头关及宁夏官军于延绥等处搜剿达贼。"[2]因此移动营堡建议之提出，亦应在开展搜套行动之时。从这一记载来看，石亨构划之营堡防御体系，与黄鉴规划之战略主旨明显不同。天顺元年，河套蒙古进攻重心已指向榆林地区，榆林营堡防御体系也已初具规模，因此石亨所提出之营堡方案，只是在榆林营堡防御体系既有格局之上，加以微调而已。具体而言，便是为加强对河套南缘的控制，将榆林营堡纵深防御格局改为直线防御格局，从而在河套南缘构建更为严密的防御体系。可见，与黄鉴相比，石亨已无恢复明初旧疆、固定控制河套之气概，而是在孛来部落大规模南下之军事背景下，在明朝逐渐失去对河套的控制基础上，将防御重心南移于河套南缘的固定防守之上。但另一方面，与榆林军队系统相比，

〔1〕〔明〕刘吉等：《明宪宗实录》卷27"成化二年三月己未"条，第538－539页。

〔2〕〔明〕陈文等：《明英宗实录》卷276"天顺元年三月庚辰"条，第5883页。

石亨作为中央派出将领，既以会集诸镇之兵、搜剿河套蒙古为战略目的，在战略规划、军事防线设计上，相应突破了榆林军队系统防区视野，显得更为积极与主动。这也是明中期搜套军队系统与榆林军队系统立场的一贯差异。

成化年间，鉴于鞑靼各部固定驻牧于河套，对河套周边形成愈来愈重的威胁，明朝开始谋划以搜剿河套为战略主旨的"搜套"军事行动。正是在这一时代背景之下，成化二年，搜套军队系统再次将以上两种方案重提，并倾向于实行正统时期黄鉴提出的沿河筑守方案。三月，

> 延绥纪功兵部郎中杨琚奏："……臣以长言质之土人，亦皆云若如前策，移展营堡，则不惟可以御贼于外，亦使军民得田于内。积之数年，边储渐充，转馈可省也。臣见达贼连年入寇，被掠人畜、赀财不知几千万计。朝廷命将征讨，调兵四万一千有奇，计人马、刍粟日费银四百余两。若一月则一万三千余两，一岁则十有五万六千余两矣。重以赏劳转运之资，通计所费又不知其几千万也。与其每年调兵费用，孰若以一年之费，给与宁夏、偏头关军民，使其协力移展城堡，密置墩台，且守且耕，尤为愈也。然展移城堡之策有二，臣已具述于前。其一自偏头关边墩、河西一颗树，至宁夏黑山，东西止七百余里，共立十三城堡，则延庆二十六堡，宁夏河东四堡，偏头关河边七堡，又沿边墩台，俱为内地。其三十七堡戍兵并入十三城堡，仍各分守，共计戍兵三万六千有奇。则七百里之地，虽曰平漫，易于侦望，不难守矣。其一则以府谷至宁塞十六堡，移置故城至察罕脑儿一路，并作二十堡。止是营堡端直、墩台联络，所移城堡之数，则与一颗树一路相等。其延绥西路安边、定边二营，与宁夏河东四堡、偏头关七堡，仍用不移。然未如一颗树一路，则并宁夏东路与偏头关河边营堡俱包括之矣。是虽不免暂劳一时军民之力，实为万世防边之长策也。"

对此，宪宗亦持赞同态度。"杨琚所奏移堡防边，具有证据，其言有理。

兵部即会官议处以闻。"[1]

成化二年八月，兵部尚书王复整饬榆林以西边备。[2] 此时明朝既命杨信于此"搜套"，王复遂将主要精力用于经营榆林营堡防御体系。其所秉持的原则大体为两个方面：一是继承石亨加强河套南缘营堡防御体系之观念，从而挪移营堡、增建墩台；二是于之前防御非常薄弱的安边－庆阳、定边－环县两条南北线路，构建墩台通信体系，进一步建立幅度更大的内核心边疆防御体系。而在营堡迁移过程之中，王复充分参照了地理特征，尽量将营堡建于生态环境较好的地区，以便于防守。十一月，

> 整饬边备兵部尚书王复奏："臣奉命整饬延绥、宁夏、甘凉一带边备。看得东自黄河岸府谷堡起，西至定边营，连接宁夏花马池边界，东西萦纡二千余里，险隘俱在腹里，而境外、临边无有屏障，止凭墩台、城堡以为守备。缘有旧城堡二十五处，原设地方或出或入，参差不齐，道路不均，远至一百二十余里，近止五六十里。军马屯操，反居其内；人民耕牧，多在其外。遇贼入境，传报声息，仓卒相接。比及调兵策应，军民已被抢虏，达贼俱已出境。虽称统领人马，不过虚声应援。及西南直抵庆阳等处，相离五六百里，烽火不接，人民不知防避。其北面沿边一带，墩台皆稀疏空阔，难以瞭望。臣与镇守延绥庆阳等处总兵、巡抚等官计议，临边府谷等一十九堡，俱系极边要地，必须增置那移，庶为易守。趁今声息稍宁，先行摘发军余采办木植，候春暖土开，委官监督，并力兴工。将府谷堡移出芭州旧城，东村堡移出高汉岭，响水堡移出黑河山，土门堡移出十顷坪，大兔鹘堡移出响铃塔，白洛城堡移出砖营儿，塞门堡移出务柳庄。不惟东西对直捷径，而水草亦各利便。内高家堡至双山堡，双山堡至榆林城，宁塞营至安边营，安边营至定边营，相去隔远。合于各该交界地方崖寺子、三眼泉、柳树涧、瓦札梁，各添哨堡

---

〔1〕〔明〕刘吉等：《明宪宗实录》卷27"成化二年三月己未"条，第539－540页。

〔2〕〔明〕刘吉等：《明宪宗实录》卷33"成化二年八月戊申"条，第657页。

一座，就于邻近营堡，量摘官军哨守。又于安边营起，每二十里筑墩台一座，通共二十四座，连接庆阳。定边营起，每二十里筑立墩台一座，共十座，接连环县。俱于附近军民内，量拨守瞭。北面沿边一带墩台空远者，各添墩台一座，共三十四座。随其形势以为沟墙，必须高深足以遮贼来路。因其旧堡，广其规制，必须宽大，足以积粮草、容人马，庶几墩台稠密，而易于瞭望；烽火相接，而人知防避；营堡联络，而缓急易于策应；声势相倚，而可以遥振军威。”从之。〔1〕

值得注意的是，王复倡导于河套南缘修筑城堡，除防御性城堡外，尚增瞭望性城堡，即所谓“哨堡”。而在构建营堡、墩台防御体系之外，王复又在城堡、墩台四周挖筑沟墙，从而为成化九年榆林明长城防御体系的形成奠定了基本格局。

成化三年（1467）三月，毛里孩部众主体已退出河套地区，进入河东大同，不过王复在河套防线规划上，仍固守榆林一线。“议者咸谓若依旧守把黄河险阻，实为万全之计。然今贼未出套，宜因时损益，不拘故常，于延绥添设协同参将二员，于高家、龙川紧关冲要城堡驻扎，往来提调，互相策应。”〔2〕伴随着搜套行动的中止，调至榆林的他镇军队再次回归原地，明朝遂增补榆林营堡防御体系士兵数量。〔3〕

既然明朝将营堡防御体系固定于榆林一线，受其影响，少量在榆林一线以北的城堡亦被内徙。成化四年（1468），延绥镇总兵官房能亦在毛里孩退出河套之时，将河套南部城堡内移。“镇守延绥总兵官署都督佥事房能等奏：旧设忽都伯颜堡，北去榆林城二十八里，南去鱼儿河

〔1〕〔明〕刘吉等：《明宪宗实录》卷36“成化二年十一月己丑”条，第714－716页。

〔2〕〔明〕刘吉等：《明宪宗实录》卷40“成化三年三月丙寅朔”条，第799页。

〔3〕“延绥总兵官署都督佥事房能奏：顷缘尚书王复改筑临边营堡，而军马分布不足，遂增给以西安等卫原调鄜、庆备冬及陕西守城军士四千，并延、庆土兵四千八百余人，来边防守。未几，土兵仍还延、庆，西安军士亦归陕西。后虽议以甘肃兑回潼关卫二千八百五人，并鄜庆备冬军士五百五人，补充旧额，然视四千之数，已少一千四百余人未补，恐误边守。既而，镇守陕西宁远伯任寿等言四千之数，盖缘延绥有警，拟令暂守，难遂为例。事下，兵部言：寿言固为可据，但守边责重，其已补者，宜早督发。未补者，仍于鄜庆数内更增给四百以往。议上，从之。”参见〔明〕刘吉等：《明宪宗实录》卷51“成化四年二月癸卯”条，第1037页。

堡六十五里，远近不均，遇警难于应援。欲将此堡改名归德堡，移于地名九股水筑立，庶道里适均，易于防守。事下，兵部覆奏，从之。"[1]《延绥镇志》（万历）记载明朝在虎都伯颜旧地置归德堡相应为误。"东至常乐堡八十里，西至响水堡四十里，南至鱼河堡四十里，北至镇城四十里。唐党项州，贞观五年侨治银州境，疑此地。国朝成化中，命肃敏公北据虎都伯言，置今堡。"[2]归德堡位于榆林城南40里刘官寨乡归德村，建于山腰半山半川之地，"城设在半山半川，系腹里中地"。[3] "近因边墙修完，无复他虑。止转运使迎送繁多，甚称凋弊。"[4]成化十一年，归德堡规模为："城垣一所，周围一里零五十八步，墩台二座：沙峰子墩、杜二家窊墩"，崖砦4座。[5] 此后规模不断扩展。明后期建设情况为："周围二里六十七步，楼铺一十五座。堡有西关，未城，虏数窥之。嘉靖庚子，筑关城。草创之始，高不盈丈。万历五、六等年重修，帮筑高厚，砖砌牌墙、垛口，共高三丈。"[6]归德堡处于河谷旁一小山之巅。前为榆溪河，北侧泉水汇聚为沟河。堡墙仍是规则的四方形，堡南之地，明显有建筑拆毁之痕迹，砖、石丢弃满地，皆是在新中国成立后历次运动中被拆除，用于修筑水堤所形成的。归德堡现残存四面土墙，西、北墙低矮，东、南墙高大（见图5－37），东墙已被打穿至一大豁口（见图5－38），可能是为修筑城隍庙通车所致。墙高6—9.5米，基宽4—8米。残堡垣东西323米，南北414米，周长1474米。[7]

值得注意的是，在这一时期，宁夏镇甚至已经构建了营堡、墩台、沟堑相结合的长城防御体系。"丙午，宁夏总兵官广义伯吴琮等

---

[1]〔明〕刘吉等：《明宪宗实录》卷53"成化四年夏四月己未"条，第1089－1090页。

[2]〔明〕郑汝璧等修，〔明〕刘余泽等纂，陕西省榆林市地方志办公室整理：《延绥镇志》（万历）卷1《建置沿革·归德堡》，第32页。

[3]〔清〕谭吉璁：《延绥镇志》（康熙）卷1－3《地理志·归德堡》，第289页。

[4]〔明〕郑汝璧等修，〔明〕刘余泽等纂，陕西省榆林市地方志办公室整理：《延绥镇志》（万历）卷1《建置沿革·归德堡》，第32页。

[5]〔明〕余子俊：《余肃敏公经略公牍·归德堡》，第416页。

[6]〔明〕郑汝璧等修，〔明〕刘余泽等纂，陕西省榆林市地方志办公室整理：《延绥镇志》（万历）卷1《建置沿革·归德堡》，第32页。

[7]霍世春主编：《榆林市志》，第683页。

奏:修筑宁夏三路墩台三十五座,营堡十有七座,关墙、沟堑四百五十三处,共长六千四百四十六丈有奇。”[1]因此,王复对榆林营堡纵深防御体系的改造,可能参考了宁夏镇之经验,除在延绥镇实施外,还进一步在宁夏镇推广开来。

图 5-37　归德堡南墙,2009 年摄

整饬边备兵部尚书王复奏:宁夏三路皆冲要,中路灵州往南二百八十里,原无墩台;东、西二路营堡、墩台相去甚远,声闻不接。达贼深入,路皆经此。不即经理,何以保障?请以东路兴武营移至近里,与花马池、灵州东西对直,各一百里;自花马池东南红山儿至环县等处,西南长流水至小盐池等处;西路自河北分水岭至固原半个城等处,及永安墩至靖虏等处;中路灵州至石沟儿一路,往韦州、胡芦硖等处一路,接小盐池至萌城等处,每二十里添设墩台一座,共五十有八座。周围筑墙掘沟,务在宽广,可容运粮,接递军民、客商投宿、避害。量摘附近卫所屯守军余,每墩拨给五人看守瞭望,

〔1〕〔明〕刘吉等:《明宪宗实录》卷 37“成化二年十二月丙午”条,第 725-726 页。

图 5－38　归德堡东墙缺口,2009 年摄

庶几营堡相连,烽火相接,而易于应援盐货流通,粮马渐增。从之。[1]

成化四年,伴随毛里孩与明朝建立朝贡贸易,并从河套地区退回蒙古高原,在明朝物资供给之下,对阿罗出进一步形成压制之势。阿罗出从而率部大举进入河套,长期游牧于此,并多次进入榆林境内,对榆林地区构成严重威胁。有鉴于此,明朝在军队防御城堡——军堡之外,又修筑民众自卫之用的民堡。成化六年(1470)三月,延绥镇巡抚王锐奏:"团堡以卫民生。谓榆林一带地方,既添兵以分守,又设险以御寇。然其军民所处,多临边塞。乞敕所司,就于居民所聚之处,相度地宜,筑为砦堡,务为坚厚。量其所容,将附近居民聚为一处。无事之时,听其耕牧;遇有声息,各相护守。则寇盗无从剽掠,地方可保无虞。"由于添设民堡正可以弥补以往军堡强调军事防御,忽略坚壁清野、保障居民物资之薄弱与不足,是明朝解决阿罗出频繁掠夺居民、物资的急需方案与

〔1〕〔明〕刘吉等:《明宪宗实录》卷 37"成化二年十二月己酉"条,第 729－730 页。

直接工具,因此明朝同意了这一建议。“事下,兵部议如所言。上曰:‘添筑城堡,正系守边急务。其令镇守等官参酌举行,务期成功。’”[1]伴随民堡的修筑,陕北民众从而正式被整体性地纳入准军事化管理之中,已承担一定军事职能,社会结构、民众风气相应呈现更为浓厚的军事色彩,标志着陕北社会“军事化”趋势进一步加强。

面对阿罗出频繁进入榆林之势,明朝为防止其进一步南下,仿照成化三年王复筑墩于环县、庆阳之做法,进一步于内地增筑营堡,兼具军队防御、民众聚保之责,从而在整个陕北地区构建了营堡纵深防御体系与民众聚堡工事体系。中国古代中原王朝与北族政权长期对峙之势,使北部边疆军事建置呈现一定的扬弃关系。北宋与西夏在陕北之营堡对峙格局,自然成为明代陕北军队抵御河套蒙古时,借以参考的军事坐标。但由于北宋实力较弱,防线在横山-白于山一线,因此明朝最初在构建营堡纵深防御体系时,多将防线向外拓展,并将原驻北宋堡寨之军队抽调北上。不过伴随着河套蒙古对榆林地区压力的逐渐增大,明朝从而亦逐渐加强内地军事体系建设,于是有再次利用北宋旧堡之事。成化六年(1470)四月,陕西巡抚马文升奏:“沿边一带山坡重复、崖涧深陡,贼马之来,必循大川而行。宋人御夏,俱于川口修筑城堡,乞寻其故迹,相度形势,及时修补。”[2]由于宋夏战线在榆林南部一线,因此马文升倡导沿河谷修筑城堡,亦相应深入榆林南部。五月,陕西镇守武将白玉亦奏:“延庆二府所属环县、合水县、葭州、保安州等处,民居散漫,城堡远隔,招寇剽掠。而合水、白豹等川,铁边、德靖、金汤诸处,有城堡墩台遗址,亦有山寨险利之处。乞令陕西三司堂上官,亲诣边陲,查勘旧有墩台、山寨之地,量役军民修筑。凡旁近散处军民,悉拘入堡,守望相助。又增拨延、庆二府原选土兵,分屯操守。及各处问拟囚徒,定拨墩台,哨守瞭望,有警举火传报,则边氓有保聚之固矣。”[3]可见明朝在营堡防御体系构建中,不仅未恢复明初外核心边疆之旧局,甚至内徙至

[1]〔明〕刘吉等:《明宪宗实录》卷77“成化六年三月辛卯”条,第1492页。
[2]〔明〕刘吉等:《明宪宗实录》卷78“成化六年夏四月乙亥”条,第1523页。
[3]〔明〕刘吉等:《明宪宗实录》卷79“成化六年五月甲申”条,第1533页。

北宋内层防线。明人甚至又奏请每40里筑一民堡,发展土兵之整体规划。六月,河南颍川卫教谕叶春奏:“虏寇入境,边将恐失机获罪,专务城守,故贼敢深入。请于贼所必经之地,每四十里立城堡一所,召募居民,编立火甲。无事则散耕其旁,遇警则于此保聚。又选精锐士卒为游兵,巡徼截杀,使虏不能入,虽入亦无所得。”[1]虽然这一建议并未具体指明实施地区,但从下文论述河套,以及当时榆林成为北部边疆抵御蒙古最重之地来看,应是从榆林防务出发所提之建议。

成化八年(1472)三月,在多年“搜套”无果后,被中央派往西北巡视边务的吏部右侍郎叶盛与西北官员一同表达了“御寇以守备为本,攻战次之”的边防立场,请求仿照王复于环县修筑墩台故事,进一步于陕西内地增修堡墩。“境内靖宁、会宁、安定诸州县,以无墩台传报烽火,虏寇至门,民始知之。宜如环庆事例,督所在官司,凡居民团聚之所,俱修筑小堡,或据险崖窑,及于要路设立墩台。遇警立报,令拘收人畜入堡。虏至既无所得,自然退归。官军随处得以追袭截杀,安民筹策亦或在此。”宪宗鉴于当时兵部尚书白圭力持搜套方案,不便批复,遂“命兵部知之”。[2]当月,叶盛又奏:“米脂以北直抵榆林,乃顺川大路,粮运往来、居民商旅必经之地,亦宜令本地军卫有司,量其远近,添筑小堡,以备警急。”与马文升一样,叶盛亦请求于北宋防夏防线设置城堡,相应亦是主张内缩防线之方案。“延绥西路旧守土门、大兔鹘等堡,并未守铁鞭、锁圪塔、五谷、黑城子、银州关等城,俱宋时防守夏人所筑。山势最险,水泉甚便。近年以来,弃土门等堡,乃守怀远、威武等堡。既无险可据,又取水太远。宜将今守怀远等堡官军仍守土门等堡,其铁鞭等城亦宜渐为修补。及于银州关隔河总要之处,添筑一堡,积贮粮草。量拨守边额内官军,于铁鞭等城操守,以为官军截杀驻扎之所。仍将内地鱼河堡官军移守,添筑新堡。”虽然“诏从其议”,[3]但事实上榆林内地运粮小堡获得了增筑,而城堡格局却一仍其旧,并未改动。

---

〔1〕〔明〕刘吉等:《明宪宗实录》卷80“成化六年六月癸丑”条,第1558页。

〔2〕〔明〕刘吉等:《明宪宗实录》卷102“成化八年三月乙卯”条,第1990－1991页。

〔3〕〔明〕刘吉等:《明宪宗实录》卷102“成化八年三月庚申”条,第1996－1997页。

当月,叶盛、王越又奏请于北宋原城堡处设兵戍守。“延绥有柳树会、土门子、塞门、大兔鹘、白落城、保安、铁鞭川,宁夏有山城、萌城、小盐池,俱虏出没要路,军马所必经,各有旧堡。今亦宜量为措办刍粟,以便屯驻。”明朝同意了这一建议。[1] 成化九年二月,马文升从粮草争夺的角度,进一步提出仿照北宋缘边、次边二层防御体系,构建军事布局。“盖我宿兵于边,供费日广而虏常伺隙抢掠,反为以逸待劳。今宜效有宋缘边、次边之制,省百姓转输之劳。以榆林等一带城堡为缘边,令见在重兵就粮防守。若虏来近边,则勿轻出,必其深入,乃合击之。以米脂、绥德、安定、保安、金汤、铁边、柔远、槐安、环县、庆阳、平凉、固原一带为次边,分布客兵,以时截杀。各处该运粮草,止于次边。使彼在边既无所掠,深入又多失利,必将渡河而去。纵不渡河,陕西军民亦可少息矣。”[2]

当月,陕西纪功兵部郎中刘洪请求将墩台瞭望体系进一步向西南延伸至宁夏镇境内,同时将民堡保甲制度推广于边境地区。

> “延庆自清水营至永济堡一千五百余里,险易相半,为营堡十有九。自永清堡至灵州所五百余里,俱平原沙漠,止有五营堡。其安边东西三四十里,近参将岳嵩新设壕堑陷阱,虏颇知惮。惟定边、花马池等处墩台疏远,瞭望不及、馈运为难。宜及今虏马瘦弱,起自永清,直抵灵州,每一里半筑一墩,共为三百墩有奇。每墩下方十丈、上方六丈,高一丈五尺。上盖土房一间,四角用板遮护,剜为箭眼。墩中空处,仿嵩之法,设为陷阱。筑墙浚壕,以渐修举。及观兴武一营,置于灵州、花马池之间,偏出东北境外,道路迂绕。今宜迁入,与二堡适中,并于二堡间,各增一小堡,摘宁夏中卫守备西安官军,就近防守。仍令宁夏总兵或副总兵一员,专于兴武营居中巡督。其永济堡以东至清水营,仿都御史余子俊法,傍险铲削,内凡系平旷川原,俱为里半一墩。但今陕西人民困苦已极,难再驱

[1]〔明〕刘吉等:《明宪宗实录》卷102“成化八年三月壬戌”条,第2001－2002页。
[2]〔明〕刘吉等:《明宪宗实录》卷113“成化九年二月庚午”条,第2188页。

使。宜量摘各处客兵，与各堡官军兼工修筑，完日放回……延庆临边军民迁移边外，就地耕牧，往往招寇，宁死不避。宜令缘边各卫所府州县，差官会勘，量其多寡远近，择取险地，督令修筑砦堡。每砦堡推选众所信服者一人，免其本身差操，定为总甲，各备兵器，自相操演，从便战守。有功则照例升赏，所获财物令自收用。如有失误，罪其总甲。奏入，下兵部议拟覆奏，多施行之。"[1]

九月，搜套军队系统刘聚、王越亦请求内徙营堡防御体系，以控制榆林内地河谷险要地带。

"定边营、新兴堡、安边营、永济堡、毕家梁、镇靖堡俱水苦且远，人马多病。内定边、新兴、安边、永济四营堡，虏易窥我虚实，军马难于出入。镇靖堡已奏准，仍守塞门。其余四营堡，俱宜就险而守。移新兴堡于迤南海螺城，安边营于迤南中山坡，永济堡于迤南上红寺，回塞门却于迤北白塔涧。海螺城、中山坡、上红寺多削山为城，白塔涧口就快滩河迤南之险。其河深有二三十丈，远有一百余里。事成之后，定边、新兴、安边、永济、宁塞、靖边、镇靖、龙州八营堡以守则固，以战则利。且令纳户就彼刍牧，可以省转输之费，此则延绥安边之策也。""兵部左侍郎李震等具拟其便，从之。"[2]

成化八年年底，兵科给事中郭镗则进一步提出改善土兵召募制度、加强民堡管理制度。"关陕之民，材力坚强，兼精骑射，每能扼虏，夺其所俘，募以防守，可纾兵力。但闻前时所募义勇、民壮，俱永编行伍，民间赋役不获蠲除。各顾身家，谁肯应者？又旧令遇冬迁民避寇，但城堡狭隘、人畜难容。不若就令所司，于近村便地，或古寨深崖，百家相依，共修一堡。无事则四散耕物，有警则入堡敛藏。仍推举二丁，立为总甲，得相号召，保障一方，杀获功次，如例升赏，止属有司拊循，不许军职干预。"明朝同意了这一建议。[3] 成化十年(1474)，明朝已招募数千陕

[1]〔明〕刘吉等:《明宪宗实录》卷113"成化九年二月戊子"条，第2202－2204页。

[2]〔明〕刘吉等:《明宪宗实录》卷120"成化九年九月壬子"条，第2323－2325页。

[3]〔明〕刘吉等:《明宪宗实录》卷110"成化八年十一月己酉"条，第2146－2147页。

西土兵。[1]

可见,在河套蒙古逐渐施压的情况下,边境以内的内地地区也渐成战争之所,明朝也有意利用陕北地理纵深,达到在战争中的战略优势。也就是说,榆林内地社会呈现出"边疆化"趋势,而社会结构与民众风气相应呈现"军事化"趋势。这不仅是榆林地区,甚至是西北边疆,乃至整个北部边疆在明中后期共同之历史趋势。而这一社会情状促使陕北社会处于不安定的隐患状态,一旦遭遇重大灾荒或兵乱,便有发生大规模民众事件之可能。明末农民战争之爆发与很强的军事组织性、战斗力,除大量边兵的加入外,明中后期陕北社会结构之军事化便是非常重要的原因。

5.6 小结

明中期,伴随蒙古由河套正面冲击内核心边疆榆林地区,使这一地区由明前期俨然内地一转为边疆争战之地,呈现了"边疆化"历史趋势。明朝不断提升榆林防御规格,最终于天顺二年建立独立的军镇——延绥镇,从而脱离陕西都司、宁夏镇管辖,成为独立的军事防区。陕北地区"边疆化"历史进程正式完成。延绥镇总兵官所佩将印不断变化,正德以后基本固定为"靖虏将军印"。延绥镇最初驻地在绥德卫。绥德卫地处榆林南部丘陵、低山分布之地,南依延安卫军事拱托,体现出"依险"特点,这是延绥镇设治于绥德卫的军事因素。绥德卫地处无定河下游,又是大、小理河汇聚之所,故而绥德卫控制着陕北河谷主干通道,防止河套蒙古沿无定河南下,进入黄河中游两侧的西北内地,体现出"扼要"特点,这是明朝最初置镇于绥德的交通因素。此外,绥德卫在经济上还借助陕北屯田中心延安卫之便利,体现出"就粮"特

[1]"免陕西入伍土兵四千八百六十余人税粮。户二十石以下者全免,以上者免其半丁,差亦量减免,以助供给。每兵无事时,月支粮米三斗,有警添支布花,三年以后,量给边境空地,召军民舍余承种三年,军纳子粒,余照民田轻例起科,以充边用,从巡抚左副都御史马文升请也。"参见〔明〕刘吉等:《明宪宗实录》卷127"成化十年夏四月甲申"条,第2431页。

点，这是延绥镇设治于绥德卫的经济因素。伴随蒙古逐渐大规模进入河套，河套蒙古对榆林形成长期、持久的军事威胁。榆林北部地处风沙区，相对于南部，山险较少，从而非常便于河套蒙古出入。为直接控制河套南缘，明朝于成化八年移镇榆林卫，故而延绥镇又俗称榆林镇，不过在国家官方文书中，基本皆仍旧称。之所以选择榆林为新镇治，在于该地大体处于河套南缘中部，且具山之险、川之便，控制蒙古经五道河、榆溪河南下无定河之上游主干通道。

伴随延绥镇的逐渐建立，明朝北部边疆其他地区流行之营堡纵深防御体系亦被移植于榆林地区，并呈现与陕北地形密切结合的军事地理特征。之所以出现这一现象，与陕北地形具有直接关系。陕北地处黄土高原，气候干旱，丘陵纵横，人口、农田、草地与聚落基本呈现沿河谷分布，以便用水之人文地理特征。相应，河谷地带是陕北地区的生命线与政治线。而由于中国地势大体呈现西北高、东南低的格局，榆林河流大多发源于河套地区，由北至南流过，甚至进一步汇入黄河。蒙古骑兵顺逐水草的军事特征，使这些河流沿岸之宽阔河谷地带，成为其重点借助的地理通道。而与之相比，由于陕北属于典型的黄土高原，丘陵纵横分布，非常不便于骑兵奔驰。不仅如此，明代蒙古部众南下的战略目的基本是抢掠人口和物资，以弥补草原单一游牧经济的不足，相应河谷地带成为其重点进攻的目标。可见，陕北河谷地带又是明朝、蒙古军事交战的交通线与战争线，这是明代榆林地区的军事地理特征。明代榆林营堡位置选择呈现了“扼要”、“依险”、“就水”3 项具有先后次序的基本原则。扼要型城堡主要分布于榆林边境西部与内地少部分地区，以直接控制蒙古南下要冲。明代榆林营堡大多体现了依山面河之依险特征，从而既保障自身，又控制河道。就水型城堡则是明朝为保障自身，在大体达到防御目的的基础上，对营堡位置进行适当调整的体现。因此，明代榆林营堡大体可分为“扼要型”、“依险型”、“就水型”3 种类型。而在建立方式上，许多营堡皆是在北宋城寨基础上提升规格而成。

正统至天顺时期，由于蒙古重点沿黄河南下进攻河套东南缘，因此明朝重点于榆林东部，沿河谷地带，构建了城堡纵深防御体系，从而以山川地理优势弥补步兵战术劣势，通过充分拉伸战争空间的方式，达到诱敌深入、消灭敌人有生力量的战略目的。而在榆林西部，则重点构建了封锁河套的横向防御体系。成化时期，明朝在进一步完善榆林东部营堡纵深防御体系的同时，进一步在榆林西部拉伸防线纵深，从而构建了东西大体平衡的榆林营堡、城寨防御体系，为成化中期榆林明长城防御体系的最终建立奠定了基础。与北宋依托横山－白于山建立的堡寨防御体系相比，明中期营堡纵深防御体系防线呈现了外拓特征，呈现了兼据北部平原与南部山区之特征。

正统以后，伴随蒙古进入河套地区，宁夏军队系统已提出黄河外层防线、河套内层防线相结合之河套营堡纵深防御规划，这一沿河筑守之战略规划具有将固定战线从内核心边疆移回外核心边疆，恢复明初旧疆、固定控制河套之战略意味。天顺时期，搜套总兵官石亨则在孛来部落大规模压迫之下，倾向于将河套防线内移于河套南缘，主张将榆林营堡纵深防御体系转为河套南缘直线防御体系。成化二年，为扭转明前期以来阴山边疆、河套地区日益明显之战略劣势，搜套军队系统杨琚再次主张沿河筑守。不过当年兵部尚书王复整顿榆林营堡防御体系时，基本是在石亨规划的基础上，增加河套西南缘之墩台通信体系，并增加瞭望性城堡，进一步建立了幅度更大的内核心边疆防御体系，从而为成化九年榆林明长城防御体系的形成奠定了基本格局。在此基础上，成化六年，明朝又在边境地区修筑民堡，并在内地亦增筑城堡，从而弥补了军堡强调军事防御、疏于保障民众之不足，在整个陕北地区构建了营堡纵深防御体系与民众聚堡工事体系，榆林营堡防御体系从而呈现类型多样、军民并重之丰富、平衡的特征。而与此同时，城堡、墩台增筑于内地之地理趋势，又使明中期营堡纵深防御体系，呈现出利用北宋故迹之历史倾向。可见明朝在营堡防御体系构建中，不仅未恢复明初外核心边疆之旧局，甚至还内徙至北宋内层防线。这一历史现象反映了明中期河套蒙古进一步加强对明朝压力之历史趋势。

伴随延绥镇营堡纵深防御体系防线内徙与民堡的普遍建立，陕北社会广大地域与民众被卷入到军事体制中来，从而呈现出“军事化”程度逐渐加深之历史趋势，陕北民众在这一社会结构演变特征下，深染武风，加剧了陕北社会的动荡性与紧张化。而这一社会情状促使陕北社会处于不安定的隐患状态，一旦遭遇重大灾荒或兵乱，便有发生大规模民众事件之可能。明末农民战争之爆发与其较强的军事组织性、战斗力，除大量边兵的加入外，明中后期陕北社会结构之军事化便是非常重要的原因。这不仅是榆林地区，甚至是西北边疆，乃至整个北部边疆在明中后期共同之历史趋势。

6 成化时期鞑靼驻牧河套与明朝“搜套”攻势防御

6.1 绪论

宝音德力根指出，成化元年(1465)，小王子被孛来所杀，毛里孩又杀孛来，立小王子从兄摩伦为可汗。次年即成化二年，毛里孩又杀摩伦。此后的10年间，鞑靼内部陷入长期的混战局面，也一直未能产生新的大汗，这一局面一直持续到成化十一年(1475)，异姓贵族乩加思兰拥立满都鲁为可汗。[1] 而在此之外，瓦剌亦不断与鞑靼相互仇杀。在这一政治局面下，鞑靼各部为躲避内乱冲击，纷纷南下明境。与之前蒙古南下主要为抢掠物资不同，此时鞑靼各部南下，增加了躲避内乱的因素。因此，鞑靼各部的进攻重点，便从主要是沙漠地带的松山走廊，东移至主要是草原地带的河套地区，以维持大规模部众的长期游牧。为应对这一军事形势的变化，明朝开始于榆林地区多次大规模集结军队，在抵御河套鞑靼进攻的同时，亦趁机转守为攻，以彻底搜剿河套鞑靼部众，一劳永逸地解决河套问题。明人将这一军事行动称作“搜套”。从战争形式来看，“搜套”军事行动属进攻行为，但其战略目的却在于加强对蒙古的防御，而非借之进入蒙古高原，与现代军事学中以进攻代替防御的“攻势防御”(offensive defense)理念相契合，故将之称为“搜套”攻势防御。值得注意的是，天顺时期石彪取得的野马涧大捷，在榆林防御基础之上，转守为攻，搜剿河套孛来等部，已开“搜套”攻势防御之端。与天顺时期搜套行动相比，成化时期搜套行动规模更大，而

[1]宝音德力根：《15世纪中叶前的北元可汗世系及政局》，载《蒙古史研究》第6辑，内蒙古大学出版社2000年版。

且开始将目标直接定位于搜剿河套。但与天顺时期一样,明朝仍未获得对河套的固定控制权。本书在勾勒鞑靼各部先后驻牧河套的时代背景下,结合明中期武将家族兴衰、武将集团嬗代与文官地位崛起等历史线索,对成化时期搜套攻势防御的政治背景、展开过程、战略内涵与最后结果进行论述,并讨论其在明朝解决河套问题中所扮演的角色,以及如何为榆林明长城防御体系的构建提供了历史空间与可能。

6.2 成化初年毛里孩驻牧河套与明中期杨氏家族之衰落

宪宗即位后,孛来虽与瓦剌、兀良哈为敌,不过主要政敌仍为鞑靼中的黄金家族势力。双方互相仇杀的结果,便是大量部众为躲避战乱,南下明境。成化元年十一月,泰宁卫大头目兀南帖木儿称:“迤北毛里孩与孛来相仇杀,其人马分散在边搅乱。”[1]在这一南下潮流中,兀良哈三卫虽向明朝报称并未参与,兀南帖木儿又称“我三卫人自祖宗以来,受朝廷大职、金衣、美食,自合出力补报,岂敢犯边……朵颜卫都督朵罗干往开平围猎,福余卫大头目可台往海西趁食”,[2]但实际上却随其南下。“朵颜卫右都督朵罗干遣使臣传报夷情,具奏求印信、帐房等物,更乞差来使臣,不须限定五十人。事下,礼部会官议:祖宗设置朵颜、泰宁、福余三卫,为东北藩篱,每年朝贡宴赐特厚。而乃背逆天道,随虏贼毛里孩犯边。今遣人来朝,虽称奏报边情,不过挟势求索。今宜量加赏赐,仍乞降敕责以大义,用警其奸宄之意。”[3]因为与明朝结成朝贡贸易关系的缘故,在这次南下潮流中,孛来部众较少。当月的记载反映出当时南下者以毛里孩部众为主。“癸丑,分守延绥东路右参将都指挥同知郑时奏:谍报虏贼拥众入柴关墩境内,自一更行至三更方尽。又有在黄河西岸及黄甫川等处抢掠,并突入中山墩下者。且称虏

[1]〔明〕刘吉等:《明宪宗实录》卷23“成化元年十一月辛未”条,第457页。

[2]〔明〕刘吉等:《明宪宗实录》卷23“成化元年十一月辛未”条,第456-457页。

[3]〔明〕刘吉等:《明宪宗实录》卷34“成化二年九月戊寅”条,第677页。

众甚盛,有毛里孩部下人马,俱在四柳树、木瓜园等处安营。"[1]成化时期鞑靼各部南下河套,与景泰、天顺时期孛来南下河套的不同之处在于,成化时期鞑靼处于严重内乱状态,南下各部具有明显的躲避战乱之倾向;在进攻地点的选择上,与孛来部落强调抢掠物资有所不同,开始强调具备长期驻牧的条件。在这一战略主旨之下,鞑靼各部将对明朝进攻的重点地区由河套周边靠近民政机构的地区,转移到河套这一水草丰茂的空阔之地。"辽东、甘肃虏难犯边,而不能久驻。惟河套北有黄河可据,中有水草,利于放牧,南有人烟,便于虏掠,以是久居不去。"[2]"延绥边境与河套相对,东西中三路共二十堡,约远一千五百余里,旧无边备,且河套宽漫,便于驻牧,故虏连年不去。"[3]成化元年八月,延绥镇总兵官房能奏:"北虏久潜河套,自西梁墩空突入犯边,官军会合追剿。至贼巢地名萧把都川,约七百余里,斩获贼首一十二级,马牛羊、器仗、衣帐等各以百计。"[4]从而依托这一广阔牧场,并与汉族民众相合,南下鞑靼开始对河套周边形成长期而强大之威胁。成化八年,巡视西北边务吏部右侍郎与榆林官员奏称:"以为往年虏寇,或在辽东、宣府、大同,或在宁夏、庄浪、甘肃去来不常,为患不久。景泰初,始犯延庆。然其部落犹少,不敢深入。天顺间,阿罗出进入河套,不时出没,尚不敢迫近居民。至成化初以来,毛里孩之众乃敢深入抢掠,攻围墩堡。盖以先年虏我汉人,以杀戮恐之,使引而入境,久留河套。故今日贼首孛罗合、乩加思兰相继为患,卒不可除。"[5]

为抵御南下鞑靼,明朝如天顺时期一样,再次会兵榆林,所任命之统帅是延绥镇首任总兵官,明中期第一武将家族之杨信。十二月,"虏贼寇延绥。命大同总兵官彰武伯杨信,统大同马队官军一万,宁夏总兵官都督佥事李杲统宁夏官军五千,都督佥事王瑛同宁远伯任寿、右副都

[1][明]刘吉等:《明宪宗实录》卷23"成化元年十一月癸丑"条,第449页。
[2][明]刘吉等:《明宪宗实录》卷120"成化九年九月壬子"条,第2323页。
[3][明]刘吉等:《明宪宗实录》卷102"成化八年三月壬戌"条,第1998页。
[4][明]刘吉等:《明宪宗实录》卷20"成化元年八月庚寅"条,第404页。
[5][明]刘吉等:《明宪宗实录》卷102"成化八年三月庚申"条,第1994页。

御史项忠，统见调陕西属卫官军一万，驰诣延绥御之。仍命信总制诸军。"[1]同时，明朝派遣户部官员统一调配陕西、山西粮草供应。"癸未，敕户部主事王臣徐源往陕西、山西整备粮草。时调兵剿虏，户部以二布政司免今年税粮一百二十余万，恐各寨堡粮草缺乏。请敕主事二员，于腹里有粮处，起倩兵民赶运，以供军饷。倘有不足，听其区画供给。从之。"[2]命兵部官员负责纪功。"命兵部中杨琚赍功赏勘合三百道，往延绥纪录官军功次。"[3]

之所以选择杨信作为榆林会战之统帅，除其熟悉榆林军务之外，还应在于明中期杨氏家族的独特地位。杨氏家族是指由杨洪及其子侄形成的武将集团，这一集团兴起的契机在于明前期开国、靖难功臣集团的泯灭与衰落。明朝开国武将军事能力甚强，即使在公侯逐渐凋零、身死情况下，都督以下武将仍有能力开疆拓土、独支一方，比如蓝玉、宁正与宋晟。但伴随"开国勋贵"集团在洪武末年被诛戮殆尽，朱元璋将对蒙古作战的责任转交至久历行伍的诸王身上。燕王朱棣最终在"靖难之役"中获胜，原因之一便是洪武末年军队系统武将能力已不如诸王。朱棣即位之后，为酬报功劳、巩固帝位，扶植起庞大的"靖难勋贵"集团。不过与开国勋贵相比，靖难勋贵出身较低，多为卫所级别将领，靖难之役中，燕王军队虽然在与中央军队的较量中取得上风，但却主要依赖于朱棣的军事才能。正因如此，才有了永乐年间明朝北疆全线固守近疆、丘福一战而败，朱棣不得已亲征之事。仁宣以后，靖难武将既多庸劣，至高位后又多不勤劳，后代子孙平流进取，多无实际才能。[4] 正统时期，明朝鉴于靖难武将多不敷用，着意于行伍中提拔将领。正统元年(1436)，"陕西右参政年富奏：总兵及年深都指挥等官位高禄重，各保身命，不肯委身效职。欲求如杨洪者二三人，授以精兵，听其纵横游

---

[1][明]刘吉等：《明宪宗实录》卷24"成化元年十二月己卯"条，第464页。

[2][明]刘吉等：《明宪宗实录》卷24"成化元年十二月癸未"条，第465页。

[3][明]刘吉等：《明宪宗实录》卷24"成化元年十二月癸未"条，第465－466页。

[4]"兵部幼官袭职，有新旧分。时以靖难子孙号新官，免比试，径予世袭，俸优给；其开国功臣后裔曰旧官，逊是，即徐魏国恩数不能比定国什一，轻重较然。"参见[明]黄景昉著，陈士楷、熊德基点校：《国史唯疑》卷2《永乐》，第42页。

击，俟其功孚于人，然后升职，庶几赏赉明信，奋起人心……从之。”[1]正统六年(1441)，阁臣杨士奇奏：“陕西甘肃、宁夏、延安、绥德系西北极边，其将领多老疾畏懦，平居苟延岁月，遇警一无所措。自今惟总兵、参将请命裁择，其守备头目及各卫官，宜令总兵、镇守及参赞军务官从公廉察，不堪守备者退还原卫，选精壮历练、善抚军士者代之。其卫所管军官有老疾懦弱不堪任事者，亦选堪用官掌管。”朝廷接受了这一建议。[2]

开国、靖难功臣集团的没落，使明朝自永乐时期便缺乏得力良将，这也是明前中期在与蒙古对峙态势中，在战略态势上渐处劣势的人事因素。在勋贵集团衰落之军事背景下，明朝需要从行伍中选拔历练军事的平民将领，从而填补这一“武将断层”。明前期北疆攻防战争中历练而出之平民将领从而利用这一历史契机，开始登上历史舞台，填补了勋贵集团留下的权力空缺，开创了明代平民将领崛起之潮流。其中最为著名者便是杨洪。

杨洪在永乐北征中便已崭露头角。“杨洪，字宗道，六合人。祖政，明初以功为汉中百户。父璟，战死灵璧。洪嗣职，调开平。善骑射，遇敌辄身先突阵。初，从成祖北征，至斡难河，获人马而还。帝曰：‘将才也。’令识其名，进千户。”[3]可见，永乐时期杨洪已被纳入明朝武将重点培养的序列之中。宣德时期，明朝鉴于财政困难，将开平卫内徙，但同时并未放弃开平旧地，于是单独组成一支完全由骑兵构成的机动部队，对开平实行流动巡逻。开平军队既以流动作战为职责，加之武器装备精良，相应是当时北部边疆易立战功、获得彩头的一支特殊队伍。鉴于杨洪在永乐时期已展现出一定资质，明朝遂有意加以培养，亦将之纳入开平军队。宣德四年，朝廷“命开平卫千户杨洪领精骑二百人，专巡逻以防虏寇，听都指挥唐铭等节制。降敕奖谕之”，[4]并多与战

[1]〔明〕陈文等：《明英宗实录》卷16“正统元年夏四月甲子”条，第322页。

[2]〔明〕陈文等：《明英宗实录》卷86“正统六年闰十一月丙子”条，第1722－1725页。

[3]〔清〕张廷玉等：《明史》卷173《杨洪传》，第4607页。

[4]〔明〕杨士奇等：《明宣宗实录》卷55“宣德四年六月癸巳”条，第1316页。

马。[1]杨洪借此建立起一支骑兵化、机动化的部队，从而为正统时期与兀良哈的多次作战获胜奠定了装备基础。

正是在明朝各方刻意保护与扶持的政治背景下，杨洪迅速成长起来。“时先朝宿将已尽，洪后起，以敢战著名。为人机变敏捷，善出奇捣虚，未尝小挫。虽为偏校，中朝大臣皆知其能，有毁之者，辄为曲护，洪以是得展其才。”[2]杨洪不仅迅速由千户升为开平卫指挥使，而且在与南下兀良哈作战中屡次获胜，在英宗即位后，便已成为明朝北部边疆武将之榜样与典型。宣德十年(1435)，武臣之首英国公张辅奏：“切见辽东、大同、宣府、独石、山海各处军马不为不多，但其训练无实，是以成效未臻。如开平哨备指挥使杨洪所领军马不过五百，贼皆畏避，各处官军岂无如洪者？顾所以用之何如耳。乞命大臣分行各处，会同总兵等官，精选所操官军，就选骁勇有智略头目如洪者领之。利其器械、丰其刍粮，各分所守，专一巡哨，贼来剿杀，去则不追。”杨洪也因之升为游击将军，“仍于开平、独石等处选官军二千余骑，付洪领之”。[3] 正统元年(1436)，文官系统同样表达了对杨洪的推崇与青睐。陕西右参政年富奏：“总兵及年深都指挥等官，位高禄重，各保身命，不肯委身效职。欲求如杨洪者二三人，授以精兵，听其纵横游击，俟其功孚于人，然后升职，庶几赏赉明信，奋起人心。”对于这一建议，兵部表示赞同。“请移文镇守官，公同博访，果有骁勇善战、智略过人如洪者，不拘职事大小，量其才之高下，或令领军巡边，或委统兵哨备，遇贼相机剿捕，有功具奏升赏。从之。”[4]英宗甚至亦多次表彰杨洪。“都指挥佥事杨洪在边屡立奇功。上每敕缘边诸将，辄举洪以示激劝之意。”杨洪亦渐受盛名之累，“或不能无嫉忌之者，至是内官韩政、阮惊疏洪短以闻”。英宗不仅

[1]“行在兵部尚书张本奏迩者开平卫千户杨洪言开平骑士少，今欲于开平环州诸驿选壮士二百人，本卫选马二百匹，付洪提督操备。从之。”参见〔明〕杨士奇等：《明宣宗实录》卷59“宣德四年十一月戊申”条，第1412页。

[2]〔清〕张廷玉等：《明史》卷173《杨洪传》，第4607－4608页。

[3]〔明〕陈文等：《明英宗实录》卷7“宣德十年秋七月”，第145－146页。

[4]〔明〕陈文等：《明英宗实录》卷16“正统元年夏四月甲子”条，第322页。

不怪罪杨洪,甚至还因此严厉斥责宦官。[1] 虽然英宗对杨洪的表彰与维护可能更多地体现了“三杨”内阁文官系统之政治立场,但考虑到此时宦官系统势力开始崛起,可见朝廷维护杨洪之决心。

正是在较为宽容之环境下,杨洪虽居游击将军之位,但行动却多脱离总兵官自主出境作战。六月,大同、宣府巡抚李仪奏:“游击将军都指挥佥事杨洪自负骁勇,常有轻敌之志,往往出境巡哨,不与总兵官知会。”[2] 宣府镇总兵官因杨洪多脱离控制而自主行事,对其存在芥蒂,故有弹劾之举。“宣府总兵官都督谭广劾奏:都指挥佥事杨洪先困瓦房嵯功,冒给总甲陶俊等升赏,请治其欺玩之罪。上知洪为下人所欺,姑记其罪。冒功受赏者,即令追夺之,俾长巡哨,以警后来。”[3] 以至于有宣府镇武将因之诬其谋叛。“谪万全都司都指挥佥事杜衡戍广西。初,衡诬奏都指挥杨洪谋为不轨,又擅执夜不收,以误事机。下行在刑部,论衡绞罪。上特命谪之。”[4] 但朝廷对杨洪秉持一贯之维护立场,不仅未加责罚,而且配备以当时最先进之火器。“壬子,给游击将军都指挥佥事杨洪火箭一万五千,以备边警。”[5] 朝廷甚至责罚与杨洪不合之上级武将。“庚午,宥独石署都督佥事李谦罪。谦老而怯懦,不尽心边事,且偏执己见,与游击将军杨洪甚不相能。每调遣官军,谦辄扬言曰:‘此非吾毒若等,皆杨洪也。’洪尝奖励将士,戮力击虏。谦笑之曰:‘自来胡虏,谁能灭之?徒自损耳。’又私役兵士为之佃种,兴贩藏匿无籍,烧炼伪银,贪利无厌。给事中御史劾谦之罪。上竟宥焉。”[6] 朝廷还特例默许杨洪自主开展军事行动。“守备独石等处左都督杨洪尝请给旗牌,以号令军士。上不允,洪乃自置小箭,旗二十、木牌二十,以为

[1]“命尔守边职专火器,宜秉公心,以安边境。却乃交结群小,陷害忠良。果尔愚昧,为人所指使欤?抑故为眩惑,以坏事欤?原情论罪,固在不宥。且姑贷尔,敕至即将平日与尔造谋生事之人械送京师。”参见[明]陈文等:《明英宗实录》卷22“正统元年九月己未”条,第448-449页。

[2][明]陈文等:《明英宗实录》卷18“正统元年六月丁巳”条,第365页。

[3][明]陈文等:《明英宗实录》卷25“正统元年十二月戊寅”条,第501页。

[4][明]陈文等:《明英宗实录》卷31“正统二年六月辛酉”条,第609页。

[5][明]陈文等:《明英宗实录》卷20“正统元年秋七月壬子”条,第395页。

[6][明]陈文等:《明英宗实录》卷35“正统二年冬十月庚午”条,第683页。

交锋缓急之节。事闻,工部论其专擅。上以其军中事,置之不问。”[1]杨洪最终于正统十二年(1447)成为保障北京之北部边疆最重要军镇——宣府镇的总兵官。“命总督独石等处守备左都督杨洪佩镇朔将军印,充总兵官,镇守宣府。都指挥佥事赵玟、署都指挥佥事杨俊,总督独石、永宁等处守备。”[2]杨洪长期驻守宣府镇,不仅在明朝内部积累了很高的声望,而且声名远播于蒙古高原。“自宣德以来,迤北未尝大举入寇。惟朵颜三卫众乘间扰边,多不过百骑,或数十骑。他将率巽愞,洪独以敢战至大将。诸部亦惮之,称为‘杨王’。瓦剌可汗脱脱不花、太师也先皆尝致书于洪,并遗之马。洪闻于朝,敕令受之而报以礼。嗣后数有赠遗,帝方倚任洪,不责也。”[3]“迤北瓦剌使臣至宣府,致脱脱不花王及也先之书于杨洪,并遗之马。洪以闻。上敕洪曰:‘人臣无私交,但夷虏以礼相敬,不可固拒。宜量以礼币答之。虏情虽多虚少实,料其意亦不过以岁时人使往还,烦尔馆待故耳。凡接见之际,虽以礼貌相接,犹必内加关防,动以朝廷恩威为言。务有以阴折其心,使无所窥测,则善矣。’时洪在边颇为虏所惮,故往来辄有贶遗,意其可啗云。”[4]杨洪相应履行了一定的外交职责,权力达到了明代九边长城军镇之巅峰,地位俨然与永乐时期深受朱棣倚重之甘肃镇总兵官宋晟相侔,堪称明中期第一武将。

杨洪身居高位之后,跟随其作战的诸子侄亦在武将断层背景下,在杨洪举荐之下,布列于宣府镇各地要职。庶子杨俊“初以舍人从军”,[5]正统九年(1444),得以督操独石马营。“丁亥,升独石备边府军卫指挥佥事杨俊署都指挥佥事,督操马营军马。俊,左参将都督洪之子,洪举其久历边务,屡著战功,故有是命。”[6]“土木之变”前,明朝将独石边境一带防务交由杨俊负责。“敕总督独石等处左都督杨洪、协

[1]〔明〕陈文等:《明英宗实录》卷128“正统十年夏四月辛亥”条,第2555页。

[2]〔明〕陈文等:《明英宗实录》卷157“正统十二年八月壬辰”条,第3053页。

[3]〔清〕张廷玉等:《明史》卷173《杨洪传》,第4609页。

[4]〔明〕陈文等:《明英宗实录》卷160“正统十二年十一月壬辰”条,第3111-3112页。

[5]〔清〕张廷玉等:《明史》卷173《杨洪传》,第4610页。

[6]〔明〕陈文等:《明英宗实录》卷123“正统九年十一月丁亥”条,第2462页。

同守备都指挥佥事赵玟曰:‘今得守备马营署都指挥佥事杨俊奏,贼入厦儿岭夹墙内,不曾追捕。此固俊之失,亦尔等平日调度不严,或有牵制,彼不敢自专所致。兹特命俊总督马营守备官军操练,今后但有寇贼来近边墩,听俊出兵剿捕。如贼势众,尔等合兵并力,不许徇私执拗,自分彼此,以致失机误事,罪有所归。’”[1]半年后,杨俊与另一武将一同总督独石、马营军务。杨洪有二侄,杨能在“土木之变”前,已由开平卫指挥使升任为都指挥佥事。[2]“能,字文敬。沈毅善骑射。从洪屡立功,为开平卫指挥使,进都指挥佥事。”[3]杨信已进至同样官阶。“信,字文实。幼从洪击敌兴州。贼将方跃马出阵前,信直前擒之,以是知名。累功至指挥佥事。正统末,进都指挥佥事,守柴沟堡。”[4]通过这种人事关系安排,杨洪及其子侄所组成之杨氏家族从而牢牢控制着宣府镇,成为宣府军队系统的代表,而杨氏家族势力也在这一时期达至巅峰。

但“土木之变”后,杨氏家族的声望受到了很大冲击。单纯从官职来看,似乎“土木之变”后杨氏家族地位更上一台阶。也先进至北京后,明朝调遣杨洪率宣府军队勤王。“也先逼京师,急诏洪将兵二万入卫。比至,寇已退。敕洪与孙镗、范广等追击余寇。至霸州破之,获阿归等四十八人,还所掠人畜万计。及关,寇返斗,杀官军数百人,洪子俊几为所及。寇去,以功进侯,命率所部留京师,督京营训练,兼掌左府事。朝廷以洪宿将,所言多采纳。尝陈御寇三策,又奏请简汰三千诸营将校,不得以贫弱充伍,皆从之。”[5]虽然杨洪未及参加北京保卫战,亦无大战功,但仍因其资历,得以封侯。景泰二年(1451),杨氏家族还镇宣府镇。“明年夏,佩镇朔大将军印,还镇宣府。从子能、信充左右参将,其子俊为右都督,管三千营。洪自以一门父子官极品,手握重兵,盛

---

[1]〔明〕陈文等:《明英宗实录》卷150“正统十二年二月丁巳”条,第2951页。

[2]〔明〕陈文等:《明英宗实录》卷175“正统十四年二月戊寅”条,第3382页。

[3]〔清〕张廷玉等:《明史》卷173《杨洪传》,第4611页。

[4]〔清〕张廷玉等:《明史》卷173《杨洪传》,第4612页。

[5]〔清〕张廷玉等:《明史》卷173《杨洪传》,第4609页。

满难居，乞休致，请调俊等他镇。帝不许。”[1]此时杨氏家族“洪父子兄弟皆佩将印，一门三侯伯。其时称名将者，推杨氏”，[2]在政治地位上处于极盛时期，成为明中期最为显赫之武将家族。但考虑到此时明朝处于特殊时期，为稳定官僚系统，升官加爵之事十分普遍，因此杨氏家族骤然显贵并非单独之特例，而是武将集团之普遍情形，并不能反映“后土木之变”时代杨氏家族在明朝政局中的真实地位。事实上，由于瓦剌军队由正面突破宣府镇防线，以及杨洪未能获得参加北京保卫战的历史契机，杨洪及其所代表的宣府镇军队系统，在景泰时期的地位、形象已远不如正统时期。而杨氏家族第二代之缺乏才干与专权跋扈之事，则进一步使杨氏家族日薄西山的地位雪上加霜。在这其中，杨洪子杨俊的表现最为突出。

在“土木之变”中，杨俊率先从独石奔还，从而为瓦剌大举突破宣府镇防线，进入土木堡提供了条件。涉事将领因之多被罢官。[3] 但由于杨洪之故，杨俊却未因此得罪，只是其欠缺勇略已为明朝举朝所知，于是明朝将其调回中央。“礼科给事中金达奏：近奉敕往独石公干，访得都指挥杨俊怙势贪侈，无勇无谋，不堪任用。事下，兵部议宜取俊回京，操练听调，其原领军马暂令赵玟管领。从之。”[4]瓦剌军队进至北京周边后，杨能借助在居庸关之胜利，官职甚至得以升迁。[5] 次月，右

〔1〕〔清〕张廷玉等：《明史》卷173《杨洪传》，第4609－4610页。

〔2〕〔清〕张廷玉等：《明史》卷173《杨洪传》，第4607－4613页。

〔3〕“万全都司都指挥佥事黄宁、奉御阮葵先以守备永宁，闻达贼犯边，弃城不守，坐斩。遇赦俱宥死。宁降为事官立功，葵发南海子种菜。”参见〔明〕陈文等：《明英宗实录》卷183“正统十四年九月乙酉”条，第3566页。

〔4〕〔明〕陈文等：《明英宗实录》卷183“正统十四年九月庚子”条，第3586页。

〔5〕〔明〕陈文等：《明英宗实录》卷184“正统十四年冬十月癸亥”条，第3641页；“壬申”条，第3650页。

参将重还宣府镇,[1]但很快便因"弃城专权"之事遭到弹劾。[2]可见,杨俊除无军事才干外,还由于杨洪长期庇护,养成专权跋扈之性格。因此杨俊在遭到弹劾之余,其弃城独石之罪行亦被重提,但明朝仍鉴于战局紧张与杨洪缘故,并未论其罪。

但随后杨俊又擅杖军职致死,杨洪为平息舆论,提出将之调回京师。五月,"守备万全参将右都督杨俊先是挟私杖死都指挥佥事陶忠。事觉,命巡抚等官覆之。俊父昌平侯洪奏:'臣男俊少失义方之训,长无学问之功,麤率轻躁,必误边事。乞罢俊参将,令其来京,随营操练,遇警杀贼。臣日加训诲,冀其改过。'诏召俊赴京师。俊既至,六科十三道交章劾之,下狱论斩。诏宥之,令随洪立功。"[3]明朝虽未治杨俊之罪,但关于其冒功、弃城之弹劾却一直不断。"比者逆虏犯边,都指挥杨俊捐弃连城金帛钱谷动逾万计,墩台不守,烽堠邈绝,致贼乘虚邀留圣驾,臣民荼毒,原其情犯,死有余辜。"[4]不过明朝仍在景泰四年(1453),委派杨俊再回宣府。正月,兵部奏:"今虏使起程,宜预为堤备,将原选策应辽东游击官军六千,及京营头拨马队官军二千,敕都督杨俊、刘深分领赴宣府、独石、万全、怀来、保安等处城堡,协壮军威。"[5]但此事因遭到地方官员的强烈反对而作罢。

协赞军务山西右参政叶盛奏:"独石一带地方乃都督杨俊先年捐弃不守之地。本官将平日羽翼狡狯奸诈之徒带回在京,时来本处地方,捏造流言,动摇人心,沮坏边务。今闻命俊同都督佥事刘深充游击将军,前来守备。缘俊败军之将,亦何面目以见口外之

[1]〔明〕陈文等:《明英宗实录》卷185"正统十四年十一月甲午"条,第3694页。

[2]"永宁守备奉御皇整奏:'近日参将都督佥事杨俊差夜不收赍帖来调都指挥王林,带领马步官军往怀来城守备,将永宁城四门砌塞,臣缘奉敕守备永宁,难以擅离城池。'事下,兵部议前调永宁守备官军,特命内臣监督。俊既不令预知,又不与总兵官计议奏请,却乃擅出票帖,调别城,又欲将永宁城门砌塞,似此方命专权,强梁跋扈,宜执送法司,明正典刑,以为边将弃城专权之戒。帝曰:'杨俊论法本难宥,但今虏寇声息甚急,防守至重,姑记其罪,再犯不宥。"参见〔明〕陈文等:《明英宗实录》卷188"景泰元年闰正月壬申"条,第3854-3855页。

[3]〔明〕陈文等:《明英宗实录》卷192"景泰元年五月乙巳"条,第3983-3984页。

[4]〔明〕陈文等:《明英宗实录》卷197"景泰元年冬十月己丑"条,第4187页。

[5]〔明〕陈文等:《明英宗实录》卷225"景泰四年春正月戊辰"条,第4899-4900页。

山川，与夫旧日之庄田、坟墓？乞止令深来为便。”事下，兵部言："盛既不欲俊去，到彼亦无协和成事之理。宜令俊防护使臣出境毕，回还，止令深去宣府巡哨。从之。"[1]

次月，宣府镇提督李秉亦表达了对杨俊复还宣府的担忧。[2] 本为将门虎子的杨俊，却沦落到人人喊打之局面，赖杨洪庇护，始得保无罪，可见其罪过与无能已成为"土木之变"后明朝舆论之共识。

正如宣大官员所担忧的那样，杨俊甚至在护送瓦剌使臣出境途中，再次跋扈杖击将领。由于此时杨洪已经去世，明朝最终将之禁锢治罪。[3] 杨俊弃地之罪、杖军之过皆对杨氏家族声望造成了极为不利的影响。而杨洪在这一过程中包庇亲子的做法，杨俊暴露杨洪私事之行径，尤使杨洪明中期第一武将之形象大受影响。天顺时期阁臣李贤讽刺杨洪称：

昌平侯杨洪，起行伍，生长在边，有机变，用诡道累立边功，历升将帅。能用奇兵，如遇胡虏兵，必捣其虚，或出其不意，善于劫营。胡人畏之，称为"杨王"。然自宣德以来，胡人与中国和好，每岁进马货卖，薄来厚往，未尝大举入寇，或有扰边者，不过朵颜之类，或猎或掠，多不过百余骑，少或十数骑而已。洪以此得立边功，大抵用谲道取之。洎正统十四年，虏酋也先大举入寇，洪在宣府，惊惶无措，闭门不出。若土木之围，洪能以后冲之，必无是败。及胡人得上皇至城下呼之，亦不出救，视君父之难略不为急，所存可知矣。后至京师，适虏势猖獗之际，人心惊疑，念以边之旧将，遂进

〔1〕〔明〕陈文等：《明英宗实录》卷225"景泰四年春正月戊寅"条，第4911页。

〔2〕"皇上特命都督杨俊领京军来巡哨，以壮边威，以消贼计。然粮草不敷，虏使出境之后，乞令俊回京。臣又恐俊不顾远图，责求近效，袭击兀良哈星散部落，以希升赏。"参见〔明〕陈文等：《明英宗实录》卷226"景泰四年二月庚寅"条，第4926－4927页。

〔3〕"右都督杨俊下都察院狱。俊受命充游击将军，送瓦剌使归。至永宁卫境被酒，执守备都指挥姚贵，杖之八十。贵奏俊于己有宿忿，缚己至军门，大骂令斩之，云'朝廷赐吾令旗，得专杀。且吾尝杖死陶都指挥，亦蒙宥，杀汝偿汝命邪？'得都指挥夏忠力劝而止。时参政叶盛亦奏俊罪。以俊尝有独石之溃，斥其为败军之将，俊疏贵诬奏己，且悉封还己所得敕命、令谕，明己数有功。至是归，六科十三道劾俊跋扈不忠，命三法司廷鞫之。并发其尝与父洪争淫妇，又作歌以扬父丑。狱成当斩，特命严锢之。"参见〔明〕陈文等：《明英宗实录》卷226"景泰四年二月癸丑"条，第4944页。

侯爵用之，终不能挫贼锋，寻以疾卒。然在边，校之诸将纪律颇严，士卒用命，为一时巨擘焉。[1]

此后，杨俊又不断因家丑，如走私麦布、烝其庶母而屡次入狱。[2] 本来已经再次获得宽大处理的杨俊，景泰七年(1456)二月，“宥昌平侯杨俊死，削其官闲住，以法司辩其强奸庶母，罪可疑也”，[3]英宗复位当月，杨俊因在景泰时期卷入帝位之争，[4]被法司拟以凌迟之罪，英宗改判斩刑，爵位亦削。[5]

“土木之变”后，杨能升任游击将军，仍与杨洪一起供职宣府镇。[6] 后又升参将、副总兵，但并无出彩表现。“景泰元年进同知，充游击将军，沿边巡徼。寇犯蔚州，畏不进，复与纪广御寇野狐岭，败伤右膝，为御史张昊所劾，宥之。寻命与石彪各统精兵三千，训练备调遣。再加都督佥事，累进左副总兵，协守宣府。巡抚李秉劾其贪惰，弗问。五年召还，总神机营。”[7]相反，反而遭到宣府镇提督李秉的弹劾。“宣府左副总兵杨能役千百户私从，遂劾能叨边寄，忽武备，肆贪饕。”[8]英宗复位后，杨能还镇宣府为总兵官，[9]天顺年间，杨能以七千对敌二百，“不能以众击寡，反被射伤官军”。[10] 在磨儿山等战役中，杨能皆表现平平，天顺四年(1460)卒。《明英宗实录》对其评价较为正面。“天顺初，升左都督，仍命出守宣府。时鞑贼入寇，能身先士卒，奋勇督战，大捷，进爵武强伯。”[11]

---

[1]〔明〕李贤：《天顺日录》，载邓士龙辑，许大龄、王天有主点校：《国朝典故》卷48，北京大学出版社1993年版，第1159－1160页。

[2]〔明〕陈文等：《明英宗实录》卷241“景泰五年五月壬申”条，第5259页；卷258“景泰六年九月壬午”条，第5545页。

[3]〔明〕陈文等：《明英宗实录》卷263“景泰七年二月乙丑”条，第5615页。

[4]“俊初守永宁、怀来，闻也先欲奉上皇还，密戒将士毋轻纳。既还，又言是将为祸本。及上皇复位，张軏与俊不协，言于朝。”参见〔清〕张廷玉等：《明史》卷173《杨洪传》，第4611页。

[5]〔明〕陈文等：《明英宗实录》卷274，天顺元年正月，第5827－5828页。

[6]〔明〕陈文等：《明英宗实录》卷189“景泰元年二月丙戌”条，第3877页。

[7]〔清〕张廷玉等：《明史》卷173《杨洪传》，第4611－4612页。

[8]〔明〕陈文等：《明英宗实录》卷224“景泰三年十二月己丑朔”条，第4852页。

[9]〔明〕陈文等：《明英宗实录》卷275“天顺元年二月甲辰”条，第5843页。

[10]〔明〕陈文等：《明英宗实录》卷320“天顺四年冬十月庚戌”条，第6660页。

[11]〔明〕陈文等：《明英宗实录》卷321“天顺四年十一月壬寅”条，第6673页。

“土木之变”后，杨信仍驻守宣府镇，任怀来等处守备。在景泰元年护送粮饷途中，闻炮声而还，从而遭到弹劾。[1] 在此次事件中，杨信所表现的畏懦，与其初出道时的勇猛颇不相称。而后来之事实证明持重甚至畏懦是杨信的最大弱点。杨信逐渐升为副总兵，在景泰六年(1456)的一次军事行动中，杨信不依期进兵，导致作战无功。“提督宣府军务右佥都御史李秉奏：‘昨者达贼犯边，总兵官过兴等请令独石、宣府会兵攻贼。既而，守备独石参将周贤独奏捷，兵科[因]谓守备宣府副总兵杨信等畏缩，不依期出兵。诏令臣体审以闻。盖始者贼在王焕庄，后已迁徙。周贤先至，杀获其老弱不能前者以还。杨信后至，追七十余里，不及而归。臣谓杨信出师迟缓，周贤轻敌，遽进两失会兵之约，俱宜治罪。”[2] 天顺元年(1457)三月，杨信开始镇守榆林。“召镇守延安绥德都督王祯还京，敕都督佥事杨信代祯镇守，张钦副之。”[3] 杨信于次年取得高家堡之捷。“达贼七千余骑犯高家堡，延绥总兵官杨信率兵击败之，擒贼五人，斩首七十二级，获驼马、器械无算。遣人献俘馘至京师。”[4] 并于天顺三年(1459)，杨信与石彪一同取得野马涧大捷。

杨信虽取得了高家堡之役的胜利，但从战果来看，战役规模应不大。而野马涧之役主要是在石彪指挥下开展的，所取得之重大成果，堪于天顺时期石彪在河东所取得的另一胜利——磨儿山大捷相比。可以看出，与杨氏家族其他二代成员相比，杨信具有一定能力，但也呈现出较为明显的弱点，过于持重之后果便是在野战之中，容易丧失与敌军展开大规模作战的机会。而这一点，恰恰是石彪优胜于杨信者。也是“土木之变”后，石氏家族取代杨氏家族，成为明中期第一武将家族的因素之一。但明朝仍以杨信作为榆林军队之统帅，原因在于包括石彪在内的石氏家族在天顺时期已经覆灭。

---

[1] [明]陈文等:《明英宗实录》卷194“景泰元年秋七月”，第4093－4094页。

[2] [明]陈文等:《明英宗实录》卷250“景泰六年二月丙戌”条，第5410页。

[3] [明]陈文等:《明英宗实录》卷276“天顺元年三月乙亥”条，第5877页。

[4] [明]陈文等:《明英宗实录》卷288“天顺二年闰二月丁丑”条，第6171－6172页。

6.3 明中期石氏家族兴亡与杨信充任"搜套"总兵官

在明前中期武将断层之军事背景下,从行伍中崛起之平民将领,除杨洪之外,最为著名者便为石亨。与杨洪交相辉映的是,石亨虽出身直隶宽河卫,但发迹却在与宣府镇地位相侔之大同镇。"亨嗣世父职,为宽河卫指挥佥事。善骑射,能用大刀,每战辄摧破。正统初,以获首功,累迁都指挥佥事。败敌黄牛坡,获马甚众。三年正月,敌三百余骑饮马黄河,亨追击至官山下,多所斩获。进都指挥同知。寻充左参将,佐武进伯朱冕守大同。"〔1〕可视之为大同镇平民将领崛起之代表。"土木之变"前,石亨地位虽远不如杨洪,更无杨氏家族之庞大势力,但却为杨洪之后,与兀良哈作战最多,亦最为成功的将领。比如正统十四年箭豁山之捷。"辛未,大同左参将都督佥事石亨、备御署都督佥事卜马麟率兵出境巡哨。至箭豁山,亨分巡山北,麟巡山前,各遇达贼数百人,俱击败之,擒四十六人,斩首四级,获马七十余匹,牛四头,及弓刀、衣甲。贼盖兀良哈部属也。"〔2〕在朝野声望之中,石亨亦位居杨洪之后,为明中期第二武将。"是时,边将智勇者推杨洪,其次则亨。亨虽偏将,中朝倚之如大帅,故亨亦尽力。"〔3〕

"土木之变"后,石亨最初虽兵败回京,〔4〕但利用和于谦共同主持北京保卫战之历史契机,因功封武清侯,一跃而成景泰时期朝廷重臣。取得北京保卫战胜利之后,石亨继续控制中央军队,得以提督京营。其地位既与杨洪相侔,可能因而产生取而代之,跃升第一武将之愿望。景泰二年,杨洪因病回京治疗,逾月身死。"八月,以疾召还京,逾月

---

〔1〕〔清〕张廷玉等:《明史》卷173《石亨传》,第4613-4614页。

〔2〕〔明〕陈文等:《明英宗实录》卷177"正统十四年夏四月辛未"条,第3422页。

〔3〕〔清〕张廷玉等:《明史》卷173《石亨传》,第4614页。

〔4〕"其秋,也先大举寇大同,亨及西宁侯宋瑛、武进伯朱冕等战阳和口。瑛、冕战没,亨单骑奔还。降官,募兵自效。"参见〔清〕张廷玉等:《明史》卷173《石亨传》,第4614页。

卒。"[1]虽然明朝在京赐予其墓地,但杨洪最终葬于宣府镇,位于今赤城县样田乡杨家坟村西,亦可作为杨洪与景泰朝中势力有所嫌隙之侧证。身居第一武将地位之后,石亨仿照杨洪之做法,亦努力组建石氏家族,规模又较杨氏家族庞大许多。"其弟侄家人冒功锦衣者五十余人,部曲亲故窜名'夺门'籍得官者四千余人。"[2]不过功名多不显著。作为扩张势力的重要步骤,石亨仍然将大同镇视为大本营,委派侄子石彪控制大同军队系统。与杨氏家族第二代德才阙如相比,石彪具有很强的军事才能,在大同镇取得了一系列辉煌战绩。"彪骁勇敢战,善用斧。初以舍人从军。正统末,积功至指挥同知。也先逼京师,既退,追袭余寇,颇有斩获,进署都指挥佥事。景泰改元,诏予实授,充游击将军,守备威远卫。敌围土城,彪用炮击死百余人,遁去。塞上日用兵,彪勇冠流辈,每战必捷,以故一岁中数迁,至都督佥事。"[3]威远卫之捷与上文所述之磨儿山大捷、野马涧大捷,皆为当时明朝与蒙古较大规模战役,石彪皆是以上战役的指挥者,朝廷叙录功次时,石彪皆位居第一。在战役指挥之外,石彪还对北疆防御颇有见识,其恢复阴山南疆的主张,显然切中了明前中期北部边疆被动防御形势的要害。可见,石彪是"土木之变"后,明朝与蒙古大规模战争中所历练、涌现出的优秀平民将领,堪称杨洪、石亨之后,明中期第一将才,其才气、勇略甚至较二人尤胜。

但正是这样一位已充分展现才干之将领,在战功既为西北第一,且身居侯位之情况下,却一直未能升至大同镇总兵官。天顺三年,在迟迟未获得总兵官任命之时,石彪授意大同将领向朝廷荐举,然而这反而成为导致石氏家族覆灭的导火索。"诛定远侯石彪。彪骁勇善战,自舍人累积边功,至封侯,北虏亦知其名。然心术险谲矜能,恃功犯法多矣。谋镇大同,欲与亨表里,握重兵,不能不启上下之疑也。及诛,人既快

〔1〕〔清〕张廷玉等:《明史》卷173《杨洪传》,第4610页。
〔2〕〔清〕张廷玉等:《明史》卷173《石亨传》,第4615页。
〔3〕〔清〕张廷玉等:《明史》卷173《石亨传》,第4617页。

之,复惜朝廷失一骁将云。"[1]石彪被诛后,石亨亦在狱中系死。英宗将诛杀石氏家族的原因归结于后者有谋反之心,但目前所见史料,无法印证这一罪证。事实上,石氏家族覆灭的根源在于夺门权贵与英宗及文官集团之间日益紧张的矛盾。英宗既以"夺门之变"复位,在天顺之初自然重用夺门众人,大量封爵授官,从而在一时之间形成"夺门新贵集团"。石亨既是夺门之变的发起者与主持者,遂借此扩张势力,不仅自身进爵忠国公,培植起庞大的石氏家族势力,而且俨然以武将集团代言人自居,强力扭转仁宣以来文官集团进入军事领域之历史趋势。"恶文臣为巡抚,抑武臣不得肆,尽撤还。由是大权悉归亨。"[2]

由于夺门新贵集团尤其石亨对明朝的政治平衡构成了严重冲击,相应威胁到了皇权的稳定与文官集团的势力,后二者遂联合起来,共同制约夺门新贵集团,以改变天顺朝武将坐大之势。"亨无日不进见,数预政事。所请或不从,艴然见于辞色。即不召,必假事以入,出则张大其势,市权利。久之,帝不能堪,尝以语阁臣李贤。贤曰:'惟独断乃可。'帝然之。一日语贤曰:'阁臣有事,须燕见。彼武臣,何故频见?'遂敕左顺门,非宣召毋得纳总兵官。亨自此稀燕见。"[3]而石彪谋镇大同之举,因缘际会地成为英宗、文官集团与夺门新贵、石氏家族权力斗争的突破口与牺牲者。英宗虽借此逐渐恢复了政治平衡格局,但石彪因而被杀,却使明朝失去了当时最有资格与蒙古一较高下的第一武将,使明前期以来面临的武将断层现象愈加严重,对明中后期北部边疆战略劣势的形成与加剧,影响深远。

石氏家族既已覆灭,尚可与蒙古一战者为杨氏家族仅存之杨信。可见,杨信并非解决鞑靼各部大规模驻牧河套之问题的合适人选,但却是当时明朝所能选择的最好人选,因为当时朝中其他将领才能尚不如杨信。但杨信一贯之持重甚至畏懦性格,证明了其不具备承担这一重要任务的能力。明朝制订榆林会战计划的当月,少量鞑靼部众即沿黄

[1][明]陈文等:《明英宗实录》卷312"天顺四年二月丁卯"条,第6550页。

[2][清]张廷玉等:《明史》卷173《石亨传》,第4615页。

[3][清]张廷玉等:《明史》卷173《石亨传》,第4615-4616页。

河南下，分别进攻府谷、神木二地。明朝从而催促杨信尽快赴任。“兵部覆奏：以虏虽少，却尚拥众近边屯驻。宜趣先调总兵官杨信等速赴能所，并力剿杀。……从之。”[1]成化元年（1465）至二年（1466）冬春之际，毛里孩部不断进攻河套东南缘。[2]

不过成化二年，毛里孩部众重点进攻的地区是河套西南缘，首先进攻安边营。“虏三万余屯安边营近境。督军太监钱喜以闻。上敕喜及大同、宁夏、陕西、延绥各边镇守、总兵等官严兵备之。”[3]之后，毛里孩部众进一步向西南越过太白山，掠夺环河流域的人口、物资。“镇守陕西左少监黄沁奏虏拥众入庆阳、环县境抢掠。上敕总兵官宁远伯任寿等相机截杀，并敕太监钱喜、大同总兵官杨信等会兵剿之。”[4]二月，“虏三百余入陕西环县，营于石硖口，四散剽掠，都指挥林盛率兵往击走之。追至山城原，十余战，斩首九级，获马二十四匹，并服器等物。夺回所掠男妇九十五人，牛羊三百有余。捷闻，上降敕嘉奖之。”[5]毛里孩部众在撤退途中，又进攻花马池。“宁夏总兵官都督佥事李杲奏：‘虏入花马池，四散剽掠。臣与左参将等官分路追击，自正月初三日，

[1]〔明〕刘吉等：《明宪宗实录》卷24“成化元年十二月戊子”条，第467页。

[2]偏头关守备钱能奏：“虏贼拥众渡河，大掠河曲县境。指挥杨哲御之失利。驰入黄甫川堡，被围三日。躬率官军往援之，力战不克，杀伤军马，因以罪自劾。”参见〔明〕刘吉等：《明宪宗实录》卷24“成化元年十二月丁酉”条，第472页。陕西都指挥林盛言：“谍报毛里孩欲来犯边，先遣九人入境探缉事情。”参见〔明〕刘吉等：《明宪宗实录》卷25“成化二年春正月己未”条，第496页。“守备偏头关都指挥佥事钱能奏：官军过白石厓，遇贼交锋，斩首三级，获马四十匹及器械等物。贼遁去，寻又过河，守备阳和等卫都指挥罗俊等伏兵于青水川，遇贼于白石厓，官军奋勇冲入贼阵，斩首三级。贼溃追至邑川堡等处七十里，贼拒敌转战一十余合，获马四十匹及器械等物，夺回所掠男妇十一人及牛马等畜。”参见〔明〕刘吉等：《明宪宗实录》卷25“成化二年春正月己未”条，第496－497页。“大同镇守、巡抚、总兵等官奏：虏入神木堡西，及掠水磨川，都指挥吕源等率兵击走之，斩首一级，追至厓窑川而还。明日，又遇于大恶岭，追至刘家沟，射死三人，彼始遁去。其党复掠东村堡，都指挥施清击之于班家岭，生擒六人，斩首二级。”参见〔明〕刘吉等：《明宪宗实录》卷26“成化二年二月甲戌”条，第513页。“巡按山西监察御史贾俊奏：达贼入岢岚等州、河曲等县地方，杀伤官军。守备都指挥佥事钱能、指挥杨哲，并各州县官俱坐失机宜，执治之以为边吏戒。事下，兵部覆奏，从之。”参见〔明〕刘吉等：《明宪宗实录》卷27“成化二年三月己未”条，第540－541页。

[3]〔明〕刘吉等：《明宪宗实录》卷25“成化二年春正月甲辰朔”条，第481页。

[4]〔明〕刘吉等：《明宪宗实录》卷25“成化二年春正月甲寅”条，第492页。

[5]〔明〕刘吉等：《明宪宗实录》卷26“成化二年二月戊寅”条，第514页。

连战至初九日，各路擒贼十七人，斩首十三级，获牛马、器械等物颇众。'命降敕奖谕之。"[1]三月，毛里孩部众再次进入环河流域。"大同总兵官彰武伯杨信奏：二月达贼入石硖口，放兵四掠。都指挥使林盛等击走之，斩首九级，获马二十匹，追还被掠男妇九十五人，牛羊等畜三百有奇。"[2]受到明军攻击后，毛里孩部众仍由花马池而出。"宁夏总兵官李杲奏：达贼入花马池柳杨墩，剽掠人畜。我兵设伏追击，斩首十三级，生擒十八人，获贼马及追还所掠马三百二十四匹。"[3]

通过各方努力，表面上看，似乎明朝取得了对毛里孩部众的战役胜利，不过联系到杨信会集诸镇之兵，在榆林专防鞑靼出入，却仅取得这些小规模的局部胜利，便可知与天顺时期明军战斗力相比，成化初年明军野战能力已呈现下降趋势。在这其中，将领素质是不可忽视的重要因素。杨信作为杨氏家族第二代之代表，虽在天顺时期与石彪合作而获战功，但功绩明显不如后者。此次独立统军会战之无功，亦反映其将才之一般。

成化二年三月，鞑靼各部在黄河冰路融化以前，暂时退出河套。杨信诸人亦请求回归本镇，从而遭到兵部的弹劾。"兵部尚书王复等奏劾大同总兵官杨信等罪，宥之。先是，信与宁夏总兵官都督佥事李杲、陕西镇守宁远伯任寿、都督佥事王瑛、巡抚都御史项忠会师延绥讨虏，虏退班师。于是，复等奏：讨虏诸军惟李杲所统宁夏兵五千，于花马池斩获三十余级。杨信所统大同兵一万，惟都指挥罗俊、吕原于河曲等处斩获一十余级。任寿、王瑛、项忠所统陕西兵一万，惟都指挥林盛于环县斩获首虏九级。其杨信、任寿、王瑛、项忠俱未闻与贼一战。纵贼杀掠人畜，不可胜计，畏怯失机，宜治其罪。有旨：'信等既受命讨贼，不能输忠效力，以图成功，宜治以罪。但边境已宁，姑宥之。'"[4]次年王复再次批评杨信、项忠称："忠与信去年受命往征延绥，各假持重为名，

[1]〔明〕刘吉等：《明宪宗实录》卷26"成化二年二月乙未"条，第523页。
[2]〔明〕刘吉等：《明宪宗实录》卷27"成化二年三月戊申"条，第529页。
[3]〔明〕刘吉等：《明宪宗实录》卷27"成化二年三月乙卯"条，第535－536页。
[4]〔明〕刘吉等：《明宪宗实录》卷27"成化二年三月癸亥"条，第545－546页。

拥兵不战，纵贼扰攘，为本部所劾，故为此说，以掩其前日怯懦之罪耳。"[1]联系到山西民众自发抗击鞑靼，且在几乎毫无武装的情况下，亦取得了一定战果，[2]更可见明军野战能力之急剧下降，已不具备寻找蒙古主力，通过大规模运动战，消灭敌人主力的战斗素养与能力。

正是在蒙古内乱所形成的边疆压力与明军战斗力下降之双重作用下，明朝在对黄河东北失去控制的基础上，进一步失去对河套地区的控制。鞑靼从而借助这一军事背景，开始在河套较长时间地居牧。成化二年五月，镇守榆林都指挥同知房能奏："虏酋毛里孩尚拥众屯聚河套，近边烽火不绝。"[3]当月又奏："毛里孩、小王子、阿罗出三酋部落共八九万骑，而毛里孩欲候麦熟之际，复来剽掠。"[4]这里的小王子指原马可古儿吉思汗从兄摩伦汗。阁臣李贤等亦奏："毛里孩久居河套，惧瓦剌阿失帖木儿与之仇杀，不敢渡河而北。"[5]

五月，毛里孩有再次进攻榆林之计划。正是鉴于鞑靼已较为固定地控制了河套，并对河套周边地区构成了持续的边防压力，明朝决定将以往在河套南缘被动防御模式，改为主动进攻河套、彻底驱逐鞑靼的模式。五月，阁臣李贤上疏，提出"搜套"方案。

> 胡虏之众，不过中国一大郡，而连年被其侵扰，往往得利而去者，以我兵威之未振也。且河套与延绥接境，原非胡虏巢穴。往年虽有残贼数千，然不为大害。今虏酋毛里孩大势人马，俱处其中，伺间乘隙，出没不常，固尝出兵剿之，然我兵方集，而彼已退去；兵散未久，而彼又复来。如此不惟劳师费财，而边民亦不得安堵矣。古人有云：不一劳者不永逸。故今欲安边，必须大举，而后可也。乞令兵部会官博议，预积粮草于陕西塞下，及令陕西、延绥、宁夏、

---

〔1〕〔明〕刘吉等：《明宪宗实录》卷30"成化二年五月辛未朔"条，第585－586页。

〔2〕"虏入保德州境，杀掠居民、头畜甚众。致仕巡检岳清率民人赵文沂等三百余人，追及于天桥子、黄河窄口沟内，用乱石击死一人，斩首一级，夺回妇女二人，马牛羊数百。事闻，兵部请核实升赏。从之。"参见〔明〕刘吉等：《明宪宗实录》卷26"成化二年二月己丑"条，第519页。

〔3〕〔明〕刘吉等：《明宪宗实录》卷30"成化二年五月丙戌"条，第601页。

〔4〕〔明〕刘吉等：《明宪宗实录》卷30"成化二年五月丙申"条，第608页。

〔5〕〔明〕刘吉等：《明宪宗实录》卷34"成化二年九月辛巳"条，第679－680页。

甘凉、大同、宣府等处守臣，选练骑步精兵，整搠器械、什物，及预造战车、拒马之类，期以明春或今秋进兵搜剿，务在尽绝。其总制将官与凡出兵事宜，俱预请处画。又秋禾方熟，虏骑必复入抄，而延绥、鄜、庆、环县一带，须用兵驻扎，以保居民。亦宜推选武将一人，统步骑精兵万人，往守诸处，庶几有备无患。

从这一记载来看，李贤所倡导之"搜套"进攻方案，并非是为进一步进攻蒙古高原奠定基础，而是以驱逐鞑靼出河套为战略目的，故而是以进攻替代防守之军事方案，与现代军事学中的"攻势防御"理念相契合，可称之为"搜套"攻势防御。但值得注意的是，李贤所倡导之"搜套"攻势防御方案，似乎仅限于军事上之彻底驱逐，而未涉及制度上之固定控制、恢复旧疆。不仅未提及恢复明初东胜卫之设置，甚至亦不及正统时期沿河筑堡之方案。可见，与天顺时期一样，成化时期"搜套"攻势防御从最初开始，便仅限于军事战役层面，而不及制度战略层面，相应，并未有固定控制河套、恢复明初旧疆之战略宏图。对于河套之定位，相应仅限于流动作战之"军事边疆"，而非固定控制之"政治边界"。

李贤在天顺时期英宗猜忌太子之时，力保东宫之位，并被英宗遗诏委为顾命大臣，故而在成化一朝，位望极高，是明朝内阁制度由阁臣大体平等之群相制向一人领导之独相制转变的关键人物。因此，当李贤提出"搜套"方案之后，宪宗表达了赞同意见，"上以为然"。而廷臣会议亦表达了对这一主张的赞同，"于是，兵部尚书王复及会昌侯孙继宗等集议，以为大举搜套，固计之善，然必主将得人。今镇守大同总兵官彰武伯杨信，旧镇延绥，稔知地利，宜召还京面受成算，然后令统大兵，往行搜剿之计。兵马、粮草及置造战车之类，须信至会议以闻。其陕西、延绥、宁夏、甘凉、大同、宣府镇巡诸官，亦宜敕令整饬兵备，候至期调发。又信既召还可以修武伯沈煜代之。"宪宗从而将大同镇总兵官杨信召还回京，共议搜套事宜。[1]

值得注意的是，明朝于"土木之变"后，在瓦剌越季驻牧河套之时，

〔1〕〔明〕刘吉等:《明宪宗实录》卷30"成化二年五月辛卯"条，第602－604页。

便于景泰五年首次开展针对瓦剌部众的"搜套"军事行动。天顺时期，石彪借助野马涧之捷的机会，亦由榆林向北穿越河套，将孛来等部暂时驱逐出黄河以北。地方官员亦将这些行动称作"搜套"。[1] 那么，李贤提出的"搜套"方案，与之前相比，不同之处主要在于此时搜套的军事背景更为严峻。景泰、天顺时期，瓦剌、鞑靼虽开始更长时间居于河套之内，但与成化时期为躲避内乱南下的鞑靼各部相比，尚缺少固定驻牧的观念。不仅如此，成化时期鞑靼各部部众数量较之以前，亦大为增加。因此，与之前搜套大多是榆林会战基础上的顺势反扑不同，李贤所提出的搜套方案，起始点与着重点皆在河套地区，战略目的是彻底地、一劳永逸地解决河套问题。这一搜套观念反映了在蒙古压力愈加沉重的军事背景下，明朝意图通过大规模野战，恢复对河套的重新控制的战略目的。这也是成化时期多次"搜套"，弘治以后多次"复套"的一贯主旨与核心。

值得注意的是，王复由于此前曾弹劾杨信的缘故，与杨氏家族关系应不睦，此次在宪宗、李贤决策压力之下，亦不再坚持对杨信之批评。不过当月鞑靼骤然由河套进攻榆林，明朝在抵御鞑靼进攻之武将人选上，一度出现分歧。王复以兵部主持军务之地位与权力，以搜套俟秋举行为由，提出由其他武将先行统兵前往，李贤却利用票拟之权加以否决，仍表达了专委杨信的立场。"先是，延庆守臣奏报五月初十日，虏众可二万，分为五路，长十余里，入境内。兵部尚书王复等因请敕驰谕陕西、延绥、宁夏镇守、巡抚等官，并力饬兵防御，仍请会官推举武职重臣，令调京军往剿之。有旨：'虏已入延绥境，调兵往剿，恐缓不及事，可再议以闻。'复等又请敕都督同知赵胜充副总兵，统京操骑步精兵万人，期以七月往剿。又得旨：'令俟信至详处之。'"杨信至京后，明朝遂决定提前命杨信往赴榆林。"至是，信至，复乃与会昌侯孙继宗、大学士李贤等集议，以为虏犯延绥，实欲俟今秋大举，以扫夷氛，以安边境。

[1]天顺二年十二月，近绥镇西路左参将房能奏："镇守宁夏太监王清曾搜河套、师行有纪。"参见〔明〕刘吉等：《明宪宗实录》卷12"天顺八年十二月丁亥"条，第256页。

第彼地粮草不给,未可轻动,今宜量遣信等将兵讨之。上以为然。遂敕信充总兵官,将京营兵万人,马万二千五百匹,神炮百,神枪千,大同骑步兵五千,宣府骑兵三千,宁夏骑兵二千,往延绥境上,会镇守总兵等官,饬兵剿寇。又敕胜充副总兵,都督佥事湛清充参将,都指挥同知秦杰守备柴沟堡,署都指挥佥事许宁充游击将军,俱赴延绥。若贼势众大,则宁夏、陕西等处附近人马,悉听信调发节制,并力防御。令太监裴当监督军务,右少监廖亨监管神枪。又以延绥总兵官都指挥同知房能职与把总官相等,难以行事,升为署都督佥事。又敕遣户部官一员措置粮草,御史一员禁约纪功。"杨信最终"佩平虏将军印,充总兵官,统京营兵,往延绥讨虏寇。"[1]此后搜套总兵官亦皆挂"平虏将军印"。

6.4 成化二年杨信搜剿毛里孩、阿罗出持重无功与军事系统人事变革

杨信到任之后,并未迅速开展搜套计划,这与当时尚处夏季有关。中国古代中原王朝针对北族政权所发动之攻势,基本遵循季节规律。这在于北方民族的日常生活、军事行动皆受到季节直接而显著的影响。每年夏秋季节,万物生长、草木茂盛,正是北方民族草原游牧、壮大力量之际。相应,中原王朝北进行动不宜于此时展开。而在冬春季节,万物萧条、草原荒芜,正是北方民族生活艰难、实力下降之时,相应亦是中原王朝战胜高原敌人的有利时机。因此,明朝于此时派杨信赶赴榆林,一为阻止毛里孩对榆林的不断进攻,二是为搜套作准备。当时廷议结论便是"以为虏犯延绥,实欲俟今秋大举,以扫夷氛,以安边境。第彼地粮草不给,未可轻动,今宜量遣信等将兵讨之"。可见,杨信的首要职责在于抵御毛里孩对榆林之进攻。但杨信却未能有效阻止毛里孩进入

[1] [明]刘吉等:《明宪宗实录》卷31"成化二年六月壬子"条,第618-619页。

陕西内地，批评者重点指出其在军队指挥上，持重缓慢。[1] 王复从而对杨信再次提出批评。“近陕西镇守等官报虏贼毛里孩等深入为寇，势甚猖獗，总兵官杨信等调征官军猝未能到。”[2]

八月，王复被派往榆林整饬边务。[3] 王复西行之后，兵部再次对杨信、项忠缺乏用兵方略，毛里孩得以再次深入陕西内地形诸弹章。[4] 虽然这里兵部并未再次直接点名杨信，但军事指挥失误显然属杨信之责。兵部之所以稍有隐晦，在于多次批评后之婉转。

成化二年九月，在毛里孩之外，鞑靼阿罗出部落亦由河套南下。监军裴当等奏：“今年九月，谍报贼首阿老出等拥众入边，抢掠毛里孩，率众袭其老营，尽掠其人口、孳畜。阿老出同其子及头目十余人俱遁去。”[5] 阿老出即阿罗出。延绥镇军队取得了小龙州涧之捷。[6] 但次月汤和后人汤胤勣驻守孤山堡，中伏而死，引起了明朝朝野巨大震动，

---

〔1〕“北虏毛里孩拥众入寇固原。都指挥林盛统精兵千余，与贼遇，被围于群牧营堡。虏又深入散掠。报至，上敕总兵等官杨信及诸边将速发兵御之。”“宁夏副总兵张荣等奏：虏贼毛里孩、小石王子哈答卜花等拥众寇边。敕诸将协心防御。”参见〔明〕刘吉等：《明宪宗实录》卷 32“成化二年秋七月戊戌”条，第 646 页。

〔2〕〔明〕刘吉等：《明宪宗实录》卷 33“成化二年八月辛丑”条，第 655 页。

〔3〕〔明〕刘吉等：《明宪宗实录》卷 33“成化二年八月戊申”条，第 657 页。

〔4〕“兵部言：陕西守臣屡报河套虏贼深入平凉、固原、静宁、隆德、开城、华亭等处，攻县治、掠民财，杀都指挥知县等官。当其入寇之时，惟都指挥林盛独领一军与战，虽损失军马，亦能生擒寇贼，功可掩过。其总兵、参将等官李杲、张荣、王安、韩斌、赵英等既不能出奇剿截于其来，又不能据险邀击于其去，惟以贼多军少为词。请命整饬边务尚书王复会同巡按御史究治之。都御史项忠奉命往来调度，亦不见运一筹策，以摧丑虏，俱宜参究。上是之。”参见〔明〕刘吉等：《明宪宗实录》卷 33“成化二年八月乙丑”条，第 667 – 668 页。

〔5〕〔明〕刘吉等：《明宪宗实录》卷 35“成化二年冬十月丙辰”条，第 701 页。

〔6〕“乙未，升游击将军都指挥同知秦杰为都指挥使。时虏寇入延绥境，杰会兵至小龙州涧等处，与贼交锋。贼众溃散遁出境外，共擒斩二十六人，获马骡二十八匹，兵器、盔甲、弓箭共六百八十余事。夺回被虏男妇三十四人，马骡驴牛羊五千三百余。巡抚陕西都御史项忠等上其功状。上命兵部详议以闻。侍郎程信言杰功为最，特升之。”参见〔明〕刘吉等：《明宪宗实录》卷 34“成化二年九月乙未”条，第 685 – 686 页。

杨信、项忠再遭弹劾。[1] 当月杨信奏报在抵御阿罗出时,取得小胜。[2]

不过前往西北整饬边务的兵部尚书王复在此揭诸杨信军队畏敌失利之事。[3] 兵部也再次批评杨信率大军仅以获小捷自诩。[4] 王复素来对杨信、项忠多有批评,其赴西北之后,兵部仍坚持对二人军事不利之事加以弹劾,既与兵部管理军务之职责相关,亦与兵部人事关系有关。王复往赴西北之时,以兵部左侍郎程信代掌兵部。程信,字彦实,北直隶河间府(今河北河间县)人,与王复是同年进士,被授吏科给事中。天顺五年(1461),程信以母亲去世的缘故,回归乡里。成化元年被起复。一般情况下,官员丁忧归乡,多以原官起复。而程信却是以兵部右侍郎的身份被起复,并很快转为左侍郎。联想到此时王复为兵部尚书,可以做出一种推测,即程信之起复、升迁与王复颇有关系。当年,明朝决定讨伐四川山都掌蛮叛乱,廷议决定由程信以兵部尚书的身份

[1]"虏入延绥东路,右参将署都指挥汤胤勣率兵御之,为所杀。时达贼自惠村堡野蒌沟入境,胤勣闻报,即率指挥赵昱,领兵追杀。贼设伏桑家、寺沟涧中以待。胤勣至其地,伏发,为所害。昱等奔还,贼驱牛羊、人口而去。兵部劾奏参将湛清分守东路,不发兵策应。监督太监裴当、总兵官杨信、巡抚都御史项忠领兵在彼,又不为堤备,俱宜究治。胤勣没于王事,宜量加赠祭,以励其余。上允之,裴当等姑不问,湛清令自陈。"参见〔明〕刘吉等:《明宪宗实录》卷35"成化二年冬十月庚子"条,第690-691页。

[2]"癸卯,平虏将军总兵官彰武伯杨信奏:'迤东红山儿墩炮火不绝,暖泉山墩虏寇千余人境,俱往迤南三眼泉等处抢掠。臣与太监裴当、都御史项忠、总兵官房能,会兵分讨。其贼突至,遂并力大战。良久,贼众奔溃。生擒五人,斩首五级,夺获马匹、衣甲、器械以百计。'上降敕奖谕之。"参见〔明〕刘吉等:《明宪宗实录》卷35"成化二年冬十月癸卯"条,第692-693页。

[3]"整饬边备兵部尚书王复奏:'七月虏贼由花马池散入平凉诸处劫掠。越二十日,参将韩斌、王安,游击将军赵英等合兵截其归路,众寡不敌,贼遂入兴武营。副总兵张荣畏其势众,不敢进兵。贼寻入灵州,总兵官李杲畏怯不出,使都指挥焦政出战,被杀死。八月,贼入固原州,都指挥林盛军屯甘州群牧所城外,遣指挥董晋等截杀获一人,斩首二级。寻复遇贼战于西山长城,大众突至,官军为贼杀死者二十二人,贼遂拥众至群牧所扎营。官军坚壁不出,贼分众攻陷开城县,杀知县于达、教谕汤敏、大使汪士让,虏其妻子二十余口、居民一十六户。遂长驱深入静宁、隆德等六州县大掠。蒙旨令臣覆实谨具以闻,具言林盛等畏缩失机,宜置于重法。都御史项忠虽往延绥会议边务,闻贼入境,宜兼程回平凉调度军士应援,今乃在途延缓日久,致误军机,亦宜逮之。'上曰:'项忠、林盛、赵英、王安、韩斌俟边警宁息,奏闻处分。'时李杲已谪边戍,张荣以才不胜代回,故不及也。"参见〔明〕刘吉等:《明宪宗实录》卷37"成化二年十二月乙丑"条,第746-748页。

[4]"兵部奏:顷者,虏寇四散攻掠水泉营、华林沟及朔州、贾家窟陀等处,总兵官彰武伯杨信、参将都督佥事湛清等率军往御,屡败之。今虏酋毛里孩拥众深入,大同警报日至。宜降敕奖劳信等,使毋恃小捷,益奋勇谋,以速除边患。从之。"参见〔明〕刘吉等:《明宪宗实录》卷38"成化三年春正月乙酉"条,第759页。

前往讨伐。王复能够如此信任程信，并许以便宜行事，二者之关系，可见一斑。而后来白圭代替王复后，程信确实与白圭十分不睦，亦可能与王、程二人关系交好有关。“信欲有为，而阻于圭，不自得，数称疾。六年春旱，应诏言兵事宜更张者四，兵弊宜申理者五。大略言：延绥、两广岁遭劫掠，宜择大臣总制；四方流民多聚荆、襄，宜早区画；京军操练无法，功次升赏未当。语多侵圭。圭奏寝之。改南京兵部，参赞机务。明年致仕，逾年卒。赠太子少保，谥襄毅。”[1]

在朝廷多次施压的情况下，十二月，杨信提出在春季无草之时，与宣府、大同骑兵一同搜套。“虏酋毛里孩近虽北遁，然畏迤北强虏，复回河套驻扎。请更调大同、宣府等处马队官军，与臣等原统官军，辏为十万，以来春三月初旬会合，克期进兵并力剿绝以除边害。”明朝对此表示赞同。“大同总兵沈煜、宣府总兵颜彪各选马队官军五千，偏头关守备都指挥冯庆一千，宁夏总兵吴琮二千，陕西镇守宁远伯任寿一千。各遣谋勇将官统领，赴延绥诸边听杨信等调度。”[2]不过毛里孩部因陷入鞑靼内乱，隆冬之时河套水草又不足部众之用，遂采取恢复朝贡贸易与进攻大同镇两种方式，以获得过冬物资。成化三年(1467)正月，“虏酋毛里孩遣使求入贡，且言孛来太师近杀死马儿苦儿吉思可汗，毛里孩又杀死孛来，后又新立一可汗。有斡罗出少师者，与毛里孩相仇杀，毛里孩又杀死新立可汗，逐斡罗出。今国中无事，欲求通好事。下兵部集廷臣议，以此虏骄悖，屡寇边疆。今忽通好于我，意彼杀其新主，内与其党斡罗出为仇，又惧瓦剌阿失帖木儿仇杀，故欲徼求于我。宜敕守边将，臣加谨堤备。”[3]宪宗敕孙继宗等曰：“毛里孩渡河而东，以侵大同，声言欲求入贡。”[4]

毛里孩东进打乱了杨信的搜套计划，杨信军队遂与明朝新派遣京军一同奔赴大同镇。“抚宁侯朱永谋勇可任，宜令挂印充总兵官，都督

[1]〔清〕张廷玉等：《明史》卷172《程信传》，第4594－4595页。

[2]〔明〕刘吉等：《明宪宗实录》卷37“成化二年十二月壬戌”条，第743－744页。

[3]〔明〕刘吉等：《明宪宗实录》卷38“成化三年春正月丙子”条，第754－755页。

[4]〔明〕刘吉等：《明宪宗实录》卷38“成化三年春正月壬辰”条，第767页。

刘聚、鲍政可充左右参将,领京营马步官军三万以往。仍乞敕杨信等与永会合,及大同、宣府等军马俱听永调用。敕巡按山西御史常振往来纪功革弊。”宪宗接受了这一方案,“制谕抚宁侯朱永佩平胡将军印,充总兵官,右都督刘聚充左参将,都督同知鲍政充右参将,率京营马步官军征剿虏寇”,[1]并命大同镇巡抚王越“兼纪功赏”。[2] 榆林外调军队遂就此解散,搜套计划亦被中止。

明朝之所以命朱永、刘聚出征大同,在于此次征伐军队既以京营为主体,而朱永管三千营,刘聚坐大营,[3]以之领军出征,兵将既得相知,体统亦便约束。且朱永刚刚充任总兵官,率军平灭荆襄叛乱,[4]声望一时甚隆。朱永、刘聚之所以在成化朝受到重用,在于二人在明中期“土木之变”、“夺门之变”政治剧变中,皆是追随英宗之政治势力,是英宗皇统地位得以维系的支持者。朱永先祖曾戍守北平,在靖难之役中追随朱棣作战。朱永之父朱谦在镇守宣府之时,适逢“土木之变”,朱永受命飨食英宗,“上皇数目属焉”。英宗复位之后,“睹永而识之曰:‘是子侯也?非宣府食我于门者耶?’”此后遂委以心腹,不仅令其分掌京营,而且与其议论朝政。“上虽贵重中贵人吉祥、大将亨,而内疑厌之,以心腹寄永,永亦慎重不泄。”在临终之际,尚以永托付太子。“上崩,以属皇太子曰:‘诸侯伯中,独永习兵,可任大事……’”宪宗即位后,朱永总领京营。[5] 刘聚为太监刘永诚侄,不仅参与“夺门之变”,而且参与曹钦叛乱的平定。[6]

杨信虽然搜剿河套不果,但毛里孩在鞑靼内乱与冬季水草不足的双重冲击之下,已退出河套,而明朝并未趁机进占、固定控制河套,而是

---

[1][明]刘吉等:《明宪宗实录》卷38“成化三年春正月丙申”条,第768-770页。

[2][明]刘吉等:《明宪宗实录》卷39“成化三年二月癸卯”条,第780页。

[3][明]刘吉等:《明宪宗实录》卷10“天顺八年冬十月庚子”条,第223页;卷27“成化二年三月戊午”条,第536页。

[4][明]刘吉等:《明宪宗实录》卷29“成化二年夏四月辛酉”条,第574页。

[5][明]焦竑:《焦太史编辑国朝献征录》卷7《侯一·抚宁侯进保国公朱永传》(王世贞),收入《续修四库全书》,影印明万历四十四年徐象枟曼山刻本,上海古籍出版社2002年版,第256-257页。

[6][清]张廷玉等:《明史》卷155《刘聚传》,第4264-4265页。

满足于河套空置、双方无事之状态。可见，虽然明中期以来河套成为蒙古突破明朝北疆防线之缺口，因此而成为朝野关注之核心问题之一，但明朝亦未因此而改变明前期空置河套之政策。所谓搜套军事行动，不过在于驱逐鞑靼出套、放弃进攻榆林而已。因此，搜套攻势防御战线之定位仍在于河套南缘榆林地区，而并未有正统时期构建黄河防线之宏图，更不及明初河套东北布防之旧局。相应，河套只是明朝借以阻止鞑靼进入榆林之动态军事边疆，而非固定控制之静态政治边界，并不属于明朝正式版图。或者简单地说，明朝只是将河套视作边境与鞑靼之间的过渡地带与作战区域。明朝如此定位河套，反映出明中期伴随蒙古对河套的控制逐渐加强，明朝在将东胜旧地视作军事过渡地带之后，进一步将河套视作军事过渡地带。"搜套"与弘治以后的"复套"，主旨皆不在于对这一地区的固定控制，而在于保证这一地带的过渡性质，避免鞑靼对这一地区的固定控制。明朝在了解河套对于西北边疆作用之同时，仍不强调固定控制，而仍限于过渡地带之定位，源于明朝"内政优先边防"政治文化的影响。在这一政治文化的影响之下，明朝秉持边疆收缩观念，在边疆开拓与财政成本之间寻求平衡，鉴于河套地区沙漠化与草原化之生态特征，不适合设置机构、固定控制，从而将复合式、差序化边疆观念应用于此，仅将之作为军事区域而非民政区域。由此可见，与营堡防御体系固定于榆林地区，而不及河套地区一样，作战战线亦局限于这一地带。

杨信持重无功，而朱永、刘聚等武将借助内地平乱之功的西北之行，基本已将杨氏家族在北部边疆最后之声望削除殆尽。此后明朝在北部边疆开展的大规模军事行动，便不再以杨信充任军事统帅，而以平灭内地叛乱的朱永、征伐辽东女真的赵辅加以替代。这根源于西北边疆长期战略劣势造成的西北武将声望的下降，与内地社会逐渐动荡、东北边疆女真的日趋活跃造成的当地武将的兴起。进一步说，便是内地系统、东北系统一时取代西北系统，成为明朝军队的武将主体。相映成趣的是，一直坚持对杨信采取批评立场的兵部尚书王复，在完成整饬西北边务的任务回京后，其官职亦同样被与朱永一起平灭荆襄叛乱的白圭代替。成化三年搜套无果后，明朝包括军队系统、兵部部门在内的军事系统，发生了一次人事剧变。

王复兵部尚书地位之动摇，在成化二年往赴西北之前，便已露出端倪。成化二年八月，王复被派往榆林整饬边务。“兵部尚书王复等以西北虏寇深入，条上边防事宜。上命文武大臣会昌侯孙继宗、大学士李贤等会议。”会议的结果是“命兵部尚书王复、都察院左都御史李秉整饬边备。”其中王复的职责是“赴延绥迤西”。[1] 值得注意的是，王复被派往西北是明朝“廷议”的结果。明朝在中央废除中书省，在地方废除行中书省，从而使中央、地方皆缺乏权力中枢。由于军政事务牵涉部门较多，地方尚可通过设置巡抚的方式，对地方政务加以处理，中央内阁却一直没有统领百官的地位与决策、执行政务的权力。在这种政治缺陷下，明朝利用了“廷议”制度，朝廷大政由六部之一主持召开廷议，中央六部九卿与科道官员共同参加。其组成人员曾有所变动。“尝阅旧簿书，正统、景泰间会议，五府、六部、都察院、大理寺、通政司之外，有阁老及掌科，无掌道官。今有十三道，而阁老不与，闻始自李文达公上请而然。各道与议，不知始何时。”[2] 廷议形成结果后，由主持部门尚书上奏皇帝。由于决议体现了官僚集团的集体意志，皇帝一般照批而已。王复不仅未能在廷议中坚持本部立场，反而被排挤至外地。虽然兵部尚书外巡在明代并非罕见之事，但联系到王复在榆林所上奏疏屡被驳回，以及回朝之时在事实上被降至工部，便可知此时王复虽主持兵部，但在靖难勋贵与强力阁臣的压制之下，又由于得罪以总兵官杨信为代表之武将系统、以陕西巡抚项忠为代表之文官系统，其实际权力与影响已大受制约。而与王复部门对调者是工部尚书白圭。王复、白圭二人对调之事，反映了成化时期明朝在收复北部旧疆问题上所秉持的巨大热情与努力尝试。

王复，字初阳，北直隶顺天府固安（今河北固安县）人。白圭，字宗

---

〔1〕〔明〕刘吉等：《明宪宗实录》卷33“成化二年八月戊申”条，第657－661页。

〔2〕〔明〕陆容撰，佚之点校：《菽园杂记》卷5，第58页。

玉，北直隶真定府南宫县（今河北南宫市）人。二人皆为北直隶人，都出身于天子脚下。同样巧合的是，二人皆为正统七年（1442）进士，属一榜同年。但在试职期满之后，二人命运却呈现出完全不同的转向。王复授刑科给事中，而白圭授御史。虽然两人同属监察官员，在明代并称"科道"，但给事中基本在京为官，而御史多有外放之事。王复、白圭二人亦确实从此分别走向内、外分途。王复由于"声容宏伟，善敷奏"，即适于殿堂值班、处理奏疏，遂从此走上了京官路线，先后任通政参议，右通政，兵部左、右侍郎。成化元年升任兵部尚书。[1] 而白圭因机缘巧合，在朱勇攻打兀良哈一役中担任监军之职，从此走上了外官路线，与地方军事结下了不解之缘。

> 巡按山西，辨疑狱百余。从车驾北征，陷土木。脱还，景帝命往泽州募兵。寻迁陕西按察副使，擢浙江右布政使。福建贼郑怀冒流剽处州，协诸将平之。天顺二年，贵州东苗干把猪等僭号，攻劫都匀诸处。诏进右副都御史，赞南和侯方瑛军往讨。圭以谷种诸夷为东苗羽翼，先剿破百四十七寨。遂会兵青崖，复破四百七十余寨，乘胜攻六美山。干把猪就擒，诸苗震詟。湖广灾，就命圭巡抚。[2]

所谓殊途同归，就在白圭与王复渐行渐远，仕途趋向大为不同之时，天顺四年（1460），在阁臣李贤的推荐下，白圭被内调为兵部右侍郎，[3]而在天顺中期，王复先后任兵部左、右侍郎。可见，应该是王复在先，白圭在后。故而，天顺四年时，应该是王复任左侍郎，而白圭任右侍郎。两人不仅同乡、同年，而且同部为官。明代六部官员来源为两途，一为内官迁调，一为外官内调。内外两途的结合，使明朝六部在处理政务方面，颇有效率。白圭在地方上丰富的军事经验与显著的军事功勋，皆符合内调兵部的资格。明代兵部官员并不全然在京为官，地方

---

〔1〕〔清〕张廷玉等：《明史》卷177《王复传》，第4716页。

〔2〕〔清〕张廷玉等：《明史》卷172《白圭传》，第4595页。

〔3〕〔明〕李贤：《天顺日录》，载邓士龙辑，许大龄、王天有主点校：《国朝典故》卷48，第1130页。

征伐之事,也多由兵部侍郎,甚至兵部尚书主持。白圭次年便被再次外任。“明年,孛来寇庄浪。圭与都御史王竑赞都督冯宗军务,分兵巡边。圭败之固原州。七年进工部尚书。”[1]以白圭而非王复出征西北,可能是当时兵部尚书马昂鉴于白圭久历兵事,能力与经验优于一直在京为官的王复的缘故。白圭在这次战役中获得了胜利,为酬报其功,明朝需要升迁其职。但此时兵部尚书由马昂担任,白圭无由进取,遂转迁工部尚书。虽然其官职获得了升迁,但工部不如兵部重要,白圭才略亦更适合在兵部施展,因此白圭失去了进至兵部尚书之捷径。

接替马昂任兵部尚书的是王竑。王竑在“土木之变”后,倡导群官廷杀锦衣卫指挥马顺而名震天下。但若论军事经验,比较重要的一次军事行动也是与白圭一同出征西北。“天顺五年,孛来寇庄浪,都督冯宗等出讨。用李贤荐,起竑故官,与兵部侍郎白圭参赞军务。明年正月,竑与宗击退孛来于红崖子川。圭等还,竑仍留镇。至冬,乃召还。”[2]王竑起复之前的故官应是浙江参政。此次起复,其地位应该是低于白圭的。取得战役胜利后,白圭得以进职工部尚书,而王竑仍然留镇西北。二者地位、功劳之差别,于此可见。但兵部尚书马昂调任户部,给王竑一个很好的机会。王竑从而得居兵部尚书。如果白圭此前未被升调工部,兵部尚书的职位应该最有可能由他继任。明朝选择以王竑继任兵部尚书,而不以兵部左侍郎王复正常升迁,反映出当时朝廷对一直在京为官的王复管理军务的能力还是存在疑问与不信任的。但成化元年,王竑便由于举荐岳正等人遭到李贤反对,而辞去尚书之位。兵部尚书职位再次面临空缺。在兵部左侍郎任上积累多年资历后,王复终得执掌兵部。

但王复任职兵部尚书之后,弹劾当时文武系统知兵者之代表杨信、项忠,且军事并非其专长,相应地位并不稳固。加之阁臣李贤在成化一朝地位崇高,甚得宪宗信任,因此对当时大政事务多直接干预,这其中

[1]〔清〕张廷玉等:《明史》卷172《白圭传》,第4595页。
[2]〔清〕张廷玉等:《明史》卷177《王竑传》,第4709页。

便包括日益严峻之河套边防问题。李贤可以无视执掌军务部门对杨信的多次批评与不满,执意命杨信担任搜套总兵官,可见李贤权势之盛与王复之不受信任。故而,上自阁臣,下至总兵、巡抚,王复已被当时朝廷掌握实权之人物隔离。其被迫出巡西北,与其说是明朝加强整饬西北边务之需,毋宁说是为能够处理各方关系,且有军事才能的新兵部尚书的递任创造空间与条件。

王复从西北回还之后,便改任工部尚书,而时任工部尚书的白圭与之对调,改任兵部尚书。成化三年四月,“改兵部尚书王复为工部尚书。”[1]“工部尚书白圭奏乞辞职终制,不允。圭先督兵征荆襄还,闻父丧,命奔丧治葬。未几,录功降敕,加太子少保兼兵部尚书,管团营操练。”[2]《明宪宗实录》对王复改任之事轻描淡写。“以陕西多事,命出巡边,得便宜行事,凡所建置,多合时宜。言者谓复居兵部非宜,改工部。”[3]《明史》基本延续了这一记载。“复在边建置,多合机宜。及还朝,言者谓治兵非复所长。特命白圭代之,改复工部。谨守法度,声名逾兵部。”[4]虽然在制度层面,明代六部地位平等,尚书亦皆为正二品,兵、工二部并无悬殊之别。但由于职掌领域的差别,各部地位实有不小区别。六部之中,吏部管理文官,兵部管理军务,职责最重。因此,王复改任工部尚书,虽地位如一,但权势明显差逊。

虽然欠缺战场历练一直是王复作为兵部尚书的缺点,但在“土木之变”后,也先进至北京城下时,王复被明朝选作使者,出城谈判。“也先犯京师,邀大臣出迎上皇。众惮行,复请往。乃迁右通政,假礼部侍郎,与中书舍人赵荣偕。敌露刃夹之,复等不为慑。”[5]由此,显示出王复具有一定的胆识。王复任职兵部多年,对部门事务已甚为熟悉,为人又识大体,虽非十分杰出之兵部尚书,但至少尚属称职。“复重厚寡言,雅志冲澹,遇人不设城府。临事审处,绰有条理。与人言,未尝有矜

[1]〔明〕刘吉等:《明宪宗实录》卷41“成化三年四月癸丑”条,第841页。

[2]〔明〕刘吉等:《明宪宗实录》卷42“成化三年五月壬午”条,第862－863页。

[3]〔明〕刘吉等:《明宪宗实录》卷267“成化二十一年六月丙午”条,第4523页。

[4]〔清〕张廷玉等:《明史》卷177《王复传》,第4718页。

[5]〔清〕张廷玉等:《明史》卷177《王复传》,第4716页。

异色。一时公卿,有大臣体者惟复,人不尽知也。且好古嗜学,廉约自守,不事矫亢,故能以德量保其禄位而终。近时大臣殁,而得谥者,多出于同年当道子居显位,惟复以公道得之。"[1]因此,王复在无过之时,受到径自降调之待遇,而他又默而不言,表明当时有一股强大的政治势力,使王复感受到巨大的压力,不能亦不愿再居兵部。将《明宪宗实录》对王复"遇人不设城府"性格的评价,与王复多次严厉批评明中期第一武将家族杨信与自"土木之变"中生还的巡抚项忠相对照,可见王复为人颇为伉直,缺乏官场之圆滑,从而得罪了地方军队最为知名与当权之文武官员及其所代表的地方军队势力。而在中央,由于杨信、项忠出征西北受到靖难勋贵孙继忠、阁臣首辅李贤之举荐,因此王复对杨信、项忠之弹劾,显然亦使自己站在了中央最有势力的文武官员的对立面。加之李贤对宪宗有护嫡之功,王复之做法显然不是宪宗所乐意看到的。由此可见,从权力格局来看,王复在成化初年对杨信、项忠的多次批评,无疑使自己处于十分孤立的境地。这也是孙继宗、李贤主持廷议,径自将王复发往西北、远离朝政之政治根源。虽然成化三年王复回还之时,李贤已经去世,但其他政治势力却仍存在,王复仍处于四面皆敌之状态,其不宜久居兵部,亦为势之使然。此为王复离开兵部之人事原因或主观原因。

王复离开兵部的政治原因或客观原因,是王复所主张的河套防御政策,与成化时期主流的河套防御政策相去甚远。正如上文所述,成化时期宪宗、孙继宗、李贤对搜套的坚决立场反映出明朝已将攻势防御作为当时北部边疆的主流防御方案,而王复却一直计较、纠缠于搜套行动的具体过失,虽在具体层面履行了兵部职责,但却在整个国家战略层面,无意中站在了反对立场。作为一个主持军务的最高长官,如此行为无疑将自己置于完全孤立无助的境地。相应,朝廷是不会允许一个对当时国策持反对立场的官员执掌兵部的。这便是所谓"言者谓复居兵部非宜"或"言者谓治兵非复所长"批评言论出现的政治背景。

[1][明]刘吉等:《明宪宗实录》卷267"成化二十一年六月丙午"条,第4523页。

但另一方面，在当时的政治背景之下，王复虽已明显不宜居于兵部，但若没有合适人选，明朝亦不会迅速将之罢免。而正是在此时，白圭以其丰富的地方军事经验，尤其凭借平灭靖襄叛乱所带来的巨大声望，成为明朝朝野众望所归的兵部执掌者。这从孔公恂的奏疏便可以看得出来。

> 詹事府少詹事兼左春坊左谕德孔公恂以言事下狱，出为汉阳府知府。公恂上言："……万一黠虏窥我虚实，拥众南下，不知谁可御之者。顷以荆襄之变，命京营总兵抚宁伯朱永徂征。夫荆襄之地流民，依山据险，猝难殄灭，况其轻重视京师有间。如永之威望，今总兵中一人而已，岂可使之久用于外？宜留永镇京师，而别选人代之。其提督军务工部尚书白圭谙晓边事，常于陕西用兵有功，亦宜转以兵部之职，假以便宜行事，使与代永者分往荆襄，守其要害，断其出入，招徕抚绥。迟以岁月，彼乌合之众，将不战而自败矣。"……于是，兵科都给事中旨恺、监察御史陈炜等交章劾之，谓荆襄用人，已有成命。朱永虽望重三军，然虎臣布列，岂无其比？白圭既提督军务，则节制自专，何必转任……上是科道言，命下公恂都察院狱。当赎徒还职，诏免徒，调外任。公恂为人直戆，与众不合。初为给事中，以宣圣后，且衍圣公孔弘绪，大学士李贤婿也，遂不次用为少詹事，已有嫉之者。及上即位，改大理少卿，寻自奏复少詹事。至是，上疏谓总兵中止有朱永一人，于是诸总兵哗然不平，言官闻风劾之。[1]

正是因为孔公恂为人憨直，不顾武将系统立场，唯以朱永、白圭知兵形诸奏章，反而能反映出孔之真实想法确实如此，相应亦更可揭示出在时人眼中，白圭确实以知兵闻名。尽管孔公恂获罪而去，但他的倡议却在次年便得以实现。林霨（Arthur Waldron）亦认为在经历与苗兵、孛来的战争后，白圭"已经在军事方面显示出了自己的优长，成为一名阅历丰

〔1〕〔明〕刘吉等：《明宪宗实录》卷25"成化二年春正月己酉"条，第485－488页。

富的大臣，相应，在首都他获得了权威的地位”。[1] 白圭为人确实十分干练。

> 白恭敏公圭，凝重简默，喜怒不形。为兵部尚书日，奏疏悉令属曹正官具草，稍加笔削，人往往以简当服之。公退，即闭閤坐卧，请谒者至，左右拒之，多不得入见而去。故当时有酣睡不事事之谤。一中官请托不入，令逻卒阴伺其短以胁之。公密召四司官，令戒饬群吏而已，竟不从。公尝再与征讨，累有军功，未尝令家人冒功得官职。此尤过人者。公殁后，刑部尚书项公忠代之，视篆日，语四司云：“吾不如白大人有福，尔各司凡事慎之。”未几，项公以事去位。有福者盖轻之之辞，然亦若所谓识云。[2]

《明宪宗实录》也充分肯定了白圭的军事才能。“圭，伟仪状，有才识。历官中外，数从军旅之事。累有劳效，而荆襄之功为最，人称其能。然乏清誉，既没而诸子以分财不均阋讼，闻者嗤之。”[3] 所谓“乏清誉”，所指应为白圭有敛财之迹，而明实录特载诸子分赃事，蕴含馆臣之春秋笔法。

可见，白圭与王复虽同时踏入仕途，但二人由于官场仕途之分流，性格可能亦受其影响，而大为不同。王复长居朝中，平流进取，故为人简实伉直，坚持原则，长于道德、略于才干，属于“平流循臣”。而白圭历练地方军政事务，为寻求升迁，需积极进取，从而处世灵活，优于才干，疏于官箴，属于“事功能臣”。明中期地方多事，地方官员为获仕进之阶，从而多持灵活、圆滑之立场，形成了“能臣”群体，从而与在朝按部就班之“平流循臣”在一定意义上形成政治分途格局。白圭既长于军事，又颇为灵活，从而在平灭荆襄叛乱战功基础之上，受到朱永等武将系统的支持，得以改任兵部尚书。

白圭任职兵部尚书之后，适逢固原土达满俊（满四）叛乱，由于朱

---

〔1〕Arthur Waldron, *The Great Wall of China: From History to Myth*（《长城：从历史到神话》），Cambridge University Press, 1990, pp. 99.

〔2〕〔明〕陆容撰，佚之点校：《菽园杂记》卷4，第38页。

〔3〕〔明〕刘吉等：《明宪宗实录》卷136“成化十年十二月辛丑”条，第2559页。

永尚在大同镇防御毛里孩,白圭于是推举项忠总督军务,率军平叛。"癸酉,命太监刘祥监督军务,巡抚陕西右副都御史项忠总督军务,都督同知刘玉佩平虏副将军印,充总兵官,都指挥同知夏正、刘清充左、右参将,统调京营及延绥、宁夏、甘凉等处军马共一万三千,征剿固原反贼满俊。"[1]值得注意的是,明代征伐总兵制度下,监军太监例居于首位,其次便是征伐总兵官,文官即使是总督亦例列总兵官之下。但此处项忠列于总兵官之前,显然项忠属于军队统帅,可见朱永无法参与平灭满俊之叛乱,白圭为尊崇项忠在成化初年在地方军事中之地位,故以之统兵。将白圭对项忠之态度,与王复对项忠之态度加以对比,便可知王复、白圭二人对于当权文武官员态度差别之大。

6.5 成化六年朱永搜剿阿罗出部分成功与"搜套"军队文官系统崛起

毛里孩东进大同,并与明朝建立朝贡关系后,不复进入河套,在成化四至五年,被孛罗乃杀死。[2] 原先为毛里孩驱迫之阿罗出部则乘机再次进入河套地区。阿罗出,又作阿老出、斡罗出。宝音德力根指出:"在《明实录》中,他最早于天顺二年(1458 年)以孛来部下大头目出现,并长期与孛来一起活动。在蒙古人各部中,他是较早进入河套内、并长期独居在河套的大首领。毛里孩杀死孛来后,斡罗出曾一度被降服。但在摩伦汗即位后,他控制了这位大汗。因此,毛里孩与摩伦汗、斡罗出仇杀。结果,斡罗出被逐出河套,毛里孩成为河套地区的主宰。毛里孩死后,斡罗出一度住牧圪儿海一带,但不久又入河套。"[3]那么,阿罗出再次进入河套,是在何时呢?应该是在成化四年(1468)。

成化四年,鞑靼已再次进入河套地区。成化五年(1469)四月,兵

[1]〔明〕刘吉等:《明宪宗实录》卷 56"成化四年秋七月癸酉"条,第 1145 - 1146 页。

[2]宝音德力根:《十五世纪前后蒙古政局、部落诸问题研究》,内蒙古大学博士学位论文,1997 年,第 44 页。

[3]宝音德力根:《十五世纪前后蒙古政局、部落诸问题研究》,第 46 页。

部奏："去年冬，虏寇入河套。时延绥精兵调征固原，未返宣府。游击将军署指挥佥事许宁提孤军，猝与寇遇于孤山堡等处，三败之，自是贼势稍衰，竟渡河。"[1]此处虽未明确记载来犯者为何部，但联系到此时毛里孩仍与明朝维持朝贡贸易关系，因此大体可判断其为阿罗出部。正是由于毛里孩部在得到明朝贸易物资后，势力进一步壮大，阿罗出为躲避其威势，始才进入河套地区，甚至举部南下，对榆林构成巨大冲击。成化五年二月，鞑靼再次大规模进攻榆林地区，白圭指出当地军队已不能有效阻止鞑靼进攻，基本上任其出入。[2] 次月，阿罗出再次进攻。[3]

如果说此前来犯者为阿罗出是推测，那么至迟在正统五年冬，进攻榆林者可以确定为阿罗出。十一月，"庚子，巡抚延绥都御史王锐奏：'虏寇榆林迤南，臣等遣都指挥陈辉、指挥佥事刘宠，与战于焦家川。既又令总兵房能等于骟马川伏兵，扼其归路。腹背夹攻，生擒七人，斩首六颗，夺还人马、衣甲。'诏赐敕奖谕。"[4] 成化六年三月，兵部奏："迤北虏酋阿罗出诱朵颜三卫，自去冬乘冰渡河，寇掠延庆等处。今虽东归，而阿罗出人马尚在河套潜住。闻虏中来降达子言，阿罗出纠众欲来抢掠，有开原王者，本是汉人，欲来投顺，互相猜忌。缘此虏与开原王斡失帖木儿素为仇隙，今潜伏河套者，外惧仇敌，恃黄河以为险阻；内怀寇窃，藉河套以为巢穴。又纠集孛罗乃王穷寇，相为声势，正门庭之

[1]〔明〕刘吉等：《明宪宗实录》卷67"成化五年五月己亥"条，第1345页。

[2]"延绥总兵官督都佥事房能等奏：正月，虏众三千余抄掠迤西泥涧滩等处，分守西路左参将胡凯率军与战于孤山川，斩首一级，获虏骑二十，并被虏男妇十一口，马牛等畜二百六十余。十五日，复有虏众三千，与游击将军许宁战于迤东沙河墩。能引兵援之，虏势益众。我军结营御之，遂引去。获其马七匹，箭千枝。官军阵亡者十五人。时巡抚都御史王锐亦奏：是夜，有虏数千入焦家川，杀掠男妇，并牛羊数百以去。瞭望军士畏避失报事由，坐堡指挥戴真提督不谨。章俱下，兵部言：能等虽屡称虏众失利引去，然实出没边境，剽掠自如。宜责令勿事虚声，益修兵备。戴真罪宜究治，姑俟寇宁之日施行。奏入，从之。"参见〔明〕刘吉等：《明宪宗实录》卷63"成化五年二月癸巳"条，第1282－1283页。

[3]"延绥游击将军署都指挥佥事许宁奏：虏寇掠康家岔等处，躬率官军追出境外一百五十里，虏势益众，力战拒之。守备高家堡指挥隋能引兵来援，夺获虏马共二十，牛羊千余，及其弓矢等物。兵部言：虏既失利而去，必图报复。宜移文宁等益加严堤备。从之。"参见〔明〕刘吉等：《明宪宗实录》卷64"成化五年闰二月癸亥"条，第1299－1300页。

[4]〔明〕刘吉等：《明宪宗实录》卷73"成化五年十一月庚子"条，第1417页。

寇。"[1]宝音德力根指出:"在成化四年或五年,齐王孛罗乃部众确实被瓦剌太师斡失帖木儿打败过。"[2]既然此时孛罗乃集中于和瓦剌的战争,自然不会分心于河套,因此成化四至五年来犯鞑靼部落者,亦应是阿罗出部。成化五年冬季以后,阿罗出不断进攻榆林。[3]

为应对这一军事变化,白圭命身兼大同、宣府二镇巡抚[4]之王越援助榆林。"敕都御史王越总制两游击之兵,设策相机剿之。"[5]中国古代自先秦时期文武分途之后,在近世以前,虽然文官亦有参与军务者,但多处幕府。两宋鉴于中唐、五代藩镇跋扈,锐意兴文抑武,遂以文官充任地方军队统帅,文官系统相应呈现军事化之历史趋势。其具体表现便是所谓安抚使、制置使制度。明朝以武开国,复归中古以前制度脉络,文武分途。仁宣以后文官外巡虽有制约、分割权力含义,但直到正统时期,甘肃、辽东整饬边备,提督文官出现,武将军队指挥权力始在部分军镇开始遭到威胁与挑战。

在文官系统势力扩张、武将系统势力受到制约之政治背景下,在明前中期以来武将系统出现断层之人事背景下,明代地方外巡文官呈现了"军事化"特征。"土木之变"后,明朝处于边疆危机背景之下,兵部尚书于谦全面主持明朝军务,为加强北部边疆军事防御,陆续派遣大量文官往赴北边,指挥作战,各镇巡抚亦逐渐触及武将系统军队指挥权,文官系统遂逐渐渗透、分割军事权力,呈现军事化趋势。明中期地方军队遂呈现文官势力强力崛起之历史趋势。天顺时期巡抚选拔标准之变

---

[1][明]刘吉等:《明宪宗实录》卷77"成化六年三月戊戌"条,第1496页。

[2]宝音德力根:《十五世纪前后蒙古政局、部落诸问题研究》,第45页。

[3]"去冬以来,虏寇入寨,剽掠边民。守平夷堡指挥刘胜等遇之于鹰窝梁,千户瞿清、百户曹义战没。"参见[明]刘吉等:《明宪宗实录》卷75"成化六年春正月壬午"条,第1438页。"巡抚陕西左副都御史马文升等奏:比闻去冬虏寇入延绥、保安、安塞二县,分道剽掠焚营堡、杀军士居民,男女、钱谷、牛羊扫境一空,良可悯念。其宁塞、安边二营巡哨守备都指挥陈英等俱闭门坐视,宜加惩治。巡抚延绥右副都御史王锐等亦奏:自去冬以来,虏屡入保安等县、宁塞等营,及葭州等处,杀掠男妇共三百余人,牛羊畜牧四万余,钱谷、器用无算。知州等官孟泰等不先如约移民入堡,守堡指挥盛铭隋能等捍御无策,复隐匿不言,俱当有罪。"参见[明]刘吉等:《明宪宗实录》卷75"成化六年春正月乙酉"条,第1438-1439页。

[4][明]刘吉等:《明宪宗实录》卷46"成化三年九月壬申"条,第950-951页。

[5][明]刘吉等:《明宪宗实录》卷73"成化五年十一月乙未"条,第1415页。

化，便反映了这一历史现象。天顺七年(1463)，“时吏部举大同巡抚，上谕李贤曰：‘须得似韩雍者方称。’贤以[王]越对。及越陛见，上曰：‘王越丰姿，是武臣之英迈者。’遂用之。”[1]宪宗即位之初，奏疏中已出现称“各边同理军务则有都御史”。[2]在文官系统渗入地方军队的潮流中，英宗钦点之武将化巡抚王越是其中较为突出、典型之个案。

《明史》评价王越称：“长身，多力善射，涉书史，有大略。”[3]王越受命榆林防务后，当月便取得了可观胜利，展现出很强的军事指挥能力。“巡抚大同右副都御史王越等奏：延绥三路，俱系虏寇出没之所。比令许宁军出西路龙州、镇靖等堡，范瑾军出东路神木、镇羌等堡，越与太监秦刚军据中路榆林城，以为两路应援。瑾遇寇于厓窑川，力战败之，追奔至沙峰子等处。宁军御之于梨家涧，转战三十余合皆捷。而右参将神英亦败之于镇羌境内。前后共斩首四十余级，夺获战马七十余匹，弓矢、甲仗五百余事，追回被虏羊牛畜牧四百八十有余，虏遁去。”[4]王越遂与总兵官白玉一同驻守榆林。[5]

阿罗出部虽受到王越等人所率军队的抵抗，但迫于蒙古高原压力，为获取生存物资，仍有再次大举南下榆林之心。当月，“丙申，巡抚延绥左副都御史王锐等奏虏寇入河套潜伏，声言待耕种时来抢掠。又于

---

〔1〕〔明〕徐学聚：《国朝典汇》卷55《吏部二十一·总督巡抚》，收入《明清史料丛编》(影印北京大学图书馆藏善本丛书)，北京大学出版社1993年版，第3687页。

〔2〕〔明〕刘吉等：《明宪宗实录》卷7“天顺八年秋七月己卯”条，第173页。

〔3〕〔清〕张廷玉等：《明史》卷171《王越传》，第4570页。

〔4〕〔明〕刘吉等：《明宪宗实录》卷75“成化六年春正月壬寅”条，第1448－1449页。

〔5〕“癸酉，延绥总兵官署都督佥事房能等奏：迩者，河冰将解，虏寇未退。闻欲潜据河套度夏，扰我耕农。况延绥境土平衍，无险可据。堡多兵少，防御实难。请留都御史王越所统大同、宣府官军，及征补西安等卫操戍之逃亡者，更命镇守陕西都督白玉选精兵数千应援。事下，兵部言王越军已移文留之。西安等卫逃亡军士计有八万余人，摘守兰县、靖虏、延庆者亦万五千余。况其地迩延绥，易于调遣。宜令巡抚都御史马文升等量于此数处，选摘精兵万人，令都督白玉、参将周海统之，分布延绥要害之地，协助战守，待寇宁之日取回。从之。”参见〔明〕刘吉等：《明宪宗实录》卷76“成化六年二月癸酉”条，第1471页。

沙海子墩，沙河山、黑河山等墩不时出没。"[1]双方再次发生战争。[2]分守延绥镇西路左参将钱亮亦奏："贼在河套潜住，恐草深马肥，拥众入寇。而我官军马少势孤，卒难控制。"[3]

为防止阿罗出再次进入明朝境内，在战争中获得主动权，白圭决定采取先发制人的策略，再次开展"搜套"军事行动。《明史·叶盛传》记载白圭在"搜套"军事行动中，明确提出"收河套、复东胜"之口号。"满都鲁诸部久驻河套，兵部尚书白圭议以十万众大举逐之，沿河筑城，抵东胜，徙民耕守。帝壮其议。"[4]但查诸《明宪宗实录》，并无如此记载。这很可能是成化八年叶盛所语，《明史》纂修时误植于白圭。"延安、绥德之境，有黄河一曲，俗名河套。其地约广七八百里，夷人时窃入其中，久之乃去。叶文庄公为礼部侍郎时，尝因言者欲筑立城堡，耕守其地，奉命往勘。大意谓其地沙深水少，难以驻牧，春迟霜早，不可耕种，其议遂寝。"[5]宪宗在敕书中，亦未有如此豪迈之语。"自去冬以来，虏酋阿罗出纠率丑类，潜住河套，时出剽掠延庆二府，人民被害为甚。"明朝从而调集京军与宣大军队，并以朱永替代杨信，作为此次行动的总兵官。[6]从文武官员、军队来源来看，此次行动基本是成化三年之后，明朝在河套周边与毛里孩、阿罗出作战系统之聚合。值得注意

---

〔1〕〔明〕刘吉等：《明宪宗实录》卷77"成化六年三月丙申"条，第1494页。

〔2〕"臣同总兵官房能督领官军，哨至黑木头沟，遇贼交战。既破走之，翼日，又与战于土门川，贼溃而去。前后生擒九人，斩首四十八级，获马一百一十有七，弓刀等物三百有奇，追回被抢马骡、牛羊一千六十有奇。"参见〔明〕刘吉等：《明宪宗实录》卷77"成化六年三月庚子"条，第1501页。

〔3〕〔明〕刘吉等：《明宪宗实录》卷77"成化六年三月戊戌"条，第1500页。

〔4〕〔清〕张廷玉等：《明史》卷177《叶盛传》，第4724页。

〔5〕〔明〕陆容撰，佚之点校：《菽园杂记》卷8，第94－95页。

〔6〕"壬寅，命抚宁侯朱永佩平虏将军印，充总兵官，都督刘玉、刘聚充左、右副总兵，太监傅恭、顾恒监督军务，右副都御史王越参赞军务，往延绥备虏，时谍报迤北虏酋将纠众寇边甚急，兵部会廷臣计议战守事宜。太傅会昌侯孙继宗、吏部尚书姚夔等议：延绥地方阔漫，贼出没路多，各堡守备官军数少。近虽调拨陕西腹里官军协守，然多系舍余、民壮，而山西操候官军三千今亦未集，宜添调京营，并甘凉等处军马，选委内臣一员为监督，文职大臣一员为总督，武职大臣一员佩印，充总兵官，二员充副总兵，请给制敕往彼，酌量事情，调度官军，相机战守。然又必得军马精锐，庶可克敌成功。上是之，命京营选精锐骑步官军一万，大同、宣府各调官军五千，命永等充总兵等官，即给制敕与之，仍令速启行毋缓。"参见〔明〕刘吉等：《明宪宗实录》卷77"成化六年三月壬寅"条，第1502－1503页。

的是，此前征伐满俊叛乱之事，已有项忠总督军务、统领诸将之例；王越驻守榆林，位居武将之上，且防御颇有成效。那么，朱永、王越的地位、职责又该如何协调呢？从后面军事行动来看，可以看出朱永作为武将，负责统率军队，与阿罗出展开野战，而王越则主要负责布置榆林防御体系。也就是说，二者大体是战、守之分工。

与夏季派遣杨信相似的是，明朝在三月春夏之际，向榆林派驻大规模军队，但并非命其于此时立即开展搜套行动，而是鉴于阿罗出南下之势，做出的防御举动。因此，搜套军队往赴榆林之后，首先致力者不是进攻，而是防御。五月，王越沿河套南缘，将外地调援军队与榆林边境营堡防御体系相结合，构建了全面防御阿罗出之边境军事体系，并很快取得了一定成效。〔1〕

但明朝于冬季开展搜套行动的计划，由于大军粮饷供应困难，不得不考虑提前进行。六月，“兵部尚书等官白圭等言：虏众寇边，征之固非得已。而［户部郎中曹］翼等以岁饥民困为虑，亦宜从权处之。然兵难遥度，宜敕总督军务太监傅恭、都御史王越等会议。如虏势可灭，则

〔1〕“丙午，参赞军务右副都御史王越等议上剿贼安边事宜。‘分遣诸将操守地方。左副总兵刘玉并西路参将钱亮，统兵五千五百，军于安边营。右副总兵刘聚统兵三千五百，军于高家堡。大同游击将军范瑾统兵三千五百，军于神木堡。宣府游击将军许宁统兵四千，军于龙州城。署右都督白玉统兵二千五百，军于怀远堡。都指挥李让统兵一千，军于清平堡。参将周海统兵二千五百，军于定边营。东路右参将神英、都指挥王宣、指挥李勇统兵一千五百，军于镇羌堡。指挥陈云领神机并本堡兵一千三百，军于平夷堡。都指挥康永领兵一千，军于双山堡。副总兵林盛统见调宁夏兵五千，军于威武、镇靖、清平、宁寨诸堡。参将白全统原甘凉、庄浪兵四千，军于波罗、安边、靖边诸营堡。署都指挥佥事王玺统山西代州、偏头关诸处兵二千，军于孤山、柏林、清水诸营堡。臣越同太监傅恭、顾恒，抚宁侯朱永统骑步兵一万二千有奇，军于榆林城，总制中路。其东西二路有警，则随城剿杀，附近营堡并力夹攻，并驰报臣等，督同镇守太监秦刚、署都督佥事房能，发兵策应，务图成功。’”参见〔明〕刘吉等：《明宪宗实录》卷79“成化六年五月丙午”条，第1553－1554页。“庚戌，陕西参赞军务右副都御史王越等奏：河套虏寇五月十九日，围墩索米西路，左都督刘玉率众御之。二十日，入境剽掠东路，右都督刘聚与战败之。事下，兵部以为越等分兵之初，能首挫贼锋功，虽未集事，亦可尚，宜赐敕奖励之。”参见〔明〕刘吉等：《明宪宗实录》卷80“成化六年六月庚戌”条，第1557页。“平虏将军总兵官抚宁侯朱永奏：虏寇阿罗出等久屯河套，拥众犯边。官军于张厚家川、苏家寨等地遇贼，转战十余合，败之。生擒二人，斩首十五级，获马四十五匹，器仗九百二十六事，夺还被虏人畜甚众。”参见〔明〕刘吉等：《明宪宗实录》卷81“成化六年秋七月戊寅”条，第1573页。“延绥总兵官署都督佥事房能等奏：虏寇拥众入境，官军于开荒川等处据险截杀。追至三角城等处，转战三十余合，擒斩贼级一百有余，并获其战马、兵器。”参见〔明〕刘吉等：《明宪宗实录》卷81“成化六年秋七月甲辰”条，第1589页。

并力进剿，早图成功，以省大费。或虏势稍缓，不可穷追，即散遣原调官军，陕西万人还本地操候，偏头关二千人还黄河七堡就粮。仍量留京营、大同、宣府诸处精锐骑兵万五千在边，无警令近堡牧放，给以草价；有警即拘入堡，给以草束。其余军马，各委队长率领，于环庆、延绥旁地就粮，不支草价，听候调用。凡事悉听区处以闻。仍令翼等暂收草价，及时措买，以备秋冬之用。上是之。"[1]次月，朱永统率军队与阿罗出部众在双山堡展开大规模野战，并进一步追击至河套以内，最终明军获胜，取得了双山堡大捷，阿罗出受伤败走。虽然此次战役，明军以守转攻，仍与天顺模式一样，并非从战略定位上直接进入河套，而是顺势进入河套地区，取得战役的最终胜利，亦可视作搜套攻势防御。

平虏将军总兵官抚宁侯朱永奏："虏贼万余，自双山堡分为五路，往南深入。臣等会议，太监傅恭居中调度，都御史王锐固守城池。永与太监顾恒、都御史王越，督同太监秦刚、署都督房能，率京营、大同、宣府官军出城。增调都指挥康永等兵，往截贼之西路。通调游击将军都督范瑾、参将都指挥神英，与副总兵都督刘聚等兵，往据贼之东路。又调把总都指挥等官，各据分地驻兵听用。是日晡时，会双山堡。翼日，把总指挥孙钺等至开荒铺，遇贼迎战，先仅二千余骑，后乃倍之。官军见其势众，下马列阵。既而，右哨指挥蔡瑄等兵继至，俱严阵以待。间一虏酋耀甲策马，拥众来突，官军并力对敌。战十余合，前哨指挥杨琳等兵自东山黑屹嶅，左哨都指挥柯忠等兵自西白马庙，与臣等兵并至。鏖战二十余合，贼少却，官军乘胜驰之，杀伤甚众。贼遂溃，追至四口川，贼复登山聚敌，官军直捣其前，败之，遗弃糗粮、服器及所掠牛羊等畜，蔽沟川野。又追至牛家寨，正遇都指挥吴瓒等兵，贼见我兵少，分三面攻围。都指挥马仪等兵自张家山，指挥李镐等兵自麻庄山至，并力进战十余合。指挥滕瑾等兵亦至，战又数合。刘聚、范瑾、神英等兵分据南山夹攻，杀伤甚众，就阵夺旗号、拐子、喇叭。贼遂奔遁，从

〔1〕〔明〕刘吉等：《明宪宗实录》卷80"成化六年六月庚午"条，第1566页。

新寺沟等处，寻路出境。刘聚等自烂泥河，臣等自张家川，分道追出境外，日暮收兵。前后生擒贼三名，斩首一百六，获贼马一千六十二，射死贼马二百八十一，骡七十六，铠甲、弓矢、器械等物七千二百六十四，旗号一，缨头拐子二，木喇叭四，夺还牛羊等畜七千有奇。审知虏酋阿罗出亦为流矢中伤，脱身而遁。余贼号哭散走边城，老稚欢呼称捷。[1]

可见，双山堡大捷表明朱永军队对阿罗出的搜剿行动取得了重大胜利。但耐人寻味的是，在此胜利之后，明朝亦采取了与毛里孩出套之后一样的立场，并未趁机派军驻扎河套、固定河套，而是采取遣散军队、分散就粮之做法，[2]从而进一步印证了所谓“搜套”，不过是明朝维持河套军事过渡地带之做法，并无沿河筑守、收复东胜之远见。

阿罗出兵败之后，亦向明朝请求进入朝贡贸易体制。[3] 明朝亦如接纳毛里孩故事，允其朝贡。阿罗出遂派遣知院扭歹该朝贡。[4] 此时与瓦剌战败的孛罗乃亦为躲避瓦剌势力，开始进入河套，与阿罗出汇为一部，对榆林地区再次展开进攻。“平虏将军总兵官抚宁侯朱永奏：虏酋阿罗出潜据河套，出没边境。近孛罗又率穷寇，作筏渡河，并而为一贼，势愈众而我军不足。乞敕大同、宣府选士马五千，协力进讨。兵部言：阿罗出近遣人入贡，以礼遣还，恐亦乘冰远遁。然虏情叵测，宜令大

[1]〔明〕刘吉等：《明宪宗实录》卷81“成化六年秋七月甲辰”条，第1589－1591页。

[2]“命延绥征进诸将分兵就粮。游击将军范瑾统大同兵三千五百，驻东路神木等堡；许宁统宣府兵三千五百，驻西路龙州等堡；余兵三千驻中路，往来策应。山西、宁夏副总兵林盛等所统兵，各还黄河七堡、花马池等处操守。甘凉、庄浪马队兵留环庆操守。都督白玉所统兵还陕西原处操守。升大同前卫指挥同知蔡瑄署都指挥佥事，及山西都指挥王玺、宁夏都指挥张翊俱充游击将军。瑄统兵于延绥，往来截杀。玺统兵于黄河七堡备御。翊统兵于花马池备御。延绥总兵官房能有疾，选将代之，从参赞军务都御史王越等议也。”参见〔明〕刘吉等：《明宪宗实录》卷82“成化六年八月壬戌”条，第1607页。

[3]“辛未，参赞军务都御史王越等言：虏酋阿罗出等久住河套，屡被追剿，无计渡河。今遣人来贡，乞还所俘，且有悔过之意。宜准其人贡，令押件者纡其人京之路，往返迁延。及其还时，冬深河冻，暂留止大同，而令被一二人先回，谕使渡河出境。如此则春暖冰开，不可复来。沿边疮痍之人，庶几少得休养矣。下兵部参酌以闻。”参见〔明〕刘吉等：《明宪宗实录》卷82“成化六年八月辛未”条，第1611－1612页。

[4]〔明〕刘吉等：《明宪宗实录》卷84“成化六年冬十月丁巳”条，第1639页。

同、宣府选军以待进止。从之。”〔1〕宁夏镇巡抚张鎣奏:“近虏酋阿罗出率众潜住河套,动以万计,射猎以为生,水草以为居,无仇敌之忧,有寇窃之利。而贺兰山后穷寇潜伏,若合为一,边患不细。”〔2〕

明朝鉴于阿罗出于朝贡期间寇边,遂拘留其使。阿罗出则以此为言,多次进攻榆林。仅成化七年(1471)正月,明朝、阿罗出双方便展开多次战斗。〔3〕鉴于这种战争胶着形势,成化七年二月,朱永提出战、守两项策略,请求中央明确表达战略取向。兵部尚书白圭主张仍取守势。〔4〕朱永接到中央采取守势方案后,交还阿罗出贡使,以缓解榆林紧张局面。〔5〕但当月,阿罗出再次进攻榆林,王越布置防御之策,在怀远等堡取得了比之前朱永所获更大之胜利。

> 参赞军务右都御史王越等奏:“北虏万骑分寇怀远等堡,臣与平虏将军朱永,调游击将军孙钺率兵与战,斩首九级,钺身先士卒,又斩首十二,而贼乃往境外。臣等分兵为五,令钺等各率兵二千余设伏,期闻炮声而起。已而,虏寇威武等堡,炮声忽起,官军四合,虏奔北。都指挥祝雄截其归路,虏冲之不动,即奔窜。雄等乘之道

---

〔1〕〔明〕刘吉等:《明宪宗实录》卷85“成化六年十一月甲午”条,第1653页。

〔2〕〔明〕刘吉等:《明宪宗实录》卷86“成化六年十二月癸酉”条,第1680页。

〔3〕“平虏将军总兵官抚宁侯朱永等奏:今年正月以来,虏贼拥众窥边,臣等调度官军,分路剿杀。是月十四日,把总都指挥白玉等战于十字涧,参将都指挥钱亮等战于杏树掌,游击将军蔡瑄等战于师婆涧,十六日都督马仪等战于高千户涧,又追至十字涧、东园口等处。各有斩捕功次,通计生擒六人,斩首三十一级,夺获马骡百五十八,弓矢、铠甲、皮袄等物二千六百余。是日,有虏一人来降,名兀答罕,带马五十二匹。官军连捷,虏势少衰。”参见〔明〕刘吉等:《明宪宗实录》卷87“成化七年春正月癸卯”条,第1704页。

〔4〕“平虏将军总兵官抚宁侯朱永等以河套虏寇未退,议上战守二策。其略曰:‘今虏贼数万在边,我军堪战者止可一万,而又分散防守,何以御敌?为今之计,宜于京营、大同、宣府、宁夏、陕西等处,量调军马数万,期于三月内俱至榆林地方,听臣等调度,相机审势,捣其巢穴,此战之策也。若军马馈饷一时未办,宜慎固封守,严督沿边居民。无事则分哨耕牧,有警则举号避藏。仍令堤备官军各守城堡,伺便会兵截杀,此守之策也。’事下,兵部尚书白圭等以马方瘦损,供饷不敷,势难进剿。请命诸将慎为守御,以图万全。上从之。”参见〔明〕刘吉等:《明宪宗实录》卷88“成化七年二月壬申”条,第1720页。

〔5〕“纵虏使扭歹该等十二人出塞。先是,虏酋阿罗出寇边,且令扭歹该等入贡,诏留之于大同,先遣二人往谕之,不报。后阿虏出屡入寇,以索使臣为名。至是,抚宁侯朱永等言留之无益,于事不如遣还,以绥其心。诏从之,令送永处发遣。”参见〔明〕刘吉等:《明宪宗实录》卷89“成化七年三月壬午”条,第1725页。

狭，争先自相蹂躏。追至山口，贼集众来冲，又斩首十八级。追至混忽都河，又斩首四十二。贼乘马浮河而遁。是日，孙钺遇虏于蚰蜒觜，相持久之。贼闻迤东炮声，且行且战，追败之。游击将军蔡瑄又败之于鹿窖山前后，斩首八十三，获达马二百六十六，弓刀、旗甲四千九百五十三，追还牛羊一百四十。”[1]

在明朝多次打击之下，又遭受到了瘟疫，阿罗出从而远遁至河套北部，不再南下榆林。不过，与之前命令朱永防守一样，此次白圭仍然表达了一种持重态度，仍命朱永驻守榆林。成化七年三月，“平虏将军总兵官抚宁侯朱永奏：‘今年正月以来，北虏屡败，烧野而遁。且闻虏中人马多疫，不敢近边。大同、宣府、甘凉官军久戍边境，跂足思归。即使贼小入寇，边军自已御之，乞还官军，以养锐气，以节边储。臣等亦暂还。’兵部言：虏虽远遁，尚未过河，秋高马肥，或伺隙而来，不可不虑。宜如永言，散遣官军，仍令永等在彼少待。诏是之，命永等仍在榆林调度备虏。”[2]七月，阿罗出与乩加思兰发生内乱，被后者逐出河套，乩加思兰也一时未进攻榆林，朱永从而再次表达了撤离榆林的请求，虽然白圭仍然坚持原议，但宪宗出于财政方面的考虑，同意了朱永的意见。“平虏将军总兵官抚宁侯朱永奏：今贼退军回，别无调度事宜，乞暂回京。及右都御史王越亦乞暂回大同。兵部尚书白圭言：大将受命以出，必务成功而还。今虏众虽闻其自相攻击，且遣使入贡。然变诈不测，恐乘秋复来，何以御之？上曰：‘不然。此时去秋暮尚遥，京师至大同不远，无顿兵日费供亿，亦非良图。宜准永等言，今且移驻大同、宣府，俟有警仍调去杀贼。’”[3]

此次搜套军事行动与杨信搜套军事行动相比，无疑在战役层面取得了明显战绩，朱、王二人的军事能力，亦应优胜于杨信。尤其王越作为文官系统代表，在榆林防御乃至搜套战役中，都展现出了很强的战略

[1]〔明〕刘吉等：《明宪宗实录》卷89“成化七年三月丙戌”条，第1729－1730页。
[2]〔明〕刘吉等：《明宪宗实录》卷89“成化七年三月戊戌”条，第1740－1741页。
[3]〔明〕刘吉等：《明宪宗实录》卷93“成化七年秋七月丁丑”条，第1783－1784页。

意识与指挥能力，“而制敌设奇，要不能如王越”，[1]反映出文官系统在明中期武将断层之军事背景下，逐渐走向军事前台。[2] 但从战略层面而言，此次搜套军事行动仍存在很大局限。阿罗出出套朝贡受到了乩加思兰、瘟疫的共同驱迫；搜套军队不仅在与蒙古势力作战时并未占据上风，而且未派军驻扎河套、固定控制，从而为乩加思兰的再次盘踞河套提供了可能与空间。这一战略层面之失误显然并非具体执行搜套命令之朱、王二人所可承担，白圭作为中央倡导搜套之负责人与主持者，显然承担着战略规划之责。所谓沿河筑守、收复东胜，在整个搜套行动中，并未看出痕迹与踪影。

6.6 成化七年乩加思兰等部进入河套与“搜套”军队文武系统地位嬗代

在明军、瘟疫共同冲击之下，阿罗出遁于河套北部，但一时并未越河出套。最终驱之出套者，为同属鞑靼之乩加思兰与孛罗忽。宝音德力根指出：孛罗忽、满都鲁于成化七年进入河套，成为驱逐阿罗出出套的力量之一。[3] 成化七年，乩加思兰亦进入河套地区。当年闰九月，即宪宗所称“秋暮”，鞑靼南下河套西南缘，白圭遂建议再次命朱永、王越复还榆林。“甲寅，宁夏总兵官修武伯沈煜等奏：今年八月以来，花马池、兴武营及灵州一带，累报虏寇或三五百，成群往来出没，假以围猎为由，分投近边窥觇。其走回人口报，各虏在河套内红城儿地住牧，近欲往高桥儿及环县、平凉、双山等处摽掠。[4] 这里并未交代境外虏寇

[1]〔明〕焦竑：《焦太史编辑国朝献征录》卷7《侯一·抚宁侯进保国公朱永传》（王世贞），第258页。

[2]牟复礼指出：“历史学家已经注意到在明初几代皇帝时期造就的勋贵的衰落以及职业军人和皇帝之间紧密关系的减弱。到15世纪中期，对军事的控制和对封赏的垄断，正在从以往英雄人物的第二代和第三代有爵号的、但往往是无能的后裔转到了文职官僚和从事军事的宦官手中。军事政策日益由文职官僚来决定。”参见〔美〕牟复礼、〔英〕崔瑞德编，张书生等译：《剑桥中国明代史》，第406－407页。

[3]宝音德力根：《十五世纪前后蒙古政局、部落诸问题研究》，第47页。

[4]〔明〕刘吉等：《明宪宗实录》卷96“成化七年闰九月甲寅”条，第1831－1832页。

属鞑靼哪一部落。但次月，分守凉州右副总兵赵英等奏："虏酋乩加思兰等拥众久居河套，冰冻之时必渡河而西，河之外阿罗出等余孽尚众，必先由凉州入寇。"[1]凉州位于以上花马池三地以西，跨过黄河，向西便是。可见，九月境外鞑靼部落即为乩加思兰。乩加思兰之所以先至河套西南缘之宁夏镇，而非以往惯常那样，先至河套东南缘榆林地区，在于乩加思兰与其他鞑靼部落皆处蒙古高原东部不同，而是处于蒙古高原西部，相应沿黄河西段，而非东段南下河套。

闰九月，乩加思兰已进入榆林南部，[2]十月，再次进攻榆林，[3]十一月、十二月，进攻府谷。[4] 不过除十二月进攻府谷孤山堡规模较大外，其他皆为小规模战役。乩加思兰重点进攻地区仍为河套西南。十二月，朱永奏："虏寇由花马池、定边营入寇宁夏萌城等处。右都督白玉亦奏虏寇拥众入庆阳圉砦堡，余众西行者已二日，尚有未尽。"[5]当月，兵部亦奏："近宁夏报花马池、兴武、灵州、鸣沙州及贺兰山诸处，俱有虏众寇钞，烟尘不绝。而山后又有虏潜伏窥伺。又陕西报虏众分为二路，一从西安州入安会境，一从固原入隆静境。意者虏酋乩加思兰欲

---

〔1〕〔明〕刘吉等:《明宪宗实录》卷97"成化七年冬十月己巳朔"条，第1837页。

〔2〕"参赞军务右都御史王越奏：今年闰九月以来，达贼二万余骑入黑土圪塔侵掠。臣等议同总兵官朱永、许宁，镇守少监张遐、右副都御史余子俊、游击将军孙钺等统率官军，分投追剿，入高坡，生擒一人，斩首十三颗。追至中山，又斩首九颗，获达马七十八匹，弓箭、盔甲等物共六百余事。"参见〔明〕刘吉等:《明宪宗实录》卷97"成化七年冬十月辛巳"条，第1848页。

〔3〕"延绥总兵官都督佥事许宁等奏：虏寇七百余骑，入榆林城黑山等墩窥伺，统率官军截杀之，贼众败走出境。获其马驴十余，收兵回还，仍令多方防御。事下，兵部议谓：此虏纠合丑类，潜住河套日久，因见我军严谨，未得大肆剽掠。今乩加思兰等又收并阿罗出部下残寇，岂肯安处？不可不为之备……"参见〔明〕刘吉等:《明宪宗实录》卷97"成化七年冬十月丁酉"条，第1858－1859页。

〔4〕"壬寅，巡抚延绥右副都御史余子俊奏：十月十五日，虏骑千余入木瓜山等墩，都指挥同知钱亮、都指挥使白玉败之，斩首四级，夺马十六匹，弓刀等器物二百五十余事。十六日，虏骑五十余潜入民家剽掠，按伏百户张名等御之。又三十余骑入白村剽掠，按伏旗军钱福等御之，夺马五匹，器仗共二十四事。十七日，虏百余入兔木河，署都督佥事神英败之，斩首一级，夺马二匹，器仗二十二事，追回被掠牛羊十六只"，参见〔明〕刘吉等:《明宪宗实录》卷98"成化七年十一月壬寅"条，第1861－1862页；"巡抚延绥右副都御史余子俊等奏：'十月以来，虏众入孤山等堡。臣与总兵官抚宁侯朱永、参赞军务右都御史王越等分路进剿，累败之。凡斩首三十六，夺马六十九，器仗一千一百八十五，牛羊四百二十六"，参见〔明〕刘吉等:《明宪宗实录》卷99"成化七年十二月乙亥"条，第1889页。

〔5〕〔明〕刘吉等:《明宪宗实录》卷99"成化七年十二月乙未"条，第1924－1925页。

乘冰北遁,故分遣部落窃掠而去。"[1]

值得注意的是,成化三年时,明人已鉴于河套蒙古之持久威胁,开始考虑如何建立长期应对"套虏"的军事制度,从而将搜套统率体制固定下来。十二月,陕西右参政朱英奏:"陕西自近年以来,虏酋孛来西寇甘凉,毛里孩南侵延庆,军民被害,财畜一空。所在官军既以坚壁清野为能,邻近人马又以据守信地为重,宁夏不顾延绥,甘肃不恤宁夏,各拥重兵,傍观坐视。间有当先杀贼者,又因众寡不敌,因而失利,反以为戒。是致军威不振,虏志日骄。屡烦朝廷命将出师,征行千里,劳费钜万。军威既至,贼众又回。旋师未几,边报又急。岁复如是,何时得宁?盖因责不归一,令莫适从之故。乞敕兵部会同廷臣,从长计议。文武大臣内推选武臣一员充总制,文臣一员充总督,常镇陕西,节制三边并腹里军务。平居则听其往来提督操练,禁革奸弊;有警则听其调度官军,会合杀贼。则三边一令,诸将同心,以守必固,以战必胜,而边方可安、边储可省矣。"对于这一建议,兵部表达了反对立场,认为反而会导致陕西三镇失去自主权力。"兵部覆奏:以陕西甘肃、宁夏、延绥俱有文武大臣为镇守、总兵、巡抚等官,若再加以文武重臣总督、总制,则三边有事,候其遥断,必误事机。今宜移文各官,令其地方有警,邻境即发兵应援,互相截杀,毋得仍前各分彼此,致误军机。从之。"[2]成化七年底,朱永重回京营,王越遂统率军队,职责为"总督军务",独立负责防御事务,成为陕西三边总督之滥觞。"诏抚宁侯朱永还京,命右都御史王越等总督延绥诸路兵。时兵部尚书白圭言:河套虏寇窥边,虽间窃发,累为我师追击,未尝获利。迩者传报孛罗忽与乩加思兰欲东西分行过河,意其势甚困,必不敢大举入寇。总兵官朱永乃京营提督重臣,宜召还。仍命右都御史王越总督诸路见兵,同少监张遐、总兵许宁设计防御。诸路参将游击悉听越、宁节制。上从之,命即赐永敕召还。"[3]

成化八年(1472)二月,白圭再次提出开展搜套军事行动,计划于

[1]〔明〕刘吉等:《明宪宗实录》卷99"成化七年十二月乙未"条,第1926页。

[2]〔明〕刘吉等:《明宪宗实录》卷37"成化二年十二月庚戌"条,第731-732页。

[3]〔明〕刘吉等:《明宪宗实录》卷99"成化七年十二月癸未"条,第1905-1906页。

成化九年(1473)春季举行。“今河冰既开,虏无遁意。计其秋高马肥,必复入寇。在边并见调官军仅足捍御,未可穷追。若明春复然,则边患何时可息?必须于明年二月,大举搜剿河套,庶收一劳永逸之功。请先调军夫五万,摆堡运粮,计可足半年之费,然后选集精兵十万,简命文武重臣各一员,充总督、总兵,二员充副、参将官。每兵一万坐营统领者各一人。所须出战驮马、鹿角、战车、军器之类俱宜预备,期以十二月启行。”〔1〕开国功臣梁国公赵德胜后裔赵辅充任新的搜套总兵官。赵德胜,濠州人,既为朱元璋同乡,又死于与陈友谅争战之南昌之役,故追封梁国公。〔2〕其后代亦免于洪武朝武将之诛戮,得以世袭官职。“辅,字良佐,凤阳人。开国功臣梁国公德胜裔也。曾祖端,亦以武功累官广东都指挥同知。辅袭世职为济宁卫指挥使。正统己巳,用吏部尚书王直荐,升山东都指挥佥事,坐五军营。景泰七年,升后军都督佥事,充左参将,分守怀来。天顺改元,征入右府淮事。八年,升中军都督府同知。”〔3〕成化八年五月,明朝遂派赵辅前往,与王越一同主持搜套事务。“癸丑,命武靖侯赵辅佩平虏将军印,充总兵官,统制诸路兵马,与总督军务右都御史王越,赴延绥等处击虏寇。”〔4〕

明朝之所以选择赵辅,在于其成化时期平灭大藤峡叛乱与征伐辽东女真部落的战功。“成化元年,以中府都督同知拜征夷将军,与韩雍讨两广蛮,克大藤峡,还封武靖伯。已而蛮入浔州,言官交劾。广西巡按御史端宏谓:‘贼流毒方甚,而辅妄言贼尽,冒封爵,不罪辅无以示戒。’辅乃自陈战阀,委其罪于守将欧信。帝皆弗问。三年总兵征迤东,与都御史李秉从抚顺深入,连战有功,进侯。”苗夷、女真按照明人之观念,皆为“蛮夷”,因此可将赵辅视作因平“蛮夷”而晋升之武将。赵辅平定大藤峡之功既多不实,而其征伐辽东女真部落,亦趁其势弱之时建功,不仅未能安定边疆,反而导致后来女真之不断报复。可见,赵

〔1〕〔明〕刘吉等:《明宪宗实录》卷101“成化八年二月乙酉”条,第1967-1968页。
〔2〕〔清〕张廷玉等:《明史》卷133《赵德胜传》,第3884-3885页。
〔3〕〔明〕刘吉等:《明宪宗实录》卷279“成化二十二年六月丙戌”条,第4701-4702页。
〔4〕〔明〕刘吉等:《明宪宗实录》卷104“成化八年五月癸丑”条,第2040页。

辅军事能力较为一般，但善于弄虚投机，从而不断获得晋升。“辅，少俊辩有才干，读书通大略。善词翰，喜交文士，故用荐起。历偏裨以至大将，南征北伐，亦有劳效。然功多矫饰无实，徒以夤缘权幸，一举而封伯，再举而封侯，议者以为爵赏太僭。晚年病废家居，犹希旨进方书，为其子求任事，为世所诮。”[1]

鉴于此前多次搜套的经验教训，赵辅在出征之前，向朝廷表达多项要求，以增强搜套军队的作战能力。杨信出征之前，靖难勋贵后裔安远侯柳景教读训导戴仲衡表达了对京营士兵素质的担忧[2]与征用土人的建议。[3] 这一建议颇有突破明朝弃置胡将局限之识见。此次赵辅出征，便明确要求征发土兵。“请召募土兵”，并选用蒙古降将。“请选达官达军勇敢者一千人。”为加强军队的战斗力，赵辅请求赋予其斩杀将领之军法从事权力，“请副将、参将不用命者，悉听臣以军法从事”。明朝接受了征发土兵的要求，“命达官、军人等如数预选，待奏乃发”。军法从事的范围稍有限制。“兵部尚书白圭等以为将士有功，给赏加升，皆宜如辅所奏。其言副将以下不用命者，欲以军法从事。臣等议以副将、参将皆同功一体之人，若概以军法从之，似有未当。其不用命者，宜参奏执治之。其余自都指挥以下，临阵退缩、失误军机，及攘取他人首级、掩为己功者，宜从王越核实，会赵辅印于军前，斩首示众，然后奏

---

〔1〕〔清〕张廷玉等：《明史》卷155《赵辅传》，第4263－4264页。

〔2〕明前期出于居重驭轻、加强中央军事集权之考虑，非常重视京营建设，这支军队也在地方征战中发挥了重要作用，比如永乐5次北征皆以京营为主体，但“土木之变”后，京营主体既已覆灭，重建之后制度屡有变化，不复往日之战斗力。“国初营兵四十万，以备征战、戍守，统驭操练，皆有法度。又有御前之试，将知兵，兵知律，坐守不骄，征行不困，屹然雄视诸镇，而振万里之威矣。岁久弊丛，合三营并中都、山东、河南、大宁，更番之众，仅十四万，得三之一。又鲜纪律而寡敌忾，居不足守，敌至，若驱市人而战之已，已汲汲焉危矣。即庚戌虏骑薄城，卒无能出一骑，发一矢，冲锋破围，藉各镇援兵送之出境，祖宗置营之意安在哉？”参见〔明〕赵志皋撰，夏勇点校：《赵志皋集·赵文懿公文集》卷1《贺督府弘轩张公应召协理京营戎政叙》，浙江古籍出版社2012年版，第24页。

〔3〕“迩者朝命彰武伯杨信将兵，往征河套。恐承平日久，京兵狃于优养，难以成功。而边兵生长沙漠，备尝艰苦，可厚加赏赉，作其锐气，用以破敌。岷洮、河州富有土达、土人，可调其精壮者一二万，而择其尤骁勇者领之，悉赴军中。赏赉既厚，则彼必乐于效用。”参见〔明〕刘吉等：《明宪宗实录》卷31“成化二年六月丁卯”条，第628－629页。

闻。上是之。”[1]

除此之外,赵辅还索要火器。“神机营神铳手五百人从征。”明朝亦同意了这一要求。[2] 火器是明军应对蒙古骑兵的最有效武器。洪武时期明朝已在战车战术中配合使用火枪,但此为中国传统突火枪。永乐平交阯之战后,将当地发达火器技术应用至明朝军队之中,在中央军队中专设神机营,从而在永乐北征中发挥了重要作用。永乐八年(1410),朱棣初次亲征之时,便充分发挥了交阯火枪的威力。“丁未,上追及虏于回曲津,命安远伯柳升以神机锐当先锐发,声震数十里,每矢洞贯二人,复中傍马,皆立毙。虏怖慑,策马走,我师奋进大败之,斩其名王以下百数十人。”[3]此后朱棣屡次北征,皆以神机、骑兵居前,作为抵御蒙古骑兵之主力部队。永乐十二年(1414),朱棣二次北征,在忽兰忽失温(今蒙古国乌兰巴托一带)寻到瓦剌主力,交阯火枪同样发挥了与鞑靼之战同样的效果,令初次见到这一新式武器的瓦剌骑兵十分被动。“寇下山来迎战,火铳四发,寇惊,弃马而走。复集于山顶,东西鼓噪而进。寇且战且却。将暮,上以精锐者数百人前驱,继以火铳。寇复来战,未交锋,火铳窃发,精锐者复奋勇向前力战,无不一当百。寇大败,人马死伤者无算。寇皆号痛而往,宵遁。”[4]火器快速发射、威力巨大的特点,成为明军克制蒙古骑兵速度优势的一大工具,使明军成为当时世界上骑兵、火器相结合最强大之军队,是永乐北征军事成功之重要基础。可见,在成化八年搜套军事行动中,明朝不仅对军队编成进行了一定改革,注重吸收民间力量与外族军队,在军事、民族观念上皆有不小突破;而且在战争方式上也注重火器这一当时最能克制骑兵战术的武器,相应充分集合了明朝最大的军事能力。

但赵辅赴任之后,并未能阻止乩加思兰南下,榆林地区屡被进攻,

---

〔1〕〔明〕刘吉等:《明宪宗实录》卷104“成化八年五月戊午”条,第2046-2047页。

〔2〕〔明〕刘吉等:《明宪宗实录》卷104“成化八年五月戊午”条,第2047页。

〔3〕〔明〕杨士奇等:《明太宗实录》卷105“永乐八年六月丁未”条,第1360页。

〔4〕〔明〕金幼孜:《后北征录》,载薄音湖、王雄编辑点校:《明代蒙古汉籍史料汇编》第1辑,内蒙古大学出版社2006年版,第53页。

赵辅遂遭到弹劾。[1] 在中央屡次斥责之下，赵辅编造乩加思兰、孛罗忽出境东行之谎言。“虏寇被我军追奔出境，日夜东行。今方秣马厉兵，思与一战。窃恐此虏虽内惧剪戮，不敢迩边。而外避仇敌，不能北渡，迁延河套。又复经冬老我师，徒弭患无日。夫御戎之策，不过攻与守而已。今欲攻之，必须搜套。缘河套之内延袤二千余里，而从征军士止余二万。所选近边精兵亦然调遣不足，须得京营、山陕精兵十五万，分道并进，庶可成功。应用刍粮，宜区画以待。进攻之策，大略如此。但今议者皆云延绥兵祸连结，供馈烦劳，国赋边民穷竭甚矣，重复科征，恐生内衅。倘念边务之劳，暂为退守之计。”对此，兵部尚书白圭直接加以揭穿。“辅等统兵七八万众，未闻有一矢之捷，乃称追奔出境，务为夸大。且既膺阃寄，或攻或守，宜定计以行。何乃依违陈乞，首鼠两端，自揣事势不支，欲推避之计？请令文武大臣会议可否。”廷议对赵辅严厉斥责。宪宗汇总各方面意见，命赵辅“设险守备，宜速为区画。虏贼不退，须发兵搜剿”。[2]

在中央批评之下，赵辅遂主动辞职。[3] 两个月后，明朝便命刘聚代替赵辅。“命宁晋伯刘聚佩平虏将军印，充总兵官，赴延绥代武靖侯

---

[1]“兵部言虏众犯边，首尾三月，赵辅、王越师行已久，今唯闻白玉、赵英及阎威等略有捍御、擒斩之功，其余俱拥兵袖手。欲从举劾，但已遣给事中郭镗察访未报，今且宜督责辅等力图后效。其赵英、白玉等曩缘失机立功赎罪，今宜宥之，使益加奋励。从之。”参见〔明〕刘吉等：《明宪宗实录》卷108“成化八年九月甲辰”条，第2099页。

[2]〔明〕刘吉等：《明宪宗实录》卷108“成化八年九月癸亥”条，第2118－2120页。

[3]〔明〕刘吉等：《明宪宗实录》卷109“成化八年冬十月丁亥”条，第2130－2131页。

赵辅。”[1]刘聚上任之后，统率搜套军队取得了一些小规模战役的胜利。[2] 不过由于春季已过，明朝遂暂缓搜套。“甲戌，命凉州等处副总兵赵英等各还本镇。先是，议欲搜剿河套。虏寇调各路兵，俱集延绥。至是不果，故命英等还镇。”[3]不过陕西巡抚马文升却在韦州防御中，取得了很大胜利。“是时孛罗忽、满都鲁、乩加思兰比岁犯边。文升请驻兵韦州，而设伏诸堡待之。遂败寇黑水口，禽其平章迭烈孙，又败之汤羊岭，斩首二百，名其岭曰‘得胜坡’，勒石纪之而还。文升军功甚盛，奏捷不为夸张，中亦无主之者，以是赏薄。”[4]

成化九年（1473）十月冬季来临之时，王越最终取得红盐池大捷，此役是明朝搜套行动的最大胜利。王越奏：“九月十二日，满都鲁、孛罗忽、乩加思兰三酋自河套出，分寇西路。臣以为遣兵往追，道远兵疲，必难取胜，宜率轻兵捣其巢穴。乃与总兵官许宁、游击将军周玉各率兵四千六百，从榆林红山儿出境，昼夜兼行百八十里，夕营于白咸滩北。又行一百五十里，探知虏贼老弱俱在红咸池，连营五十余里。乃取弱马分布阵后，以张形势。精骑令许宁为左哨、周玉为右哨。又分兵千余，

[1]〔明〕刘吉等：《明宪宗实录》卷110“成化八年十一月己酉”条，第2141页。

[2]“平虏将军总兵官宁晋伯刘聚等奏：‘成化八年十二月，虏入兴武营等处，臣会参赞军务都御史王越等议调军剿之。九年正月初四日，遇虏于花马池，斩首二，夺马五。八年十二月二十六日至正月十二日，游击将军王玺、参将神英等累遇虏于漫天岭等处，斩首二十，夺马四十、皂旗一，弓箭等器八百二十九，牛羊等畜六千二百二。副总兵孙钺亦获虏马三百三十、牛羊七百余。正月二十一日，臣等还至双山、高家堡。又报虏众深入，至半坡峰遇之。奋战五十余合，自辰至申，虏败走。追至漫山岭，伏兵夹击，又败之。生擒四，斩首一百三十七，夺获弓刀等器一千五百九十四，马牛等畜一千七百一十九。是月十九日，孙越、王玺、神英等亦于刘家墕遇虏交战，斩首五十，夺获马五十四，盔甲、弓矢等项一千六百二十三。追至漫塔，日已晚，对垒而宿。二十日，追至井油山，虏据险拒战三日夜，至二十二日，复败走。又追至水磨川，斩首一十九，夺获马二十二、驼二，盔甲、弓矢等器四百五十一。又夺还被掠牛羊等畜二万余。”参见〔明〕刘吉等：《明宪宗实录》卷113“成化九年二月壬申”条，第2193－2194页。“乙未，平虏将军总兵官宁晋伯刘聚等奏：二月以来，游击将军都指挥王玺等于孤山、清水、神木并老虎沟等处御虏，斩首共九颗，获马十四匹及盔甲等物。”参见〔明〕刘吉等：《明宪宗实录》卷114“成化九年三月乙未”条，第2208页。“平虏将军总兵官刘聚、参赞军务右都御史王越等奏：七月初三日，虏寇榆林涧。右副都御史余子俊、署都督佥事许宁等督兵与战二十余合。已而，我兵闻援兵将至，鼓勇而前，贼遂败北。生擒十人，斩首二十九颗，夺获马六十四，盔甲、兵仗三百三十七件。”参见〔明〕刘吉等：《明宪宗实录》卷118“成化九年秋七月甲寅”条，第2279页。

[3]〔明〕刘吉等：《明宪宗实录》卷115“成化九年夏四月甲戌”条，第2229页。

[4]〔清〕张廷玉等：《明史》卷182《马文升传》，第4838－4839页。

伏于他所。进距虏营二十余里，虏集众来拒。臣督诸将方战，伏兵忽从后呼噪进击。虏见腹背受敌，遂惊溃。擒斩共三百五十五，获其驼马、牛羊、器械不可胜计，烧其庐帐而还。”《明宪宗实录》对红盐池大捷进行了高度评价，认为其扭转了天顺以来明朝在河套之军事劣势。

天顺间，虏酋阿罗出入居之，时出劫掠。成化初，毛里孩、乩加思兰、孛罗忽、满都鲁继至。初犹去住不常，六年以后，始为久居计。深入诸郡，杀掠人畜，动辄数千百万，岁常四三入。边将拥兵坐视，或视其出而尾之。偶获所遗老弱，辄虚张以为斩获之数。甚者杀吾民为虏级，皆冒为功，被升赏无算。有败衄者，罪止降谪，且多宥之。尝三命大将朱永、赵辅、刘聚出征，王越常董其役。然大抵皆如边将所为耳，虏患由是日炽。用事者议搜河套聚兵八万于边，预征陕西、河南、山西一岁刍粮数千百万以馈之，然莫敢当其责。皆以地阔事大为辞。师老财屈，而外郡皆被残破，内郡亦且危急。至是，越始是役。时三虏之精壮皆已四出，惟老弱在营，闻鼓炮声而溃。我军邀其奔命不前者，斩获之以还。及三虏回，见庐帐、畜产皆已荡尽，而妻孥亦多丧亡，相顾悲泣以去。由是不敢复居河套，其势顿衰。议者谓此捷自前所未尝有。[1]

红盐池大捷后，当月王越又奏搜套军队取得韦州大捷。

陕西参赞军务左都御史王越奏韦州之捷。十月十一日，孛罗忽、满都鲁、乩加思兰入寇韦州。臣方自境外破虏老营而还，宁夏、大同、宣府、延绥总兵等官范瑾、周贤、岳嵩俱率兵至韦州。适协守环庆佥事左钰等兵来会。至红城儿，有二虏衣红，突攻右哨，游击将军缑谦、祝雄击退之。已而，复攻左哨，副总兵王玺及周贤就阵斩之。虏众夺气，众军乘之，呼声振地。虏散复聚，战十余合，大败而奔，弃辎重、军器满野。至十四日，总兵官刘聚又邀败之于三岔。共斩首一百四十九，夺还男女一千九百三十四，马骡牛羊十二万九

[1]〔明〕刘吉等：《明宪宗实录》卷121“成化九年冬十月壬申”条，第2338－2340页。

千八百,皮袄、盔甲、弓箭等物一千六百一十。[1]

虽然韦州之捷有杀戮逃归汉人之嫌,[2]但仍然是成化时期搜套军事行动中,仅次于红盐池大捷之军事胜利。

经过两次大捷之后,明朝对鞑靼各部造成了沉重打击,使其一段时间内不复南下河套,搜套行动从而取得了战略性胜利。王越作为文官系统之代表,取得比武将系统更为卓著之战功,从而反映出文官系统军事能力已然超过人才断层之武将系统。伴随鞑靼各部出套,搜套军事行动遂告一段落。王越取代武将,成为首次设立、固定防御河套之陕西三边总督的首任官员。"敕左都御史王越专居固原,总督诸路军马。兵部尚书白圭会太傅会昌侯孙继宗等,议刑部主事张鼎陈言内一事,欲举都御史一员,总制三边。今固原、平凉乃三边总会之所,虏寇侵犯累由此入,宜置立总府。定西侯蒋琬谋勇素著,堪充总兵,总制各路军马。左都御史王越通达有奇,可提督军务,兼理钱粮。仍乞假以便宜之权,使陕西甘、宁、延绥等处总兵、巡抚等官悉听节制。上曰:'总兵官且不用,只令王越驻扎固原,总督诸路军马。'"[3]搜套军队统率制度从而得以制度化、文官化,开启了明代九边长城军镇总督制度之源头,亦是文官系统、武将系统在地方军事地位、权力嬗代与分野的标志性事件,开启了明代九边长城军镇以文统武体制之滥觞。

6.7 小结

成化时期,鞑靼内乱加剧,为躲避战乱,毛里孩、阿罗出、孛罗乃、乩加思兰、孛罗忽、满都鲁各部先后南下。与天顺时期孛来等部南下主要为抢掠物资,故而河套草原并非其首选进攻地不同,成化时期鞑靼各部避乱因素较重,因此选择空旷之地河套作为长期游牧之地。在此基础上,鞑靼不断对河套周边,尤其正南拦截之地榆林展开频繁进攻。为御

[1]〔明〕刘吉等:《明宪宗实录》卷122"成化九年十一月甲午"条,第2348-2349页。

[2]〔明〕刘吉等:《明宪宗实录》卷123"成化九年十二月壬申"条,第2361-2362页。

[3]〔明〕刘吉等:《明宪宗实录》卷124"成化十年春正月癸卯"条,第2375页。

底驱逐鞑靼各部出套，明朝从成化二年至成化十年，先后4次调发京军与河套周边军队，在榆林防御基础之上，进一步进入河套，搜剿河套鞑靼部落。通过与鞑靼展开大规模野战方式，歼灭鞑靼部众有生力量，从而扭转天顺以来明朝在河套之战略劣势。这一行动在当时被称作“搜套”。

搜套军事行动在天顺时期已经开展，但与天顺时期相比，成化时期明朝在河套的战略劣势更加明显，搜套军事行动规模相应更大。成化时期中央主持搜套之文官系统，先后以阁臣李贤、兵部尚书白圭为代表，先后调用明中期第一武将杨信、内地平叛武将朱永、平叛“蛮夷”将领赵辅与英宗嫡系武将刘聚，充任搜套总兵官，佩“平虏将军印”，从而实施了通过大规模野战，扭转天顺以来河套战略劣势，彻底解决西北边疆问题之主动进攻方案。这一方案也相应成为成化时期应对鞑靼之主流军事方案。

搜套军事行动虽以主动进攻为战争形式，但其战略目的却并非借之进入蒙古高原，而是解决西北边疆防御问题。因此这种进攻是以防御为目的，或者防御是以进攻为表现，与现代军事学中的“攻势防御”理念契合，可称之为“搜套”攻势防御。搜套攻势防御虽凌驾于明前中期以来北部边疆流行之营堡纵深防御方案，成为成化时期主流防御方案，兵部出现与这一方案不同声音之时，明朝甚至不惜采取人事更迭之直接方式，维护这一主流防御方案，但明前期空置河套，将之弃于正式疆域之外，仅将之视为明朝与蒙古之间的过渡地带与军事边疆的历史影响，以及明中期以来蒙古对河套地区控制日渐加强之历史趋势，皆使搜套攻势防御并未有沿黄河筑守、恢复明初旧疆之战略宏图，而仍将战线定位于河套南缘榆林一线。因此，“搜套”虽然在表现形式上与榆林营堡纵深防御体系有所区别，但其地理定位与战略主旨却皆共同反映了明朝在撤离阴山边疆广大区域后，进一步放弃河套地区之战略退缩。

由于明前中期政治事件对武将系统不断造成冲击，武将系统存在人才断层之现象，因此成化时期武将系统在搜套军事行动中表现不力，最终由文官系统王越在成化九年先后取得红盐池大捷、韦州大捷，鞑靼各部始在一段时间内不复入套,明朝始取得搜套在战略上之成功。文官系统从而在明中期武将断层之军事背景下,展现出优于武将系统之军事能力。成化十年,设立陕西三边总督并由王越担任,反映出搜套军队统率制度的制度化、文官化,开启了明代九边长城军镇总督制度之源头,亦是文官系统、武将系统在北疆军事地位、权力上的嬗代与分野,开启了明代九边长城军镇以文统武体制之滥觞。

但即使如此,由于明朝在搜套军事行动战略设定上,便不包含将其纳入政治边界、固定控制之内涵,而仍保持其军事边疆、战略缓冲之地位,因此在毛里孩、阿罗出先后出套,以及王越取得战略成功之后,明朝虽然取得了战略性胜利,但却并未进一步在河套设置机构、实行固定控制,而仍采取空置河套之方式,从而为鞑靼部落的再次进入提供了空间与可能。河套亦逐渐成为鞑靼的固定驻牧之地。而在晚明,由于蒙古部落袄儿都司固定驻扎于此,遂有以之作为代称河套者。袄儿都司清代称“鄂尔多斯”,实皆为蒙古语“Ordos”之音译,即“宫”或“宫帐”之意,遂又演为今“鄂尔多斯”之地理新名。

7　明中期西北财政危机与移民河套可行性考察

7.1　绪论

明朝在“搜套”军事行动取得胜利之后，并未进一步在河套设置机构、沿河筑守，实现政治进占。由于目前所见史料并未记载关于这一取向之详细论述，明人是否有此观念，有此观念为何不加实行，皆难以臆测。但从成化时期西北与河套生态条件而言，在当时政治文化之下，明朝并不具备在河套实现政治进占之可能。具体而言，便是明朝在长期搜套军事行动导致西北财政危机、社会动荡格局之下，“内政优先边防”政治文化再次弥漫开来。在搜套军事胜利之后，明朝所急需采取之后续措施，并非将西北地区民众大规模移向河套，从而进一步加剧这一地区的非正常态势，而是努力恢复西北社会正常秩序。不仅如此，移民河套不仅与当时西北社会产生冲突，而且即使在河套本地，亦由于这一地区近世以来明显之沙漠化与草原化，与明朝在边疆收缩政策下，对非典型农耕地区缺乏兴趣存在冲突，而且这一冲突在鞑靼不断威胁之军事背景下，显得尤为紧张。总之，在成化时期西北地区、河套地区生态环境、财政状况，与明代政治文化、明蒙军事格局共同作用之下，明朝并不具有移民河套、政治统治之明显的主观意志与实践可能。这一事实体现了中国古代北部边疆政治实践与生态环境的内在冲突。而鞑靼却反过来通过在河套招引汉人、兼行农牧，充分利用河套“过渡阶梯”地位，从而进一步确立了在西北边疆的战略优势，对明朝西北社会构成了愈来愈重的压力。

7.2 西北地区脆弱生态环境与匮乏财政状况

当代“西北”指陕西、甘肃、青海、宁夏与新疆五省区。但明朝正式疆域并不包含新疆与青海的部分地区。明人所称西北,大致是陕西(包含宁夏、甘肃)、山西二地。此外,黄河以南、今河南西北部分地区,因与陕西、山西接壤,亦属黄土高原延伸区域,[1]亦被视作西北区域的一部分。明代陕西、山西财政出现困难之时,便常借调河南物资。[2]成化时期,明朝开展搜套军事行动,所征发粮草,便由陕西、山西、河南三省供应。故而本书所指“西北”,便是陕西北部、山西与河南西北之区域。

西北地区在气候上,处于半干旱向干旱过渡区域,相应降雨较少;在地形上,黄土高原的沟壑纵横、丘陵遍布特征,使西北地区灌溉不利,只有在河谷地带或少数平坦地区发展农业。生态条件上存在的这种脆弱性与缺陷,导致西北地区并非中国古代农业文明之典型地区。而在附近畜牧文明长期影响之下,西北地区成为农业向畜牧业过渡之区域,呈现了多种经济方式并存、互补之特征。总之,由于在生态环境、经济方式上的过渡性,西北地区实际上是汉民族、北方民族中间的过渡地带,相应是中国古代中原王朝统治薄弱地区,成为北方民族南下中原地区之跳板。落后的经济条件与军事的战略核心地位,使西北地区长期处于战争与财政的矛盾、张力之中。当地民风亦在这一社会环境之中,形成尚武、好斗之社会风气。相应西北地区成为中国古代最为动荡的地区之一,是中国古代社会不稳定因素的发源地之一。

上古时期,包括西北地区在内的北方地区,是中国农业推广与发展

〔1〕史念海:《黄土高原历史地理研究·前言》,黄河水利出版社2001年版,第1页。

〔2〕“镇守陕西右都御史王文奏:陕西连年亢旱,民窘已甚。河南各州县税粮有赴京仓,及直隶上纳者,路远人难,乞量拨十五万石于西安府、华州两处上纳,庶河南民免远运之劳,陕西民有急救之备。奏下,户部言:京粮难以改拨,其该运真定等府及德州等仓米麦,共十四万石,宜准拨赴陕西备用。从之。”参见〔明〕陈文等:《明英宗实录》卷136“正统十年十二月壬戌”条,第2709页。

之中心，加之建都关中之缘故，西北地区财政状况较好。中古时期，随着长期垦殖，西北地区土壤条件已有所下降，不过仍然由于建都关中的缘故，当地财政状况借助漕运外地物资，从而得以弥补。但近世时期，伴随长期战争导致的经济残破与中原王朝政治重心的南移，西北地区相应成为中原王朝、北族政权反复拉锯、争夺之地，完全成为经济落后地区与军事战略核心重合之地，财政状况由此处于匮乏境地。

明前期因尚控制阴山边疆的缘故，西北地区战事较少，当地虽屡有灾荒，但大体尚可自足。宣德中期以后，伴随着阴山边疆的失去，西北地区再次暴露于蒙古骑兵之下，再次重归经济落后地区与军事战略核心重合之格局。不过若无大规模战争，财政匮乏状况尚不十分突出。成化时期调集京军与各镇军队，长期驻守于榆林这一经济尤为落后地区，从而使财政匮乏状况充分表现出来，不仅影响了搜套军事行动的持续开展，而且导致西北社会动荡不安，一时内政与外交皆呈紧张之势，内外交困局面遂由此形成。

元、明之际，经历元朝内部、元明战争的长期破坏，西北地区经济损失严重。比如洪武四年(1371)，大同卫都指挥使耿忠奏："大同地边沙漠，元季孛罗帖木儿，扩廓帖木儿等乱兵杀掠，城郭空虚，土地荒残，累年租税不得入。军士粮饷欲于山东转运，则道里险远，民力艰难，请以太原、北平、保安等处税粮赴大同输纳为便。"〔1〕在洪武前期北部边疆连年战争之下，山西、陕西民众承担极重之赋役。洪武七年(1374)，"监察御史刑雄巡按山西，言大同诸处人民岁输粮草饷给边士，供亿劳苦。上恻然谓中书省臣曰：'军士戍边，道路险远，民人供亿诚艰，宜少纾其劳。'乃命停岁纳马草，若乏用，则给直市之。寻诏山西、陕西、北平诸卫令军士依时芟取刍草，以为储蓄，免致劳民。"〔2〕洪武九年(1376)，朱元璋诏称："比年西征敦煌，北伐沙漠，军需甲仗，皆资山、陕，又以秦、晋二府宫殿之役，重困吾民。"〔3〕战争之外，陕西、山西民众

〔1〕〔明〕姚广孝等：《明太祖实录》卷61"洪武四年二月丙辰"条，第1183页。
〔2〕〔明〕姚广孝等：《明太祖实录》卷91"洪武七年秋七月丁亥"条，第1598－1599页。
〔3〕〔清〕张廷玉等：《明史》卷2《太祖纪二》，第31页。

尚需承担王府禄俸。山西须承担晋王、代王供应,陕西所承担更多,“切缘陕西八府民、屯钱粮,外供陕西固、靖等边及延绥、宁夏、甘肃三镇官军之用,内则秦、韩、肃、庆等王府禄粮,并官吏师生俸廪等粮皆所仰给。”〔1〕

但与之形成鲜明对照的是,西北地区是生态环境脆弱的地区,灾荒多发,旱灾是其中最为频发之灾。景泰二年(1451),“乙丑,镇守陕西兴安侯徐亨奏西安等四府九卫,数月不雨。”〔2〕景泰七年(1458),“山西平阳府奏所属蒲、解等州,临、晋等县今年春夏无雨,麦苗枯槁,税麦九万五千三百一十余石无征,命户部勘实蠲之。”〔3〕天顺五年(1461),“陕西布政司奏:西安府三十三州县地方,自去年雨水连绵,秋成失望,人民缺食。至冬无雪,今年春又无雨,二麦不遂发生。况瘟疫大行,人多死亡。乞遣官致祭境内西岳等神。上遣太常寺丞丘晟往祭。”〔4〕西北地区便广泛流行祈雨风俗。比如榆林地区众建龙王庙,祈雨祷词反映了旱灾对榆林民众之巨大冲击。“向两位龙王爷跪拜哭述时,会说:龙王爷老价呀,降喜雨。庄稼苗苗晒干了,毛脑女子晒焦了,再不下雨就没有活法了。龙王爷老价呀,降喜雨。”〔5〕

旱灾之外,由于无霜期短之缘故,西北地区经常发生霜降提前到来之现象,从而导致果实腐烂。“又据延安府申备鄜、绥、葭三州,肤施、甘泉、安塞、保安、安定、清涧、延长、延川、宜川、洛川、中部、宜君、吴堡、神木、府谷、米脂一十六县,庆阳府申备宁州、安化、合水、真宁、环县,巩昌府申备陇西、宁远、伏羌、西和,漳县等州县申,并据西安左、前、后,延安,庆阳,巩昌六卫及西安右、甘州中二护卫各呈同前事,又据平凉府所属静宁州,隆德、庄浪、灵台、崇信四县各申,自本年四月十四日至二十

〔1〕〔明〕杨一清著,唐景绅、谢玉杰点校:《杨一清集·关中奏议》卷12《提督类·为急缺管粮方面官员事》,中华书局2001年版,第464页。

〔2〕〔明〕陈文等:《明英宗实录》卷206“景泰二年秋七月乙丑”条,第4437页。

〔3〕〔明〕陈文等:《明英宗实录》卷266“景泰七年五月丁丑”条,第5647页。

〔4〕〔明〕陈文等:《明英宗实录》卷327“天顺五年夏四月辛卯”条,第6744页。

〔5〕张泊主编:《本色榆林——沉睡在窑洞里的文明》,广西师范大学出版社2003年版,第59页。

等日，连降严霜，致将麦、豆杀伤多半，又被日久无雨，风吹日晒，以十分为率，约有八九分枯死，乞要分豁税粮等因。"[1]"葭地北临沙漠，风气最寒，即如毵麦，必抵初伏，乃能成熟。菜果之熟，比他处亦迟。且落霜多不逾寒露，故禾易被灾。"[2]由于收入所得与赋役征发一直处于紧张状态，从而引发了西北官民之间诸多冲突。天顺七年（1463），"初，行事校尉言陕西右参政娄良总督粮储，怒大户苏海等五十余人恃顽不纳边粮，用大刑杖永，水浸火而挞之，违法酷刑。有旨执问良。至是，发司坐赎杖还职。"[3]

而在陕西北部之榆林地区，由于明代毛乌素沙地已蔓延至榆林一线，从而导致大量平原地带无法有效耕种。而在沙地以南，生态条件亦非常脆弱，由于纬度较高，无霜期短，农作物生长时间较短，一年仅可一熟，[4]而且由于地势较高，难以灌溉，无法大规模推广农业。"黄土地层深厚，有的地区地下水蕴藏很深，凿井汲取，颇感困难，人畜饮用皆不甚充足，遑论其他。"[5]而耕种、收获季节经常发生之"卡脖子旱"，对农业生产影响最大。[6] 清人撰《秦疆治略》，记府谷县称："其天时则热短寒长，风多雨少。黄云起而雨雹，秋风劲而陨霜。其地土瘠沙深，山高水冷，沟渠难资灌溉，道路绝少荡平。其人则农居其半，工贾次之，读书者十无一二。"[7]记绥德州称："民多愚鲁，礼教无闻。每有违条犯法，大部误陷无知，加以化导，尚属易治。地多石田，寒多暖少，故物产不丰。年谷仅能一熟。境内皆高山陡坡，水多急流，无蓄泄之处，难以

---

〔1〕〔明〕杨一清著，唐景绅、谢玉杰点校：《杨一清集 · 关中奏议》卷6《巡抚类 · 为旱灾事》，第191页。

〔2〕〔清〕高珣修，龚玉麟纂：《葭州志》（嘉庆）卷1《天文志》，第13－14页。

〔3〕〔明〕陈文等：《明英宗实录》卷356"天顺七年八月庚子"条，第7109页。

〔4〕《陕西风物志》编写组编：《陕西风物志》，陕西人民出版社1985年版，第10页。

〔5〕史念海：《论黄土高原的治沟和治水》，载《中国历史地理论丛》1985年第2期，第341页。

〔6〕"本区降水的特点是集中、强度大、变率大、保证率低，干旱时常发生。干旱的特点之一是除春夏之外，在作物生长旺季和成熟时期常出现'卡脖子旱'，特点之二是春夏、夏秋、春夏秋连旱和连年干旱，故其危害十分严重。"参见北京大学地理系等：《毛乌素沙区自然条件及其改良利用》，科学出版社1983年版，第49页。

〔7〕〔清〕卢坤：《秦疆治略 · 府谷县》，收入《中国方志丛书》，影印清道光年间刊本，成文出版社（台北）1970年版，第181页。

修筑堤堰,不能引灌田亩。"[1]由于灌溉困难,完全靠天降水,对水分具有一定要求的农作物的产量相应无法获得保证。在清道光年间马铃薯被引入山西,并逐渐在西北地区得到广泛种植之前,其他作物在黄土高原上的产量皆不高。嘉靖时期阁臣杨一清称:"延绥沙漠地寒,收成寡薄,兼以廪藏空虚,粮饷不能时给。"[2]清代葭州"终岁所获,一亩不过二斗,以粟、米、红豆为常食。盖由地半沙碛,厥田下下。气寒冷,民多窑"。[3] 由于纬度较高,榆林地区气候寒冷,甚至夏季亦发生雪灾。"巡按陕西监察御史曹璟等奏:西安、平凉等府正月以来不雨,四月霜雪,瘟疫死者二千余人。"[4]《靖边县志稿》记靖边县称:"靖邑僻界北边,荒凉瘠苦。乱后人烟凋散,景况倍难。推原其故,皆因土高水冷,生气迟滞,夏禾不宜。果木、蔬菜、蚕桑、丝绵之类,实均不行。穷山饿水,矿务渠田,更无一可望筹办。兼之一片沙漠,耕地绝少,即边墙外一带草场,蒙民屯住,代牧汉民牛羊,然土少沙多,水不畅旺,畜欠肥茁。城内居民仅数十家,穷无生理。商贩百货,终岁不来。"[5]"气候暖迟寒早,四月草木始芽,夏秋常飞霜。岁少雨多,狂风每飞沙走石,能令行人迷路。麦多春种,五谷惟宜糜麻,嘉卉蔬果绝少。"[6]除常见灾害之外,榆林地区秋季收获之时,尚经常降落冰雹,当地社会因而产生了"扫

[1][清]卢坤:《秦疆治略·绥德直隶州》,第167-168页。

[2][明]杨一清著,唐景绅、谢玉杰点校:《杨一清集·阁谕录》卷2《奏对·论游兵将官奏对嘉靖六年七月》,第847页。

[3][清]卢坤:《秦疆治略·葭州》,第183页。

[4][明]陈文等:《明英宗实录》卷254"景泰六年六月戊寅"条,第5481页。

[5][清]丁锡奎修,白翰章纂:《靖边县志稿》(光绪)卷4《艺文志·拟请试办盐店通禀由》(丁锡奎),第330-331页。

[6][清]丁锡奎修,白翰章纂:《靖边县志稿》(光绪)卷1《风俗志》,第123页。

天”风俗，以祈求天气晴朗。[1] 此外，值得注意的是，受自然条件之限制，榆林地区农业作物基本是较为原始的几种，口感较差，长期驻扎于此之榆林军队虽可适应，但外地调来之军队，恐怕仍基本需要借助外地运粮，相应出现“不服水土军”。[2]

由于农业收入十分有限，陕北地区财政状况相应尤为匮乏。即使在已属内地，少有战乱之清代仍然如此。“余署布政使事，方勾稽陕西食货，而考常平谷数，榆林居五十五万焉。五十五万之中，每岁借而未及征者，凡二十万焉。地瘠薄，卒岁所入，仅足以赡家族，而不足以输官，故逋欠如此也。急征之，责以必偿，虑有追呼鞭扑之苦；缓征之，任其逋欠，又有仓廥缺乏之忧。”[3] 民风尚武，社会动荡不安。“榆林箕尾分野，距斗不远，故郑端公谓人多将材，有节气信也。地与沙漠连，苦寒早霜，少雨，岁率黍一熟，其余稻、粱、稷、麦，非土性所宜，种亦不殖。稍歉，民无所得食，势仰食于县官。赈恤不周，揭竿而起，汉之铜马、青犊、

---

〔1〕“扫天。天也能扫吗？能扫。乡下人是靠天吃饭的。靠天吃饭，盼望的是风调雨顺。风调雨又顺，那就是在庄稼人需要刮风时就刮风，需要下雨时就下雨。不管啥年月，只有风调雨顺了，五谷才能丰登。可这，是多么难得啊。有时候，前半年还不错，春天也来得早，春雨也下得透，可到了秋天时，庄稼苗苗都长高了，吐缨了，抽穗了，却突然降下了一场大冰雹，把地里的庄稼砸个七零八落的——这么着，庄稼人一年的辛苦就等于白费了。庄稼人面对这样的局面，那心中真能滴出鲜血来，一年的庄稼，两年的性命呀！把田野里的庄稼砸掉了，那可真能活要了庄稼人的命。不过，庄稼人没有彻底屈服的，他们用自己的一套思维来跟这可恶的老天爷做斗争。老天要下冷子——庄稼人把冰雹叫冷子——他们就不让下。看老天爷的脸色不对了，他们就会连忙跑回窑洞中，从家中取出那把最大最新的扫帚来，双腿叉开立在院子里，朝着天边上的那一块很可能要下冷子的黑云用力扫：一扫天，二扫天，三扫扫出个老红（晴）天。云彩扫到四边里，热头（太阳）扫到天中间！”参见张泊主编：《本色榆林——沉睡在窑洞里的文明》，第5354页。

〔2〕不服水土军。始，成化八年壬辰，乩加厮兰寇套，敕差吏部侍郎叶公盛会总督王公越、总兵许宁，奏请清解六年、七年各省不服水土军。不服水土，不肯前去，暂留实边，后不为例。于是，清勾云南、两广、福建、浙江卫所军人，俱解榆林等卫以实边备。肃敏余公议称：“该部原议延安、绥德、庆阳等卫，并陕西各王府、山西都司卫所官军俱难摘调，诚为远虑。若将清解云南、两广、福建、浙江卫所不服水土军人，收发榆林等卫，彼处军伍未至空虚。揆之事势，不为无理。伏望圣明视河套之地系中原之安危，及早从便增兵，用图久安长治。乞敕该部将成化六年、七年清勾前项不服水土军人，听延绥巡抚官严督布、按二司清军官清解，榆林等卫收伍，给与栏由帖执，仍行原卫开豁。其余年份不在此例。人既有限，弊亦不难革。”诏可之。近止本省及附近州县充补。参见〔明〕郑汝璧等修，〔明〕刘余泽纂，陕西省榆林市地方志办公室整理：《延绥镇志》（万历）卷1《舆图·延绥镇图说》，上海古籍出版社2011年版，第176－177页。

〔3〕〔清〕王昶：《春融堂集》卷36，载谭其骧主编：《清人文集地理类汇编·新修〈榆林府志〉》，浙江人民出版社1986年版，第413页。

尤来,明之不沾泥、神一魁等皆是也。起于一隅,及于全省,且蔓延于天下。故其人可用,其地又可忧也。"[1]

西北地区因缺乏发展农业之合适条件,对生态环境要求较低之畜牧业便成为其重要的经济辅助。"西北之利莫大于绒褐毡裘,而关中为最。有张姓者,世以畜牧为业,以万羊称,其畜牧为西北饶,富甲于秦。其他藉以富厚者,燕、周、齐、晋之郊亦夥矣。"[2]直到清代,榆林经济仍以畜牧为主,与中原地区男耕女织社会面貌大异其趣。嘉庆年间,分巡陕西延榆绥兵备道杨護亦称:"气候苦寒,境内陂陁,沙渍十居八九。土脉枯瘠,岁运多歉,青草鲜毓其生。苦其俗,惰其栖,止穴处而窑居。其风气质悍,而寡恩爱。盖疏泉引渠,树桑教蚕之法,皆限于地硗,有所不行焉。"[3]顾炎武称:"今边郡之民,既不知耕,又不知织,虽有材力而安于游惰。华阴王宏撰著议,以为延安一府,布帛之价贵于西安数倍,既不获纺织之利,而又岁有买布之费,生机日蹙,国税日逋。"[4]

正统时期,榆林堡寨建立之后,如同其他地区军事机构一样,亦在边防之余,屯田以求自给。但在当时生态环境脆弱与蒙古不时进攻之军事背景下,明朝逐渐减少军屯赋税与自采粮草。正统八年(1443),"减陕西延绥等处屯粮。先是,屯军一名纳子粒六石,镇守右佥都御史王翱奏减一石。近因命都督王祯、巡按监察御史王通选强壮屯军备冬,又令酌量减免。祯等拟通前减三石五斗,止纳二石五斗。户部以减免既多,必劳民远运,非足边计,请通减二石,止纳四石。从之。"参见[5]故而榆林堡寨粮草供给仍主要依靠民政机构输运。但同样由于生态环境脆弱、经济条件落后,陕北民众财政负担甚重,很快便产生民众缺食、

---

〔1〕〔清〕王昶:《春融堂集》卷36,载谭其骧主编:《清人文集地理类汇编·新修〈榆林府志〉》,第412页。

〔2〕〔明〕张瀚撰,盛冬铃点校:《松窗梦语》卷4《三农纪》,收入《元明史料笔记丛刊》,中华书局1985年版,第85页。

〔3〕〔清〕洪蕙:《延安府志·重修延安府志叙》(嘉庆)(杨護撰),收入《中国方志丛书》,影印清嘉庆七年刊本,成文出版社(台北)1970年版,第8页。

〔4〕〔清〕顾炎武著,〔清〕黄汝成集释:《日知录集释》卷1《纺织之利》,岳麓书社1994年版,第372页。

〔5〕〔明〕陈文等:《明英宗实录》卷103"正统八年夏四月甲寅"条,第2094页。

流徙现象。正统五年(1440)三月,“镇守陕西都督同知郑铭奏:陕西延安府所属去岁夏秋旱涝,田禾无收,人民缺食。其行都司并宁夏粮已足用,乞将本府先年起运并存留欠纳马草,俱暂停征,仍将今年该拨甘肃、宁夏等仓夏税俱赴延绥一带边堡交纳,庶苏民力。从之。铭又奏庆阳等卫屯军先因负欠子粒,追征逼迫,及今缺食,又失赈济,以致逃亡者多,宜治各卫经该官吏并管屯官罪。上命宥官吏罪,仍挨究赈济。其子粒逋负者勿征。”〔1〕虽然明朝采取折色征收、〔2〕降低开中盐引价格、〔3〕纳草赎罪等方式,〔4〕以增加榆林粮草供应。不过榆林堡寨仍经常发生

---

〔1〕〔明〕陈文等:《明英宗实录》卷65“正统五年三月丁卯”条,第1258页。

〔2〕“以陕西延安所属州县逋负税粮中,半折收布绢、丝绵,从镇守右佥都御史王翱奏请也。”参见〔明〕陈文等:《明英宗实录》卷79“正统六年五月戊午”条,第1576页。

〔3〕“镇守陕西都督同知郑铭等奏:延安府绥德州边堡缺粮,乞开中盐粮。奏下,行在户部议将正统五年淮盐一十二万引,浙盐八万引,如肃州纳米例,每引米麦豆二斗五升,召商丁绥德州广盈仓,榆林庄、响水寨广有仓,高家堡、双山儿诸寨阜益仓输纳。从之。”参见〔明〕陈文等:《明英宗实录》卷67“正统五年五月己酉”条,第1286页。“镇守延安、绥德等处都督佥事王祯奏:先年奏请召商中盐,止于绥德、高家堡、榆林庄近处上纳,以致边远仓分无储,而近处则又陈腐虚耗。乞将今年坐拨高家堡、榆林庄之粮,斟酌转拨边寨粮少仓分,庶得远有储蓄,近不腐耗。命行在户部议行之。”参见〔明〕陈文等:《明英宗实录》卷82“正统六年八月戊辰”条,第1635页。

〔4〕“命陕西府卫犯人纳草赎罪。时镇守陕西右副都御史陈镒奏:延安、绥德等处榆林庄等堡操备军马众盛,急缺草束,而各堡距有草之地远至百里,且属外境,分遣军士采办,恐致鞑贼寇边,暂借延安、绥德州县地亩草束,分拨支用,又恐民难,不可以继。请将西安、庆阳、延安三卫、府文职官吏、舍人、承差有犯,非赃罪笞、杖、徒、流,及军民犯笞杖,审其有力,与军职犯笞杖,不该立功者,俱照兰县纳米例,每粮一石,折谷草一十五束,束重十五斤,运赴各堡。候除授仓官至日,通行收受。并秋青草束兼支,仍令都指挥王祯、按察司副使周廉等比较,每岁具数以闻。奏下,行在户部覆奏称便。上命从之。”参见〔明〕陈文等:《明英宗实录》卷54“正统四年夏四月壬辰”条,第1041–1042页。“陕西绥德卫守备大桑坪寨指挥佥事安贵言:本寨地临极边,新设营堡守备。其军士自馁,其马口粮月支止四斗,食用不足。乞如例量拨在官屯田与赎罪草束支给兼用,口粮月增五升。从之。”参见〔明〕陈文等:《明英宗实录》卷81“正统六年秋七月壬寅”条,第1617页。

“军人缺食，野多饿殍”的现象。[1] 粮草一时成为榆林地区的核心问题之一。

在正常社会秩序之下，西北民众之农业耕种尚不断受到生态环境之冲击，时常发生颗粒无收之情况。“镇守陕西都督同知郑铭奏：西安府所属州县，去年秋冬及今春不雨，巩昌、平凉、临洮、凤翔、庆阳、延安等府今春亦不雨，田苗枯槁，人民乏食。已分委布、按二司官设法赈济，谨具以闻。”[2] 正统十四年（1449）二月，“山西平阳府解州奏去秋淫雨，水没民稼，租税无纳。事下，户部覆视之。”[3]“陕西延安府奏：去岁夏旱秋潦，麦禾俱伤，租税无征。事下，户部令三司覆视以闻。”[4] 民众不断流徙。正统九年（1444），“镇守陕西右都御史陈镒奏：西安等府、华州等州、高陵等县，今年亢旱，人民缺食流徙，死亡道路相继。甚至将男女鬻卖，以给日用。请移文陕西镇守、巡按等官，设法抚绥验口赈济。如预备粮不敷，就于有粮官仓支给。仍于富室劝借救济。凡鬻卖男女，官为赎还。从之。”[5] 地方财政仅能维持大体平衡。正统八年（1443），陕西右参政年富奏：“本布政司岁收夏秋二税一百八十九万六千八百石，卫所屯粮七十余万石。其间水旱逃移、停征欠负，大率三分减一。今会计陕西都司、行都司每岁所用粮料一百八十五万一千四百余石，供军之外，所余无几。”[6]

---

[1]“行在兵部言：陕西绥德卫指挥使马兴奏：军人缺食，野多饿殍。本卫指挥同知赵恕具告陕西参政年富，乞给粮赈济，被其鞭棰。富既坐视民瘼，不知矜恤。又故违旧制，擅辱军职。宜行巡按御史体勘。如其事实，即将富解京发落。从之。”参见〔明〕陈文等：《明英宗实录》卷71“正统五年九月癸亥”条，第1385－1386页。“镇守延绥等处都督佥事王祯奏陕西布政司右参政年富怒绥德卫指挥等官给粮赈济军民，辄杖辱之，军民因而饥死者甚众。富亦奏祯遇寇出没，辄托言人饥马瘦，不敢追剿，居常不训军士，教场草生尺余，及私役军士，买妾骄淫。事下，巡按御史同三司会勘，当逮问。上俱宥之。既而，祯复坐奏秋青草场不实，命陕西按察佥事许资勘之。并勘得祯其他不法，如富言者数事。事下，巡按御史鞫验祯罪多显迹，而资所奏亦有虚者。上曰：‘祯肆恶不悛，罪本深重。朕第念武臣，再屈法宥之。资勘事不以实，罚俸一月。’”参见〔明〕陈文等：《明英宗实录》卷80“正统六年六月丙子”条，第1589－1590页。

[2]〔明〕陈文等：《明英宗实录》卷91“正统七年夏四月甲午”条，第1831页。

[3]〔明〕陈文等：《明英宗实录》卷175“正统十四年二月己卯”条，第3387页。

[4]〔明〕陈文等：《明英宗实录》卷348“天顺七年春正月戊午”条，第7015页。

[5]〔明〕陈文等：《明英宗实录》卷124“正统九年十二月甲戌”条，第2489－2490页。

[6]〔明〕陈文等：《明英宗实录》卷108“正统八年九月癸丑”条，第2182页。

为弥补财政匮乏，明朝实行“部门调剂”方式。“部门调剂”是“制度调剂”的一种。所谓“制度调剂”，指中国古代政权在农业经济的时代背景下，以收取有限的农业税，维持较为简单的政权统治为主要政治方式。但为维持庞大的，尤其多处于边疆地理险要之地的帝国军队，以及突然发生的灾荒等社会问题，若直接加征农业税，即所谓“加赋”容易导致民众负担超出其承受能力，引起民众叛乱，反而进一步加剧了管理成本，因此是不得已时最后采取的无奈之策。由于这一方式实行之时，往往是政权末世之秋，农民战争所倡导之口号往往也以此为据，因此加赋在中国古代政治遗产中，是一项非常负面且统治者不敢轻易沾染之政治传统。因而统治者只能通过变通财政乃至其他制度，以充分利用社会资源与人力，弥补政权自身财政与行政能力的不足，最大限度地解决影响社会安定、关系政权存危的重大问题。在制度调剂的多种方式中，开中法、“纳粟拜爵”或“纳粟授官”、“纳粟免刑”是最为主要与流行者。对于财政制度的变通，可以宋以后国家强制商人赴边疆战争之地购买盐引为代表。开中法通过将关系国计民生的盐业管理与军队财政密切绑定，从而充分利用社会主要是商人力量将更多的社会财富供给军队系统。由于开中法是财政领域内部的制度变通，可称之为“部门内调剂”。对于其他领域或部门制度的变通，可以秦汉以来的“纳粟边塞，以换爵位”为代表，即通过运输一定的粮草至边塞，从而获得较为低级且无实际权力，而仅有政治名位的爵位。可见，“纳粟换爵”通过在一定程度上变通国家官僚制度，在官僚集团正常选拔渠道之外，另外开辟一条并不实质影响官僚秩序的附属支脉，从而由社会力量主要是商人将更多的社会财富供给军队系统。其实质是以人事制度的变通，增加财政供应，属于部门之间的调剂，可称之为“部门间调剂”，简称“部门调剂”。秦汉以后，由于官僚制度的变迁，官代替爵成为纳粟者获授之名位，“拜爵”相应演为“授官”。在“纳粟换爵”之外，跨领域制度变通还以“纳粟免刑”较为常见，即获罪官民通过缴纳一定数量的粮草或货币，从而减轻甚至免于刑罚。其实质是以司法制度的变通，换取更多的财政收入，亦属“部门调剂”。

明朝虽然具备发展海外贸易的国内实力与国外条件,但却仍然继承了传统的农业财政政策,商业税在国家财政中的比重甚小,故而国家财政仍然延续传统的"量入为出"的财政紧缩政策,无法随意加征民众赋税。为供应地域广大的帝国军队,明朝在边疆地区实行开中法,从而通过国家与社会主要是商人两种力量,保证边疆防御体系的后勤供给。但这种方式仅能保证军队的日常防御,却无法应对大规模战争带来的巨大军事开支,从而导致明朝财政很快陷入入不敷出的匮乏境地。户部竭力为搜套军队提供粮草供应,所采取方式除地方拨运、中央拨银、内廷出资、开中盐引等财政制度内部的"制度调剂"外,还有再次实行"部门调剂"之法。

在"土木之变"前后动荡的社会秩序之下,明朝开始于西北地区采取纳粮赎罪方式,以增加当地粮草供应。最初采取司法弥补财政、刑部调剂户部方式。正统十三年(1448),"命陕西沿边囚犯纳草赎罪,从镇守都御史王文等奏请也。"[1]景泰三年(1452),"镇守陕西刑部右侍郎耿九畴奏:陕西比岁旱伤无收,边粮不足。乞命陕西三司并所属,自今所问罪人,有文职官吏知印、承差、舍人犯赃应摆站者,俱发凉州仓纳米赎罪,以给边储。事下,户部覆奏,从之。"[2]景泰四年(1453),"辛巳,巡抚山西右佥都御史萧启以边储不足,请命军民纳钞赎罪者,暂如旧例纳米。"[3]天顺年间,则开始延伸至选官领域,实行纳米冠带之法,以铨选弥补财政,以吏部调剂户部。天顺七年(1462)二月,"陕西按察使项忠奏:连岁灾伤,民多缺食。请各司论断罪囚,俱令纳米赎罪,以备赈济,从之。笞一十,纳米五斗,余四等递加五斗。杖六十,纳米三石,余四等亦递加五斗。徒一年,纳米十石,余四等递加五石。流三等,俱纳米三十五石。杂犯死罪,视流加五石。"[4]三月,"乙卯,减陕西纳米冠带则例。先是,户部奏凡文武官下舍人,为事为民官员有能纳米四百石

[1]〔明〕陈文等:《明英宗实录》卷171"正统十三年冬十月辛未"条,第3296页。
[2]〔明〕陈文等:《明英宗实录》卷223"景泰三年十一月己卯"条,第4837-4838页。
[3]〔明〕陈文等:《明英宗实录》卷225"景泰四年春正月辛巳"条,第4913页。
[4]〔明〕陈文等:《明英宗实录》卷349"天顺七年二月癸酉"条,第7024页。

于陕西缺粮去处者，给与冠带，以荣终身。至是，陕西按察使项忠奏比者天时荒旱，米麦腾贵，累次募人上纳，并无至者。乞量减米数，凡纳百石者，给与冠带。从之。"[1]

"土木之变"后，明朝鉴于西北地区屡遭蒙古抢掠，而不得不蠲免钱粮。景泰元年(1450)，"免山西大同府皮翎、盐粮、米钞之未征者，以曾被达贼侵扰，从本府知府霍瑄奏请也。"[2]"甲申，蠲山西都司镇西卫屯田子粒马草，以被达贼侵扰故也。"[3]景泰二年(1451)，"命镇守山西左副都御史罗通，委官勘山西太原府迤北被贼惊疑州县饥民，验口赈给之。仍命河南、山东布政司令所属府州县，遇有山西逃民到彼，善加抚恤，省令复业。"[4]虽获蠲免，但在具体执行之时，却有照常征收或来年再征之情况。在灾荒、兵乱内外冲击之下，西北民众甚至有不愿耕种之社会心理。"己丑，免山西应浑蔚翔、大同、怀仁等州县税粮五千八百三十二名有奇，草一万三千四百二十七束。先是，诸处被寇死绝人户遗下田亩，命有司给与军民。各言无力，不愿承种。故免其粮草，仍命召丁多田少之家，或招抚复业之人承种，三年之后，如照依原额征办。"[5]而民众一遇荒灾，便易于流徙。《秦疆治略》记米脂县："惟天气早寒，收成歉薄，终岁力田，仅能糊口。此外别无营运。一遇荒年，即迁徙流亡，十去其半，深为可虑。宜广储积，庶乎有备无患。"[6]嘉靖时期，张瀚对陕西田荒民徙现象进行了归纳。"自古足边，率先屯田。方今内地民力已疲，边镇军储日匮，盖公私俱困矣。如陕西三边，延袤数千里，国初因田硗瘠，赋税不给，抛荒者听令开垦，永不起科，故塞下充实。已而计亩征粮，差赋繁重，加以虏酋之警，水旱之灾，收获既歉，征输愈急，所以民日转徙，田日荒芜也。"[7]

[1]〔明〕陈文等：《明英宗实录》卷350"天顺七年三月乙卯"条，第7042－7043页。
[2]〔明〕陈文等：《明英宗实录》卷189"景泰元年二月丙子"条，第3863页。
[3]〔明〕陈文等：《明英宗实录》卷191"景泰元年夏四月甲申"条，第3953－3954页。
[4]〔明〕陈文等：《明英宗实录》卷201"景泰二年二月庚午"条，第4271页。
[5]〔明〕陈文等：《明英宗实录》卷260"景泰六年十一月己丑"条，第5573－5574页。
[6]〔清〕卢坤：《秦疆治略·米脂县》，第169页。
[7]〔明〕张瀚撰，盛冬铃点校：《松窗梦语》卷4《三农纪》，第72页。

正如上文所述，正统以后，西北民众在灾荒威胁之下，四处流徙现象已十分严重。景泰二年，“户部主事汪回显奏：大同所属卫所、州县田畴草莽、村舍丘墟老幼饥馁，惟取草子、树皮自给。虽尝蒙赈济，兼给以牛具谷种，然日食尚不继，何能尽力南亩？乞再赈恤一月。事下，户部议，请移文总兵官定襄伯郭登及巡按监察御史郑韶，勘实贫乏军民，验口给五月分粮，以济其困。从之。”[1]天顺七年，“巡抚陕西右副都御史王概奏：西安等六府连年灾伤，军民饥馑，流离死亡甚多。除令所司勘实生存贫病者，验口赈给外，其死亡流移者，具数以闻。”[2]景泰时期，兵部尚书于谦鉴于陕西财政危机，建议在河南、陕西二省之间建立运粮通道，以弥补陕西钱粮亏空。

陕西一省之民，供四镇之军，赋繁役重，食少人多。故每岁有收，用犹不足，不免于内帑取给也。况前此连岁遭凶，今历时不雨，夏麦失望，秋粮未期，军民皇皇，如在汤火。强者肆劫夺，壮者流它乡，老弱者甘心死亡，变在不测，此可忧者一也。使各边告靖，犹可多方内救也，今榆林之兵旅方殷，甘宁之声息且至，秋高大举，将何以支？此可忧者二也。使地方稍有蓄积，犹可高价召致也。今附边既搜括殆尽，腹里又侵削无遗，一旦有事，束手无措，此可忧者三也。使邻境有收，犹可籴买就食也。今河南、湖广赤地千里，麦禾一空，虽有高价，无处告籴，此可忧者四也。国家于岁用不蓄米粮，及遇不时告给，俱是发银，徒以轻赍便事也。然亦不过买米而已。至于各边粮草缺乏，召商报纳，徒以目前易办也。然商人所买，未尝他有以益之也，亦不过买之附边而已。一方所产，止有此数，买用既多，则米价不得不贵矣。附边既尽，则腹里不得不扰矣。财费于内帑，利归于商人，害及于百姓，未有能济者也。然则如之何？亦在修腹里粮运而已矣。臣等惟自古帝王，都于关中，百官六军之俸，其势必取之外郡。故传称萧何运饷，不绝粮给。乞严限各该抚

[1]〔明〕陈文等：《明英宗实录》卷203“景泰二年夏四月壬午”条，第4343页。
[2]〔明〕陈文等：《明英宗实录》卷351“天顺七年夏四月癸未”条，第7056页。

按官,急将河南运道,照旧修复。查照先年例,将附近河南、湖广原派临德二仓运粮米,扣该数十万石,各运至陕州、金州等处,接济应用。此一时之权也。若其永久之利,乞将附近河南一府,陕州等处每岁夏秋折色,京边粮米,内扣二十八万石,改纳本色,坐派陕西。将户部原补陕西岁用不足粮银,抵补前项河南折色之数,以后再不解银,著为定例。听从水陆之便,运至陕西渭南草店子等处,立仓收贮,照数放支。臣等又查得河南陕州地方,年丰每米一石,不下四五钱,年歉不过七八钱,况河南布政司坐派前项折色,每石亦在八九钱之数,改为本色,民亦乐输。再将弘农、潼关等卫班军,改为运军,其运粮船只,亦听该部从长议处。其河南、西安府一带递运所,仍议添设牛夫车辆脚费,以免重累,俱各差部运。仍于陕州建立户部分司,查得临德小滩各仓事例,岁差主事一员监收,其余地方,俱听抚按官行分守官督理,预使粮道疏通,军储充实。或卖价以助边,或抵斗以借民,或乞运以给军,或移口以就食,或作赈济,或准俸粮,随其所施,无不如意。内实而外充,本固而末自定,虽有水旱虫议之灾,夷狄盗贼之祸,不至如今日之岌岌矣。[1]

天顺以后,伴随鞑靼进入河套,对河套周边不断进攻,西北地区财政愈加匮乏。宪宗即位之初,总督陕西军务项忠请求从河南、江南等地进一步调拨物资,供应西北。"窃惟陕西乃关中重地,屯驻军民,比之别处,数常加倍。本处额征税粮、马草子粒有限,供给不前。每年户部送江南诸处折粮银十万两,河南送大布十万匹,前来辏用,仅彀支持,未见充足。一遇边方有警,奏闻盐粮等项,缓不及事,未免动劳军民、见丁僨运粮草,父去子来,车摧牛毙,苦不可言。"[2]值得注意的是,明朝南方由于经济条件较好,以及历史上重赋原因,故而赋税较重,而北方地区则由于靠近与蒙古作战之前线,故而运送物资之劳役更重,因此才有南方重赋、北方重役之说法。此条史料所载劳役之于西北民众之沉重

[1][明]陈子龙等:《明经世文编》卷33《于忠肃公文集》卷1《急处粮运以实重边以保盛业疏》,第244-245页。

[2][明]陈子龙等:《明经世文编》卷46《项襄毅公文集·处置地方事》(项忠),第357页。

负担,可见一斑。劳役之所以繁重,在于当时运输方式之有限。依据20世纪陕北运输工具,大体可以推测明代的运输方式,基本不外乎骡、驴、草原牛与骆驼等畜力运输,[1]以及可能占据更多比重之人力运输。这种较为原始的运输条件遭遇黄土高原丘壑面貌,呈现了地理与交通之间的严重矛盾,地理难度与运输代价可想而知。事实上,明代民众在缴纳赋税之时,所实际支出的部分数额,甚至大半数额,皆耗费于运输成本。因此对明代赋税本色征收数额之考察,应将运输成本考虑进去,实际数字可能较赋税规定数字,高出3倍之多。

为了减轻西北财政负担,陕西部分王府被迁至内地。"总督陕西军务右副都御史项忠奏陕西屯驻军马,比之他处,数常加倍。然粮草有限,供给不敷。切见庆、韩二王府俱临极边,宗支繁盛,转输为难。乞将二府郡王迁腹里地方,以便供给。事下,多官议奏韩府襄陵王宜迁凤翔,庆府直宁王宜迁庆阳。从之。"[2]即使如此,西北社会动荡之势仍日益加剧。天顺三年(1459),"巡抚宁夏右副都御史陈翌奏:甘凉、宁夏、延绥、大同、宣府一带地方用兵以来,添调军马,动以数万。有司苦于供给。况近岁水旱相仍,流移四出。若不多方措置,盖恐边用不敷,有劳宸虑。"[3]明中叶大规模农民战争"荆襄之乱",便是正统以后,陕西、山西、河南等处民众在灾荒冲击之下,流入三省交界之处的结果。正统十年(1445),镇守陕西陈镒等奏:"陕西西安、凤翔、乾州、扶风、咸阳、临潼等府州县旱伤,人民饥窘,携妻挈子,出湖广、河南各处趁食,动以万计,若不安抚,虑恐啸聚为非。"[4]"河南左布政使饶礼奏:外境逃民占籍河南者,近遇水旱,又复转徙,甚者聚党为非。不加禁戢,恐遗后患。乞委官一员,专于抚字。其果不务农业、肆为不法者,按治之。上从其请。"[5]"荆襄之上游为郧阳。郧,古麋国,春秋时为楚附庸,地多山。元至正间,流贼作乱,终元世,竟不能制。明初命邓愈以大兵剿除

[1]陈国庆:《走出中世纪的黄土地——二十世纪初期的陕北农村》,第14-45页。

[2][明]刘吉等:《明宪宗实录》卷7"天顺八年秋七月乙亥"条,第171页。

[3][明]陈文等:《明英宗实录》卷306"天顺三年八月甲子"条,第6450页。

[4][明]陈文等:《明英宗实录》卷132"正统十年八月壬戌"条,第2630页。

[5][明]陈文等:《明英宗实录》卷146"正统十一年冬十月乙巳"条,第2876页。

之,空其地,禁流民不得入。然地界湖广、河南、陕西三省间,又多旷土。山谷阨塞,林箐蒙密,中有草木,可采掘食。正统二年,岁饥,民徙入不可禁。聚既多,无所禀约束,中巧黠者,自相雄长,稍能驱役之。"[1]

总之,西北地区作为生态环境脆弱地带与军事战争重心地带重合地区,体现了中国古代北部边疆政治实践与生态环境,或者说政治与地理之间长期、根本的矛盾与冲突。这也是中国古代北部边疆一直游移于汉民族、北方民族之间,中原王朝难于建立对北方民族长期、固定优势,北方民族反而不断南下打乱中原王朝正常进程的政治地理根源。这一根本性的冲突,体现了地理环境对历史进程的长期、决定性影响,既是核心边疆在中国古代历史中所呈现的重要面相,也是中国古代历史内耗、纠结于内部战争之悲剧性结局之地理根源。这种地理与政治的根本性冲突,在一般战争时期既然已有所表现,在成化时期大规模搜套战争之下,便进一步呈现得淋漓尽致。

7.3 "搜套"导致西北社会动荡不安与户部反对立场

成化时期,伴随大规模"搜套"军事行动的开展,粮草供应由陕西、山西,后来亦加入河南,三省共同承担,从而进一步加剧、恶化了西北地区财政状况。在中央,与兵部以建立战功、巩固边防为部门利益不同,[2]户部以节约财政为部门利益。虽在朝廷指令之下,户部亦竭力为搜套解决粮草供应,但同时在搜套不利之时,屡次从部门立场出发,强调搜套所导致的财政危机与社会动荡,以敦促朝廷停止这一军事行动,从而维护本部门的政治利益。

---

〔1〕〔清〕谷应泰:《明史纪事本末》卷38《平郧阳盗》,第561页。

〔2〕"十二月,少傅王直请答使瓦剌,下兵部。谦言:'臣职兵戎,知战而已。若贼渝盟,敢为悖逆,当肃将天威,往正其罪。遣使事不敢预议。'"参见〔明〕郑晓:《皇明北虏考》,载薄音湖、王雄编辑点校《明代蒙古汉籍史料汇编》第1辑,内蒙古大学出版社2006年版,第204页。"兵部尚书白圭子镔自陈其父累立军功,乞量授武职。诏授镔锦衣卫百户。"参见〔明〕刘吉等:《明宪宗实录》卷136"成化十年十二月戊戌"条,第2556页。

成化二年(1466),成化朝首次开展搜套军事行动时,户部便已继续于西北地区采取"部门调剂"之法,通过赎刑、免考、鬻官等权宜方案,从吏部、刑部、都察院获得了制度变通所带来的额外财政,以弥补榆林军队粮草之不足。二月,"户部主事徐源督饷陕西,以榆林神木各处粮草俱少,条列措置事宜奏闻。户部因而议定:凡陕西各处三年、六年考满官,纳草五百束者,本布政司给由,免其赴京。两考吏纳米一百石者,送部拨送。京考三百石者,冠带办事。一百五十石者,本布政司拨补三考,满日赴部免考,即冠带。其军民有纳米一百石者,给与正九品散官。一百二十石者,正八品。一百四十石者,正七品。文职官坐罪除名者,纳米一百石,冠带闲住。依亲监生坐监三年以上者,纳米一百五十石,未及三年者,纳米二百五十石,俱免坐监,送部待选。民家子弟愿充承差知印者,纳米二百石。已上纳米之例。如欲纳草者,一十五束准米一石。上允其议。"[1]不过搜套军事行动由于规模甚大,仍对西北社会造成了沉重的财政负担。成化二年三月,延绥纪功兵部郎中杨琚奏:"达贼连年入寇,被掠人畜、赀财不知几千万。请朝廷命将征讨,调兵四万一千有奇,计人马刍粟日费银四百余两,若一月则一万三千余两,一岁则十有五万六千余两矣。重以赏劳转运之资,通计所费,又不知其几千万也。"[2]成化四年(1468)时,严重的赋役负担已导致西北社会民众流徙。"巡抚陕西右副都御史陈价奏:'平凉、延安、庆阳等府所属人户,为因年荒贼扰,逃移外郡,十有七八,所遗田土、粮草、纱绢俱责见存人户代纳。存者被累,亦欲思迯逃者,惟虑追赔,不愿复业。臣欲将逃于河南、山西、湖广、四川地方者,或行文彼处官司,差人送回,或令回文原籍府县,发人起取,无分彼此,悉与口粮。其代逃户赔纳者,悉与蠲除。凡公私逋负,一皆停免。庶逃者乐于复业,而存者不致思逃。'事下,户部以为逃民近而知所向者,宜如拟起取,远而无定在者,宜行各该巡抚官勘实遣回。于粮差则实免二年,于赔纳则量蠲其半。从之。"[3]

[1]〔明〕刘吉等:《明宪宗实录》卷26"成化二年二月癸巳"条,第522页。

[2]〔明〕刘吉等:《明宪宗实录》卷27"成化二年三月己未"条,第538-539页。

[3]〔明〕刘吉等:《明宪宗实录》卷52"成化四年三月庚辰"条,第1058-1059页。

为弥补西北地区财政匮乏，明朝进一步加大部门调剂力度。成化四年，为征伐满俊叛乱，明朝进一步变通吏部制度，将部门调剂之法运用至官僚考核制度。“定议陕西纳米例。一，陕西大小衙门，三年、六年考满官，纳米三十五石，于布政司给由，止将牌册呈缴吏部。一，陕西、山西、河南所属两考吏纳米一百石者，送部，免其办事考试，就拨京考。纳一百五十石者，三考满日，送部免考，即与冠带。一，陕西及各处军民、舍余纳米八十石者，给正九品散官，一百石，正八品，一百二十石，正七品，完日就彼冠带。一，陕西附近、山西、河南问拟囚犯，除真犯及官吏受财枉法，例该充军外，其杂犯死罪，纳米八十石，三流五十石，五徒自三十五石递减五石至十五石，杖笞每一十纳一石，俱照时值折银，送布政司收用，以调兵征剿满四，预积粮储，给军故也。”[1]成化六年(1470)，明朝进一步降低官员纳米考核标准。此外，明朝还在开中法规定方面，实行优惠政策，以吸引盐商供给粮草。“巡抚陕西左副都御史马文升言榆林、宁夏花马池诸营料草俱缺，无从区画。请令陕西考满官于边地纳谷草五百束，免其赴京给由。陕西、山西、河南三布政司阴阳、医学、僧道司官纳豆一百石，径送吏部入选，听缺拨用。又榆林城广有仓上纳两淮成化三年存积盐一十万引，每引纳料豆四斗，或草一十束。两浙成化元年存积盐一十万引，每引纳料豆二斗，或草五束。疏入，从之。其淮、浙盐令待秋后仍照原拟中纳。”[2]“陕西督饷户部郎中万翼以延绥缺草，请募人上纳，并开中河东盐。户部遂定陕西、河南、山西、北直隶所属两考吏，有能于延绥纳草七百束者，送部拨京考，九百束者，本布政司拨补，三考赴部免考，冠带办事。其纳一千二百束，并在京各衙门办事吏纳七百束者，亦如之，俱以次附选。开中河东运司见存盐课，每引料豆二斗。”[3]

明朝财政大体而言，分为内廷财政与国家财政。内廷财政指皇室私有财产，被称作“内帑”，虽与国家财政有所关联，但保持一定的独立

[1]〔明〕刘吉等:《明宪宗实录》卷57“成化四年八月壬子”条，第1169－1170页。
[2]〔明〕刘吉等:《明宪宗实录》卷75“成化六年春正月丙戌”条，第1439－1440页。
[3]〔明〕刘吉等:《明宪宗实录》卷79“成化六年五月乙巳”条，第1553页。

性，一般情况下仅用于内廷消费，不支付政府开支。国家财政则分为中央财政与地方财政。地方财政所占份额甚小，仅足地方官府日常运作之用。不过在特殊时期，比如军队征伐、灾荒赈济之时，出于就近供应以快速运达、节省运费之考虑，户部命令地方将应缴纳中央之物资救济拨给当地。因此，以上所述西北地区财政情况，基本皆是原属中央财政、户部临时划拨地方处置之范畴。由于明朝实行“量入为出”的财政紧缩政策，中央财政收入基本仅足国家系统正常秩序下的需求，而一遇特殊事件，便呈现入不敷出之困境。西北地区财政既呈现严重匮乏状态，其他地区财政调补亦属有限，中央财政相应处于困难境地。即使在这种困难下，明朝仍由户部直接支出大量草料与银两，以满足马匹草料饲用。“乙卯，加延绥征进马草五十万束，及运太仓见收折草银五万两，于军前买草应用。其马临征时，许日加料一升，屯守则如旧。从督饷郎中万翼请，以时方命将征虏也。”[1]而加赋作为负面政治传统，明朝皇室亦轻易不去沾染。在此财政背景下，明朝延续了在军队征伐、灾荒赈济等特殊事件上，由皇室出资，弥补国家财政亏空之惯例，皇室亦曾出资购买后勤物资。成化初年，户部右侍郎陈俊便曾以内帑购买搜套物资，并建立从内地运输至边境之财政通道。“寻议用兵河套，敕俊赴河南、山、陕，会巡抚诸臣画刍饷，发帑金二十万助之。俊以边庾空竭，岁又不登，而榆林道险远，转输难，乃发金于内地市易，修西安、韩城、同官径道，以利飞挽。”[2]

为缓解榆林财政压力，搜套军队亦有意分地驻牧、分散就粮，以减轻民众运输负担。“命延绥征进诸将分兵就粮。游击将军范瑾统大同兵三千五百驻东路神木等堡，许宁统宣府兵三千五百驻西路龙州等堡，余兵三千驻中路，往来策应。山西、宁夏副总兵林盛等所统兵各还黄河七堡、花马池等处操守。甘凉、庄浪马队兵留环庆操守。都督白玉所统兵还陕西原处操守……从参赞军务都御史王越等议也。”[3]但由于搜

〔1〕〔明〕刘吉等：《明宪宗实录》卷80“成化六年六月乙卯”条，第1559页。

〔2〕〔清〕张廷玉等：《明史》卷157《陈俊传》，第4303页。

〔3〕〔明〕刘吉等：《明宪宗实录》卷82“成化六年八月壬戌”条，第1607页。

套军事行动规模庞大、旷日持久,西北财政回旋、缓冲的空间日益缩小。户部开始重拾“内政优先边防”的政治观念,强调搜套军事行动这一边防行为影响了西北社会安定之内政,以期影响明朝边防政策,停止或暂缓搜套军事行动,减轻西北社会财政负担。成化六年六月,户部郎中万翼即奏请停止搜套,改为防御。不过兵部尚书白圭并未同意,而是建议改为分散就粮的方式。

户部郎中万翼等奏:榆林东西营堡及调遣京营各处军马六万有余,日费粮饷,草料以数万计。其草束欲取之内郡,则道路回远;欲市之边境,则价直腾贵。加以岁饥,民不聊生,往往有窜入山谷者。今又有催征供亿之苦,谁能安之?况丑虏猝难殄灭,聚众数万,徒费财力。请量留精兵固守,以节边储,以安民生。事下,群臣议。于是,兵部尚书等官白圭等言:虏众寇边,征之固非得已。而翼等以岁饥民困为虑,亦宜从权处之。然兵难遥度,宜敕总督军务太监傅恭、都御史王越等会议。如虏势可灭,则并力进剿,早图成功,以省大费。或虏势稍缓,不可穷追,即散遣原调官军陕西万人,还本地操候,偏头关二千人还黄河七堡就粮。仍量留京营、大同、宣府诸处精锐骑兵万五千在边,无警令近堡牧放,给以草价,有警即拘入堡,给以草束。其余军马,各委队长率领,于环庆、延绥旁地就粮,不支草价,听候调用。凡事悉听区处以闻。仍令翼等暂收草价,及时措买,以备秋冬之用。[1]

成化七年(1471)二月,在督理陕西粮饷户部郎中谷琰的建议下,明朝暂时停调大同等处搜套军队。

庚午,督理陕西粮饷户部郎中谷琰奏:“近年,岁歉兵兴,转输不已。陕西之民,尤为困惫。盖自毛里孩、满四相继寇乱,岁复饥馑,供亿之费,毋虑数百万计,民已不胜其苦矣。既而阿罗出等聚众河套,幸大军一出,奔散出境。臣以为凯旋之后,民力可以少舒矣。岂意狼子野心,叛服不常,乌合别部,复举入寇。于是,复命将

[1]〔明〕刘吉等:《明宪宗实录》卷80“成化六年六月庚午”条,第1566页。

出师，分驻截杀，刍粮之费，不得不取于民。官司征督，急于星火，父子兄弟，络绎更代。加以道路险阻，不通车载，肩负背任，辛苦万状，百姓怨咨，逃亡过半。况调来军马，已经再冬，士皆思归，马多疲毙。近有自虏逃回者，具言虏以马瘦，方散逐水草，虽时或小掠，不至大举。本处士马，亦足御之，若久暴师，则所掠者少所费者多。乞下诏，命前调来大同等处军马暂回各边休息。待秋后有警，仍复调来，庶不老师费财，而民可少苏矣。盖自春末至秋初，以数计之，大较可省粮二万五千余石，料六万七千余石，草一百六十万余束，足以供防秋之费。"户部覆奏，令兵部议行。从之。[1]

两天后，兵部尚书白圭亦在严峻的财政形势下，决定暂时停止搜套。

平虏将军总兵官抚宁侯朱永等以河套虏寇未退，议上战守二策。其略曰："今虏贼数万在边，我军堪战者止可一万，而又分散防守，何以御敌？为今之计，宜于京营、大同、宣府、宁夏、陕西等处量调军马数万，期于三月内俱至榆林地方，听臣等调度，相机审势，捣其巢穴，此战之策也。若军马馈饷，一时未办，宜慎固封守，严督沿边居民。无事则分哨耕牧，有警则举号避藏。仍令提备官军，各守城堡，伺便会兵截杀，此守之策也。"事下，兵部尚书白圭等以马方瘦损，供饷不敷，势难进剿，请命诸将慎为守御，以图万全。上从之。[2]

为筹措成化时期最后一次搜套军事行动，明朝中央与地方已尽最大可能，采取各种方式，充分筹集粮草。成化七年四月，陕西右参政庞胜奏请增加地方财政拨留搜套军队之份额，朝廷接受了这一建议。[3]十二月，延绥镇巡抚余子俊在部门调剂的基础上，建议明朝直接增拨银

〔1〕〔明〕刘吉等：《明宪宗实录》卷88"成化七年二月庚午"条，第1717－1718页。

〔2〕〔明〕刘吉等：《明宪宗实录》卷88"成化七年二月壬申"条，第1720页。

〔3〕"陕西连年用兵，刍粮不给，请于夏秋税粮运边，常数外，再量起存留粮一二十万石，于榆林边仓上纳。粮如足用，抵斗纳豆，或米一斗折纳草二束。仍令所属问拟囚犯，该杂犯死罪，纳草三百五十束，三流三百束，徒三年二百五十束，二年二百束，一年一百五十束。或急用料豆，则每草百束，改纳料十石，杖笞罪每一十纳料一石，俱于榆林管粮官处，定仓上纳。"参见〔明〕刘吉等：《明宪宗实录》卷90"成化七年夏四月癸丑"条，第1748页。

两，以满足搜套军队所需。[1] 考虑到当时国家财政匮乏与社会动荡的背景，[2]明朝此次直接增补搜套军队银两，反映出对这一军事行动的大力支持。由于榆林气候寒冷，余子俊又奏请给予棉袄等过冬衣物。[3]

但在成化八年初春之时，榆林地区财政已然处于枯竭境地，榆林乃至搜套官员对于再次开展搜套军事行动，实际上站在反对立场之上。"壬辰，镇守延绥右少监张遐、右都御史王越、镇守总兵官许宁、巡抚右副都御史余子俊复议搜河套。以为延绥二十五堡粮草欲尽，又虏马瘦弱，自一挫之后，悉远边塞。大同诸路兵马已暂罢遣，宜令越及时赴京，面议粮草兵马，及凡军中机务，以图大举搜剿。章下，兵部臣言：区画粮草，顷已命侍郎陈俊。若虏情贪诈，虽被我小挫，未可即谓无事。今已命侍郎叶盛往会越等详议方略，宜俟奏闻。仍令俊预积粮草，以备出战。上是之。"[4]鉴于榆林地区粮草储备已然空虚，明朝进一步扩大部门调剂实施的地域范围，加大变通程度，以获得更多的财政补充。

"丙子，命户部右侍郎陈俊总督陕西军饷。户部因奏区画粮草十事，请以付俊。一，各处折粮并京仓粜粮银，共二十万两，宜运陕西布政司备用。一，淮浙存积盐宜定拟开中。一，今年山西、河

[1]"巡抚延绥右副都御史余子俊奏：'延绥河套达贼久住，军民供给粮刍，膏血殆尽。设动大众，措置无术。请敕户部，以银十万两运五万于陕西变易，五万于榆林准折。仍行山西、河南附近州县，或借拨，或僦运，或买办，料豆各万石，谷草各一百五十万束，俱纳榆林一带仓场，庶不临期失措。'会督饷郎中谷琰亦以为言。户部议遣官分运十六万两，仍行山西布政司，以明年分该运大同等边夏税内，预拨五万石，抵斗纳料，马草五十万束。河南仿此，草加十万，运纳延绥，俱准该年之数。又开中两淮存积盐课五十二万二千三百二十五引有奇，每引料四斗，草七束。此外更有长策，听各官区画。从之。"参见〔明〕刘吉等：《明宪宗实录》卷99"成化七年十二月戊寅"条，第1891－1892页。

[2]成化六年二月，白圭奏："陕西延庆、平凉等处人民，累遭寇掠。加以官府酷虐，转徙流离，困苦已极。今东作将兴，倘不加意赈恤，使得尽力耕农，窃恐秋成失望，民饥盗起。况又四川疮痍未瘳，两广盗攘未息；疫疠大行于闽粤，灾异迭见于淮南。且连年四方旱潦相仍，南北畿甸、河南、山东雨雪愆期，二麦槁死，而荆襄流民动以数十万计，衣食所迫，奸盗由之。思患预防，不可无策。"参见〔明〕刘吉等：《明宪宗实录》卷76"成化六年二月辛未"条，第1466页。

[3]"巡抚延绥右副都御史余子俊等奏：西安左等卫旗军调拨榆林卫轮流操守，盖因胡寇久居河套，拘留防御已越三年，士无完衣，寒苦特甚。请运胖袄、鞋裤各二万五千一百余副，分给优恤。诏从其请，如数给之。"参见〔明〕刘吉等：《明宪宗实录》卷91"成化七年五月己丑"条，第1765页。

[4]〔明〕刘吉等：《明宪宗实录》卷101"成化八年二月壬辰"条，第1973－1974页。

南该征粮草内,宜再预征豆各十万石、草各五十万束,其陕西粮草听原委官斟酌预征。一,陕西、山西、河南司府州县三年、六年考满官,宜量令纳草,免其赴京考核。一,陕西、河南、四川、山西、山东并北直隶所属,一考役满吏,纳草一千束;及两考役满吏,纳草六百束者,送部免其办事考试,即拨京考。纳草八百束者,即于本布政司拨补,三考满日,赴部免考,即与冠带办事。纳草一千一百束者,并在京各衙门办事,及到部寄名吏纳草六百束者,俱免京考,即与冠带办事。其在京各衙门,见役当该一年以上者,令家属代纳草三百束。二年以上者纳二百束,三年已满者纳一百五十束,免其考试,给与冠带,俱照资格选用。一,文职为事为民者,纳草四百束,给与冠带闲住。一,军职坐事带俸差操者,纳草一千束,准令照旧管事。一,各处依亲及坐监监生坐监三年以上者,纳草七百束;未及三年者纳一千束,俱送吏部选用。一,陕西灵州盐课司盐每引召纳草一束,许令陕西地方变卖。一,陕西并各处军民、舍余人等,能自备草六百二十束者,给正九品散官;七百束者,给正八品散官;八百束者,给正七品散官。上皆从之,惟为事文武官及监生纳草者不许。”[1]

在中央、陕西财政匮乏的背景下,为筹措足够的粮草,白圭首次提出赋税预征方案,预征山西、河南赋税,以补陕西财政之不足。当月,“圭等会会昌侯孙继宗等上言:‘御戎之道,有备为先。宜敕户部大臣一员,驰赴山、陕、河南,会巡抚等官区画粮草,于师行要害之处。且辇京库折粮银二十万两,以助分给。又预征河南、山西料豆各十万石,草各五十万束,以足陕西诸郡不继之数,开中官盐,如例举行。’”[2]为管理从各省调运而来之粮草,明朝在榆林地区多设仓库、设官专管。成化七年七月,“开设陕西延安府神木仓,从巡抚右副都御史余子俊奏请也。”[3]成化八年六月,“己巳,增设庆阳、延安二府通判各一员,专理边

[1]〔明〕刘吉等:《明宪宗实录》卷101“成化八年二月丙子”条,第1960–1962页。
[2]〔明〕刘吉等:《明宪宗实录》卷101“成化八年二月乙亥”条,第1960页。
[3]〔明〕刘吉等:《明宪宗实录》卷93“成化七年秋七月乙未”条,第1794页。

储，从巡抚延绥右副都御史余子俊请也。"[1]成化九年(1473)正月，"辛丑，升陕西布政司右参议严宪为按察司副使，监督延绥东路边储，从巡抚都御史余子俊奏举也。"[2]

虽然与加赋不同，预征只是将赋税提前征收，并未增加总额，但两年税额叠加在一起，对已然在兵乱、灾荒长期冲击之下，已经入不敷出之西北民众而言，所承担之经济负担骤然加重。不仅如此，由于提前征收之缘故，导致粮草短缺之西北社会相应产生物价高涨，甚至翻倍现象，在事实上大大增加了民众承担的赋税总量。成化十年(1474)，张瑄巡抚河南，[3]"留应输榆林饷济荒，石取直八钱输榆林，民称便"。[4]可见河南当时粮食正常价格为一石米八钱。成化十二年(1476)，阁臣商辂奏："往年西北用兵榆林一带，粮草最难供给。当时预借陕西、山西、河南三年租税起运。每草一束，用银二钱，米一石，用银一两，或二两半。若输纳本色，上下山坡，展转沟壑，尤不胜困弊。"[5]即当时官方所知的一般价格是一石米一两到二两半，实际交易时可能超过这一数字。可见，预征赋税导致赋税总额上实际上超出，甚至远远超出应承担之赋税额，对西北民众而言，相应是一种不公平的财政方案，因此对西北社会冲击甚大。

尽管明朝也考虑到了缓解预征赋税会给西北民众带来经济负担，并通过减少当年西北地区部分税收的方式[6]加以弥补。但对于民众

---

[1]〔明〕刘吉等：《明宪宗实录》卷105"成化八年六月己巳"条，第2052页。

[2]〔明〕刘吉等：《明宪宗实录》卷112"成化九年春正月辛丑"条，第2172页。

[3]〔明〕刘吉等：《明宪宗实录》卷129"成化十年六月壬戌"条，第2448页。

[4]〔清〕张廷玉等：《明史》卷160《张瑄传》，第4367页。

[5]〔明〕佚名：《六部事例·兵律》，见《天一阁藏明代政书珍本丛刊》，影印明钞本，线装书局2010年版，第507-508页。《明经世文编》与《明宪宗实录》文字略有不同或删减。〔明〕陈子龙等：《明经世文编》卷38《商文毅公文集·弭灾疏》，第293页；〔明〕刘吉等：《明宪宗实录》卷155"成化十二年七月癸亥"条，第2833页。

[6]"免陕西、山西、河南夏税及柴炭夫价十分之二。刑科给事中雷泽奏：陕西、山西边方有事以来，飞挽刍粟，财尽民穷。近户部请预征山西、河南等处，今年草豆，起山西人夫运赴榆林，文移催并，急于星火。况今饥荐臻，民物凋耗。乞减今年夏税及柴炭、夫役，以少纾民困。章下，户部、工部皆议以为宜。从之。"参见〔明〕刘吉等：《明宪宗实录》卷104"成化八年五月戊申"条，第2036-2037页。

在缴纳赋税中所付出的巨大运输成本,却一直将之视为非国家财政问题,仍由民众自行负担。比如户部尚书杨鼎提出改变以往陆运方式,改走成本低廉、运输快捷之水运的建议,却不获重视。“延绥用兵,议欲预征边饷。鼎言黄河汉唐漕运故道,三门而上,小河可达延绥者尚在,请身督之。竟沮于议,不果。”[1]明朝对运输方式之改良,一直缺乏重视。虽然河套问题一直是困扰西北地区的财政问题,尽管后来亦有官员多次提出改陆为水,以克服黄土高原地理弊端,但却一直未获同意。[2]

无论如何,在预征方案冲击之下,山西开始出现民众大规模流徙现象。八月,兵科都给事中梁璟奏:“近以延绥有事,预征山西粮草及儹运边储,已经数次。今又行催预征草豆,起解秋青草束,每夫科银多或至二十两,岁旱民饥,计无所出。屡尝陈奏户部,无所可否,止行侍郎陈俊处分。代州等州县、振武等卫所军民逃移道路者,无日无之。若太原一县,五日内至有三百八十余家,人心惊惶,地方可虑。”[3]甚至搜套官员王越亦上奏西北民众惨状。

据陕西布政司呈备西安府申,据咸、长等县里老冯纪等状告,自成化四年土达满四叛后,达贼连年潜住河套,本等粮草尽数起拨边仓。又有儹运、买运等项,打造战车、鹿角,置买马匹、各色军器,不可枚举。人民被累,有将房屋、田地典卖者,有将妻妾、子女典卖,及抑勒为娼、自缢自刎者,困苦万状。成化八年,又令摆堡、儹

[1]〔明〕劳堪:《宪章类编》卷19《户部》,第702页。

[2]“故太宰倪文毅岳在事时,见关中之镇转输不给。曾上疏云:‘今关陕所需,皆出山西、河南。此二省俱近黄河,其中虽有三门、孟津之险,然汉唐粮运,皆由此济。即今盐船木筏,往来无滞。今计山西米豆,必运至榆林等仓,河南必运至潼关、陕州诸仓,诸州卫皆濒海道舟楫,可免陆运之苦。况黄河当潼关之地,北连渭河,渭东流接洛河,可通延安;渭西流接泾河,可通庆阳。龙门之上小河径通延绥,稍加修葺,必可行舟。是在按求古迹,何处可避险,何处可陆运,何处可立仓倒运,何处可造船装运,勿惮一劳而失永利。’事竟不行。”参见〔明〕沈德符:《万历野获编》卷12《河漕·关陕三边饷道》,第326－327页。“地多沙漠,种植为难,刍粮不充,曾不宿饱。万一虏驻鱼河,粮道险远,镇城坐困,忧先机事,其可不为之经理哉?议者欲于府谷至葭州,由黄河而上,造舟转运,以济清水、木瓜、孤山等处,亦为甚便。近虽题行,而建置仓庾,改征本色,未闻议及,皆今日之所宜汲汲者。”参见〔明〕霍冀:《九边图说·延绥镇图说》,第199页。

[3]〔明〕刘吉等:《明宪宗实录》卷107“成化八年八月乙亥”条,第2083－2084页。

运榆林草束，出备夫车牛驴。正值暑热时月，人民多染瘟疫，县官催并紧急，逼迫起程，以致死亡不可胜计，横死道路，人所共见。兼且连年薄收，自去秋至今，雨雪少降，麦苗枯槁，难望收成。目下缺食，挑掘野菜，剥削树皮救命，陆续逃走，盗贼窃发。兼患瘟疫，一家有死四五口者，七八口者，又举家死亡卧床者。若欲儹运粮草等项，人情委的不堪。又准总督军饷户部右侍郎陈俊咨开，即今边仓草束数少，各处人民力穷财尽，日就逃亡，难再起倩儹运。[1]

鉴于预征方案所产生的严重成果，成化九年(1473)六月，明朝决定在山西停止预征赋税。

巡抚山西右副都御史雷复奏：太原府属县民言预征粮草，改运陕西榆林，山路崎岖，俱赍银往买。但草价既高，不免借贷，秋成偿还，多至破产，比之大同、宣府价增数倍。况今雨雪愆期，米价腾踊，饥民瘟疫流离，其苦万状，而粮草、绫绢、药菓等物该纳者，不下万计。即今人民救死不暇，乞量与宽减，仍加赈济为便。今计其税粮差役科工之数，盖虽东南富庶大藩，未见若是之繁剧者。伏望皇上轸念边隅多事，生灵疾苦，以派至成化九年榆林、绥德、大同、宣府被灾之处粮草、物料，悉依山东、真定等府宽恤事例蠲免。仍发京库银数万两，籴粮赈济，则民命庶几可全活矣。事下，户部议以为粮草、布花俟勘灾伤分数宽减，户口盐钞、农桑丝绢、药菓诸料并递年逋负粮草，宜依例免之。京库银仍宜发三万两，以备赈济。议入。上曰："山西民困已极，其悉准议行。"[2]

林霨指出，明朝决定停止预征的原因在于梁璟的反对。"吏科给事中强调这些税收在许多地区是提前一年征收，人民被强迫从事运输工作。这些特别税的征收导致民众逃亡。这种消息极大地搅乱了气氛、舆论，包括皇帝的意见也开始变化。"[3]正如上条史料所示，在停止

[1]〔明〕王越：《黎阳王太傅疏议诗文辑略》卷1《处置边务疏》，收入《四库全书存目丛书》，影印上海图书馆藏明嘉靖三十二年中山徐氏刻本，齐鲁书社1997年版，第535－536页。

[2]〔明〕刘吉等：《明宪宗实录》卷117"成化九年六月壬申"条，第2261－2262页。

[3]Arthur Waldron, *The Great Wall of China: From History to Myth*(《长城：从历史到神话》), p. 103.

预征西北赋税方案中,宪宗的态度起到了决定性作用。在此之前,出于对搜套军事行动的支持,宪宗对兵部不断提出之财政方案,皆表示同意,这才有了户部采取各种措施,竭力配合搜套之结果。但长期搜套军事行动导致西北地区财政危机与社会动荡局面日益严重,使明朝在内政与边防的平衡过程中,"内政优先边防"政治文化得以弥漫开来。在搜套驱逐蒙古与安抚西北民众之间,宪宗继承了明朝皇帝的一贯立场,选择了后者。宪宗即位之初,便明确秉持"内政优先边防"观念。"乙亥,少保吏部尚书兼华盖殿大学士李贤等言:山西、大同境内自春不雨,至今二麦已无收,秋禾复大半槁死,人民恐至饥窘失所。况边报日夕不绝,外虞亦不可不防。宜敕巡抚官加意抚安提备,以免逃移,以固藩篱。上曰:'卿等虑是。凡事当先有备,则无患。外寇犹邪气边境,饥则乘虚以入,善摄生者正宜谨之。'"〔1〕以饥饿、邪气分别比喻内政与边防,可见二者在宪宗政治观念中孰先孰后之地位。两个月后,西安府以灾荒为由,亦请求罢征粮草。〔2〕

鉴于宪宗已然从关注边防逐渐转向注重民生,户部遂进一步上奏,请求停止搜套。九月,"壬寅,户部主事李炯然奏:陕西沿边一带,自虏酋孛罗忽、乩加思兰入寇,岁用刍粮以百万计。今其地兵荒相仍,疲弊已甚。夫兵不能自给,必须仰给于官,官不能自运,必须取办于民。若不预为撙节,后日边患有不可胜言者。且城有缓急,兵有聚散,臣以为延绥官军一万三千宜放回休息,或掣于附近朔州等处以就粮草,庶得少省饷挽一二。其中老弱送入内地养息,而精选勇锐,据险坚守。且各边野草茂盛,听令采牧,是亦省边储之一事也。事下,兵部议行之。"〔3〕从

〔1〕〔明〕刘吉等:《明宪宗实录》卷7"天顺八年秋七月乙亥"条,第171页。

〔2〕"陕西西安府奏:所属州县自去冬至今春久旱,兼以连年用兵,财力困竭,更加赋役繁重,恐患出不虞。乞罢征夏税及僦运粮草。凡该清军丁、该班匠役,并祭祀礼猪羊与不急之物,悉与停免。其各边军马合用粮草,移文巡抚、总兵斟酌,多方区画。或间月折支官银,或止拣择精锐步兵,分守要害,则军马数少,粮草可省矣。户部议,以不急征,役已节次宽免,其欲粮草折支官银,闻虏贼未退,给边粮草,难以停运。且其事势甚重,不可遥度。请行镇守、巡抚及本部委官斟酌处分。如或僦运不可停,欲起倩人夫,量给口粮脚力,并军马粮豆减省支银,皆为从长区处。从之。"参见〔明〕刘吉等:《明宪宗实录》卷119"成化九年八月戊辰"条,第2293-2294页。

〔3〕〔明〕刘吉等:《明宪宗实录》卷120"成化九年九月壬寅"条,第2313-2314页。

“兵部议行之”来看，显然在宪宗态度改变之情况下，兵部亦开始从单纯的军事角度，转向更多地考虑财政因素，有缩小搜套军队规模，甚至临时中止军事行动之可能性。

成化前期一直看似无解的搜套军事行动与西北财政危机之间的矛盾，伴随成化十年初春搜套军事行动的战略成功，得以幸运地化解，成化朝廷所面临的一大政治危机，亦最终烟消云散。但搜套军事行动不仅深刻改变了西北社会历史面貌，而且引发了中央政治格局的变迁。“土木之变”以后，兵部独专军事，在多事之秋发挥了巨大作用，俨然成为六部，乃至中枢政治集团最受关注之部门，在明中期内外战争中发挥了至关重要的作用。“土木之变”后，于谦居于兵部，力挽狂澜，不仅军事事务由其独立处理，甚至国家大政亦由其裁定。兵部地位一时大为提升。“帝知谦深，所论奏无不从者。……御史顾曦言谦太专，请六部大事同内阁奏行。谦据祖制折之，户部尚书金濂亦疏争，而言者挶摭不已。”〔1〕当时甚至有阁臣欲任兵部者。“阁臣既不相协，而陈循、王文尤刻私。渊好议论，每为同官所抑，意忽忽不乐。会兵部尚书于谦以病在告，诏推一人协理部事。渊心欲得之。循等佯推渊而密令商辂草奏，示以‘石兵江工’四字，渊在旁不知也。比诏下，调工部尚书石璞于兵部，而以渊代璞，渊大失望。”〔2〕成化年间，距离景泰故事已远，“土木之变”带来的边疆危机也已解除，兵部自然从国家政务核心机构的位置退了下来，不过仍然在军务事宜中占据主导地位。加之宪宗为人柔弱，因此对职掌兵部，强硬果敢的白圭颇为尊重。白圭在成化时期西北财政危机、社会动荡背景之下，能够多年力主搜套，便系“后土木之变”时代兵部长期积累之权势所提供的政治力量。但在长期搜套无果与户部、巡抚甚至搜套军队系统之反对立场，尤其搜套所导致西北财政危机与社会动荡之政治局面之下，兵部地位与权威呈逐渐下降趋势。而一直与之处于反对立场之户部却逐渐聚合了各方面政治势力，最终成功

〔1〕〔清〕张廷玉等：《明史》卷170《于谦传》，第4549页。
〔2〕〔清〕张廷玉等：《明史》卷168《江渊传》，第4519页。

地赢得了宪宗的支持，逐渐促使明朝将军事优于财政的政治观念转向内政优先边防的政治观念。

正是在这一政治背景之下，明朝在搜套军事胜利之后，并未进一步对河套实行政治进占、固定控制，而是停止对西北地区征收粮草，以缓解当时社会动荡局面。“戊辰，户部郎中李炯然奏：陕西顷有边事，日支粮草动以万数，皆出于民。有一家用银四五十两者，一县用银五六万两者，公私匮竭，民不聊生，往往流移他方。以一里计之，大率十去其五，其未去者，惟视催科缓急，以为去留。今西事虽殷，然会计边储，尚足资二三年之用。伏望皇上轸念民艰，深惟国本，敕巡抚都御史等官量虏势缓急，以计边储。如势可缓，即以陕西原派去年起运粮草已运者如旧送纳，未征者暂为停催。其河南近拟轻赍数少，不足收籴者，则许候秋成，照旧折收。今年夏秋税粮、屯粮、马草之类，则斟酌各处，转输劳佚，量为宽减。与凡一应不急之务，悉暂免一二年，以苏民困。果各仓见储不足，则暂以户部所运折草余银，并各库赃罚，折与官军，或候秋成，委官籴买。如更不足，则请给内帑官银一二万两继之。章下，户部议如所奏，仍令炯然会陕西布、按二司督理。从之。”[1]相应，抵御鞑靼之防御战线仍在河套南缘榆林一线，这便为榆林明长城防御体系的兴起提供了政治条件，奠定了地理基础。

由于明朝在搜套军事胜利之后，仍将河套视为与蒙古之间的过渡地带，并未在此固定驻扎，此后鞑靼再次进入这一地区，在弘治以后形成了固定驻牧局面，明朝已完全失去这一地区，遂将清剿河套之军事行动，改称为“复套”，即收复河套。虽然明人鉴于“套虏”[2]对西北边疆长期、巨大之威胁，甚至发出“夫边者朝廷之边，天下之边，非陕之边

---

〔1〕〔明〕刘吉等：《明宪宗实录》卷125“成化十年二月戊辰”条，第2387－2388页。

〔2〕正德尤其嘉靖以后，明朝开始普遍地称河套蒙古部落为“套虏”，从而反映出蒙古占据河套，已逐渐发展出与蒙古高原部落有所区别之部落。参见〔明〕费宏等：《明武宗实录》卷9“正德元年春正月己酉”条，第297页。“套虏”借助地理之便，与明朝境内土达成内外联络之势，从而对明朝北疆逐渐呈现日益蚕食局面。“四月十三日，谨题：昨晚，兵部尚书石星接到总督魏学曾书揭，并延绥总兵密揭，为叛贼哱承恩阴遣人勾引套虏为外援，致套虏入来宁夏城外住，已助玉泉营之战，势甚猖獗。”见〔明〕赵志皋撰，夏勇点校《赵志皋集·内阁奏题稿》卷2《题宁夏兵变》，浙江古籍出版社2012年版，第154页。

也。合天下之力以为之,其计也若不匮”[1]之感慨,但事实上明朝屡次复套不果,皆与财政问题有关。“嗣后杨邃庵亦屡议及河套。然亦财力不给,不敢力主其事,旋议旋罢。嘉靖丙午,侍郎曾铣自山西移为陕西总督,上言复河套事,内批嘉奖。然中外皆知兵弱财窘,且无文武将吏,恐挑强胡,祸不可解。然亦顾忌,莫敢言者。铣区画兵事,关中骚动,人有怨言。又请户部银多至四百万两,人益不喜。”[2]

7.4 中国古代河套生态环境变迁与成化时期移民河套之不可行

成化十年搜套军事胜利之后,明朝出于“内政优先边防”政治观念,并未在河套采取进一步行动,而是将关注点移向解决西北财政危机、恢复西北社会稳定之上。《明史·叶盛传》所载白圭倡导“沿河筑城,抵东胜,徙民耕守”即可能为后来叶盛所言,“延安、绥德之境,有黄河一曲,俗名河套。其地约广七八百里,夷人时窃入其中,久之乃去。叶文庄公为礼部侍郎时,尝因言者欲筑立城堡,耕守其地,奉命往勘。大意谓其地沙深水少,难以驻牧,春迟霜早,不可耕种,其议遂寝。”[3]在搜套军事胜利之后,亦未出现相似痕迹与风影。不过在此之后,明中期广东著名政治思想家,引领明中期改革潮流之重要人物丘濬便明确提出过类似建议。

> 议者若谓置为城守,则馈饷为难,将至于汉人之劳费,盍思赫连之建国,元昊之列郡,皆在此地,何从得食乎?《宋史》明言其地饶五谷,尤宜稻麦。汉人于境外轮台之地,尚为之屯营,况此乃在黄河之南,次边之地乎?臣请下合朝议。当此无事之秋,虏人远遁之际,遣通古今识事体大臣,躬莅其地,详察可否以闻。倘以为可行,或于河之南,筑城池以为之镇遏,或于河之北,据要害以为之扼

[1]〔明〕张雨:《边政考》卷7《河套议》,第586页。
[2]〔明〕郑晓:《今言》卷3,收入《元明史料笔记丛刊》,中华书局1984年版,第106页。
[3]〔明〕陆容撰,佚之点校:《菽园杂记》卷8,第94-95页。

塞，或沿河之壖，设营堡以防其径渡。事必出于万全，然后行之，不然较其利害，足以相当。姑仍其旧可也。[1]

将之与叶盛所倡于河套徙民耕守之议对照，内涵基本一致，皆强调在河套实行屯田，从而供给黄河防线，以恢复明初旧疆，彻底堵塞明中期以来河套防线的巨大缺口，扭转明朝由于失去对河套的控制，导致整个西北边疆处于战略劣势之格局。这一方案相应可视作在明前中期因逐渐撤离阴山边疆，导致北部边疆战略劣势的时代背景下，明朝兴起一股扭转军事劣势的思想潮流。

但这一潮流的表现形式，基本限于搜套军事行动，而个别官员提出的作为其后续之移民河套、政治统治方案，却少见痕迹、不见实行。对于这一现象原因之推测，由于缺乏史料佐证之缘故，只能根据情势，做出大体判断。首先，从政治文化而言，在搜套战争与自然灾害多年共同冲击之下，西北社会已出现财政危机、社会动荡局面，边防已然影响内政稳定，明朝在搜套军事胜利之后，采取安定西北，而非进一步进占河套、加剧西北动荡之措施，符合明朝“内政优先边防”之政治文化。其次，从政治格局而言，搜套军事行动连年无果与由此导致的财政负担，已使兵部在“土木之变”后积累的部门威势下降至最低点，而与之呈现相反变化的是，户部则因聚合舆论之缘故，地位逐步上升。搜套军事胜利之后，明朝转向充实西北财政，而非继续进占河套，亦符合当时政治格局。最后，从河套生态环境而言，明朝如果徙民耕守，需要付出极高的军事、财政成本，这对于秉持“内政优先边防”政治文化，在明前期以来便实行边疆收缩政策的明朝而言，代价与风险过于高昂，因此除非发生特殊情况，比如能够主持全局之强力人物如朱棣的出现，否则明朝不会举全国之力、不计后果地占领河套地区。

从中国古代河套开发历史来看，中原王朝在河套地区实行移民屯垦乃是普遍趋势与一般现象。民国时期，蒙思明已对中国古代河套开发过程进行了大体概括。

---

〔1〕〔明〕陈子龙等:《明经世文编》卷73《丘文庄公集三·边防议》(丘濬)，第622页。

历代的武功时盛时衰，西北的外患亦时消时涨，河套的土地所有权既时得时失，因之而河套之开发亦时断时续。约略言之，河套的开发实开始于嬴秦，大盛于西汉，至东汉始日就凋零，这可谓河套开发的第一时期。经三国两晋的荒废，北魏又重新垦辟，隋唐踵北魏之后，到元和中复盛极一时，可与西汉并驾齐驱，而余风且波及于五代，这是河套开发的第二期。五代而后，遂继之以长期的荒芜，宋辽金的时代，西夏占有了河套，开发情形之可考者极有限；元与明初，虽有套地，而开发则缺如；直至清中叶而后，由民垦开始，再继之官垦，河套又有欣欣向荣之势。然为时不久而前功渐弃，直至如今，这是河套开发的第三时期。[1]

在这一历史潮流之中，明朝统一了长城以内地区之全国政权，却未延续河套开发脉络，似乎显得较为突兀与令人不解。不过若对明代河套生态环境与政治格局加以考察，便可知这一奇怪现象正源于并反映了明代独特之历史情势。

首先，中国古代河套地区不断沙漠化之地理演变不便于明朝在河套实行徙民耕守。河套由南至北，包含今毛乌素沙地、鄂尔多斯高原、库布齐沙漠与河套平原。由于自然变迁与农田垦殖的共同影响，河套地区有逐渐沙漠化之趋势，其中以毛乌素沙地的形成与扩大最为明显。当代处于河套东南部的毛乌素沙地很早便已经产生。历史学者惠富平、王思明指出，汉代移民河套已经导致了当地沙漠化的产生。

在国力强盛的时候，屯田以粗放耕作、平面拓展为特征，迅速向前推进，大片草原被开辟为农田；而农作物阻滞风沙，保持水土的能力要远远低于天然林草植被，这必然引起水土流失。当国力衰弱时，西北屯田便自动停止或退缩，人口大量内迁，居民点消失，土地弃置不耕，地面上失去了作物的覆盖，原有植被又很难恢复，

〔1〕蒙思明：《河套农垦水利开发的沿革》，载《禹贡》（半月刊）1936年第6卷第5期。关于秦汉对河套之开发，参见张久和：《秦朝对古代内蒙古部分地区的统治和开发》，载《内蒙古社会科学》（汉文版）2002年第3期；刘磐修《汉代河套开发中的政府行为》，载《内蒙古社会科学》（汉文版）2007年第4期。

水土流失便会加剧，一些沙漠边缘的土地则逐渐沙漠化。[1]但考古学者将毛乌素沙地的起源向前大为延伸。王炜林指出：至迟在汉代以前，是否可追溯到夏代，尚不可确认，毛乌素沙地便已经产生，这既有考古学，也有其他学科的证据。[2] 而地质学者在将毛乌素沙地形成年代进一步延伸至地质时期，并指出导致沙地形成、变迁的主要因素是自然环境。何彤慧、王乃昂指出：从距今200万年的第四纪初期以来，毛乌素沙地就断续存在。先秦以来，气候波动与人类活动都是影响沙漠化变迁的重要因素。不过在明清以前，这种影响较为轻微，不足以造成大范围、长时段的环境变迁。[3]

无论在河套沙漠化的进程中，自然与人为各扮演了何种角色，但中国古代河套地区沙漠化日益加剧却是不争的事实。“自秦汉以来，有大约64.5%的土地发生了程度不同的沙漠化。”[4]“元、明、清600多年，榆林地区所有的草地仅存十之二三。”[5]史念海则以中国古代河套县治数目逐渐减少作为证据，指出河套存在沙漠化问题，不便于推广农业。[6] 侯仁之指出唐宋时期河套沙漠化已经较为严重。他主要依据了两条史料。[7] 长庆二年(822)十月，“夏州大风，飞沙为堆，高及城

〔1〕惠富平、王思明：《汉代西北农业区开拓及其生态环境影响》，载《中国农史》2005年第1期。

〔2〕王炜林：《毛乌素沙漠化年代问题之考古学观察》，载《考古与文物》2002年第5期。

〔3〕何彤慧、王乃昂：《毛乌素沙地历史时期环境变化研究·前言》，人民出版社2010年版，第1-3页。

〔4〕何彤慧、王乃昂：《毛乌素沙地历史时期环境变化研究·前言》，第3页。

〔5〕李开宇：《干旱区城市景观生态研究——以榆林市为中心》，载《西安外国语学院学报》2002年第3期。

〔6〕“由秦及汉，下至隋唐时期，先后皆曾在鄂尔多斯高原设置过县治。县治的设置说明这里成为农业地区。可是愈到后来，设县的数目就愈更减少。这是长期经验的结果，说明在这里经营农业，不一定就能取得很好的成效。这里既已高寒，又由于森林遭受破坏，气候也相应地变得干旱，都与农业不利。而且土地易于起沙，似宜大量保持草原，发展畜牧事业。”参见史念海：《黄土高原历史地理研究·两千三百年来鄂尔多斯高原和河套平原农林牧地区的分布及其变迁》，第431页。

〔7〕侯仁之：《从红柳河上的古城废墟看毛乌素沙漠的变迁》，载《文物》1973年第1期。

堞。”[1]“茫茫沙漠广，渐远赫连城。”[2]夏州、赫连城所指位置为一，皆为在靖边县红墩界镇白城子村，即十六国时期赫连勃勃所建之统万城。史念海指出赫连勃勃初建统万城时，周围生态条件较好，而“唐代后期，设于统万城遗址的夏州就已见到飞沙，其后日甚一日，统万城终于为沙漠所淹没，夏州也不能不因而废弃”。[3]可见中古时期毛乌素沙地沙漠化加剧。尽管此后河套为西夏所据，并以此分立百年，但宋乃平指出，西夏国都西迁的一项重要原因即河套的沙漠化。[4]元朝统一此地后，并未设置重要机构，至少说明当地水草并不丰美。何彤慧、王乃昂指出，明清以来人类活动的强度逐渐增强，在控制和改变局部环境方面开始成为重要因素，尤其在改造水环境方面影响极为强烈。[5]鉴于明代汉族自发性垦殖影响非常有限，因此造成当今毛乌素沙地景观者，主要是清代以来的农业垦殖。清代以来，尤其民国以来，河套在近世时期一度荒芜之后，进入史无前例的大规模开发时期，毛乌素沙地由此最终形成。肖瑞玲指出：“清代，包括清末放垦，从总体看，无论是规模和强度，都没超过造成环境恶化的临界值。清末放垦只是开了近代以来，直到现代大面积垦辟脆弱草原的先河。这里既有清末统治者、民国以后北洋军阀和国民党统治时期造成的恶果，也有新中国成立后人们对自然资源认识的盲目性，利用得不合理性，造成草原大面积的土地沙化。”[6]

明代是中国古代气候寒冷时期，毛乌素沙地相应呈现了蔓延与扩张趋势，当时史籍大量记载了河套南缘沙漠化现象。正统元年（1436），宁夏镇总兵官史昭奏：“宁夏城池、屯堡、营墩俱在黄河之外，

---

[1]〔宋〕欧阳修、宋祁：《新唐书》卷35《五行志》，中华书局1975年标点本，第901页。

[2]〔清〕李熙龄：《榆林府志》卷49《夏州道中》，影印本，收入《新修方志丛刊》，台湾学生书局1968年版。

[3]史念海：《黄土高原考察琐记》，载《中国历史地理论丛》1999年第3期。

[4]宋乃平：《西夏兴衰史中的地理环境》，载《宁夏大学学报》（社会科学版）1997年第2期。

[5]何彤慧、王乃昂：《毛乌素沙地历史时期环境变化研究·前言》，第3页。

[6]肖瑞玲：《清末放垦与鄂尔多斯东南缘土地沙化问题》，载《内蒙古师范大学学报》（哲学社会科学版）2004年第1期。

备御西北一带。其河道迤东至察罕脑儿，直抵绥德，沙漠旷远，并无守备。"[1]也就是说，自河套南缘北望，便为沙漠景观。中国古人对边疆地理之描述，往往掺杂了文化观念。边疆不仅是地理边缘地带，而且是文化附属地区。相应，边疆地理景观便被有意、无意地笼罩上边远、萧条、荒凉之文化内涵。或者说，中国古代中原王朝官员笔下的边疆地区，既是实际的地理边疆，也是想象的文化边疆，成为华夷之辨政治文化的地理表现。所谓"沙漠"等词，在中国古代中原王朝官员笔下，不仅是对边疆粗犷地理条件的一种写实，而且也是形容边缘、表达放逐的一种外化，因此往往言过其实。在这其中，文人相对于武人，不仅文采更为丰富，而且华夷之辨观念更强，因此常常表现得更为夸张，这在较为自由的诗歌艺术中尤其如此，边塞诗便是典型之代表。与之相比，武将描述边疆地理，往往是在公文中向朝廷汇报边疆军事地理，以作为军事行动之证据，因此更为强调写实。史昭属武将系统，对河套地理面貌之描述相应强调写实。

正统时期，榆林武将系统与陕西文官系统围绕河套南缘是否有草发生了激烈的政治斗争。正统时期，明朝鉴于榆林生态环境较为脆弱、经济条件较为落后，并未征收军屯赋税，却令其自行采备青草。正统五年(1440)五月，"乙巳，命陕西延安、绥德沿边卫所各寨堡军余开种田野，子粒听其自给，惟输草束于官。"[2]十二月，"法司奏陕西都指挥佥事施政、王信妄言所守地无草可刈，且私敛所部，以资入奏者，当赎杖还官。从之。"[3]不过榆林军队系统却坚称无草，向中央索要草料，从而被陕西省级文官系统弹劾。"丙寅，命逮治陕西都指挥佥事施政、王信等罪。时政守神木县，信守高家堡，不及时督军采积秋青草，重敛其财，纵之闲逸，妄奏地寒无草。按察司佥事李皋发其奸。"[4]作为陕西文官系统之代表，陕西镇守文官陈镒命"管粮参政李寅、佥事许资等覆勘"，

---

〔1〕〔明〕陈文等:《明英宗实录》卷22"正统元年九月乙巳"条，第436页。

〔2〕〔明〕陈文等:《明英宗实录》卷67"正统五年五月乙巳"条，第1284页。

〔3〕〔明〕陈文等:《明英宗实录》卷74"正统五年十二月己丑"条，第1442页。

〔4〕〔明〕陈文等:《明英宗实录》卷69"正统五年秋七月丙寅"条，第1346页。

陕西省级文官系统仍然坚持原有意见。许资奏:"镇守官都督佥事王祯意在勒要民供,宜治其罪。"武将系统王祯"抗奏不服,云镒使资害已",并称:"各寨堡岁用草一百万束,镒止拨延安府草十万束。"王翱继陈镒充任陕西镇守文官,为缓解文武系统之间愈演愈烈的矛盾,遂加以折中平衡,指出:"镒所言草实茂盛有余,宜令用心采刈,并取延安、绥德二卫屯田余丁及本处守备军余,于寨堡附近给田耕种,量纳草束,以备补助,俱听协赞军务副使陈斌提督比较。仍令延安府拨民草二十万给之。"〔1〕虽然文官系统在这次斗争中占据了上风,但由于草料奏报、勘实环节皆由其掌握,陕西地位最高之官员亦属镇守文官,因此河套南缘青草是否如文官系统所称之"茂盛有余",尚值得进一步考察。若从当前河套南缘生态面貌而言,这一地区青草虽然存在,但由于受到沙漠化、黄土高原地貌之影响,难称"茂盛有余"。加之榆林当时正面临蒙古不断进攻之局面,在青草收割上存在一定难度,武将系统以无草向中央索要草料,系增强自身后勤供应之手段。正统十一年(1446),明朝最终决定增加榆林军队草料供应,"命延安各营军士每年自采秋青草应用,果有不敷,于附近府州县拨运供给,从户部右侍郎焦宏奏请也"。〔2〕

景泰时期,榆林、宁夏武将皆再次表达了河套南缘沙漠少草之立场。景泰五年(1454),"镇守延安等处右都督王祯奏旧制各边骑操官马,俱于每年九月初官给草料饲秣,至次年四月中,令军士牧之于野。近者,户部移文各边,非遇警不得擅给官草。然臣所居之地,沙漠无际,野草稀少。去冬官不给草,马多瘦损。设遇有警,何以调用?请如旧支给为便。从之。"〔3〕景泰六年(1455),"参赞宁夏军务右副都御史韩福奏:花马池、兴武二营,地方沙漠无草,虽递年采收蓬蒿杂草,饲养不敷,马匹瘦损。乞敕户部计议,令镇守陕西右副都御史耿九畴同都布按三司,并巡按御史,于问拟囚犯该发延安、绥德等处纳粮草赎罪者,于内十

〔1〕〔明〕陈文等:《明英宗实录》卷86"正统六年闰十一月辛未"条,第1719－1720页。
〔2〕〔明〕陈文等:《明英宗实录》卷142"正统十一年六月壬寅"条,第2810－2811页。
〔3〕〔明〕陈文等:《明英宗实录》卷237"景泰五年春正月己未"条,第5160页。

分为率，摘拨三分，改发二营，纳草备用。从之。"[1]明朝遂将增加草料的数额固定了下来。景泰七年(1456)，"命陕西延绥等边冲官军骑操马匹，自本年十一月初一日为始，至明年正月终止，每匹给与官草一十五束，从参赞军务大理寺左少卿曹琏奏请也。"[2]天顺年间，处于边境、肩负边防任务之宁夏镇巡抚文官也表达草料不堪、请求供应之立场。天顺五年(1461)，宁夏镇巡抚陈翼言："宁夏花马池、兴武二营地方，止生蒿草，递年采积，不堪养马。宜令宁夏并庆阳等卫所官吏、军民杂犯死罪、笞、杖、徒、流者，俱发二营，纳谷草以赎。"朝廷接受了这一建议。[3]

成化初年，汤胤勣驻守孤山堡。"一日，登城曰：'四望黄沙，白草漫漫，吾一腔血，乃委于此耶？'"[4]余子俊奏称："定边、新兴、安边、永济四营堡俱系平漫沙漠去处，难以打堑挑壕，军马难于出入。"[5]嘉靖、隆庆时期，毛乌素沙地蔓延至榆林长城。延绥镇巡抚王遴奏："臣抚属延、庆二府逼近河套，为秦晋门户。成化年间，该先抚臣余子俊开设城堡三十六处，并筑边墙一道。沿至近年，沙壅水决，鲜有完璧。"[6]万历二十年(1592)，麻贵迁任延绥镇总兵，[7]此时毛乌素流沙已常壅塞榆林长城。

> 初，维城在宣府，与总兵官麻承恩不相能。会承恩亦移镇延绥。一日，维城见城外积沙及城，命余丁除之。承恩绐其众曰："食不宿饱，且塞沙可尽乎？"卒遂噪。维城晓之曰："除城沙，以防寇耳，非谓塞上沙也。"卒悟而散。维城因自劾，帝慰留维城，治哗者。[8]

曹永年指出万历二年(1574)至三十八年(1610)，延绥中路边墙外

---

[1]〔明〕陈文等：《明英宗实录》卷252"景泰六年夏四月庚寅"条，第5448－5449页。
[2]〔明〕陈文等：《明英宗实录》卷271"景泰七年十月戊午"条，第5745页。
[3]〔明〕刘吉等：《明宪宗实录》卷328"天顺五年五月丁未"条，第6753－6754页。
[4]〔清〕谭吉璁：《延绥镇志》(康熙)卷3－4《名宦志下·明》，第371页。
[5]〔清〕谭吉璁：《延绥镇志》(康熙)卷6－1《艺文志·边务疏》(余子俊)，第507页。
[6]〔清〕谭吉璁：《延绥镇志》(康熙)卷6－1《艺文志·量复城堡官员疏》(王遴)，第510页。
[7]〔清〕张廷玉等：《明史》卷238《麻贵传》，第6200页。
[8]〔清〕张廷玉等：《明史》卷227《孙维城传》，第5966－5967页。

出现平墙大沙。[1] 顾琳指出万历二十九年(1601),榆林城外流沙甚至侵入城内。[2] 韩昭庆指出万历三十七年(1609),沙土已经掩埋了长城,明军进行了清沙活动。[3] 邹逸麟进一步指出河套沙化的原因是15世纪以来气候转寒。[4] 肖瑞玲注意到了成化年间,毛乌素沙地已蔓延到了榆林。[5] 胡凡指出,明代之所以有"套寇"之患,河套地区沙漠化,不适于农耕是其因素之一。[6] 虽然榆林军队不断"扒沙",但沙土却仍不断壅至边墙。"而定边西郭之外,如南、北二沙,虽有班军扒除,而人力不胜风力,奈散难聚易何?"[7]"定边西郭之外,南北二沙最为边患。除之复聚,徒烦畚插之劳。不若增筑砖墩,之为因地制宜也。"[8]

毛乌素沙地的扩张对于明朝在河套实行徙民耕守措施,产生了两方面的负面影响。一是直接减少了河套可以耕种的土地。虽然与沙漠不同,毛乌素沙地之所以称之"沙地",而不名之"沙漠",在于这一地区除沙漠之外,尚有其他多种生态景观,比如湖泊、草甸、草原等生态景观类型。[9] 因此不仅蒙古可以游牧于此,甚至汉族亦可利用灌溉,发展小规模农业。[10] 但农田除在少数靠近河流者外,其他皆为较特殊的

---

[1]曹永年:《明万历间延绥中路边墙的沙壅问题——兼谈生态环境研究中的史料运用》,载《内蒙古师范大学学报》(哲学社会科学版)2004年第1期。

[2]顾琳:《明清时期榆林城遭受流沙侵袭的历史记录及其原因的初步分析》,载《中国历史地理论丛》2003年第4辑。

[3]韩昭庆:《明代毛乌素沙地变迁及其与周边地区垦殖的关系》,载《中国社会科学》2003年第5期。

[4]邹逸麟:《明清时期北部农牧过渡带的推移和气候寒暖变化》,载《复旦学报》(社会科学版)1995年第1期。

[5]肖瑞玲:《清末放垦与鄂尔多斯东南缘土地沙化问题》,载《内蒙古师范大学学报》(哲学社会科学版)2004年第1期。

[6]胡凡:《河套与明代北部边防研究》,东北师范大学博士学位论文,1998年,第198页。

[7][明]郑汝璧等修,[明]刘余泽等纂,陕西省榆林市地方志办公室整理:《延绥镇志》(万历)卷1《舆图·延绥镇图说》,第69页。

[8][清]谭吉璁:《延绥镇志》(康熙)卷1-3《地理志·附记》,第300页。

[9]邓辉、夏正楷等:《从统万城的兴废看人类活动对生态环境脆弱地区的影响》,载《中国历史地理论丛》2001年第2期。

[10]"毛乌素沙区生长期还较长。从日数看,只要适时播种,注意防霜冻、防风沙,一般作物均可完成生长,就是水稻、棉花等作物在东南部地区,注意选择品种等也可完成生长。"参见北京大学地理系等:《毛乌素沙区自然条件及其改良利用》,第27页。

"沙漠田",收益甚低,并不适合耕种。[1] 二是切断了河套与陕北经济的联系,使徙民耕守河套行动呈现孤悬于明朝已有经济体系之外格局。相应,明朝在移民北上、物资供应等方面,皆存在越过地理障碍、拉长交通线之困难。这对于明朝,尤其西北地区构成了极其沉重的财政压力。

河套地区除毛乌素沙地、库布齐沙漠不便于推广农业之外,其他地区广泛分布着多种生态景观。由于河套地区旱灾较为严重,农业垦殖基本只可以在河流地带开展。田广金、郭素新指出:"西部区黄河一曲的内蒙古中南部,地处中国北方季风区的尾闾,是东南季风、西南季风和西风环流交互影响的地区,气候变化格外敏感。"[2]各种灾害之中,旱灾尤其经常发生,地处河套南部之乌审旗流传着"十年九旱"与"三年一小旱,十年一大旱"的说法。"每逢旱灾,大量农田、草场延误播期,推迟返青,禾苗早衰,牧草枯黄,地上无草,井里无水,粮食减产,牲畜死亡。"[3]而伴随河套沙漠化程度的逐渐加重,地表水逐渐减少。何彤慧、王乃昂指出:"毛乌素沙地的地表水环境在秦汉以来的2000多年中发生了显著的变化,表现为湖沼湿地的萎缩和消失、外流河下切加剧

---

〔1〕"然疆域虽广,而近边数十里间,半成不毛之地。登高一望,平沙无垠。惟有河之处,资水灌田,房民尚多。此外间有可耕者,即为沙漠田。边外有沙漠田者,能生黄蒿,俗名沙蒿。生既密,频年落叶于地,籍以肥田。如是或六七年,或七八年,蒿老而地可耕矣。然仅种黍两年,两年后,复令生蒿,互相辗转,至成黄沙而止。又有名为滩地者,地质潮润,能产五谷,但周围隆起,无出水之道,猝至淫雨,即一片汪洋矣。"参见〔朝鲜〕佚名编:《神木乡土志》卷1《地理·边外属地疆域》,收入《中国方志丛书》,影印民国燕京大学图书馆藏铅印本,成文出版社(台北)1970年,第13-14页。"陕北蒙地,远逊晋边。周围千里,大约明沙扒拉,碱滩柳勃居十之七八,有草之地仅十之二三。明沙者,细沙飞流,往往横亘数十里。扒拉者,沙滩陡起,忽高忽陷,累万累千,如阜如邱,绝不能垦。碱滩者,低平之地,土粗味苦,非碱非盐,百草不生。柳勃者,似柳条而丛生,细如人指,仅长三五尺。夏发冬枯,蒙人仅藉以围墙,并作柴烧。但连根盘错,地亦不能垦。此外并无深林茂树、软草肥美之地。惟硬沙梁草地滩,可垦者绝少。往西一带,又苦无水,不能居住。偶有草地,必待冬月积雪,然后放马,可以暂到。年来草场不旺,蒙民生计甚艰,若再开垦生地,蒙民实更穷迫。"参见〔清〕丁锡奎修,〔清〕白翰章纂:《靖边县志稿》(光绪)卷4《艺文志·同安边厅勘查蒙地会禀道宪》(丁锡奎),第353-354页。

〔2〕田广金、郭素新:《北方文化与草原文明》,载《内蒙古文物考古文集》第2辑,中国大百科全书出版社1997年版,第3页。

〔3〕肖瑞玲、曹永年、赵子恒、于永:《明清内蒙古西部地区开发与土地沙化·鄂托克旗生态状况及土地沙化成因调查报告》,第223页;《明清内蒙古西部地区开发与土地沙化·乌审旗生态状况及土地沙化成因调查报告》,第237页。

水量减小、常年河变成时令河、众多泉眼消失等。"[1]加之明朝处于气候寒冷期，降雨量稀少，河套地表水自然更趋减少。虽然现代河套农业可以采用深井灌溉，[2]但明代并无这种技术辅助。在无法有效应对旱灾之前提下，河套农业垦殖从而呈现被动、缺乏稳定之状况，[3]而有限河流地带便成为能够较为固定地保障农业正常开展与固定收益的地区。这便决定了河套地区无法推广内地田连千亩式的集中农业经济，而只能开展插花式的分散农业经济，相应为民政机构的组织管理与固定控制带来了困难。直到民国时期，河套农业垦殖仍然呈分散状态。"前套(即今本文之河套)之地多沙梁、山岭，沿河虽有淤地，荒熟错综，皆系小片段，约略计之，或数顷，或数十顷。"[4]秦汉、隋唐由于国力较为强盛，并在河套之外构建防御体系，因此这一地区可以众建郡县，实行民政管理。而明中期军事实力较弱，并不能对河套形成有效的军事保护，因此并不适宜移民河套、设置州县之民政管理模式，而便于建立明代北部边疆盛行之军队屯田、卫所管辖之军事管理模式。

河套各区域之中，以河套平原，即今包头地区土壤条件最为良好。不过明朝利用起来，却难度很大。秦汉、隋唐时期，中原王朝在收复河套的基础上，进一步北上阴山边疆，构建了长城攻防体系，河套平原处于内地，自然便于移民屯垦。而与之不同，成化时期明朝搜套军事胜利之后，明朝只是暂时将鞑靼驱逐出河套地区，并未在河套以内，更未在

---

[1]何彤慧、王乃昂:《毛乌素沙地历史时期环境变化研究·前言》,第2页。

[2]"河套平原的前套地区的井灌比较普遍,黄河南岸平原的仅见于达拉特旗。土默特左旗、土默特右旗一带,打井深度为10米左右,达拉特旗井深30－50米,据他们的经验说,一般打一眼深30－50米的机井,费用不超过一千元。"参见孙金铸:《河套平原自然条件及其改造》,内蒙古人民出版社1978年版,第200页。

[3]"农业生产水平低而不稳定,对自然条件依赖性极大:如前所述,本区大部分是旱作农业,农业生产水平很低,农业生产丰歉,在很大程度上取决于天然降水和自然灾害的情况。……粮食单产高低和当年降水量多少的变化基本上是一致的。在一般情况下是多雨丰收,中雨年平收,小雨年歉收。这种一致现象在鄂托克旗表现最为明显,在十四年中,该旗有三个丰收年,都是年降水量在300－400毫米的多雨年份;四个歉收年都是年降水量在200毫米以下的少雨年份。因此,在本区降水变率大的影响下,必然造成生产水平低和不稳定。"参见北京大学地理系等:《毛乌素沙区自然条件及其改良利用》,第194－195页。

[4]潘复:《西北垦殖计划·调查河套报告书》,《中国西北文献丛书续编·西北史地文献卷》第10册,甘肃文化出版社1999年版,第41页。

河套以北建立防御体系，这便使明朝在河套平原的移民屯垦无法实现。若将搜套军队固定驻扎于河套，不仅首先带来其他军镇防御薄弱问题，而且庞大的粮草需求会进一步冲击十分困难的国家财政与几乎崩溃的西北财政。虽然移民河套可以供给河套军队粮草，但从大规模征集、迁移民众，到发放生活物资、生产用具，在河套并不适宜的生态环境下开展农业种植，到最后获得粮草，所需时间、财政开支是难以估量的。西汉开垦河套便耗费了巨额财政。"兴十万余人筑卫朔方，转漕甚辽远，自山东咸被其劳，费数十百巨万，府库益虚"，〔1〕而且最终获得粮草是否能够满足军民所需，也是存在极大风险的。这其中便包括耕种容易导致沙化，而不能再次耕种情况的发生。〔2〕数十万军民所需一旦无法满足，他们的生存便面临巨大问题，这一处于明朝、蒙古中间地带的，拥有军事力量的庞大人群一旦鉴于生存问题，铤而走险，明朝将面临对政

〔1〕〔汉〕司马迁：《史记》卷30《平准书第八》，第1421－1422页。刘磐修对西汉开发河套的财政支出进行了全面考察。"汉代为开发河套投入了巨额的财力和物力。移民费用是汉代国家在河套经济投入的第一大项。迁往河套的移民多为'关东下贫'，他们因天灾人祸而一贫如洗，迁往河套的费用要由国家全部承担。这些移民是应募而往，其招募费、行装费、安家费及前几年的生活费，几乎全由国家发给，因此开支巨大。……移民到达目的地后，国家不仅授予土地，建造房屋，而且还给食粮、耕牛、种子等生产生活资料。……兴修水利和筑城的工程费用，是汉代国家在河套经济投入的第二大项。……军事屯田和安置归附匈奴为第三和第四大项，两者的费用估计与筑城费用相近，约百亿钱。以上各项开支相加，总额约在700亿左右。……西汉河套大规模开发持续100年，诸项开支总额700亿是接近实际情况的。汉代对河套的经济投入主要集中于汉武帝时期，巨额开支造成国库空虚。武帝时实行算缗告缗之法，增收财产税、商税和车船税，其收入主要用于河套开发。"参见刘磐修：《汉代河套开发中的政府行为》，载《内蒙古社会科学》（汉文版）2007年第4期。

〔2〕"在没有灌溉的地方仍然有农业活动，但收成不稳定，开垦后两三年土壤肥力大为降低，只好撂荒或弃荒。又因雨量年变率大，常常几年连续湿润，在沙丘上造林种草取得成功，旱作也取得较好的收成。但遇连续几年干旱时，甚至连许多湖水都会干涸。在干旱年代，往往草类枯死，土壤加速沙化，肥力大大降低，甚至已固定的沙丘都变为流沙。"参见北京大学地理系等：《毛乌素沙区自然条件及其改良利用》，第156页。"在不宜农耕的缺水或无水荒漠草原上开垦且不追加土壤肥力，一般三年就得弃地再开，而不能再耕的土地，往往变成牧草稀疏的严重退化草场，甚至变成明沙。例如四十年前开垦的撂荒地，草场植被至今仍未恢复，成为不毛之地。"参见肖瑞玲、曹永年、赵子恒、于永：《明清内蒙古西部地区开发与土地沙化·乌拉特中旗草原沙化调查报告》，第209－210页。"鄂托克旗北的新召地，叫阿山，当时都是非常好的草场。但开了后都只吃一年，后来宁夏大批（移民）逃荒到伊盟要麦子，都植了一年，第二年全部沙化。沙子上有一层土，大量的开荒，什么也没留，就是留上一点也解决不了问题，把那层草一去就完了。"参见肖瑞玲、曹永年、赵子恒、于永：《明清内蒙古西部地区开发与土地沙化·暴彦巴图访谈录》，第241页。

权构成极大威胁的政治问题。即使移民屯垦取得了成效，但一旦北部边疆防御不利，河套耕垦成果也会很快付诸流水，并不能起到长久地巩固边防之作用。蒙思明对汉、唐河套开垦故事之论述，便已充分证明了这一点。[1] 对于移民河套之巨大风险，《延绥镇志》（万历）称："犁庭扫穴，故自美谈；拓土开疆，亦非浅略。然此必有非常之人，得非常之时，遇非常之主，而后当徐徐图之。若一旦逞雄谈、喜幸功，欲以襟山城而沼九曲，光旧物而耀新封，窃虞乎不必然也。夫河套与松山不侔，流夷与止虏迥异。毋论套旃众而驻牧久，不能电驱而风扫之，即使草木皆兵，腥膻受逐，势必随时而防，列城而守，则版筑工徒能具瞬息乎？屯戍士卒何从行伍乎？自上郡移榆中，数百里已荒落，一旦移河外，地广人稀，何以实之？夫以必争之地，企偶幸之天。瓦注非巧，噬脐何及？"[2] 明末著名地理学家王士性亦明确指出："河套虽古朔方之地，但汉唐来弃之已久。起宁夏至黄甫川，黄河北绕二千五百里即南，自川至定边亦一千三百里，以围径求之，当得纵横各一千二百里余。其中皆芜野荒原，惟虏可就水草住牧，安得中国人居之？即迁人实之，从何得室庐耕作？所谓得其地不足田，得其人不足守，幸而曾议不成耳。即成，费国家金钱数百万，取之终亦必弃，为虏复得。"[3]

秦汉、隋唐时期，中原王朝建都关中，虽然移民河套费用巨大，但鉴于这一地区是首都军事屏障、北疆战略核心，因此举全国之经济力量，以完成这一政治任务。故而中古以前河套之屡被开发，实根源于这一时期西北边疆的时代特征。蒙思明指出："历代之所以移民河套戍兵屯田不遗余力者，则以中国的外患常在西北，河套实西北的屏障，国防所系；倘能大事开发，则可以当地的人力物力捍御外侮。既可以保卫边陲，又足以省国库之支出，这是河套之开发历来皆为政府所重视的原因。"[4] 近世时期，中国古代北部边疆重心即转向东北边疆，对于河套

---

〔1〕蒙思明：《河套农垦水利开发的沿革》，载《禹贡》（半月刊）1936 年第 6 卷第 5 期。

〔2〕〔明〕郑汝璧等修，〔明〕刘余泽等纂，陕西省榆林市地方志办公室整理：《延绥镇志》（万历）卷 6《河套 · 经略河套考》，第 492 页。

〔3〕〔明〕王士性：《广志绎》卷 3《江北四省》，第 52 页。

〔4〕蒙思明：《河套农垦水利开发的沿革》，载《禹贡》（半月刊）1936 年第 6 卷第 5 期。

之开发兴趣相应减少。明朝亦处东北边疆时代,先后建都东南、东北,河套地区在战略版图中,已处“差缓地带”与“次后地区”。仁宣以后,明朝便在边疆政策上秉持边疆收缩政策,伴随撤离阴山边疆之步伐,河套最终成为蒙古突破明朝防线之缺口,从而使明朝在北部边疆战略上处于劣势。虽然明朝有部分官员扭转收缩边疆政策下的北部边疆战略劣势之时代风气,但当时明朝“内政优先边防”的政治文化与边防主体力量,皆基本满足于保守蒙古入套后所压迫而成的榆林防线,故而作为搜套后续举动之政治举措便基本未获得支持,而销声匿迹了。

因此,搜套军事胜利之后,河套地区生态环境既不便于明朝实行大规模移民河套、实行固定统治,明朝当时的军事与财政实力也无力支持、保障这一政治行为的实施,而地缘政治的变迁与政治文化的影响则从根本上使明朝在当时的国内背景下,缺乏举全国之力、实现固定统治的政治愿望,甚至亦未采取北部边疆常用之军事屯驻方式,而仍保持不断内缩边疆的既定事实。搜套军事胜利之后的河套地区,仍然被明朝定位成与蒙古之间的过渡地带与军事边疆。尽管后来明朝官员多次表达收复河套、固定统治之愿望,但明朝一直未采取这种行动。比如李东阳奏:

> 往时屡有建议,欲复守东胜,因河为固,东接大同,西接宁夏,以为声援者,事不果行。或以为虏众在内,未易深图。或以为中界沙地,馈运艰继。或以为创立城堡,民力不堪。盖分地出镇,止限本区,边事之无远虑,其虑亦在乎此受命出征,不逾年岁,谁肯任此事者。臣谨按张仁愿城受降,乘默啜之虚;范仲淹城大顺,籍游兵之力。大顺固不必论,受降远在河外,尚不闻缺食之困,必有其说。今宜专委大将一人,统领边事,训厉士卒,使贼势挫衄,乘间而入,何患无时?节财省用,假五年之积,何患无费?去内边之给,并力外供,俟成屯田,渐省其半,何患无食?七年之病,三年之艾,苟为

不畜，终身不得，一劳永逸，以为长久计，惟此为宜。[1]

不过，明朝虽然未自上而下，由官方组织移民河套，但明代西北民众在灾荒冲击之下，在包括陕北在内的西北社会边疆化、军事化历史进程进一步加剧社会动荡、生活困苦影响之下，不断脱离控制力逐渐弱化的社会机制，或者南下进入群山地带，成为荆襄叛乱民众的一部分；或者不时北上，自发地迁入河套。成化二年（1466），延绥纪功兵部郎中杨琚奏："近有百户朱长年七十余，自幼熟游河套，亲与臣言套内地广田腴，亦有盐池海子、葭州等民多出墩外种食。"[2]弘治时期，陆容撰《菽园杂记》，指出："前时夷人巢穴其中，春深才去。近时关中大饥，流民入其中求活者甚众，逾年才复业。则是非不可以驻牧耕种地也，当再询其所以。"[3]耕牧河套的汉族民众不仅受到明蒙战争之威胁，而且时常遭受自然灾害之冲击，生存较为困难，遂投靠鞑靼，成为上文所述归附毛里孩汉人之一部分，也是明代北部边疆在族属上属于汉族，在经济、文化涵合蒙汉，在政治上归附蒙古之"板升"中间人群的一部分。明代汉人叛逃草原、归附蒙古现象十分突出。

"临边幸民，往往逃入虏地，盖其饮食语言既已相通，而中国赋役之繁，文罔之密，不及虏中简便也。虏法虽有君臣上下，然劳逸起居，甘苦与共，每遇徙落移帐，则胡王与其妻妾子女皆亲力作，故其人亦自合心勇往，敢死不顾。干戈之暇，任其逐水草畜牧自便耳，真有上古结绳之意。一入中国，里胥执策而侵渔之矣。王荆公所谓'汉恩自浅胡自深'者，此类是也。"[4]

至迟在成化初年，河套周边已有汉人叛逃者。"国初，驱套人出黄河外。至正统中，始渡黄河犯近边。天顺以来，东西边险不得逞，乃悉众寇延庆间地，几失。后又获向导，饶水草，蓄牧屯聚不散。"[5]"成化初，

---

[1]〔明〕陈子龙等：《明经世文编》卷54《李西涯文集 · 西北备边事宜状》（李东阳），第420页。

[2]〔明〕刘吉等：《明宪宗实录》卷27"成化二年三月己未"条，第537页。

[3]〔明〕陆容撰，佚之点校：《菽园杂记》卷8，第94－95页。

[4]〔明〕谢肇淛：《五杂俎》卷4《地部二》，第1563－1564页。

[5]〔清〕谭吉璁：《延绥镇志》（康熙）卷3－4《名宦志下 · 明》，第372页。

阿罗出结乩加思兰,孛罗忽结毛里孩,出入河套。我汉人被虏去及罪人走塞外者又为之向导,遂攻堡围墩,深入内郡,杀掠人畜。"[1]正是出于防止汉人入套成为中间人群之考虑,明朝从而禁止西北民众进入河套。成化六年:

乙亥,兵部尚书白圭等议户部郎中万翼所言边事。其言故事边境封疆之外,军民不得擅出耕牧。迩岁守边诸将乃私令军士于界外开种沃地,于各堡分收头畜,招寇虏掠,因粮于我。欲令巡按御史行边禁约,宜移文延绥镇守诸官禁之,违者听巡抚、巡按奏治。其言山东逃民见在神木、葭州诸边营堡耕牧,致生边隙。俟无事之时,欲审其籍贯,给以口粮,省令复业。有居处成家,愿编军伍者听。宜移文巡按并三司分巡官如所拟行之。……上皆是之。[2]

但一直未能对其完全控制。鞑靼从而依托河套这一"过渡阶梯",招徕汉人,不仅以之开展农耕从而弥补游牧经济之单一,而且纳入军队,借助其对汉族地区之了解,频繁进攻明朝西北防线,从而大为加剧了明朝、蒙古之间的战争。鞑靼借此不但在一定程度上改善了自身经济条件,壮大了自身军事实力,巩固了在西北边疆的战略优势,而且对明朝西北社会形成愈来愈重的压力,从而逐渐加深了明朝西北社会尤其陕北社会的边疆化、军事化社会程度,使这一地区长时期保持了高风险与不安定的社会机制。

7.5 小结

包括陕西北部、山西、河南西北在内的西北地区,成为成化时期"搜套"军事行动的财政负担者。由于这一区域处于半干旱向干旱过渡地带,降水较少,加之地处黄土高原丘壑纵横地带,灌溉不利,实为生态脆弱地区与经济落后地带,因此很快便陷入财政危机、社会动荡局

〔1〕〔明〕郑晓:《皇明北虏考》,载薄音湖、王雄编辑点校:《明代蒙古汉籍史料汇编》第1辑,内蒙古大学出版社2006年版,第207页。

〔2〕〔明〕刘吉等:《明宪宗实录》卷80"成化六年六月乙亥"条,第1569-1571页。

面。在这其中,榆林地区不仅灾害频发,而且遭到毛乌素沙地的侵蚀,可以耕种的粮食种类较为有限而原始,当地大量驻军只能借助外调粮食。西北地区作为生态环境脆弱地带与军事战争重心地带之重合地区,体现了中国古代北部边疆政治实践与生态环境,或者说政治与地理之间长期、根本的矛盾与冲突。这也是中国古代北部边疆一直游移于汉民族、北方民族之间,中原王朝难于建立对北方民族长期、固定优势,北方民族反而不断南下打乱中原王朝正常进程的政治地理根源。这一根本性的冲突,体现了地理环境对历史进程的长期、决定性影响,也是核心边疆在中国古代历史中所呈现的重要面相。

在以军事成功作为部门利益的兵部的坚持之下,户部竭力为搜套军队提供粮草供应,所采取方式除地方拨运、中央拨银、内廷出资、开中盐引等传统方式之外,还以其他部门补助户部的“部门调剂”之法,通过变通吏部、刑部制度,从而缴纳粮草、纳官免罪,以增加粮草供应。在这些方式皆未能填补财政亏空的情况下,兵部进一步建议实行赋税预征方案,从而导致西北地区出现大面积民众流徙、社会动荡局面,加速了民众向内流入荆襄地区,导致“荆襄之叛”与向外流入河套,与毛里孩等鞑靼部落相结合的进程。在这一政治背景之下,搜套军事行动长年无功,兵部地位与权势从而下降至“土木之变”后最低点,户部以节约财政为部门利益,聚合各种节约财政、反对搜套之舆论,不断提出中止搜套之主张。成化十年初春搜套的幸运成功,则缓解了这一政治斗争局面。

搜套军事胜利之后,明朝并未按照当时部分官员所倡导之移民河套、沿河布防、收复东胜、恢复旧疆之主张,进一步固定控制河套,而是转向解决西北财政危机、安定西北社会之上。明朝之所以采取这一做法,不仅在于搜套军事行动与西北社会安定之间长期矛盾激发的时代背景下,“内政优先边防”政治文化弥漫开来,而且也在于兵部、户部威势消长对于明代政治斗争的影响。而河套地区沙漠化的生态景观、寒冷的气候条件皆使移民河套存在巨大的不便与困难。明代河套在东北边疆时代战略地位的下降,仁宣以后明朝边疆收缩政策,皆使明中期主流边疆观念秉持撤离阴山边疆之后的边疆内缩政策，并未有固定控制河套、政治统治之愿望，而仍将河套视为与蒙古之间的过渡地带与军事边疆，从而将河套防线固定于榆林一线。部分官员所主张之收复河套、恢复旧疆之开拓边疆做法，只是明前中期在北部边疆与蒙古战略劣势压迫下的一种反抗与勃兴，并非明代主流防御文化。

明朝虽然未自上而下，由官方组织移民河套，但明代西北民众在灾荒冲击之下，在包括陕北在内的西北社会边疆化、军事化历史进程进一步加剧社会动荡、生活困苦影响之下，不断脱离控制力逐渐弱化的社会机制，或者南向进入群山地带，成为荆襄叛乱民众的一部分；或者不时北上，自发地迁入河套。鞑靼从而依托河套这一"过渡阶梯"，招徕汉人，不仅以之开展农耕从而弥补游牧经济之单一，而且纳入军队，借助其对汉族地区之了解，频繁进攻明朝西北防线，从而大为加剧了明朝、蒙古之间的战争。鞑靼借此不但在一定程度上改善了自身经济条件，壮大了自身军事实力，巩固了在西北边疆的战略优势，而且对明朝西北社会形成愈来愈重的压力，从而逐渐加深了明朝西北社会尤其陕北社会的边疆化、军事化社会程度，使这一地区长时期保持了高风险与不安定的社会机制。

8　西北巡抚系统政治利益与榆林明长城立体防御体系的构建

8.1　绪论

通过上文论述可知，无论是营堡纵深防御体系，还是“搜套”攻势防御体系，皆在仁宣以后明朝边疆收缩政策的大背景下，在蒙古逐渐由阴山走廊进入河套地区之后，顺应了明朝在北部边疆的战略劣势与防线内徙，从而皆将明朝河套防线定位于榆林一线。在这一军事背景下，营堡纵深防御体系所存在的防御漏洞，与西北巡抚主张保境安民之政治立场，皆从技术与政治两个层面，催生了直接御敌于国门之外的榆林明边墙防御方案。这一方案由于符合节约财政、保障内地安全之要求，得到了户部、西北巡抚系统的支持；搜套军队系统由于常年搜套无功，为避免承担罪责，亦逐渐转向这一防御立场。虽然兵部出于军事立场，多次反对这一方案，但在宪宗的最后决策之下，榆林边墙方案最终获得通过。榆林边墙防御体系强调利用陕北地形特征，直接抵御鞑靼于边境之外，与现代军事学中的“前沿防御”（forward defense）理念较为契合，可称之为“榆林边墙前沿防御体系”。但榆林边墙防御体系并不等于榆林长城防御体系，后者是边墙、营堡、城寨、墩台之共同组合，相应是立体、动态之防御体系。榆林明长城防御体系作为明中后期抵御河套蒙古长期有效之方案，在明中后期北部边疆防御中，具有示范意义。

虽然明朝自洪武时期开始，便有长城各种设施之修筑，正统时期更在辽东大规模修筑长城，但由于终明一代，兀良哈只是充作蒙古南下之侧翼，因此辽东长城之筑，并未在朝廷引起太大争议。与之不同，成化时期，由于进入河套的鞑靼突破了整个西北边疆防线，从根本上改变了明蒙战略态势，从而给明朝朝野形成了巨大的震动。围绕如何解决河套问题，明朝很多部门都加入了多种边防方案的争执与辩论，最终确定了榆林明长城方案，并为九边其他地区不断模仿，成为明中后期长城防御体系的模板。但河套问题并未因此而解决，明朝相对于蒙古之战略劣势亦愈来愈重，相应后世关于榆林长城乃至整个九边长城是否有用，榆林长城在明中后期边防格局演变中扮演了什么角色，存在着巨大的争论，榆林长城相应成为后世长城修筑议论最多之焦点话题。因此可以说，虽然榆林长城并非最初修筑之明长城，但却成为明中后期长城修筑与观念之模仿与争论源头。

明代九边长城军镇遂普遍构建长城防御体系，影响了整个北部社会与明朝国运，与同一时期欧洲的“大航海时代”、亚洲西端的“伊斯兰东扩”形成鲜明对比，因此可将榆林明长城的修筑视为明中后期“明长城时代”的开启。但长城防御体系作为被动的军事方案，无力主动解决北部边疆战略劣势，鞑靼从而借助核心边疆之“过渡阶梯”，在北部边疆完全确立了战略优势，并向明朝北部社会施加了愈来愈重的压力，最终促使明朝西北社会在边疆化、军事化社会机制之下，发生内部动乱，而明朝亦因之灭亡。

8.2　延绥镇巡抚设立、政治利益与成化七年户部系统余子俊任职

仁宗时期，明朝因国力衰退、财政匮乏，在国家政策上与永乐时期偏重军事征伐不同，开始转向内政建设。在这一时代背景下，明朝遂呈现复兴文治时代潮流，文官在中央的地位、权力逐渐提升，甚至开始进入地方军事领域，以参赞、管屯、督饷、镇守、巡抚等名义，逐渐掌握地方军队文书、屯田、粮饷、监察之权。在这一潮流之中，九边长城军镇由于拥兵甚重，成为明朝重点派遣文官、管理后勤、制约武将的地区，各种名目之文官外巡形式逐渐汇聚、融合而为巡抚制度。明前中期九边长城军镇遂呈现以文制武格局。可见，与镇守总兵官相比，明代北部边疆各

镇巡抚职责广泛，偏重于后勤与监察权力。

英宗即位之初，延绥地区始设置整饬边备文官。“升行在河南道监察御史郭智为行在都察院右佥都御史，命往绥德、延安，同守备都指挥佥事王永整饬边备，俱降敕谕之。”〔1〕但数月后郭智便离任。“命右佥都御史郭智参赞宁夏军务。”〔2〕“都御史郭智，初为监察御史，以正直廉干，用荐者升都御史，俾守绥德。抚民驭军，镇遏有方，众咸称之。朝命参赞征西军事。”〔3〕改由陕西按察副使周廉管理民政与后勤事务，〔4〕而陕西镇守文官则监临其上。“正统三年，又去副使不设，以镇守陕西右副都御史陈镒往来提督之，继者为右佥都御史王公翱。大臣之行边者，自二公始。已而更革不常。”〔5〕但一年之后，即正统三年(1438)，周廉便被劾离任。〔6〕此后的两年多时间内，武将单独管理延绥事务，直到正统六年(1441)延绥协赞文官设置。

正统六年二月戊辰朔，命陕西按察司副使陈斌协赞延安绥德军务。先是，镇守陕西右副都御史陈镒奏延安等处，先有按察副使周廉兼理边务，官军畏法，莫敢轻犯。近者廉缘事去官，止存都指挥王祯在彼督守。事多专制，人情稔熟，以致指挥郑宣等大肆贪婪酷暴。乞仍推选副使或佥事一员，往与祯相兼莅事。上命行在兵部推选。至是，兵部以斌名闻，故有是命。〔7〕

十月，陈斌请求直接统率部分士兵，被朝廷拒绝。

协赞延绥军务陕西按察司副使陈斌奏：“延安、绥德寨堡虽

---

〔1〕〔明〕陈文等：《明英宗实录》卷10“宣德十年冬十月丁未”条，第911－192页。

〔2〕〔明〕陈文等：《明英宗实录》卷14“正统元年二月庚子”条，第250页。

〔3〕〔明〕朱栴撰修，吴忠礼笺证，刘忠芳审校：《宁夏志笺证》卷上《名宦》，第149页。

〔4〕“辛卯，升行在广西道监察御史周廉为陕西按察司副使。时廉巡按陕西，镇守右副都御史陈镒上疏，荐其在官明慎，故有是命。”参见〔明〕陈文等：《明英宗实录》卷32“正统二年秋七月辛卯”条，第626页。《明英宗实录》便载周廉负责烟墩事务与弹劾武将，参见〔明〕陈文等：《明英宗实录》卷39“正统三年二月己卯”条，第762－763页；参见〔明〕陈文等：《明英宗实录》卷42“正统三年五月丁亥”条，第814页。

〔5〕〔清〕谭吉璁：《延绥镇志》(康熙)卷6《艺文志·记·明·巡抚延绥都察院题名记》(姚鏌)，第542页。

〔6〕〔明〕陈文等：《明英宗实录》卷46“正统三年九月庚子”条，第895页。

〔7〕〔明〕陈文等：《明英宗实录》卷76“正统六年二月戊辰朔”条，第1481页。

多,而相去远。设若有警,都督佥事王祯所领官军止可截杀一处。乞将原调西安左等卫,及各寨官军、旗舍、余丁五百名与臣,随操巡哨。若遇贼寇,臣与祯分投督兵剿杀。"上曰:"斌只依原敕赞理军务,若遇巡边,拨军防护,回日仍前操练。"〔1〕

正统七年(1442),陕西镇守文官不再提督延绥军务后,延绥协赞文官开始获得较多自主权。陕西镇守武将郑铭奏:"其延安、绥德等处凡军机事务,悉听陈斌、王祯等协同整理,庶得事体归一。"朝廷接受了这一建议。〔2〕 正统十二年(1447),明朝始专设参赞军务,驻于绥德。

正统十二年,复擢前任榆林监察御史马公恭为右佥都御史,参赞军务,始专制延庆二府军民事矣。马公前后凡七年,以老去,乃以右佥都御史陆公矩莅焉。俄又以大理寺左少卿曹公琏更为之,皆驻绥德,以控边陲,亦未有定设也。〔3〕

《明史》载景泰元年,延绥镇已设巡抚。"巡抚延绥等处赞理军务一员。宣德十年,遣都御史出镇。景泰元年,专设巡抚,加参赞军务。"〔4〕其实景泰时期延绥文官尚未有巡抚名目,而只是完成了从协赞至参赞的发展,标志着延绥外巡文官脱离了陕西镇守文官的节制,而独立负责延绥事务,从而反映出延绥地位逐渐提升之趋势。景泰四年(1453)时尚为协赞。"命浙江道监察御史练纲协赞陕西延绥等处军务。纲自陈名轻责重,乞升佥都御史,庶可厌服人心。帝曰:'升官岂可自求? 不允。'遂寝其命。"〔5〕景泰六年则改为参赞。"升陕西按察司副使曹琏为大理寺左少卿,参赞军务。"其职责为:"凡彼边务有未便者,会议停当,从长处置。遇有贼寇,率军剿杀。屯田、士卒时常巡视,务使军威振肃、边境清宁。"〔6〕天顺二年(1458)巡抚复设之潮流中,延绥镇参赞始改为巡

〔1〕〔明〕陈文等:《明英宗实录》卷84"正统六年冬十月戊寅"条,第1675页。

〔2〕〔明〕陈文等:《明英宗实录》卷88"正统七年春正月庚辰"条,第1767页。

〔3〕〔清〕谭吉璁:《延绥镇志》(康熙)卷6《艺文志·巡抚延绥都察院题名记》(姚鏌),第542页。不过《国朝典汇》记载:"景泰元年,以都御史赞理军务,遂为定制。"参见〔明〕徐学聚:《国朝典汇》卷55《督抚建置》,第3839页。

〔4〕〔清〕张廷玉等:《明史》卷73《职官志二·总督巡抚》,第1777页。

〔5〕〔明〕陈文等:《明英宗实录》卷234"景泰四年冬十月丁未"条,第5115页。

〔6〕〔明〕陈文等:《明英宗实录》卷250"景泰六年二月己亥"条,第5422页。

抚,并徙于榆林。[1] 因此《明史》所载景泰年间延绥镇巡抚移于榆林,亦属误载。[2] 延绥镇巡抚遂正式设立。官衙也在这一时期修建。“都察院。总督府东,天顺中置。”[3]

与其他军镇一样,延绥镇巡抚最初职责亦在后勤与监察。与镇守总兵官专门统率军队、负责边防事宜不同,巡抚更多地强调负责后勤供应、军民管理与社会安定。但明中后期九边长城军镇巡抚呈现了“军事化”倾向,先后获得令旗、令牌,与镇守总兵官一起节制军队、统率作战。弘治以后,伴随治所北移,延绥镇巡抚职权亦呈现由内政向边防倾移。“弘治间,复用御史陈瑶议,以延庆州县尽属于陕西之巡抚,而延绥巡抚专责之巡边,事权已不无稍异,敕谕犹以巡抚延绥为名者,仍其旧也。”[4]相对于综管军民之他镇巡抚,延绥镇巡抚权力较轻,直至嘉靖四年(1525),始复兼理延、庆二府民政。

> 升都察院右佥都御史李如圭为右副都御史,巡抚延绥,兼理赈济。先是,延绥巡抚缺,已推左布政使胡忠,有成命矣。御史王仪言忠非应变材,乞行改任。都给事中夏言因言:“皇上忧悯元元,发帑赈贷,但所司往往虚费,惠不下究。臣闻延绥都御史旧止管该镇军马,权力甚轻,一应钱粮俱仰给陕西巡抚处置,坐是略无储备,故狼狈至此。乞特敕廷臣一人,赍帑金赴该镇,设法和籴,务济时艰。”因荐如圭有经济才,可用。吏部请即令如圭巡抚,一事权。兵部复请兼理延庆二府有司民事。诏悉从之。[5]

嘉靖前期延绥镇巡抚职权为:

> 训练兵马,整饬边备,防御贼寇,督理屯田、粮草、备荒、水利。衣甲、器械务要齐备、锋利,沿边各城堡、墩台、壕堑照依榜例督令,

---

[1]〔明〕郑汝璧等修,〔明〕刘余泽等纂,陕西省榆林市地方志办公室整理:《延绥镇志》(万历)卷3《纪事》,第223页。

[2]〔清〕张廷玉等:《明史》卷186《雄绣传》,第4936页。

[3]〔明〕郑汝璧等修,〔明〕刘余泽等纂,陕西省榆林市地方志办公室整理:《延绥镇志》(万历)卷1《舆图·延绥镇图说》,第107页。

[4]〔清〕谭吉璁:《延绥镇志》(康熙)卷6《艺文志·记·明·巡抚延绥都察院题名记》(姚镆),第542页。

[5]〔明〕张居正等:《明世宗实录》卷112“嘉靖九年四月癸未”条,第2672-2673页。

以时修整,粮草务必充足。尤须抚恤士卒,禁约管军头目,不许贪图财利,科兑下人,役占军余,私营家产。违者,轻则量情发落,重则奏闻区处。一应军务事情,悉听便宜处置。该与镇守总兵官公同者,公同从长计议而行。[1]

值得注意的是,延绥镇巡抚并无节制武将系统的权力,但明后期伴随巡抚军事化,亦逐渐获得这一权力。

弘治以前,延绥镇巡抚以安定军民为职责,相对于强调战功之总兵官为代表的武将系统,延绥镇巡抚更强调社会安定。而社会安定取决于两项因素,一为减少兵乱,这是巡抚与总兵官在边防事务中利益一致之处;二为财政平衡,这是巡抚与总兵官在边防事务中矛盾冲突之处。总兵官强调在军事作战中消灭敌人,而按照明制规定,行军作战需要在给予士兵月粮之外,进一步增加"行粮",这相应会导致地方财政负担的增加。不仅如此,野战虽致力于消灭蒙古骑兵,但明中后期基本采取境内作战的方式,利用营堡纵深防御体系,发挥自身长处,扼制蒙古骑兵,但这相应导致内地社会不断遭受蒙古骑兵的抢掠。因此,明代九边长城军镇巡抚更倾向于御敌于边境之外,从而尽量减少内地军民财政损失。

不仅如此,由于巡抚主要负责军镇后勤,因此管理钱粮成为其主要职责。相应,出身户部的官员外放之后,多任职巡抚。兵部、户部在中央之部门对立,相应演变为总兵官、巡抚在军镇之对立。当然,这只是就大体形势而言,具体情况则随着时代之变化,差异很大。不过整体而言,伴随明代九边长城军镇军事防御形势日益严峻、财政问题日益突出,军镇巡抚的财政管理内涵日益增加。这通过成化初年吏部、户部关于延绥镇巡抚任职标准与人事权力的争夺可以看出。

在成化初年"搜套"战争背景之下,吏部、户部二部长官围绕陕西巡抚人选发生了激烈争执。

户部尚书年富奏乞致仕,不许。时富以陕西边储供给繁重,务

[1]〔明〕魏焕辑:《皇明九边考》卷7《榆林镇·责任考》,第76-77页。

在得人，欲黜左布政使孙毓，而进右布政使杨璇、左参政娄良、西安府知府余子俊。吏部尚书王翱因言富侵己职，且擅注拟，当下于理。上命孙毓致仕，而不问富。富复奏："人之贤不肖，非吏部一二人所周知，必须广延众论、博采群议，庶合公论。臣进贤为国，触怒吏部。况衰老，智识昏愚，乞放归田里。"上素重富，谕曰："朕已知卿本心，勿因此小故求退。"〔1〕

年富亦因此气病而死。"忿翱专恣，疽发而卒，年七十。"舆论对年富颇为同情。"闻者深惜之，而咎翱之专愎云。"〔2〕

虽然朝廷舆论颇站在年富一边，但从宪宗倚重年富，却在其遭到吏部弹劾后，仅称明其本意，而未表达支持态度来看，从制度而言，年富荐举官员，应有所不妥。这一情理与制度之违和，根源于明初国家体制设计的六部分权互制格局。朱元璋出身贫寒，在"小农政治意识"下，为防止元代中书省权大现象再现，维护皇帝绝对权威，在洪武十三年(1380)，借"胡惟庸案"废除中书省、权分六部。与中书省汇总天下政务，具有决策权力不同，六部只是政务处理机构，皆独立负责与部门相关之政务处理，并将初步处理意见上报皇帝，由皇帝最终决策。在这一新中枢政治体制之下，六部是地位平等的行政机构，彼此独立、各司其职，皆直承皇帝、下统地方，是为六部分权之制。"高皇征古防隙，分列六卿，不相统压，第以台谏夹持之。"〔3〕与此同时，由于政务内容常涉及不止一个部门，因此六部在实际政务处理中，又有互相交叉、彼此制约之现象，是为六部互制之制。在六部分权互制模式之下，六部既泾渭分明，但又有联系。明朝亦有意保持六部之间这种微妙的制衡关系，以避免一部坐大、威胁皇权现象之发生。六部之间因此时有彼此颉颃之事的发生。"六部属官，礼部以清秩，与吏部相近，压居户部之前，每每争执，可笑。闻近日兵部亦压户部，工部又欲压刑部，益可骇。"〔4〕

〔1〕〔明〕刘吉等：《明宪宗实录》卷3"天顺八年三月庚申"条，第77－78页。

〔2〕〔明〕刘吉等：《明宪宗实录》卷4"天顺八年夏四月乙巳"条，第111页。

〔3〕〔明〕范钦著，袁慧点校：《范钦集》卷23《赠济寰杨明府应召序》，浙江古籍出版社2012年版，第406页。

〔4〕〔明〕朱国桢：《涌幢小品》卷8《部属凌压》，上海古籍出版社2012年版，第144页。

以吏部为例。六部之中,吏部居六部之首,既以《周礼》"冢宰"为标榜,又独专选官之权,故而权势最大。"国家昉《周礼》设六卿,以太宰为之长。六卿以下,太宰得推举之。太宰贤,则六卿皆贤,百司庶府因之奉公守职,天子可以垂拱而治,任至重也。"[1]但由于天下官吏众多,吏部难以逐一甄选、识拔,因此明朝广泛地赋予一定级别以上的官员荐举官吏之权,吏部在此基础上选出人选,由皇帝最终裁定。可见,吏部选官之权是封闭与开放之统一。不仅如此,由于地方官吏职责广泛,与六部皆有关涉,因此吏部在官员选拔标准制定上,实际与六部皆有关联。比如地方官吏考核标准以钱粮为主,吏部选拔官吏时,便应考虑其财政管理能力,而这便与户部职责有所联系。只不过鉴于六部分权之格局,尤其吏部居六部之首的地位,正常时期其他五部在选官之时,多避免直接干预选官标准、人选,以避免造成越职专权之印象。年富颇为耿直,"廉正强直,始终不渝",[2]鉴于搜套军事行动所造成之西北地区财政危机,为加强财政管理与供应,他直率地指出在选择巡抚时,重点考察其财政能力。虽然他的立场出于为公、主张亦洞察情势,但从制度而言,实触及了吏部独专选官之权、六部互制结构,这便是王翱对其加以弹劾,宪宗亦无法对其维护之政治根源。

但另一方面,年富越位之论充分反映了明中期西北地区战事不断、财政困难之时代背景下,与天顺时期王越以武才被英宗钦点为大同镇巡抚相似,西北巡抚选择标准呈现了向财政能力倾斜之取向变化。成化八年(1472),户部虽同意了兵部预征赋税方案,但却借机在西北巡抚选拔中进一步增加发言权。"壬午,改礼部右侍郎雷复为都察院右副都御史,巡抚山西,起复丁忧右副都御史陈濂巡抚河南。户部奏:山西、河南连年灾伤,人民疲敝已极,又闻虏寇深入,变恐不测,宜仍旧例,遣官巡抚,故有是命。"[3]而吏部在此特殊局势之下,应鉴于年富故事,

---

〔1〕〔明〕赵志皋撰,夏勇点校:《赵志皋集·赵文懿公文集》卷2《奉贺太宰栗庵宋公七袠叙》,浙江古籍出版社2012年版,第51页。

〔2〕〔清〕张廷玉等:《明史》卷177《年富传》,第4705页。

〔3〕〔明〕刘吉等:《明宪宗实录》卷101"成化八年二月辛巳"条,第1964页。

对户部进言之举亦不再表示反对。余子俊于成化七年(1471),最终迁任延绥镇巡抚。"辛卯,以浙江左布政使余子俊为都察院右副都御史,代王锐巡抚延绥地方。"[1]

余子俊,字士英,四川青神(今四川乐山市夹江县青州乡)人,[2]景泰二年(1451)中进士后,得授户部主事。[3] 明代六部七卿所属官员除少部分在本部门平流进取之外,大多数官员在积累一定资历之后,皆外放为官。由于明代中央、地方部门呈现对等、纵向关系,比如在地方官府皆设六科,分别负责向六部奏报事务。而地方官职之设置,也多呈现与六部对等之关系。因此六部外放官员多于本部门对应之地方机构,而仕进道路相应大体呈现了彼此独立、各成系统之政治取向。比如户部官员外放者,倾向于任职以管理财政为主要职责的布政司系统;刑部官员外放者,则多任职州县推官、省级按察等理刑衙门。因此之故,六部出身官员彼此相结,颇有以部门为标志,形成政治集团之政治特征。余子俊仕途经历便鲜明地体现了户部官员典型的仕进道路。

担任户部主事五年后,余子俊升任户部福建司员外郎,[4]天顺四年(1460),外放为西安知府。[5]《延绥镇志》(康熙)对其评价是:"开霁精致,有吏才。"[6]户部是明代六部之中专业技术含量较高之部门,以管理钱粮、平衡财政为职责,因此这一评价实反映了余子俊户部出身对其形成之影响。正因为余子俊为户部嫡系势力,因此宪宗即位之初,户部尚书年富举荐延绥镇巡抚时,竟不循省级官员始升巡抚之惯例,将尚任知府的余子俊列于名单之上。虽然余子俊因资历较浅,并未得任。

---

[1]〔明〕刘吉等:《明宪宗实录》卷87"成化七年春正月辛卯"条,第1691页。
[2]〔明〕李东阳等:《明孝宗实录》卷23"弘治二年二月辛亥"条,第533页。
[3]〔明〕陈文等:《明英宗实录》卷211"景泰二年十二月壬辰"条,第4554-4555页。
[4]〔明〕陈文等:《明英宗实录》卷268"景泰七年秋七月庚寅"条,第5687页。
[5]〔明〕陈文等:《明英宗实录》卷312"天顺四年二月丁丑"条,第6554页。
[6]〔清〕谭吉璁:《延绥镇志》(康熙)卷3-4《名宦志下·明》,第372页。

但其在西安知府任上，颇有政声，比如修筑水渠。[1] 此后，余子俊历任布政司系统之陕西右参政、右布政使，浙江左布政使，皆以管理财政为主要职责，[2] 最终升任延绥镇巡抚。

8.3 成化时期西北巡抚反对“搜套”立场与其提出的3种边墙方案

明中期搜套军事行动虽有利于搜套军队系统建立军功，但搜套长期无果导致榆林财政危机与民众流徙。营堡纵深防御体系虽然有利于武将系统依托有利地形，建立军功，但榆林人口、物资却相应容易遭受抢掠，正常生活、生产秩序不断受到影响。延绥镇巡抚由于职责在于安定社会，因此无论搜套军事行动，还是营堡防御体系，皆非符合其政治利益之防御模式。直接将鞑靼部众阻挡于榆林境外的防御模式，才最符合延绥镇巡抚之政治利益。而当时明朝北部边疆能直接御敌于境外之防御设施便是边墙。洪武时期，徐达在山海关修筑了短距离边墙，从而成为明代边墙修筑之源头。此时明朝北部边疆尚呈动态纵深格局，势力远达瀚海，因此这一边墙显然并非“边界之墙”，而是“边防之墙”。永乐至宣德时期，明朝在宣府、大同二镇陆续修筑了长距离边墙，并配合以火器，在中国古代首次实现了长城与火器之普遍结合。宣德后期，阿鲁台打通“阴山走廊”，明朝遂以边墙为界，默认与之对峙格局，边墙相应由军事边疆之“边防之墙”转变为政治边界之“边界之墙”，边墙相应成为明朝与蒙古之间的正式边界。正统时期，为抵御纳哈出，提督文官王翱沿辽河套南缘，利用辽东森林密布之特点，结栅为墙，构建了木

---

[1]“陕西城中旧无水道，井亦不多，居民日汲水西门外。参政余公子俊知西安府时，以为关中险要之地，使城闭数日，民何以生？始凿渠城中，引灞、浐水从东入，西出。环甃其下以通水，其上仍为平地。迤逦作井口，使民得以就汲。此永世之利也。”参见〔明〕陆容撰，佚之点校《菽园杂记》卷1，第6页。“出为西安知府。城中水咸，民饮之辄病，为开新渠。引山泉行地中，匝遍城市，人人便利，号‘余公渠’。”参见〔清〕谭吉璁：《延绥镇志》（康熙）卷3－4《名宦志下·明》，第372页。

[2]〔明〕刘吉等：《明宪宗实录》卷36“成化二年十一月丁酉”条，第720页；卷46“成化三年九月戊辰”条，第947页。

墙防御体系。[1] 可见,明前中期,边墙已经在黄河以东之东北边疆普遍建立,并与其他防御设施相结合,构建起结构完善之长城防御体系。

与东北边疆相比,榆林边境缺乏大规模山形依托,存在天然地理缺陷,从而为蒙古大规模进入提供了可能与空间,这也是蒙古进入河套之后,重点进攻榆林之地理根源。但由于明前期榆林地区军队较少,明朝并未于此重点修筑长城设施,而在鞑靼大举进攻榆林的天顺以后,明朝又在榆林地区不断集中兵力,大举搜套;加之修筑边墙属较大规模工程,在中国古代政治施作中,属于劳民耗财之高风险作法,[2] 故而基本是最后采取之军事方式,因此榆林地区边墙设施之构筑,反而一再延误下来。不过在成化时期搜套长期无果、营堡防御存在明显漏洞之军事背景下,延绥镇巡抚王锐出于自身政治利益考虑,首次提出在榆林地区修筑边墙。值得注意的是,王锐所倡导之边墙防御,与增设卫所、开展屯田、修筑民堡是有机结合在一起的。成化六年(1470)三月,

> 辛卯,巡抚延绥等处左副都御史王锐陈言边事。其一,增兵以守地方。谓延绥榆林城、镇羌、安边二营堡,俱系要地。城堡草创,军马单弱,难以御贼。宜于榆林城添设三卫,于镇羌、安边二营各设一卫,增兵防守。其二,设险以备边患。谓榆林一带营堡,其空隙之地,宜筑为边墙,以为拒守。其墙于墩外修筑,址广一丈,杀其上为七尺,上为垛口五尺,共高丈八尺。上积礌石,于墩下各筑小堡,可容官军护守。虽暂劳人力,而得以永为边备。其三,团堡以卫民生。谓榆林一带地方,既添兵以分守,又设险以御寇。然其军民所处,多临边塞。乞敕所司,就于居民所聚之处,相度地宜,筑为砦堡,务为坚厚,量其所容,将附近居民聚为一处。无事之时,听其耕牧;遇有声息,各相护守,则寇盗无从剽掠,地方可保无虞。事下,兵部议如所言。上曰:"添筑城堡正系守边急务,其令镇守等

---

〔1〕关于辽东木墙防御体系之构建,参见拙著《明代九边长城军镇史——中国边疆假说视野下的长城制度史研究》,第 355 – 363 页。

〔2〕"土木之役,人所惮兴。非昧于害,乐便安,惑浮议,惧生谤,恶丛怨,四者集而事不成。"参见〔明〕赵志皋撰,夏勇点校:《赵志皋集 · 赵文懿公文集》卷 2《重修泗州城记》,浙江古籍出版社 2012 年版,第 62 页。

官参酌举行，务期成功。”[1]

这通过下则史料可以进一步看出。

诏陕西延绥开屯田。先是，巡抚延绥都御史王锐言：榆林一带营堡原无额设田地，一应粮草俱系腹里人民供给，输运甚艰。请待边墙筑完之后，砦堡已立，行令陕西三司督令、营堡委官，通将沿边田地丈量分拨官军耕种。每岁秋收之后，量征谷草入官，人田百亩，征草二束。以万人计之，可得草二百万数。遇有丰收，官司量其多寡，依时价和籴，行令腹里州县，依此分数征收价银，解边收贮以备支用。上以其言有理，命户部计议以闻。至是，户部覆奏，从之。[2]

值得注意的是，王锐提出在“榆林一带营堡，其空隙之地，宜筑为边墙，以为拒守。其墙于墩外修筑”，榆林南北呈现风沙草滩区与丘陵沟壑区之地形差别，相应南部不仅并非边界地带，不宜称为“边墙”，而且地势起伏，亦不宜“修筑”，故而王锐所倡导修筑之边墙，位置应在榆林北部与河套交界一线，即后来的榆林外长城，又即“大边”长城。可进一步印证这一结论的是，王锐主张“墙于墩外修筑”。正如上文所述，明代长城防御体系之中，墩台常处最外之地，以为瞭望。王锐既主张墙于墩外，可见其所修筑边墙位置非常靠外。

在王锐设计之边墙方案中，边墙不仅具有军事阻隔功能，而且与民堡一起肩负保障军民、开展屯田之功能，以解决榆林地区脆弱生态环境、落后经济条件与军事战略核心之间的矛盾与张力，从而建立榆林地区长期自给防御体系。或者说，榆林长城不仅属军事防御体系，而且是克服西北地理缺陷之建筑设施。这也是中国古代北部边疆军事与地理长期冲突之地缘背景下，长城不断得以修筑与利用之地理根源。但明朝在具体实行时，可能鉴于搜套军事行动正在开展、西北正面临财政危机，并未修筑边墙、民堡，而仅仅建立了榆林一卫，关注重点集中在了开

---

[1]〔明〕刘吉等：《明宪宗实录》卷77“成化六年三月辛卯”条，第1492页。

[2]〔明〕刘吉等：《明宪宗实录》卷77“成化六年三月壬辰”条，第1493页。

展屯田，以满足当时榆林大量军队粮草供应。次年余子俊提出修筑墙垣方案时，兵部态度反映了王锐边墙方案之所以不获实行，与兵部之反对立场直接相关。

鉴于搜套军事行动导致陕西财政危机与社会动荡，四月，陕西巡抚马文升亦明确表达了应对河套蒙古的军事防御立场。

> 榆林边城控关中之管键、扼虏寇之咽喉。近者有警，守将辄请调遣大同、宣府并京营军马，并力截杀。然道途辽远，军未集而虏已去，徒费供亿，无益于事。为今之计，惟在选将练兵、丰财足食，据险以遏其深入、燎荒以绝其孳牧。四事有备，则虏必慑服，而地方可宁。[1]

五月，马文升在对榆林地理进行总结的基础上，再次指出榆林边防应持防御立场。

> 陕西三边，榆林最为要害。盖甘凉可以坚壁清野，而坐困虏寇；宁夏可以恃山沮河，而守御叛羌。惟榆林河套山泽之利，足以资虏人马之用，又兼入境抄掠，常获厚利，是以侵犯我边，曾无虚岁。每我出兵，虏辄遁去，徒费粮刍。为今之计，诚莫有过于选将练兵、丰财足食者也。请敕该部，会计榆林各堡一岁应用粮刍若干，或借拨于邻近布政司，或别行设法措置。每岁秋初，遣主事一员，督军采草，事竣还京。务使常有十数年之积，则军民免转输之劳、地方无惊疑之患。[2]

最终马文升发展了成化前期由兵部尚书王复倡导，榆林官员不断完善之安边营至环县的榆林西路纵深防御理念，提出沿白于山构建包括墙垣、城堡、墩台在内的榆林内地长城防御体系。成化七年(1471)四月，

> 文升又言："御戎之道，以守备为本。况胡马利平地，而汉兵利险阻。今榆林一带城堡，多平川旷野，无险阻可守。环庆迤北，

[1]〔明〕刘吉等:《明宪宗实录》卷78"成化六年夏四月乙亥"条，第1522页。

[2]〔明〕刘吉等:《明宪宗实录》卷79"成化六年五月癸巳"条，第1540－1541页。

重山复岭，深沟陡壑，古迹城堡，往往尚在。虏每入寇，必循大川而行，西则黑城沟，东则铁鞭川。臣按行西路，环县城临大川，傍有高山，中有环河，即古长城旧址，宜于此筑垣墙、敌台，并修本钵古城。虏入以神铳火炮御之，可以断其咽喉。东路铁鞭川，乃官军刍粮所由，因无烽堠，多被虏掠。古有铁鞭城，最为险阻。宜修完之，则士卒有所屯聚，亦可绝虏深入之路。但今苦兵少，庆阳土兵千余，勇力善射，久驻安边营，以有用之人，置有用之地。乞行榆林总兵等官，自安边营以南至铁鞭城一带，相度远近，调土兵修筑烽堠，以固边疆。"事下，兵部谓宜如所请，土兵调用，令会总兵官朱永等议其宜。从之。[1]

至于其所倡导的以火炮配备长城防御体系之主张，是明前期宣大长城防御体系构建以来之惯例。明前中期火炮虽无明末自葡萄牙传来之发散性"红夷大炮"的巨大威力，所装为实心炮弹，在蒙古靠近墙垣之时，仍可利用其集中进攻之特点，有效地大量杀伤敌人。而在火炮之外，榆林军队还配备长距离冷、热兵器，皆是远距离应对蒙古骑兵、遏制其迅速冲击的有效武器，亦有助于墙垣防御。正统五年(1440)，"宣府右参将都督佥事杨洪奏：'臣巡视边徼，每与贼遇，惟神机、箭有功。箭用茨菰镞，镞涂药，发辄中伤。但箭发之后，须用枪叉追击。臣欲于枪叉上置铁叶，穴孔安箭，笼以皮囊，令不露镞。遇贼去，囊发箭就，用枪叉乘机而进，庶便于剿杀。'从之。"[2]榆林军队所配备的长距离冷兵器为弩弓。正统二年(1437)八月，"给陕西绥德卫弓箭弦四万八百，靖虏卫六万四千九百，山西沿边官军九万六千。"[3]正统三年(1438)，"镇守延安等处都指挥使王祯奏：达贼出没，我军与敌，惟弩弓能使之畏。今延安各寨堡皆缺，乞赐弩弓千张、箭万枝，以备应用。命行在工部如数造给之。"[4]长距离热兵器为手铳。正统元年(1436)，"给延安、绥

[1]〔明〕刘吉等：《明宪宗实录》卷90"成化七年夏四月癸亥"条，第1753页。

[2]〔明〕陈文等：《明英宗实录》卷70"正统五年八月丙戌"条，第1358页。

[3]〔明〕陈文等：《明英宗实录》卷33"正统二年八月丙子"条，第647页。

[4]〔明〕陈文等：《明英宗实录》卷47"正统三年冬十月癸丑"条，第907页。

德官军手把铳六百,信炮六百四十,及铳箭、火药。"[1]正统九年(1444)二月,"给延安、绥德等处官军手把铳二千。"[2]九月,"先是,上以各边铜铳数少,恐误边备,命工部具数以闻。至是,于原数外量宜增加,辽东五百三十五,延安绥德等处八百三十,永宁二十,宣府三百二十,宁夏一百,甘肃五百,仍令成造速完,遣人往给之。"[3]

余子俊任延绥镇巡抚后,沿循王锐、马文升所构建之榆林纵深防线之防御理念,将成化初年王复向西北移动、加强边境防御之城堡仍还河谷原处。

> [成化七年七月]甲戌,复徙平夷、清平、镇靖三堡于旧城。时巡抚延绥右副都御史余子俊言:"响水、白洛、塞门三堡,往者兵部尚书王复行边,徙置黑河山等处,易今名。今军士皆言平夷水脉顿涸,清平、镇靖又去水大远。其旧堡响水等城尚完好可居,乞仍旧处。其新堡量兵护守,遇警暂时按兵于此巡哨。"兵部议可,从之。[4]

> 先该臣等议得定边、新兴、安边、永济四营堡俱系平漫沙漠去处,难以打堑挑壕,军马难于出入。及镇靖堡已行奏准,那回塞门。今定边等四营堡,俱各那移就险。但定边营接连宁夏花马池营,合当照旧不动。止将新兴堡那于遆南古迹海螺城,安边营那于遆南重山坡,永济堡那于遆南上红寺,镇靖堡那回,塞门却那于遆北白塔涧口。以守则固,以战则利。其永济、安边、新兴三处旧堡营房不许拆动,永济、新兴城小,常川轮拨官军三队。安边城大,常川轮拨官军六队守护。遇警或欲扑营,按兵老家。及把河、石涝池、三山三堡俱系创设,官军数少,且全无器械。及沿边创修崖砦八百余座,器械亦无。合当奏请颁给神枪三千,以备战守。[5]

不仅如此,在王锐、马文升边墙方案的基础上,余子俊进一步提出

[1][明]陈文等:《明英宗实录》卷24"正统元年十一月丙辰"条,第486页。
[2][明]陈文等:《明英宗实录》卷113"正统九年二月壬辰"条,第2274页。
[3][明]陈文等:《明英宗实录》卷121"正统九年九月丁亥"条,第2436页。
[4][明]刘吉等:《明宪宗实录》卷93"成化七年秋七月甲戌"条,第1781页。
[5][清]谭吉璁:《延绥镇志》(康熙)卷6-1《艺文志·边务疏》(余子俊),第507-508页。

在榆林南部依托山形，构建墙垣防御体系之方案，从而将榆林防线进一步向内部延伸，构建幅度更大之纵深防御体系。当月，

巡抚延绥右副都御史余子俊奏："延庆边疆山崖高峻，乞役山西、陕西丁夫五万，量给口粮，依山铲凿，令壁立如城，高可二丈五尺。山坳川口连筑高垣，相度地形，建立墩堠，添兵防守。八月兴工，九月终止，工役未毕，则待来年，庶几成功，一劳永逸。"事下，兵部言："往因巡抚右副都御史王锐建议欲于川空之处修筑高垣，已尝取旨，令会议举行。余子俊等复欲凿山设险，为策固良。但缘边之民频年以来不遭杀虏，即困征输，丧乱逃亡，凋敝已甚。今须极力抚安，难以重加劳役。况延绥境土，夷旷川空，居多浮沙，筑垣恐非久计。凿山之事，宜伺寇警稍宁，督令边城军卒，以渐图之。兵力不足，止可量调附近兵民为助。"上曰："然。设险守边，兴工动众，当审度民力。姑缓之。"[1]

成化八年，余子俊再次提出铲削墙垣。当年预征赋税方案出台之后，余子俊对搜套军事行动引起的财政危机十分忧虑，"今年陕西、山西俱被灾伤，秋收荒歉。又况连年供饷，财力困竭。若不急早计虑，或边外患未弭，内患复作"，从而提出建议：

倘阿罗出等又复过套潜住，我军疲卫乏，何以待之？乞敕户、兵二部再行酌议。行令总兵官武靖侯赵辅并参赞军务右都御史王越，目下将见调军马相机战守，候今冬无警，自合班师。若是仍不过河，即于成化九年二月内，就将陕西该运粮草人夫内摆拨五万石，每名于本年该纳税内免其违运边粮二石以充盘费。又各于腹里经过附近仓分，分调与食米一石。及再免一年民间户口食盐钞贯，并杂泛差役，少示宽恤。趁本年三月、四月敌马瘦弱，各备器具，团聚一处。于正统年间原埋界石梗上边山，铲削如壁，俱高一丈五尺。[2]

[1]〔明〕刘吉等：《明宪宗实录》卷93"成化七年秋七月乙亥"条，第1781－1782页。

[2]〔清〕谭吉璁：《延绥镇志》（康熙）卷6－1《艺文志·计虑贼情疏》（余子俊），第506页。

由此可知，界石位于白于山等山脉一带。由于界石反映了明朝固定控制区域之界限，可见明前中期在陕北的控制范围十分有限。

可见，余子俊主张依托南部白于山等山脉，在山岭之处铲凿城墙，在山谷之处修筑墙垣，从而构建自然山体、人工建筑相结合之横向墙垣防御体系，全面阻隔河套蒙古由榆林进入延安地区之道路。揆其位置，实为后来的榆林内长城，即“二边”边墙。余子俊之所以提出在榆林内地修筑墙垣，与成化前期延绥镇官员、搜套军队官员与部分兵部官员，在河套蒙古压力日益增大之军事背景下，出于边境财政供应难度较大、耗费较多之考虑，主张内徙营堡纵深防御体系，甚至借重北宋堡寨故迹之时代风气有关。

王锐所倡导之“大边”边墙方案需要较多人工修筑，自然需要耗费更多财政成本。与之不同，余子俊所倡导之“二边”边墙由于充分结合自然山体，人工修筑成本较小。但即使如此，兵部尚书白圭仍然如同反对王锐方案一样，亦在事实上阻挠余子俊方案的实施。首先，白圭明确反对在山谷之处修筑墙垣，这不仅使二边边墙存在缺口与不完整，而且由于山口之处往往是河谷之所，正为蒙古骑兵进入的主要通道，禁止河谷地带修筑墙垣等于使二边边墙失去其主体价值与主要作用。白圭对于二边边墙小规模修筑墙垣尚且反对，更毋论王锐普遍修筑大边边墙了，故而兵部之反对应是王锐边墙方案不获举行之政治原因。其次，余子俊鉴于搜套军事行动正在开展，无法利用军队力量修筑二边边墙，于是退而求其次，主张使用民众力量修筑，但白圭却仍以西北民众负担沉重为由，坚持只可主要动用军队力量修筑。其之所以如此，亦正鉴于榆林军队既已参与搜套，无法调动，以之挟制余子俊之行动。因此，白圭这一主张实际上等于将墙垣修筑延后举行。最后，白圭反对在山谷之间修筑墙垣的原因是“居多浮沙，筑垣恐非久计”。事实上，榆林北部由于处在风沙草滩区，土质沙化较为严重，但榆林南部则为低山、丘陵分布地区，并非沙化地貌。不仅如此，自秦汉以来，中国古代土长城修筑已发展出利用夯土分层技术，使用糯米、砂浆、芦苇等，掺杂以砖石等材料，修筑坚固墙体之成熟技术。明前中期东北边疆长城修筑，皆使用混合材料修筑而成,对此白圭应甚为清楚。故而,白圭一再明确或在事实上,依据各种牵强之理由,反对修筑边墙,不仅出于避免其干扰搜套军事行动、分割财政供应之意图,而且亦鉴于榆林明长城防御体系之内向防御与搜套攻势防御外向进攻,在防御理念上存在差别,从而由兵部军事战功部门利益出发,坚持自身所持边防观念,竭力反对其他不同方案之实行。出于对兵部独专军务处理与“后土木之变”时代威势之尊重,宪宗在军事领域多听从白圭意见,余子俊二边边墙方案相应亦不获举行。

为开展最后一次搜套行动,明朝制定预征赋税政策,导致西北地区财政危机、社会动荡,以户部、西北巡抚为代表的政治势力有鉴于此,不断提出反对搜套意见,从而形成愈来愈大的舆论压力。在这一政治局势之下,宪宗为维护政治稳定与社会安定,亦开始将立场逐渐转向反对搜套的政治势力一方。派出吏部官员巡视西北便是这一政治倾向之直接反映。

8.4 政治舆论支持边墙方案与余子俊构建榆林边墙前沿防御体系

在政治舆论普遍反对搜套战争的压力下,宪宗派遣叶盛前往西北,意在实地考察西北边防现状。成化八年二月,“命吏部右侍郎叶盛往延绥等处议处兵事。”[1]叶盛之所以获此委任,首先与其在军事领域具有一定识见有关。叶盛出身兵科给事中,以好谈兵事、多所论劾闻名于世;景泰年间又曾督饷宣府、协赞军务,与孙安一同修复土木之役后宣府被残城堡;天顺年间又任两广巡抚,平灭当地叛乱。叶盛之获委任尚与其任职吏部有关。明朝废除宰相,吏部遂为六部之首、百官之长,地位异于其他机构,在政治活动中具有较高威望与较大发言权。叶盛既奉命巡视河套,遂有中立而处、调解诸方之政治意味。白圭应觉察到宪

[1]〔明〕刘吉等:《明宪宗实录》卷101“成化八年二月丙子”条,第1962页。

宗对于搜套态度之变化，故在叶盛回朝之前，积极主张立即开展搜套，但宪宗却并未接受。

兵部尚书白圭等复言："虏势深入，顷已敕吏部右侍郎叶盛亲诣陕西延绥、宁夏会议边务。然臣等切虑，虏性桀点，苟知我内地空虚，未免复肆剽掠。宜如臣等所会议，敕王越等俟盛至日，即调甘凉、庄浪、兰县官军防守要害。又今河冰既开，虏无遁意，计其秋高马肥，必复入寇。在边并见调官军，仅足捍御，未克穷追。若明春复然，则边患何时可息？必须于明年二月，大举搜剿河套，庶收一劳永逸之功。请先调军夫五万，摆堡运粮，计可足半年之费，然后选集精兵十万，简命文武重臣各一员充总督，总兵二员，充副、参将将官每兵一万，坐营统领者各一人。所须出战驮马、鹿角、战车、军器之类，俱宜预备，期以十二月启行。"上曰："虏寇悖逆天道，累犯边境。明春必须统调大兵，以剿除之。可悉如议。但今日尤须严加防御，其令盛与越等计议机宜以闻。"[1]

与此同时，延绥镇官员亦鉴于宪宗态度之变化，遂开始明确联合起来，共同反对兵部搜套方案。

壬辰，镇守延绥右少监张退、右都御史王越、镇守总兵官许宁、巡抚右副都御史余子俊复议搜河套。以为延绥二十五堡粮草欲尽，又虏马瘦弱，自一挫之后，悉远边塞。大同诸路兵马已暂罢遣，宜令越及时赴京面议粮草兵马及凡军中机务，以图大举搜剿。章下，兵部臣言："区划粮草，顷已命侍郎陈俊。若虏情贪诈，虽被我小挫，未可即谓无事。今已命侍郎叶盛往会越等详议方略，宜俟奏闻。仍令俊预备粮草，以备出战。"上是之。[2]

而搜套军队官员亦加入到反对搜套的战争中来。

戊戌，总督军务右都御史王越言："延绥罢遣戍卒，近以兵部请，遣官来议方略，仍令留驻朔州、孤山诸处，第令虏退日久，边境

[1]〔明〕刘吉等：《明宪宗实录》卷101"成化八年二月甲申"条，第1967－1968页。
[2]〔明〕刘吉等：《明宪宗实录》卷101"成化八年二月壬辰"条，第1973－1974页。

稍宁。且士卒衣装尽坏,马死过半。请如前罢遣休息,令治装听调。臣与所遣官俱暂还京面议边事。已乃命官同臣往征。征期在今冬,驱虏渡河,以毕其功。”上曰:“边境既稍宁,其即移文谕越,令与叶盛会议,毕乃还。余如议。”[1]

搜套军队官员既以建立战功为政治利益,为何亦站在反对搜套战争之立场上呢?这在于明朝搜套军事行动长年无果,搜套军队官员屡遭弹劾,不仅建立战功机会渺茫,甚至政治前途亦已存在极大风险。出于自保之计,搜套军队官员此前多有请求撤兵回京、分地就粮之举,以缓解政治舆论压力。此时鉴于宪宗态度出现转变,遂明确加入到反对搜套的政治阵营之中。叶盛也明显受到这一反对浪潮的影响。

初,盛为谏官,喜言兵,多所论建。既往来三边,知时无良将,边备久虚,转运劳费,搜河套复东胜未可轻议。乃会诸臣上疏,言:“守为长策。如必决战,亦宜坚壁清野,伺其惰归击之,令一大创,庶可遏再来。又或乘彼入掠,遣精卒进捣其巢,令彼反顾,内外夹击,足以有功。然必守固,而后战可议也。”帝善其言,而圭主复套。[2]

叶盛遂与搜套官员代表王越、延绥镇代表余子俊联合上奏,一致主张修筑边墙。

延绥沿边地方,自正统初创筑榆林城等营堡二十有三。于其北二三十里之外,筑瞭望墩台,南二三十里之内,植军民种田界石。凡虏入寇,必至界石内方有居人,乃肆抢掠。后以守土职官私役官军,招引逃民,于界石外垦田营利,因而召寇。七年六月内,因总兵、巡抚官之议,乃依界石一带山势,随其曲折铲削如城,高二丈五尺。川口左右俱筑大墩,调军防守,以为一劳永逸之计。然未尝拟奏,借役民夫,而守备城堡客兵多不过千人,不可供役。乞敕所司申戒总兵、巡抚等官严加禁约,自后敢有仍于界石之外私役军民种

[1]〔明〕刘吉等:《明宪宗实录》卷102“成化八年三月戊戌”条,第1980页。
[2]〔清〕张廷玉等:《明史》卷177《叶盛传》,第4723-4724页。

田召寇者，必降调，逃民即彼充伍。仍乞念修筑边墙之利，量起山西民一万、陕西民二万，于声息稍宁之时，听延绥会官移文二布政司，各选委堂上官，于每年三月八日，各一兴工修筑，二三年间，必致就绪，此诚不战而屈人兵之计也。……事下，兵部尚书白圭等覆奏，诏从其议，惟修筑边墙，其令本地官军以渐整理，不须借役于民。[1]

《明实录》编排奏疏，具有一较为普遍之习惯，即可能出于彰显皇帝善于纳谏之考虑，当六部覆奏意见为皇帝认可时，往往在奏疏后署上六部意见，而后简载“从之”，以表示皇帝最终决定。从这里“兵部尚书白圭等覆奏，诏从其议”的叙述顺序来看，兵部应未同意叶盛等人主张，宪宗则独自做出了最终决定。

当月，继联名请求修筑边墙之后，叶盛与搜套官员王越再次联名上奏，以河套地理旷远为由，请求停止搜套，将搜套兵力分驻于榆林各营堡，从而构建更为坚固之营堡纵深防御体系。

若调军选将，分路入套，固安边之计。但套中地境动经数千百里，沙深水少，军行日不过四五十里，往返必逾月计。惟调集官军，必至一二十万，所需粮料供运之人，不下数十万。事体重大，未敢定拟。若以原调与兵部今拟，并本境官军通为筹算，各就近分守要害，酌量虏情，来即拒杀，去不穷追，俾进无所得，退无所恃，势既困迫，必将图归。此虽为守之长策，亦战之权宜也。今拟于东路清水、孤山、镇羌、柏林，中路平夷、怀远、威武，西路清平、龙州、镇靖、靖边十一堡，各拨骑兵一千守之。东路神木县高家堡、西路安边营，各拨骑兵三千守之。中路双山、波罗，西路宁塞、定边，各拨骑兵二千守之。中路榆林城拨骑兵五千守之。东路令游击将军王玺、蔡瑄与延绥参将神英。西路令都督佥事徐恕、都指挥王瑄、孙钺。中路令许宁、范瑾统领屯驻。其宁夏官军数余三万，本境虏可入路，惟花马池、兴武营、高桥三处，不过二百余里。宜令总兵等官

〔1〕〔明〕刘吉等：《明宪宗实录》卷102“成化八年三月庚申”条，第1994－1997页。

会选各城骑兵，及游击将军祝雄见领堪战者共九千人，即令副总兵林盛分领三千，于高桥屯驻；祝雄分领三千，于兴武营屯驻；参将罗敬连所部辏领三千，于花马池屯驻。又虑各官如前怠忽，宜令京营把总都指挥白玉、康永、吴瓒协济操习剿杀。今次拟调甘州等处官军一万六千，宜令副总兵赵英等领六千五百人，赴安边至高桥一带屯驻。副总兵马仪等领九千五百人，及选辏靖虏参将周海所部官军共二千五百人，量于固原、庆阳、环县、西安州等处屯驻。添部军马既众，乃拟于七月请命监督总兵官统领原拟京营马军，往与王越通行调度战守。而京营与大同、宣府步军，势难追击虏骑。兼以沿途徒步艰辛，榆林各堡狭小，无以屯聚，今宜停止。又虏马羸瘦，本境官兵可以截杀。原调大同、宣府、山西等处官兵，宜如兵部原拟，暂放休息，俟六月上旬，则先调取马仪、徐恕等官军至彼防守。其余以渐调发，或警报异常，乃不拘时月。

但两个月后，在白圭坚持下，明朝再次开展搜套。但搜套总兵官赵辅却畏敌不进，空耗财政。在巨大的压力下，赵辅也转向修墙方案，其依据同样为“内政优先边防”的政治原则。

但今议者皆云延绥兵祸连结，供馈烦劳国赋，边民穷竭甚矣。重复科征，恐生内隙，倘念边务之劳，暂为退守之计，宜即散遣从征军马，量留精锐，就粮鄜、延等城，以便防守。沿边军民，悉令内徙山崖旧堡，深藏避寇。其寇经之路，多设坑堑，密置钉板、蒺藜，以为险阻。山头多置烽火，以相传报。仍从都御史余子俊所奏，凿山筑墙，以为保障。其宁夏花马池、高桥儿境内沙漠平漫，难于修筑。宜令都御史马文升、徐廷璋等于萌城、盐池诸处，量度形势，浚壕筑墙，虏必不敢悬军深入。而甘凉被调诸军，亦且量留精锐就粮固原等城，以为陕西藩屏。退守之策，大略如此。此外或有移城就水，拓地据河等策非一，须及事宁区处。

可见，赵辅甚至综合了之前西北巡抚提出的大边、二边边墙防御方案，提出修筑两道边墙之建议。对于赵辅立场的变化，白圭十分恼怒，“兵部尚书白圭言：辅等统兵七八万众，未闻有一矢之捷，乃称追奔出境，务为夸大。且既膺阃寄，或攻或守，宜定计以行，何乃依违陈乞，首鼠两端，自揣事势不支，欲推避之计。”鉴于西北官员皆已统一站在反对搜套、支持修筑边墙之军事立场上，宪宗从而逐渐表明立场。“设险守备，宜速为区划。虏贼不退，须发兵搜剿。仍令赵辅等会议以闻。”[1]即宪宗明确指示加快筹划修筑边墙事宜。中央意见下至河套后，赵辅、王越仍然坚持前议，建议停止搜套。

> 平虏将军总兵官武靖侯赵辅复奏：比传闻虏寇知我军马大集，移营近河，潜谋北渡，迨今两月，不来入寇。意者其不战自屈乎？但大军所至，刍粮缺供。况山陕荒旱，众庶流移。边地早寒，冻馁死亡相继。彼督饷者恐缺食，典兵者惟欲足兵，民事艰危，所不暇恤。曩所上攻守二策，以今观之，攻在所难。盖议攻者或泥于兵法，或狃于传闻，不失之易，则失之迂，卒欲举行，未见其可。莫若姑从防守之策，省兵、节费、安民三者俱便。乞量留从征军士于各边要害，就粮屯驻。虏如北归，即各遣还伍；如复入寇，就令彼处总兵等官并力拒之。仍行各边巡抚等官乘春凿山筑墙，以为久计。臣等居此，势难行事，殊无益，亦宜暂且还京，俟图再举 。……参赞军务右都御史王越奏亦与辅同。

兵部在西北官员的强大压力之下，鉴于宪宗已经认可修墙方案，遂亦覆奏“其修筑边墙，令各边守臣审度举行”，不过仍然坚持搜套方案。“兵部言辅、越七月间至榆林，继至安边。虏寇方入庆阳、环县，大掠略不遣兵，少挫其势。而宁夏延绥警报日至，虏未退却可知。且劳民馈运，本为安民。今乃坐耗边储，无益于事。方陈进攻之计，又病搜套之难，迹其所言，自相抵牾。纵使虏情少却，亦当图为久远之防。倘我军既旋，彼复入寇，失机误事，责将谁归？且请兵之奏甫行，而班师之疏继至，欺君负国，法不可容。宜逮至京究治，以雪边人之怨。”[2]同时，兵部以刘聚取代张辅。[3] 但在搜套军队系统、西北巡抚联合主张之下，

[1]〔明〕刘吉等：《明宪宗实录》卷108“成化八年九月癸亥”条，第2118－2120页。

[2]〔明〕刘吉等：《明宪宗实录》卷109“成化八年冬十月丁丑”条，第2123－2125页。

[3]〔清〕张廷玉等：《明史》卷171《王越传》，第4572页。

尤其宪宗已明确表态支持修筑边墙，白圭虽仍对赵辅等多有讥讽，但最终同意了修筑边墙。

平虏将军总兵官武靖侯赵辅奏：比奉敕会同参赞都御史王越、镇守总兵巡抚等官余子俊、马文升等勘议，所上攻守之策及修筑沿边墙堡，皆以为搜套之计，用兵一十五万，姑以两月为期，共费粮料四十余万石，输运夫卒十一万有奇。深入虏境，事难万全。若精选从征军马，就粮内地，如庆阳、鄜州、延州、清涧等处，权宜退守，使虏进无所掠，退惧邀遮，事无大害。或可为其铲山筑墙，并修理铁角等城，用力不多，为计甚远。镇守等官奏欲动调人夫五万，优免徭役、支费官钱，俱乞允行。事下，兵部言：赵辅等既覆议，以搜套为难，则向者乞兵十五万之言，欺诳可知。今乃以守为良便，欲量留军马，就粮内地，以省输运之劳。但比者传闻孛罗忽为小石所杀，乩加思兰顺河亡走。傥此虏渡河而西，越至镇番，则甘凉必有侵轶之患。其甘凉调征军马，宜遣还操守。铲山筑墙及修铁角等城，众议既协，宜令及时兴举。俱允之。[1]

成化年间搜套最终以王越取得红盐池、韦州之捷，诛杀数百人而收尾。[2]

正如上文所述，河套生态环境之不适宜，成化时期军事、财政力量之有限，以及明朝处于东北边疆时代格局之特征，皆使明朝并未实行少数官员倡导之移民河套、固定控制方案。在河套既无法建立固定防御体系，明朝遂采取在榆林修筑边墙之方案。明长城防御体系在一度遭遇挫折之后，再度成为明朝北疆主流防御模式。成化八年九月，余子俊再次请求修筑榆林二边边墙。

巡抚延绥右副都御史余子俊等奏：虏寇自成化五年以来，相继犯边，累次调兵战守。陕西、山西、河南供馈浩繁，今边兵共八万之上，马亦七万五千余匹，略计今年运纳之数，止可给明年二月。且

〔1〕〔明〕刘吉等：《明宪宗实录》卷111“成化八年十二月丙子”条，第2161－2162页。

〔2〕〔明〕刘吉等：《明宪宗实录》卷121“成化九年冬十月壬申”条，第2337－2340页；卷122“成化九年十一月甲午”条，第2348－2349页。

今山陕之间，旱雹所伤，秋成甚薄，每银一钱止籴米七、八升，豆一斗，买草七八斤，财力困穷，人思逃窜。倘不预为计虑，恐后患复生如此。虏今冬不北渡河，又须措备明年需费。姑以今年之数计之，截长补短，米豆每石俱作直银一两，共估银九十四万六千余两，每人运米六斗，共用一百五十七万七千余人，每草一束直银六分，共估银六十万两，每人运草四束，共用二百五十万人，往回两月，约费行资二两，共费八百一十五万四千余两。脱用牛驴载运，所费当又倍之。盖自古安边之策，攻战为难，防守为易。向者奏乞铲削边山一事，已尝得旨，令于事宁之后举行。窃计工役之劳，差减输运、战斗之苦，欲于明年摘取陕西运粮军民五万，免徭给粮，倍加优恤，急乘春夏之交，虏马疲弱，不能入寇之时，相度山界，铲削如墙。纵两月之间，不能尽完，而通寇之路，已为有限。彼既进不得利，必当北还。稍待军民息肩，兵食强富，则大举可图。其宁夏等边，又在守将各陈方略，倘以所见未合，仍事战守，须预备刍粮，以防不给。如虏能悔过入贡，乞听辅等遣使招徕之。事下，兵部言：供馈事乞移文户部措置，铲削山势，恐虏已近边，难于兴作，宜令辅等勘议可否施行，如虏能效顺入贡，速具以闻。上曰："修筑边墙，乃经久之策，可速令处治。虏酋如不来入贡，亦不必遣人招之。"[1]

虽然兵部仍然反对，但宪宗从"内政优先边防"的观念出发，[2]开始命余子俊尽快修筑边墙，余子俊从而征发五万民众，铲削山体、构筑二边。不过余子俊修筑边墙曾一度中断。成化九年，刘聚亦转向修筑边墙方案，请求命令余子俊继续修筑。

平虏将军总兵官宁晋伯刘聚、参赞军务左都御史王越会沿边镇守、巡抚等官奉敕议上安边三策。……其固原、环庆或挑筑壕墙，或铲削山崖。其靖虏接连宁夏黄河两岸，各修筑厄塞，使虏不得渡河，此则陕西安边之策也。二，延绥沿边一带各处官军、土兵

[1]〔明〕刘吉等：《明宪宗实录》卷108"成化八年九月癸丑"条，第2109－2110页。

[2]Arthur Waldron. *The Great Wall of China: From History to Myth*（《长城：从历史到神话》），pp. 102－103.

轮班防守,以次归农,皆为常制。自孛罗忽等继入河套,彼时兵力寡弱,调集客兵,必以土军为向导传报。以此班满不得归农,而马不给刍豆,士不给军器,以致马毙军疲。然陕西、山西、河南三处军民输给已及四年,每年财力不下数百万,兼以旱涝相仍,瘟疫交作,死伤不可胜计,而粮草每告不足。推原其由,辽东、甘肃虏虽犯边,而不能久驻。惟河套北有黄河可据,中有水草,利于放牧,南有人烟,便于虏掠以是久居不去。今欲省民力,当于声息稍缓之时,大同游兵令于朔州等处操候,山西游兵原为延绥而设,令于灰沟营等处操候,宣府游兵又在临期相度事势调用。其东西二路墩台迤南俱有山险,先已役民五万,铲削如城,以便防守。后因天旱,以巡按御史苏盛之言而止。然可责近效,又能经久,无如此举。……兵部左侍郎李震等具拟其便,从之。[1]

由于此时白圭回乡,[2]左侍郎李震代掌兵部,最终同意了修筑边墙方案。成化十年(1474),余子俊最终构建了榆林长城防御体系。

巡抚延绥都御史余子俊奏:修筑边墙之数,东自清水营紫城砦,西至宁夏花马池营界牌止,铲削山崖及筑垣掘堑。定边营平地仍筑小墩,其余二三里之上,修筑对角敌台,崖砦接连,巡警险如墩台。及于崖砦空内适中险处,筑墙三堵,横一斜二,如箕状,以为瞭望、避箭及有警击贼之所。及三山、石涝池、把都河俱添筑一堡,凡事计能经久者始为之。役兵四万余人,不三月功成八九,而榆林孤山、平夷、安边、新兴等营堡尤为壮丽。又移镇靖堡出白塔涧口,绝快滩河之流,环镇靖堡之城,阻塞要害。其界石迤北直抵新修边墙,内地俱已履亩起科,令军民屯种,计田税六万石有余。凡修城堡一十二座,榆林城南一截,旧有北一截,创修安边营。及建安、常乐、把都河、永济、安边、新兴、石涝池、三山、马跑泉八堡俱创置。响水、镇靖二堡俱移置。凡修边墙东西长一千七百七十里一百二

〔1〕〔明〕刘吉等:《明宪宗实录》卷120“成化九年九月壬子”条,第2321－2325页。

〔2〕〔清〕张廷玉等:《明史》卷111《七卿年表二》,第3428页。

十三步，守护壕墙崖砦八百一十九座，守护壕墙小墩七十八座，边墩一十五座。奏上，令所司知之。[1]

余子俊既以军民共同修筑边墙，军队系统由武将统率，负责者包括许宁、岳嵩与神英。“[许宁]进署都督同知。与子俊筑边墙，增营堡，寇患少衰。”[2]“岳嵩，舒城人，涉猎经史，袭延安卫指挥佥事，以智勇累立奇功，迁延绥镇守总兵官。与都御史余子俊协谋修边城有功。”[3]“[神英]屡败乩加思兰兵，进署都督佥事。巡抚余子俊筑边墙，命英董役，工成受赉。”[4]此外还有周玉，不过周玉并不赞成修筑边墙。“余子俊筑边墙，玉不为力，且与纮不相能。子俊恶之，奏与宁夏神英易镇。”[5]

榆林大边长城东起黄河西岸，西至宁夏镇，完全截断了鞑靼自河套南下陕北的道路。榆林边墙修筑完成之后，余子俊鉴于之前围绕边墙修筑发生的多次纷争，遂请中央派官视察。

巡抚延绥右都御史余子俊陈边疆营堡防守事宜，因请简文臣一人，来视所修营堡，庶见征戍转输利病。至于大纲小纪，皆宜责之整饬，使事有定体。章下，兵部言边城废弛，可命大臣往视。今子俊修筑已毕，其间利益功绩，久之自见，不必更遣大臣。若有事，宜听详处以闻。上是之。[6]

与之前的边墙格局不同，明代榆林边墙有南北二道，即所谓“大边”、“二边”。二边又称“夹道”。“内复堑山湮谷，是曰‘夹道’。”[7]《广志绎》记载了榆林边墙的具体走向。

延绥大边，起黄甫川，经清水营、镇羌堡，二百四十五里而至神木，又经柏林、双山，二百三十五里而至榆林镇，又经响水等堡，四

---

〔1〕〔明〕刘吉等：《明宪宗实录》卷130“成化十年闰六月乙巳”条，第2467－2468页。

〔2〕〔清〕张廷玉等：《明史》卷174《许宁传》，第4637页。

〔3〕〔清〕谭吉璁：《延绥镇志》（康熙）卷3－4《名宦志下·明》，第373页。

〔4〕〔清〕张廷玉等：《明史》卷175《神英传》，第4663页。

〔5〕〔清〕张廷玉等：《明史》卷174《周玉传》，第4639页。

〔6〕〔明〕刘吉等：《明宪宗实录》卷136“成化十年十二月己丑”条，第2547页。

〔7〕〔清〕谭吉璁：《延绥镇志》（康熙）卷1－3《地理志》，第288页。

百十里至靖边营，又经宁塞等营，百六十里至新安边营，又经新兴、三山等堡，二百里至饶阳水堡，又九十里至宁夏定边营。以上延绥大边，一千三百里，与固原内边形势相接。成化间修筑榆林等城，二十余堡，俱在二边之外，盖重边设险以守内地也。[1]

关于余子俊所筑边墙，系大边、二边，还是两道边墙，史籍有不同记载，今人亦有不同说法。艾冲综合各种记载后，指出余子俊于成化九年、十年两次修筑榆林长城。九年"铲削二边"，十年修筑"大边"。[2] 韩昭庆依据《读史方舆纪要》，认为大边边墙是弘治年间由文贵修筑的。[3] 舒时光亦认为大边边墙是文贵在弘治、正德时期修筑的，但由于修筑地点特殊、质量不高，与文贵在政治上附于刘瑾等原因，从而被后世所忽视。[4]

从余子俊奏疏来看，所谓"东自清水营紫城砦，西至宁夏花马池营界牌止，铲削山崖及筑垣掘堑"，实为大边沿线走向，而从成化十一年(1475)余子俊颁布的《延庆边备边储榜文》来看，当时各城堡，包括内地城堡在内，皆已有所辖边墙。[5] 可见，成化九年、十年，余子俊实修筑了榆林大边、二边边墙。至于文贵修筑大边之说，是今人误读"修复"为"始修"之结果。大边筑于榆林与毛乌素沙地交界地带，是延绥镇与河套蒙古的"边界之墙"。二边则与之不同，系依托腹里白于山、横山山脉修建而成，相应并非"边界之墙"，而是延绥镇抵御河套蒙古之二道防线，其性质相应为"边防之墙"。可见，榆林边墙防御体系依托陕北地理特点，突破了之前边界"单一式"边墙模式，形成了边界、防御相互结合之内外"复合式"边墙，不仅弥补了北部平原地理缺陷，而且结合了南部山脉优势，在延续边墙阻隔功能的基础上，进一步增加边

---

〔1〕〔明〕王士性：《广志绎》卷1《方舆崖略》，第10页。

〔2〕艾冲：《明代陕西四镇长城》，陕西师范大学出版社1990年版，第21页。

〔3〕韩昭庆：《明代毛乌素沙地变迁及其与周边地区垦殖的关系》，载《中国社会科学》2003年第5期。

〔4〕舒时光：《文贵修筑延绥镇"大边"长城及其地理意义》，载《历史地理》第26辑，上海人民出版社2012年版。

〔5〕〔明〕余子俊：《余肃敏公经略公牍》，线装书局2010年版。

疆防御功能，实开创了明中后期九边军镇内长城防御体系之先河。此后，明朝又不断修复、增筑榆林边墙防御体系，从而构建了多道不同走向之边墙，形成了立体防御体系。嘉靖三十四年，陕西三边总督贾应春奏："延绥西路议修边墙，自定边营瓦楂梁墩起，至龙州城止，计三百十一里，所以保障全陕。"朝廷同意了这一建议。[1] 不仅榆林地区如此，明中后期核心边疆，主要在内核心边疆，亦皆呈现了这一防御模式的推广。若将之与明前期外核心边疆长城防御体系相比照，则呈现了防线整体内移之现象。

8.5 余子俊修筑、迁移营堡与榆林明长城立体防御体系的形成

杜祐宁认为成化十年开始了"边墙"的时代。以此为开端，明代逐渐转为以边墙为基础，发展边防制度。[2] 但事实是在此之前，明朝已在黄河以东的整个东北边疆，广泛地修筑边墙。余子俊不仅修筑边墙，构建动态阻隔防御体系，而且修筑、迁移城堡，继续构建动态纵深防御体系，后世防御设施之修筑，亦皆为边墙、营堡、城寨、墩台之结合。故而，成化十年，余子俊所开创者，是所有防御工事共同组成，静态阻隔与动态作战相互结合，前沿防御与纵深防御相互配合之立体长城防御体系，而非单纯之边墙阻隔防御体系。

余子俊修筑榆林两道边墙，从而构建了直接抵御蒙古于榆林境外的前沿防御体系。但在余子俊榆林边防体系之设计中，这只是整体布局的一部分。军事作战自然不能完全依靠静态防御，而必须借助野外作战。因此，余子俊修筑两道边墙，只是为弥补营堡纵深防御体系之地理漏洞，而非取代这一防御模式。不仅如此，榆林边境十分漫长，完全将兵力分布于边墙既不实际，也非常被动。因此，余子俊通过修筑、迁

〔1〕〔明〕张居正等：《明世宗实录》卷422"嘉靖三十四年五月甲寅"条，第7327页。

〔2〕杜祐宁：《从屯堡到边墙——明代北边防务研究》，成功大学（台湾）硕士学位论文，2009年。

移营堡之方式,使边墙前沿防御与营堡纵深防御充分结合,从而构建立体长城防御体系。余子俊除上文所述迁回响水、清平、镇靖三堡之外,还鉴于城堡仍较稀少,无法有效控制战略要地,从而增设营堡。成化二年十一月,兵部尚书王复奏:"看得东自黄河岸府谷堡起,西至定边营,接连宁夏花马池边界。东西萦纡二千余里,险隘俱在腹里。而境外临边,无有屏障,止凭墩台、城堡以为守备。缘有旧城堡二十五处,原设地方或出或入,参差不齐,道路不均,远至一百二十余里,近止五六十里。"从而在边境地区增设墩台。"内高家堡至双山堡,双山堡至榆林城,宁塞营至安边营,安边营至定边营,相去隔远,合于各该交界地方崖寺子、三眼泉、柳树涧、瓦札梁各添哨堡一座,就于邻近营堡,量摘官军哨守。"[1]虽经此增修,但营堡距离仍较远。成化六年五月,陕西镇守武将白玉奏:"虏寇近年以来稔知我边军马单弱,营堡寥落,辄肆侵掠。今河冰已解,尚在河套。且各堡屯兵相离路远,猝遇有警,不能应援",[2]遂继续修筑了多个营堡。通过对成化十年前后,余子俊所筑城堡进行归纳,可知余子俊重点于延绥镇西侧、今定边县境内修筑,而且除盐场堡隶属大边边墙之外,其他皆深入白于山二边边墙。这一城堡分布格局与防御理念既符合成化以后明朝为弥补延绥镇西部营堡稀少、防御薄弱状况,重点构建营堡纵深防御体系之脉络,亦反映出今定边地区南部白于山地带河谷众多,是控制二边边墙,防止蒙古进入延安地区之咽喉的地理特征。经过成化中期余子俊之增补,明中期延绥镇东西军力分布遂逐渐呈现大体平衡态势。现即按由北至南、由外即里的顺序,对余子俊修筑的延绥镇西侧城堡展开论述。

盐场堡又称盐阳堡、盐池堡,由余子俊筑于成化十三年(1477),归定边营管辖。"盐场堡。东至定边二十里,西至宁夏花马池二十里,北至大边五十里。国朝成化十三年,余肃敏公置。"[3]盐场堡属典型之扼

---

[1]〔明〕刘吉等:《明宪宗实录》卷36"成化二年十一月己丑"条,第714－716页。

[2]〔明〕刘吉等:《明宪宗实录》卷79"成化六年五月甲申"条,第1531－1532页。

[3]〔明〕郑汝璧等修,〔明〕刘余泽等纂,陕西省榆林市地方志办公室整理:《延绥镇志》(万历)卷1《建置沿革·盐场堡》,第39页。

要型城堡,“堡城设在平川,系极冲中地。”[1]盐场堡难于防御,“本堡原为护守盐池,平旷难守。”[2]明后期盐场堡不断扩建,“堡周围二里三分,楼铺九座。弘治四年,巡抚刘忠增修。万历三年,加高三丈五尺。”[3]该堡属中等规模城堡。据《延绥镇志》(万历)图示,盐场堡为长方形。[4] 盐场堡地势平坦,处于延绥镇、宁夏镇接壤之地,西部即为著名之花马池。可见,余子俊修筑盐场堡,便系出于加强延绥镇、宁夏镇中间平坦要冲地带之防御。盐场堡位于今定边县原盐场堡乡政府所在地,毁坏严重。目前仅存北、东两边部分夯土城墙,北墙虽有两段较高大,但尚被不断挖掘,充作地基(见图8-1)。东墙已甚低矮,被居民作为院墙。堡内也有部分盐场与制盐工厂,堡南为沙化田地。整个乡镇随着政府的迁移,变得十分荒凉,大片房屋破败不堪。盐场堡以北为大片盐场,规模不等的盐池分布于长城南侧的大片土地,一座座盐堆错杂分布在盐场中间。其外侧即为大段明夯土长城,高耸而宽厚,延伸在一望无际的平原之上,看不到终点。比起榆林长城,此处长城雄伟许多,更具冲击力。这段长城便是河东长城,由余子俊初修于成化年间,嘉靖年间再次改筑,归盐场堡守御。盐场堡长城虽保存较好,但目前破坏也甚严重,最常见的是道路建设或老乡建屋穿墙挖洞(见图8-2),长城从而被多处斩断或挖掘。另外自然倾塌现象在部分地段也较严重。站在河东长城之上,北面是一马平川的平原,南边为盐场。明朝于此修筑高大长城,且专设盐场堡,也是为保护盐业资源。

新兴堡设于成化十一年。“新兴堡。东至新安边七十里,西至石涝池四十里,南至走马城一百里,北至砖井八十里。宋夏州地,旧有东、西海螺二城。国朝始守砖井,参将岳嵩退保。成化十一年,余子俊始即

---

[1]〔清〕谭吉璁:《延绥镇志》(康熙)卷1-3《地理志·盐场堡》,第293页。

[2]〔明〕郑汝璧等修,〔明〕刘余泽等纂,陕西省榆林市地方志办公室整理:《延绥镇志》(万历)卷1《建置沿革·盐场堡》,第39页。

[3]〔明〕郑汝璧等修,〔明〕刘余泽等纂,陕西省榆林市地方志办公室整理:《延绥镇志》(万历)卷1《建置沿革·盐场堡》,第39页。

[4]〔明〕郑汝璧等修,〔明〕刘余泽等纂,陕西省榆林市地方志办公室整理:《延绥镇志》(万历)卷1《舆图·延绥镇图说》,第22页。

图 8－1　盐场堡北墙，2009 年摄

图 8－2　盐场堡大边长城窑洞，系解放战争期间
三五九旅挖掘以住宿之所，2010 年摄

东海螺设今堡。"[1]新兴堡属典型之依险型城堡。“城设在山上，系次冲中地。”[2]“堡原为砌砖井而设。城在高原，之四面沟壑，绕以溪水，足堪自守。”[3]新兴堡位于今定边县油房庄乡新媳妇城。成化十一年新兴堡规模为：“城垣一所，周围一里零四步，边墩三座：崇宁墩、界至墩、丰阜墩”，控制二边边墙38里260步，崖砦21座，水口19处，[4]属小规模城堡。后来新兴堡不断扩展。“城周围一里一百四十六步，楼铺八座。隆庆六年重修。万历六年加高三丈三尺”，[5]“墩台一十一座”。[6]《延绥镇志》(康熙)载：“边垣长七里，墩台一十一座。今裁并定边营。”[7]据《延绥镇志》(万历)图示，新兴堡为长方形。[8]堡垣仍完整，城内为耕地。[9]

把都河堡设于成化九年。“把都河堡。东至宁塞营三十四里，西至永济堡三十里，南至保安县一百二十里，北至大边二十里。宋夏州地，虏名把都。国朝始守柳树涧，参将钱亮死之，参将岳嵩退保。成化九年，余肃敏置。”[10]把都河堡亦属依险型城堡。“堡设在把都河口直川之中，因柳树涧、砖井至宁塞寨窜远，特设此以联络之。南北俱倚山岗据险，为环庆屏蔽。”[11]把都河堡位于今延安吴起县周湾镇许台子村

[1][明]郑汝璧等修，[明]刘余泽等纂，陕西省榆林市地方志办公室整理：《延绥镇志》(万历)卷1《建置沿革·新兴堡》，第37页。

[2][清]谭吉璁：《延绥镇志》(康熙)卷1-3《地理志·新兴堡》，第292页。

[3][明]郑汝璧等修，[明]刘余泽等纂，陕西省榆林市地方志办公室整理：《延绥镇志》(万历)卷1《建置沿革·新兴堡》，第37页。

[4][明]余子俊：《余肃敏公经略公牍·龙州城》，第477-480页。

[5][明]郑汝璧等修，[明]刘余泽等纂，陕西省榆林市地方志办公室整理：《延绥镇志》(万历)卷1《建置沿革·新兴堡》，第37页。

[6][明]郑汝璧等修，[明]刘余泽等纂，陕西省榆林市地方志办公室整理：《延绥镇志》(万历)卷1《建置沿革·新兴堡》，第66页。

[7][清]谭吉璁：《延绥镇志》(康熙)卷1-3《地理志·新兴堡》，第293页。

[8][明]郑汝璧等修，[明]刘余泽等纂，陕西省榆林市地方志办公室整理：《延绥镇志》(万历)卷1《舆图·延绥镇图说》，第19页。

[9]陈兴旺主编：《定边县志》，第842页。

[10][明]郑汝璧等修，[明]刘余泽等纂，陕西省榆林市地方志办公室整理：《延绥镇志》(万历)卷1《建置沿革·把都河堡》，第36页。

[11][明]郑汝璧等修，[明]刘余泽等纂，陕西省榆林市地方志办公室整理：《延绥镇志》(万历)卷1《建置沿革·把都河堡》，第36页。

旧城子。成化十一年,把都河堡"周围三里零六步,边墩三座:庆安墩、宁靖墩、宁远墩",控制二边边墙38里,崖砦14座,川面水口7处,[1]属较大规模城堡。明后期把都河堡不断扩建。"城周围三里一百八十步,楼铺一十一座。隆庆六年,加高三丈。万历六年,砖砌牌墙、垛口五尺,共高三丈五尺。"[2]据《延绥镇志》(万历)图示,把都河堡为长方形。[3] 当前,"该堡城墙坍塌,城南有两个墩台,北面最高山上有一个护城墩"。[4]

三山堡亦建于成化九年。"三山堡。东至石涝池六十里,西至花马池一百五十里,南至饶阳堡四十里,北至定边营九十里。宋盐池地三山儿。国朝参将岳嵩退保,肃敏余公撤砖井。成化九年,始增筑。"[5]虽山形颇为险峻,"城设在山畔,系次冲中地",[6]但水质较差。"本堡峰峦环抱,险尽可守。惟水咸难食,居人患之。西接宁、固地方,若贼由花马池、定边溃入,亦属可虞。"[7]三山堡地处十字河流域,位于今定边县冯地坑乡新城滩村之南。成化十一年,三山堡"城垣一所,周围一里零三百步,墩台三座,三山儿墩、可可原墩",控制二边边墙125里,崖砦40座,川面水口16处,[8]属小规模城堡。三山堡不断扩建,万历时期规模为:"城周围二里二百四十步,楼铺三座。万历三年,加高三丈二

[1]〔明〕余子俊:《余肃敏公经略公牍·把都河堡》,第463-466页。

[2]〔明〕郑汝璧等修,〔明〕刘余泽等纂,陕西省榆林市地方志办公室整理:《延绥镇志》(万历)卷1《建置沿革·把都河堡》,第36页。

[3]〔明〕郑汝璧等修,〔明〕刘余泽等纂,陕西省榆林市地方志办公室整理:《延绥镇志》(万历)卷1《舆图·延绥镇图说》,第17页。

[4]李生程:《陕北长城》,陕西人民美术出版社2008年版,第231页。

[5]〔明〕郑汝璧等修,〔明〕刘余泽等纂,陕西省榆林市地方志办公室整理:《延绥镇志》(万历)卷1《建置沿革·三山堡》,第38页。

[6]〔清〕谭吉璁:《延绥镇志》(康熙)卷1-3《地理志·三山堡》,第293页。

[7]〔明〕郑汝璧等修,〔明〕刘余泽等纂,陕西省榆林市地方志办公室整理:《延绥镇志》(万历)卷1《建置沿革·三山堡》,第38页。

[8]〔明〕余子俊:《余肃敏公经略公牍·三山堡》,第486页。

尺”,[1]“墩台八座”;[2]入清后裁并,“边垣长五里,墩台八座。今裁并定边营”。[3] 据《延绥镇志》(万历)图示,三山堡为不规则椭圆形。[4]三山堡是白于山诸堡中处于最北者,是防御蒙古骑兵由北部平原进入南部山地的屏障。三山堡的地理位置非常突出,依托白于山,坐落于广袤的山原之上,东侧为沟涧。离很远便可看见三山堡遗址,周围可耕可牧,一派田园景象,三山堡地势险要且经济便利,于此便可看出(见图8-3)。三山堡虽被当地人称为“烂城子”,但保存得要比其他许多营堡好。堡呈正方形,四面墙体皆甚完整,仅东部有两处豁口。东墙三处敌楼,两处在两角;西墙两处敌楼,皆在墙角。开南、北门,各有方形瓮城一座。堡内墙根处尚有堆积瓦砾,应为当地居民拆除包砖时所遗留,有砖、瓦当,后者应是堡内建筑所用。值得注意的是,墙体上面常见岩

图8-3　三山堡,2010年摄

[1][明]郑汝璧等修,[明]刘余泽等纂,陕西省榆林市地方志办公室整理:《延绥镇志》(万历)卷1《建置沿革·三山堡》,第38页。

[2][明]郑汝璧等修,[明]刘余泽等纂,陕西省榆林市地方志办公室整理:《延绥镇志》(万历)卷1《建置沿革·三山堡》,第68页。

[3][清]谭吉璁:《延绥镇志》(康熙)卷1-3《地理志·三山堡》,第293页。

[4][明]郑汝璧等修,[明]刘余泽等纂,陕西省榆林市地方志办公室整理:《延绥镇志》(万历)卷1《舆图·延绥镇图说》,第20页。

石,尤其北墙有一巨大且薄之石块竖于墙体中间,起到加固墙体之作用。这些石块来自于周围群山。可见三山堡之修筑显然是就地取材,利用了当地非常适合造墙的石块,将之掺入夯土之中。堡周边仅余墩台3座。三山堡墙体多处出现中空,西墙内侧内挖甚多,这些想来是明时用来守城之设计,这在其他营堡中尚未得见。

石涝池堡建于成化十一年。"石涝池堡。东至新兴四十里,西至三山堡六十里,南至庆阳府三百里,北至定边一百里。宋盐池地,水自卤地出,咸不可食。东有涝池,能潴雨雪水,堡人汲者籍之,故以堡名焉。国朝初守砖井,参将岳嵩退保。成化十一年,肃敏公增筑。"〔1〕与三山堡相似,石涝池堡亦面临水质较差之困难。"城设在山上,系次冲上地。"〔2〕"本堡东、西、南俱山,下临壑。北通干沟、干涧,咸水不可食。且离边大远,无险防守。"〔3〕石涝池堡位于今定边县王盘山乡南石涝沟沟口山上,系依托石涝川而建。当时石涝池堡规模为"城垣一所,周围三里零一百五十四步,边墩三座:甜水墩、宁朔墩、宁靖墩",控制二边边墙133里180步,崖砦26座,水口20处,〔4〕属较大规模城堡。石涝池堡不断扩建,万历时期规模为:"堡周围三里一百八十四步,楼铺三座。万历三年,加高三丈二尺",〔5〕"墩台一十四座"。〔6〕《延绥镇志》(康熙)载:"边垣长九里零二百七十四步,墩台一十四座。今裁并定边营。"〔7〕据《延绥镇志》(万历)图示,石涝池堡为葫芦形。〔8〕实地考察

〔1〕〔明〕郑汝璧等修,〔明〕刘余泽等纂,陕西省榆林市地方志办公室整理:《延绥镇志》(万历)卷1《建置沿革·石涝池堡》,第38页。

〔2〕〔清〕谭吉璁:《延绥镇志》(康熙)卷1-3《地理志·石涝池堡》,第293页。

〔3〕〔明〕郑汝璧等修,〔明〕刘余泽等纂,陕西省榆林市地方志办公室整理:《延绥镇志》(万历)卷1《建置沿革·石涝池堡》,第38页。

〔4〕〔明〕余子俊:《余肃敏公经略公牍·石涝池堡》,第482-484页。

〔5〕〔明〕郑汝璧等修,〔明〕刘余泽等纂,陕西省榆林市地方志办公室整理:《延绥镇志》(万历)卷1《建置沿革·石涝池堡》,第38页。

〔6〕〔明〕郑汝璧等修,〔明〕刘余泽等纂,陕西省榆林市地方志办公室整理:《延绥镇志》(万历)卷1《建置沿革·石涝池堡》,第67页。

〔7〕〔清〕谭吉璁:《延绥镇志》(康熙)卷1-3《地理志·石涝池堡》,第293页。

〔8〕〔明〕郑汝璧等修,〔明〕刘余泽等纂,陕西省榆林市地方志办公室整理:《延绥镇志》(万历)卷1《舆图·延绥镇图说》,第20页。

也证实了这一记载。石涝池堡所居之山高且陡，十分险要。攀登石涝池堡所在之山十分困难，由于该堡已经完全废弃，长久以来无人攀登，只在部分地段有一条旧路，大部分地区毫无路径可寻，只能自己摸索。由于草丛茂盛，白色、绿色的苔藓覆盖了整个山包，走起来十分湿滑，高高的杂草也常常挡住去路。随着山的自然走势，从山之西南逐渐攀登，手脚并用，可以发现一段已被荒草掩盖之旧路。在山腰处有一座隆起之四方平台，向西突出，从其与堡城的相对位置来看，可能是一座楼铺。再往北走，发现这条旧路坍塌成一道深沟，一直延伸至北楼铺。这可能是原先挖掘的一道地洞常年经受雨蚀的结果。如果这一推测成立的话，那么石涝池堡守军可以不经由地面，直接从堡城由地洞进入西楼铺。整体来看，石涝池堡遗址近似葫芦。最南侧山原之上修建了一座依托山形的圆形堡城，其北为北楼铺，再往北为方形瓮形，门向西开。而北侧更高的邻山上又建立了一座墩台，负责瞭望，传递消息。这种在比营堡位置更高处修建瞭望墩台的做法在榆林长城体系中是十分常见的，犹如现在军营旁皆有瞭望塔一样。堡内一片长方形空地上，瓦砾满地，是原先石涝池堡的信仰区，不过现在所有庙宇已全部拆毁。

饶阳水堡又称饶阳水头，位于三山堡东南、石涝池堡西南，建于成化十三年(1477)。“饶阳水堡。东至沙家掌五十里，西至宁夏蒙城一百二十里，南至红德城九十里，北至三山堡四十里。宋夏州地，饶阳水头古萧关。国朝成化十三年，余公置，隶庆阳卫。十五年，巡抚丁公改属本镇。”[1]饶阳水堡亦面临水质较差之困难。“城设在腹里。”“东面倚山，高二丈七尺，南、西、北三面俱临天沟崖，城铲削三四丈不等。本堡设在高源涧水交河，城守颇易。惟水咸，居人患之。”[2]万历时期饶阳水堡规模为：“城周围凡二里三十步，楼铺八座。万历二年重修”，[3]

---

〔1〕〔明〕郑汝璧等修，〔明〕刘余泽等纂，陕西省榆林市地方志办公室整理：《延绥镇志》(万历)卷1《建置沿革·饶阳水堡》，第39页。

〔2〕〔明〕郑汝璧等修，〔明〕刘余泽等纂，陕西省榆林市地方志办公室整理：《延绥镇志》(万历)卷1《建置沿革·饶阳水堡》，第39页。

〔3〕〔明〕郑汝璧等修，〔明〕刘余泽等纂，陕西省榆林市地方志办公室整理：《延绥镇志》(万历)卷1《建置沿革·饶阳水堡》，第39页。

属中等规模城堡。饶阳水堡清代被裁撤。“今裁并定边营。”[1]饶阳水堡位于定边县姬塬镇辽阳村。墙垣已废,城内为废墟。[2]

新安边营是延绥镇西侧最为靠内之城堡,建于成化十一年。“新安边营。东至永济堡三十里,西至新兴堡七十里,南至庆阳府五百里,北至旧安边六十里。宋夏州深河儿地中山坡。国朝成化十一年,肃敏余公置今堡,撤旧安边兵守之。”[3]新安边营背山面河,正是明朝鉴于旧安边营难于防守而内徙之结果,“城设在山坡,系极冲中地”[4],但迁移结果却使防御效果打了折扣。“营背山面水,险阻四塞,虏颇难犯,始罢旧安边设今堡。旧营既复,又设参将,此堡远居腹里,似无他虞。但操守官军离边大远,往来不便,仍当改移。”[5]“新安边、新兴、石涝、三山诸堡设在腹里,议者欲分其军丁、添贴守瞭,未必非补偏之一策也。”[6]新安边营位于今定边县新安边镇政府所在地。新安边镇坐落于山脚,是一个小乡镇,人口不多,道路狭窄。新安边营便建于山腰。新安边营是延绥巡抚余子俊为加强二边防御,守御新安边川,于成化十一年向南迁移至此而建成的。最初,新安边营的规模是:“城垣一所,周围四里零一百二十五步,边墩六座:长安墩、永安墩、安远墩、永寿墩、清平墩”,控制二边边墙 97 里,崖砦 34 座,川面水口 19 处。[7] 明后期新安边营不断扩建。“营周围四里三十五步,楼铺一十四座。隆庆六年,加高三丈一尺。”[8]“墩台一十七座”。[9]《延绥镇志》(康熙)载:

---

〔1〕〔清〕谭吉璁:《延绥镇志》(康熙)卷 1-3《地理志·饶阳水头》,第 293 页。

〔2〕陈兴旺主编:《定边县志》,第 842-843 页。

〔3〕〔明〕郑汝璧等修,〔明〕刘余泽等纂,陕西省榆林市地方志办公室整理:《延绥镇志》(万历)卷 1《建置沿革·新安边营》,第 36 页。

〔4〕〔清〕谭吉璁:《延绥镇志》(康熙)卷 1-3《地理志·新安边营》,第 292 页。

〔5〕〔明〕郑汝璧等修,〔明〕刘余泽等纂,陕西省榆林市地方志办公室整理:《延绥镇志》(万历)卷 1《建置沿革·新安边营》,第 36-37 页。

〔6〕〔清〕谭吉璁:《延绥镇志》(康熙)卷 1-3《地理志·附记》,第 300 页。

〔7〕〔明〕余子俊:《余肃敏公经略公牍·安边营》,第 472-475 页。

〔8〕〔明〕郑汝璧等修,〔明〕刘余泽等纂,陕西省榆林市地方志办公室整理:《延绥镇志》(万历)卷 1《建置沿革·新安边营》,第 36 页。

〔9〕〔明〕郑汝璧等修,〔明〕刘余泽等纂,陕西省榆林市地方志办公室整理:《延绥镇志》(万历)卷 1《建置沿革·新安边营》,第 65 页。

"边垣长三十三里零二十三步,墩台五十一座。"[1]据《延绥镇志》(万历)图示,新安边营为椭圆碑形。[2] 目前来看,新安边营的形制也符合这一记载。新安边营的规模并不是很大,尽管新安边川附近山岭众多,不过新安边营只占据其中一山。新安边川是洛河支流之一,是一道狭窄深涧,穿越于诸山之间,目前仍流水潺潺。为便于控制水道,新安边营选址于川西并不是很高的一座山上,这样既可将水利纳入己方,又可利用居于山腰的优势,顺应山势,将营城、瓮城皆建于西北之角,构建较短的防线,以扼敌冲;同时又构建较长之东、西墙,以最大可能地对在山涧中的蒙古军队进行伏击。新安边营建城于山腰却不便于瞭望远处,为弥补这一缺点,明朝又在新安边营东南最高山峰上筑烽火台,以向营堡传递消息。在这种设计理念下,新安边营形制较为奇特,呈梯形,南北窄、东西宽,东西前墙沿着山体的自然走向逐渐分散开来。从新安边营南侧对面之山上,可以清楚地看出新安边营旧址。目前东、西二道墙皆存。东墙较为完整而雄壮,一直延伸至山之南端,不过南端墩台已不存。西墙北段已不存,且被辟为耕地;南段仍一直延伸至山之南端,且尚存较高大墩台,只是已被农户改建为窑洞,前面居人,后面为仓库。窑洞在新边营到处可见,其中一些夯土甚固,很可能是当地居民据明藏兵洞改建而成的。值得注意的是,一般营城皆被包于边墙之中,但新安边营城却突出在东边墙之外,这是因为这一地带是较为安全的地区,不需边墙保护也可守御。在最高墩之东山腰上,尚存一墩台(见图 8-4)。与榆林其他部分营堡墙体尚存一定包砖不同的是,新安边营由于在嘉靖年间便被废弃,故而并未经历万历年间包砖的阶段,营堡整体为夯土建筑。

在增筑城堡之外,余子俊尚改造已有营堡。作为延绥镇西部之重要军事据点,宁塞营于成化十一年(1475),由余子俊改降为宁塞堡。"宁塞营。东至靖边四十里,西至把都河三十四里,南至保安县一百四

〔1〕〔清〕谭吉璁:《延绥镇志》(康熙)卷 1-3《地理志·新安边营》,第 292 页。

〔2〕〔明〕郑汝璧等修,〔明〕刘余泽等纂,陕西省榆林市地方志办公室整理:《延绥镇志》(万历)卷 1《舆图·延绥镇图说》,第 18 页。

图 8－4　新安边营北墩，2010 年摄

十里，北至大边二里。宋夏州地，旧属栲栳城。国朝成化十一年置堡，撤三岔堡兵守之。"[1]宁塞堡属依险型城堡。"城设在山原，系极冲中地。"[2]"营西面枕山，东、南、北俱平川，易屯大举，又深入鄜延大路，且逼近红柳河，岁多水患，边外河畔即大水。驻牧之地，通贼处所甚多，极为冲要。"[3]三岔堡系依托榆林卫南三岔川而建。"三岔川河。榆溪水南流二十里为三岔川。一自常乐杀草湾发源，合铁炉庄、石窑沟、李三家沟水，西注会榆溪；一自常乐刘家湾发源，合张官儿峁、焦家川水，西注会榆溪；一自纪家湾，东注会榆溪。"[4]"三岔川，在镇南十里。或曰即黑水上源也。黑山之水分流并导，会合于池，因有三岔之名。"[5]故而，三岔堡归并于宁塞堡之事，可视为余子俊加强延绥镇西部防御之举

[1][明]郑汝璧等修，[明]刘余泽等纂，陕西省榆林市地方志办公室整理：《延绥镇志》（万历）卷 1《建置沿革 · 宁塞营》，第 35 页。

[2][清]谭吉璁：《延绥镇志》（康熙）卷 1－3《地理志 · 宁塞堡》，第 292 页。

[3][明]郑汝璧等修，[明]刘余泽等纂，陕西省榆林市地方志办公室整理：《延绥镇志》（万历）卷 1《建置沿革 · 宁塞营》，第 35－36 页。

[4][明]郑汝璧等修，[明]刘余泽等纂，陕西省榆林市地方志办公室整理：《延绥镇志》（万历）卷 1《舆图 · 延绥镇图说》，第 114 页。

[5][清]顾祖禹撰，贺次君、施和金点校：《读史方舆纪要》卷 61《陕西十 · 榆林镇 · 肆卢川》，第 2931 页。

措。成化十一年时,宁塞堡“城垣一所,周围二里零一百一十四步,边墩四座:永宁墩、新添墩、平胡墩、威武墩”,控制二边边墙66里100步,崖砦小墩24座,川面水口24处,[1]属中等规模城堡。明后期宁塞堡不断扩建。“城周围四里三分,楼铺一十八座。隆庆六年,加高二丈八尺。万历六年,砖砌牌墙、垛口五尺,共高三丈三尺。”[2]“墩台五十六座”。[3]《延绥镇志》(康熙)载:“边垣长五十四里零二百八十步,墩台五十四座。”[4]据《延绥镇志》(万历)图示,宁塞营为一角抹平之长方形。[5] 宁塞堡位于吴起县长城乡南南瓦窑弯村宁塞城。“城墙残存,护城墩明显。”[6]

而在延绥镇东部,余子俊鉴于这一地区内部城堡已修筑较多,遂重点于边境地带,即大边边墙修筑城堡,先后在榆林、神木修筑了建安堡、永兴堡。建安堡筑于成化十年。“建安堡。东至高家堡四十里,西至双山堡五十里,南至黄河一百五十里,北至大边五里。汉闾阳县地,后为崕寺则。国朝成化十年,肃敏余公增置。”[7]建安堡位于今榆阳区大河塌乡建安堡村,属典型之依险型城堡。“城设在山畔,系极冲上地。”[8]“堡西、南、北俱临深沟,东南地形微峻,其险足恃。”[9]开光川流过城堡。成化十一年时规模为“城垣一所,周围一里零一步,边墩三座:明沙梁墩、栢泉儿堡、黄草梁墩”,控制大边边墙46里142步,崖砦

---

〔1〕〔明〕余子俊:《余肃敏公经略公牍·宁塞营》,第458-461页。

〔2〕〔明〕郑汝璧等修,〔明〕刘余泽等纂,陕西省榆林市地方志办公室整理:《延绥镇志》(万历)卷1《建置沿革·宁塞营》,第35页。

〔3〕〔明〕郑汝璧等修,〔明〕刘余泽等纂,陕西省榆林市地方志办公室整理:《延绥镇志》(万历)卷1《建置沿革·宁塞营》,第64页。

〔4〕〔清〕谭吉璁:《延绥镇志》(康熙)卷1-3《地理志·宁塞堡》,第292页。

〔5〕〔明〕郑汝璧等修,〔明〕刘余泽等纂,陕西省榆林市地方志办公室整理:《延绥镇志》(万历)卷1《舆图·延绥镇图说》,第15页。

〔6〕李生程:《陕北长城》,第227页。

〔7〕〔明〕郑汝璧等修,〔明〕刘余泽等纂,陕西省榆林市地方志办公室整理:《延绥镇志》(万历)卷1《建置沿革·建安堡》,第28页。

〔8〕〔清〕谭吉璁:《延绥镇志》(康熙)卷1-3《地理志·建安堡》,第292页。

〔9〕〔明〕郑汝璧等修,〔明〕刘余泽等纂,陕西省榆林市地方志办公室整理:《延绥镇志》(万历)卷1《建置沿革·建安堡》,第28页。

22座，川面水口22处，[1]属小规模城堡。建安堡不断扩建，万历时期规模为："城周围二里一百五十一步，楼一十五座。万历三十五年，巡抚都御史涂公宗濬周围用砖包砌，高□丈"，[2]"墩台二十三座。又双山、建安地界适中伙修墩台一座"。[3]《延绥镇志》(康熙)所载稍有扩大。"周围凡二里零一百七十二步，楼铺一十五座。万历三十五年，巡抚涂宗濬用砖包砌。边墙长二十里零八十一步，墩台二十三座。"[4]据《延绥镇志》(万历)图示，建安堡为长方形。[5]现堡垣砌砖全被拆除，残土堡垣完整，墙高8.7米，厚6.8米，尚存东、西、南3座砖券残城门。残堡垣东西185.3米，南北450.9米。居村民30户，堡内部分土地被辟为耕田。[6]

永兴堡建于成化十一年。"永兴堡，东至镇羌堡三十七里，西至神木县五十里，南至黄河九十里，北至大边一十三里。隋连谷县，唐麟州，后为碗调县，宋为黑城儿郡。国朝成化中，余肃敏公遣镇羌把总指挥宋祥置。"[7]永兴堡属典型之依险型城堡。"城设在山上，系次冲中地。"[8]"堡设在高山，东、南、北三面俱有深沟巨险，西面峻坡，绕一大河，足堪保障。地土肥饶，耕牧堪赖。但西有页沙梁，东有庙儿，俱系虏冲。又南自走马梁，直犯神木川，沟深路险，虏易潜伏。"[9]此沟即永兴沟。永兴堡位于今神木县永兴乡堡子村。成化十一年，永兴堡规模为："城垣一所，周围一里，边墩三座：高庙儿墩、双乃山墩、杏树昂墩"，控

[1][明]余子俊：《余肃敏公经略公牍·建安堡》，第396－399页。

[2][明]郑汝璧等修，[明]刘余泽等纂，陕西省榆林市地方志办公室整理：《延绥镇志》(万历)卷1《建置沿革·建安堡》，第28页。

[3][明]郑汝璧等修，[明]刘余泽等纂，陕西省榆林市地方志办公室整理：《延绥镇志》(万历)卷1《建置沿革·建安堡》，第56页。

[4][清]谭吉璁：《延绥镇志》(康熙)卷1－3《地理志·建安堡》，第290页。

[5][明]郑汝璧等修，[明]刘余泽等纂，陕西省榆林市地方志办公室整理：《延绥镇志》(万历)卷1《舆图·延绥镇图说》，第10页。

[6]霍世春主编：《榆林市志》，第682－683页。

[7][明]郑汝璧等修，[明]刘余泽等纂，陕西省榆林市地方志办公室整理：《延绥镇志》(万历)卷1《建置沿革·永兴堡》，第30页。

[8][清]谭吉璁：《延绥镇志》(康熙)卷1－3《地理志·永兴堡》，第291页。

[9][明]郑汝璧等修，[明]刘余泽等纂，陕西省榆林市地方志办公室整理：《延绥镇志》(万历)卷1《建置沿革·永兴堡》，第30页。

制大边边墙27里165步,崖砦15座,川面水口26座,[1]属小规模城堡。永兴堡不断扩建,万历时期规模为:"城周围二里二十五步,楼铺八座。万历三十五年,巡抚都御史涂公周围用砖包砌。高□丈□□",[2]"墩台三十九座"。[3]《延绥镇志》(康熙)载:"边垣长六十二里零八十六步,墩台三十九座。"[4]据《延绥镇志》(万历)图示,永兴堡为椭圆形。[5] 今堡内只有集场,仅存土城废墟。[6]

8.6 成化中期以后延绥镇城堡增筑与榆林明长城立体防御体系的完善

余子俊离任之后,后来之延绥镇巡抚仍有弥补漏洞、增筑城堡之举。现即按时间顺序,加以论述。木瓜园堡建于成化十六年(1480)。"木瓜园堡。东至清水营三十里,西至孤山四十里,南至府谷县五十里,北至大边四十里。唐胜州地。国朝成化十六年设堡,隶孤山。二十三年展中城,置把总官。弘治十四年,募军治为新城。"[7]木瓜园堡属典型之依险型城堡。"城设在山上,系次冲上地。"[8]"堡设在高阜,东、西、北俱大沟深险,南、西峻坡,绕以涧水。又有石墙一道,足堪保障。"[9]"本边城亦在高阜,可以墨守。惟木字七墩、二十墩甚险,戎心

---

〔1〕〔明〕余子俊:《余肃敏公经略公牍·永兴堡》,第378页。

〔2〕〔明〕郑汝璧等修,〔明〕刘余泽等纂,陕西省榆林市地方志办公室整理:《延绥镇志》(万历)卷1《建置沿革·永兴堡》,第30页。

〔3〕〔明〕郑汝璧等修,〔明〕刘余泽等纂,陕西省榆林市地方志办公室整理:《延绥镇志》(万历)卷1《建置沿革·永兴堡》,第59页。

〔4〕〔清〕谭吉璁:《延绥镇志》(康熙)卷1-3《地理志·永兴堡》,第291页。

〔5〕〔明〕郑汝璧等修,〔明〕刘余泽等纂,陕西省榆林市地方志办公室整理:《延绥镇志》(万历)卷1《舆图·延绥镇图说》,第7页。

〔6〕杨和春主编:《神木县志》,第438-439页。

〔7〕〔明〕郑汝璧等修,〔明〕刘余泽等纂,陕西省榆林市地方志办公室整理:《延绥镇志》(万历)卷1《建置沿革·木瓜园堡》,第31页。

〔8〕〔清〕谭吉璁:《延绥镇志》(康熙)卷1-3《地理志·木瓜园堡》,第291页。

〔9〕〔明〕郑汝璧等修,〔明〕刘余泽等纂,陕西省榆林市地方志办公室整理:《延绥镇志》(万历)卷1《建置沿革·木瓜园堡》,第31页。

或取道于此。”[1]木瓜川流过城堡。万历时期，木瓜园堡规模为：“周围三里五十六步，楼铺一十七座。万历三十五年，巡抚都御史涂公周围用砖包砌，高□丈”，[2]“墩台三十二座”，[3]属较大规模城堡。《延绥镇志》（康熙）所载规模稍有扩展。“周围凡三里零九十步，楼铺一十七座。万历三十五年，巡抚涂宗濬用砖包砌。边垣长三十三里零一百五十四步，墩台三十二座。”[4]木瓜园堡位于今府谷县木瓜乡政府所在地。之所以有此名称，在于该堡形状似一侧放之木瓜，当地人称“桃形”。西北宽，东南合并为一角，西墙呈两个弧形，北墙、东墙合并为一弯线。但从《延绥镇志》（万历）图示来看，木瓜园堡则为一边凹凸之正方形。[5] 从内部来看，堡墙并不高大，但由于木瓜园堡依山而建，四周峡谷深峻，故而从外部看，堡墙仍很雄伟。堡内目前已辟为农田，种植了向日葵、玉米与荞麦。中心高台地块满是散落之瓦砾，应是木瓜园堡最初核心建筑所在。这块高地之上新建两座庙宇，木瓜园堡墙同样是明朝修筑长城采用就地取材方法的代表。从目前裸露的墙体看，砖石与夯土夹杂，充分利用了当地的地质资源。不过泥筑土墙却非常脆弱，是目前为止考察所见土质最差的，其中沙的含量很大，攀登堡墙时，“哗哗”脱落。木瓜园堡毁坏的时间较早，在内战时期便深受战火的影响，新中国成立后又不断被拆毁。目前当地多所房屋皆是拆堡砖而建。其中一座尤其明显，墙泥尚新，上半部分为现代所烧灰砖，下半部分却是宽大之古砖。堡四周尚存三墩台，其中两个在东南山腰上，另一处在堡东。堡东南尚有一墩台遗址。

大栢油堡，又称大柏油堡。“东至神木堡四十里，西至柏林二十

[1]〔明〕郑汝璧等修，〔明〕刘余泽等纂，陕西省榆林市地方志办公室整理：《延绥镇志》（万历）卷1《建置沿革·木瓜园堡》，第61页。

[2]〔明〕郑汝璧等修，〔明〕刘余泽等纂，陕西省榆林市地方志办公室整理：《延绥镇志》（万历）卷1《建置沿革·木瓜园堡》，第31页。

[3]〔明〕郑汝璧等修，〔明〕刘余泽等纂，陕西省榆林市地方志办公室整理：《延绥镇志》（万历）卷1《建置沿革·木瓜园堡》，第61页。

[4]〔清〕谭吉璁：《延绥镇志》（康熙）卷1－3《地理志·木瓜园堡》，第291页。

[5]〔明〕郑汝璧等修，〔明〕刘余泽等纂，陕西省榆林市地方志办公室整理：《延绥镇志》（万历）卷1《延绥镇志图说》，第6页。

里，南至黄河一百二十里，北至大边三里。唐麟州地，产柏、多油，故名。国朝弘治初增置。”[1]但成化时期，延绥镇武将已分守此地。“三里塔、栢油川皆郭镛分守地方。”郭镛为延绥镇东路右参将。按照明代军事制度，参将分守地区设施至少为堡，可见成化时期大栢油堡已经建立，系依托大栢油川而建。“别有虏犯其境大栢油川。”[2]“大栢油水。大栢油有东西二水，俱自边外入。南合栢林城东关王峁水，经解家铺东，折入神木之屈野河。”[3]通过河流，大栢油堡、栢林堡、神木堡从而联在一起。大栢油堡系典型之依险型城堡。“城设在山上，系极冲下地。”[4]“堡东、西、南皆沟，地险可恃。”[5]万历时期规模为：“城周围一里六十八步，楼铺一十二座。万历三十五年，巡抚都御史涂公周围用砖包砌，高□丈”，[6]“墩台一十六座”。[7]《延绥镇志》（康熙）所载规模扩大一倍。“周围凡二里零九十二步，楼铺一十二座。万历三十五年，巡抚涂宗濬用砖包砌。边垣长二十七里零三百三十步，墩台一十七座。”[8]据《延绥镇志》（万历）图示，大栢油堡为长方形。[9]栢油堡位于今神木县解家堡大柏油堡村。大柏油堡道光时已圮，今存遗址。[10]

《延绥镇志》（万历）载镇川堡建于嘉靖二十九年（1550），“镇川堡。南至米脂县三十里，北至鱼河五十里，至镇城一百三十五里。唐银

---

〔1〕〔明〕郑汝璧等修，〔明〕刘余泽等纂，陕西省榆林市地方志办公室整理：《延绥镇志》（万历）卷1《建置沿革 · 大栢油堡》，第29页。

〔2〕〔明〕刘吉等：《明宪宗实录》卷237“成化十九年二月丙子”条，第4026页。

〔3〕〔清〕谭吉璁：《延绥镇志》（康熙）卷1－4《山川下 · 大栢油水》，第305页。

〔4〕〔清〕谭吉璁：《延绥镇志》（康熙）卷1－3《地理志 · 大栢油堡》，第290页。

〔5〕〔明〕郑汝璧等修，〔明〕刘余泽等纂，陕西省榆林市地方志办公室整理：《延绥镇志》（万历）卷1《建置沿革 · 大柏油堡》，第29页。

〔6〕〔明〕郑汝璧等修，〔明〕刘余泽等纂，陕西省榆林市地方志办公室整理：《延绥镇志》（万历）卷1《建置沿革 · 大柏油堡》，第29页。

〔7〕〔明〕郑汝璧等修，〔明〕刘余泽等纂，陕西省榆林市地方志办公室整理：《延绥镇志》（万历）卷1《建置沿革 · 大柏油堡》，第58页。

〔8〕〔清〕谭吉璁：《延绥镇志》（康熙）卷1－3《地理志 · 大栢油堡》，第290页。

〔9〕〔明〕郑汝璧等修，〔明〕刘余泽等纂，陕西省榆林市地方志办公室整理：《延绥镇志》（万历）卷1《舆图 · 延绥镇图说》，第8页。

〔10〕杨和春主编：《神木县志》，第439页。

州北境。国朝嘉靖二十九年,巡抚张公珩建。"[1]但事实上,嘉靖二十一年(1542),镇川堡已出现于《明世宗实录》中。"升守备镇川堡指挥同知陈力、偏头关指挥使袁清俱署都指挥佥事,充游击将军。力大同,清延绥。"[2]之所以设置这一城堡,在于河套蒙古将无定河作为南下大道。"三堡(归德堡、鱼河堡、镇川堡)有城无边,而镇川更弹丸、黑子之地。往四十五年前,虏未款贡,南下蹂躏,此地苦甚。乃筑堡设官,率军五十人以上守之。大都归、鱼二堡,为入腹里孔道。异日寒盟入犯,此皆首当其锋,城垣、窨砦及时绸缪,乃第一义也。"[3]镇川堡位于今镇川镇政府所在地,是延绥镇最南的一处营堡,地处河谷平川,地势开阔。"城设在平川,系腹里上地。"[4]"北接山寨,南邻大河,两头与城相连。河南山崖高耸,南北山畔俱痢削陡峻,可阻胡马。"[5]万历年间建设情况为:"就城横筑大墙一道,高厚可恃。周围凡一里三分。"[6]当前主体建筑已荡然无存,仅存东北一座墩台(见图8-5)、西北两处墩台。东北一处甚为壮观,利用山形铲削而成。

《延绥镇志》(万历)载保宁堡建于嘉靖四十三年(1564)。"保宁堡。东至镇城三十里,西至波罗堡四十里,南至归德堡四十里,北至大边一里。旧古梁城。国朝嘉靖四十三年,巡抚胡公志夔创建。"[7]但《明世宗实录》却载保宁堡建于嘉靖四十五年(1566)。"辛丑,改延绥新修古梁城名为保宁堡,命绥德守备王国武驻兵守之。"[8]保宁堡地势

[1]〔明〕郑汝璧等修,〔明〕刘余泽等纂,陕西省榆林市地方志办公室整理:《延绥镇志》(万历)卷1《建置沿革·镇川堡》,第32-33页。

[2]〔明〕张居正等:《明世宗实录》卷269"嘉靖二十一年十二月乙酉"条,第5303页。

[3]〔明〕郑汝璧等修,〔明〕刘余泽等纂,陕西省榆林市地方志办公室整理:《延绥镇志》(万历)卷1《建置沿革·镇川堡》,第55页。

[4]〔清〕谭吉璁:《延绥镇志》(康熙)卷1-3《地理志·镇川堡》,第291页。

[5]〔明〕郑汝璧等修,〔明〕刘余泽等纂,陕西省榆林市地方志办公室整理:《延绥镇志》(万历)卷1《建置沿革·镇川堡》,第33页。

[6]〔明〕郑汝璧等修,〔明〕刘余泽等纂,陕西省榆林市地方志办公室整理:《延绥镇志》(万历)卷1《建置沿革·镇川堡》,第33页。

[7]〔明〕郑汝璧等修,〔明〕刘余泽等纂,陕西省榆林市地方志办公室整理:《延绥镇志》(万历)卷1《建置沿革·保宁堡》,第32页。

[8]〔明〕张居正等:《明世宗实录》卷556"嘉靖四十五年三月辛丑"条,第8943-8944页。

图 8 – 5　镇川堡东北墩台，2009 年摄

较为平坦，“城设在平地，系极冲下地”。[1] “堡多水泽之区，为镇城夹道耕牧地。边冲兵寡，防守颇难，由此寇归鱼饷道。自筑垣后，又命将守之，虏不敢骤马南下矣。”[2]万历时期保宁堡规模为：“周围凡二里一百四十步，楼铺七座。万历六年重修，帮筑高厚。九年，参将臧士贤增东关”，[3]“墩台三十五座”。[4]《延绥镇志》（康熙）载：“边垣长二十里，墩台三十六座。”[5]据《延绥镇志》（万历）图示，保宁堡为长方形。[6] 保宁堡负责区域亦较难防御。“该堡沿边一带并无沟险，强半

[1]〔清〕谭吉璁：《延绥镇志》（康熙）卷 1 – 3《地理志 · 保宁堡》，第 289 页。

[2]〔明〕郑汝璧等修，〔明〕刘余泽等纂，陕西省榆林市地方志办公室整理：《延绥镇志》（万历）卷 1《建置沿革 · 保宁堡》，第 32 页。

[3]〔明〕郑汝璧等修，〔明〕刘余泽等纂，陕西省榆林市地方志办公室整理：《延绥镇志》（万历）卷 1《建置沿革 · 保宁堡》，第 32 页。

[4]〔明〕郑汝璧等修，〔明〕刘余泽等纂，陕西省榆林市地方志办公室整理：《延绥镇志》（万历）卷 1《建置沿革 · 保宁堡》，第 52 页。

[5]〔清〕谭吉璁：《延绥镇志》（康熙）卷 1 – 3《地理志 · 保宁堡》，第 289 页。

[6]〔明〕郑汝璧等修，〔明〕刘余泽等纂，陕西省榆林市地方志办公室整理：《延绥镇志》（万历）卷 1《舆图 · 延绥镇图说》，第 12 页。

沙壅,最难防守。"[1]保宁堡位于今榆阳区芹河乡保宁堡村。现西、北、东堡垣被流沙埋压至顶;南垣少部被沙埋压,城砖尽被拆除。残垣尚存,成楼夯土墩台共7座,高7—10米,宽、厚各约10米。残堡垣东西259米,南北355米,周长1228米。内建祖师殿、关公殿、三官殿等明清庙宇共40余间。[2]

镇虏堡是延绥镇最后建立之城堡。"镇虏堡。墩台一十座。本边原为鱼口砦,二十八年改今堡名。城虽在平原,而墩台俱有天沟险固。"[3]入清以后,镇虏堡改名镇罗堡。《延绥镇志》(康熙)未载镇罗堡建立时间。"镇罗堡。宋夏州地。城设在平川,系极冲中地。边垣长三十里,墩台一十座。"[4]《陕西通志》(雍正)载镇罗堡建立时间为万历二十八年(1600)。"镇罗堡。在靖边东四十里,东南至安塞县三百里,北至大边一里,东至镇靖堡四十里。宋置,本夏州地,地名鱼口砦。明万历二十八年增筑。城在平川,周三百七步,高一丈九尺。东西南门三,系极冲中地。边垣长三十里,墩台一十座。今有分防把总,改名镇罗堡。"[5]不过王晓霞认为镇罗堡建于万历十九年(1591)。[6]镇虏堡位于今靖边县南杨米涧乡镇罗堡村西,堡城西依芦河,东临群山,为要冲之地,城周长1100米,高7—9米不等。南北各有一座城门。嘉庆十四年(1809),大水冲塌南城门楼座,牵及城身1段,后有所修复。同治六年(1867),镇虏堡被回民起义军毁坏,变为荒城。现遗址尚存;西南角被水冲塌,东城墙由于洪水淤积,几乎与地面平;城内全变为农田。[7]

---

〔1〕〔明〕郑汝璧等修,〔明〕刘余泽等纂,陕西省榆林市地方志办公室整理:《延绥镇志》(万历)卷1《建置沿革·保宁堡》,第52页。

〔2〕霍世春主编:《榆林市志》,第682页。

〔3〕〔明〕郑汝璧等修,〔明〕刘余泽等纂,陕西省榆林市地方志办公室整理:《延绥镇志》(万历)卷1《建置沿革·镇虏堡》,第63页。

〔4〕〔清〕谭吉璁:《延绥镇志》(康熙)卷1-3《地理志·镇罗堡》,第292页。

〔5〕〔清〕刘于义等监修,沈青崖等编纂:《陕西通志》(雍正)卷16《关梁一·靖边县》,第862页。

〔6〕王晓霞:《明代延绥镇把都河堡、镇罗堡建置年代考》,载《黑龙江史志》2012年第15期。

〔7〕温怀德主编:《靖边县志》,第389页。

《延绥镇志》(康熙)又载成化中期于响水堡南置新添堡,但当前所见史料皆未记载这一城堡,姑且存疑。“响水堡,镇西四十里。旧为绥德州属砦,成化二年边臣王复议移黑河山,改名平夷堡。七年余子俊平夷水泉枯涸,复还故治。其南又有新添堡,成化中所置也。”[1]

总之,明朝共在延绥镇建立榆林城与51座营堡。营堡中45座建于余子俊离任之前。其中楼子营迁于河曲县,塞门堡归并于镇靖堡,保安堡归并于靖边营,土木堡归并于怀远堡,府谷堡迁于清水营,白洛城迁于清平堡,柳树涧堡迁于永济堡后复迁还,忽都伯颜堡迁于归德堡,平夷堡复迁归响水堡,三岔堡归并于宁塞堡,原堡亦皆废除。安边营虽亦有迁移复迁回之现象,但却为两营并存状态。经过历代增修,延绥镇遂构建了严密的长城立体防御体系。营堡之间的距离大为缩小,相应加强了彼此间的相互应援,延绥镇军队整体野战能力相应得以保证与提升。

黄河西四十里至清水堡,七十里至孤山堡,五十里至镇羌堡,五十里至永兴堡,八十里至栢林堡,四十里至高家堡,四十里至建安堡,四十里至双山堡,五十里至长乐堡,四十里至榆林城,四十里至归德堡,四十里至响水堡,四十里至波罗堡,四十里至怀远堡,五十里至威武堡,四十里至清平堡,四十里至龙州堡,四十里至镇靖堡,七十里至靖边营,四十里至宁塞堡,九十里至安边营,九十里至定边营,六十里至花马池。榆林城南路榆林城四十里至归德堡,四十里至鱼河堡,一百里至米脂县,一百里至绥德城,八十里东至仪合驿,六十里至河西驿,□□里至黄河岸,七十里至青龙驿,七十里至石州。榆林城西路里靖边营三十里至把都司,三十里至永济堡,二十里至新安边营,六十里至新兴堡,四十里至石涝池,五十里至三山堡,四十里至饶阳堡,四十里至宁夏界,五十里至红城子,七十里至山城驿,七十里至萌城驿,五十里至甜水堡,七十里至小盐池,

[1][清]顾祖禹撰,贺次君、施和金点校:《读史方舆纪要》卷61《陕西十·榆林镇·响水堡》,第2937页。

九十里至石沟驿，九十里至高桥驿，九十里至黄河岸，三十里至宁夏城。[1]

可见，诸堡之间的距离多数在40里至70里之间，其中相距40里的营堡占据了很大一部分，最远的宁塞堡至安边营、安边营至定边营也仅90里。张玉坤、李哲从而指出："以榆林明长城为例，大致按照'一里一墩（烽），五里一台，十里一寨，四十里一堡'的原则设置。"[2]

同样，在榆林明长城立体防御体系之下，营堡规模、士兵数量与骑兵比重也皆显示出明朝仍致力于保持长城防御体系的机动性与野战能力。在榆林明长城立体防御体系之下，延绥镇军队遂分为两种，一为沿墙"摆守"，明人称之为"摆边"；一为营堡聚守，明人称之为"摆堡"。由于摆边需要分散军队于漫长沿线，相应以静态、消极、阻隔为特征，而摆堡由于需要将士兵聚集于险要之处，相应以动态、积极、作战为特征。边墙前沿防御与营堡纵深防御，从而以其各自优长，在不同时期之时代背景下，在明朝防御体系中，地位不断呈现升降、消替之轨迹。明朝亦竭力寻找二者之间的平衡，从而既尽量避免内地遭受损失，又消灭蒙古军队的有生力量。延绥镇亦是如此。虽然明中后期榆林边墙不断得以修复、增补，但营堡军队却一直保持着野外机动作战能力。成化十一年时，延绥镇营堡规模可见诸上文。《延绥镇志》（康熙）亦记载了这一地区营堡规模，大体可将其视为延绥镇营堡规模之定制。

---

[1]〔明〕魏焕辑：《皇明九边考》卷7《榆林镇·疆域考》，第290－293页。

[2]张玉坤、李哲：《龙翔凤翥——榆林地区明代长城军事堡寨研究》，载《华中建筑》2005年第1期。

表 8-1　明代延绥镇营堡规模表[1]

营堡	所属路	所属镇/营	所辖楼铺/墩台	营堡周长/边垣长度
榆林镇	中路	榆林镇	62 座/74 座	13 里 314 步/31 里 358 步
保宁堡	中路	榆林镇	7 座/36 座	2 里 140 步/20 里
归德堡	中路	榆林镇	15 座/不明	2 里 67 步/不明
鱼河堡	中路	榆林镇	15 座/不明	3 里 300 步/不明
镇川堡	中路	榆林镇	不明/不明	1 里 3 分/不明
响水堡	中路	榆林镇	8 座/22 座	3 里 210 步/19 里 276 步
波罗堡	中路	榆林镇	10 座/35 座	2 里 270 步/35 里 47 步
怀远堡	中路	榆林镇	12 座/27 座	2 里 17 步/43 里 47 步
威武堡	中路	榆林镇	14 座/26 座	280 步/ 34 里 321 步
清平堡	中路	榆林镇	13 座/31 座	384 步/31 里 219 步
常乐堡	中路	榆林镇	15 座/37 座	3 里 50 步/18 里 176 步
双山堡	中路	榆林镇	14 座/40 座	3 里 90 步/30 里 45 步
建安堡	东路	榆林镇	15 座/23 座	2 里 172 步/20 里 81 步
高家堡	东路	榆林镇	15 座/44 座	3 里 29 步/42 里 238 步
栢林堡	东路	清水营	8 座/26 座	2 里 12 步/43 里 16 步
大柏油堡	东路	清水营	12 座/17 座	2 里 29 步/27 里 330 步
神木堡	东路	榆林镇	23 座/60 座	5 里 70 步/ 75 里 86 步
永兴堡	东路	清水营	8 座/39 座	2 里 25 步/62 里 86 步
镇羌堡	东路	清水营	10 座/29 座	2 里 250 步/45 里 119 步
孤山堡	东路	清水营	14 座/55 座	3 里 34 步/37 里 255 步
木瓜园堡	东路	清水营	17 座/32 座	3 里 90 步/33 里 154 步
清水营	东路	榆林镇	19 座/32 座	3 里 298 步/32 里 200 步
黄甫川堡	东路	榆林镇	16 座/28 座	3 里 274 步/ 30 里 210 步
龙州城	西路	新安营	9 座/25 座	2 里 316 步/34 里

〔1〕此表中路、楼铺、墩台、堡周长与边垣长数据依据〔清〕谭吉璁《延绥镇志》(康熙),而镇营隶属关系依据〔元〕朱思本撰,〔明〕罗洪先、〔明〕胡松增补《广舆图・榆林边图》(收入《续修四库全书》,影印北京图书馆藏明嘉靖刻本,上海古籍出版社 1995 年版)。

(续表 8 - 1)

营堡	所属路	所属镇/营	所辖楼铺/墩台	营堡周长/边垣长度
镇靖堡	西路	新安营	19 座/43 座	4 里 3 分/47 里
镇虏堡	西路	未知	不明/11 座	307 丈/ 30 里
靖边营	西路	榆林镇	29 座/32 座	8 里/45 里
宁塞堡	西路	宁塞营	18 座/54 座	4 里 3 分/54 里 280 步
把都河堡	西路	宁塞营	11 座/不明	3 里 180 步/不明
柳树涧堡	西路	宁塞营[1]	14 座/48 座	3 里 7 分/33 里 236 步
新安边营	西路	榆林镇	14 座/17 座	4 里 35 步/12 里
旧安边营	西路	榆林镇	20 座/51 座	4 里 3 分/33 里 23 步
新兴堡	西路	旧安边营	8 座/11 座	1 里 146 步/7 里
砖井堡	西路	旧安边营	12 座/22 座	3 里 250 步/17 里
石涝池堡	西路	旧安边营	3 座/14 座	3 里 184 步/9 里 274 步
三山堡	西路	旧安边营	3 座/8 座	2 里 240 步/5 里
定边营	西路	榆林镇	28 座/77 座	4 里 175 步/54 里
盐场堡	西路	定边营	9 座/不明	2 里 3 分/不明
饶阳水堡	西路[2]	旧安边营	8 座/不明	30 步/不明

从上表可以看出,延绥镇营周长,除清水营外,其他皆在 4 里以上。而堡除由营降格之宁塞堡外,其他周长皆在 4 里以下。营的楼铺数量在 20 个左右,堡的楼铺数量在 10 个左右。墩台数量多数在 30 个左右。可见,营本身规模比堡要大,而算上其辐射之墩台范围,则大概大

〔1〕此条依据〔清〕谭吉璁《延绥镇志》(康熙)卷 1 - 3《地理志 · 西路》(第 292 页)。《明宪宗实录》记载柳树涧堡属于安边营。“平虏将军总兵官宁晋伯刘聚、参赞军务左都御史王越会沿边镇守、巡抚等官奉敕议上安边三策,其中云:‘又定边营新兴堡、安边营永济堡、毕家梁、镇靖堡俱水苦且远,人马多病。’”参见〔明〕刘吉等:《明宪宗实录》卷 120“成化九年九月壬子”条,第 2323 页。姑且存疑。

〔2〕饶阳水堡最初并不属于榆林镇管辖。“明成化十三年,余子俊置,隶庆阳卫。十五年,巡抚丁川改属本镇。”参见〔清〕谭吉璁:《延绥镇志》(康熙)卷 1 - 3《地理志 · 西路》,第 293 页。

一倍。而一个普通的堡,大概相当于一个普通村子的规模。相对于北宋堡寨,明朝营堡规模要大得多,大概与北宋的州军相侔。[1] 这应与明朝营堡繁多有关。张玉坤、李哲称:"堡寨、烽燧的功能包括屯兵、屯粮、治安、导引交通、传递信息、边境检查与贸易保护等。"[2]正是由于营堡规模较大,因此明朝营堡长期处于兵力不足的境地。成化初年,营堡的兵力是较为单薄的。成化元年(1465),

> 兵部言:先是,延绥总兵官都督张杰上安边方略七事。其一谓延绥、庆阳等境广袤千里,甚宜耕牧。但须增立营堡,以时开闭,使我有险可守,寇无利可乘。且所辖东西二十五营堡,每堡顿兵不过一、二百人,势孤兵弱,难以应敌,远兵猝难应援。府谷县境极临东边,西距诸营八百余里,师来寇去,劳敝无功。可选诸营精兵九千,分为六哨,分屯府谷、神木二县,龙州、榆林二城,高家、安边二堡统驭,得人训练有法。无事则巡历边疆,遇警则彼此应合。又延安地临极边,鄜州、定边、庆阳俱在腹里,相去不止数程,遇警猝难驰报。况虏入寇,必经边堡,而过延安、肤施、甘泉等县,方到鄜州、庆阳。其鄜、庆所屯防秋军士二千余人,乞分布沿边要害,以备调用。……从之。[3]

但至成化六年(1470),营堡士兵数量仍然不足。"癸酉,延绥总兵官署都督佥事房能等奏:迩者河冰将解,虏寇未退,闻欲潜据河套度夏,扰我耕农。况延绥境土平衍,无险可据,堡多兵少,防御实难。"[4]经过补充之后,兵力遂大为充实。成化七年(1471),陕西巡按御史刘城奏:

---

〔1〕"堡寨的行政级别处在最低的位置,其规模与各府州军无法相比,甚至无法与县治相提并论。李华瑞在《宋夏关系史》一书中利用文献曾对堡寨的规模有所论述。'寨之大者周九百步,小者五百步;堡之大者周二百步,小者百步'。可见堡寨的规模是很小的,如果我们将堡寨与一些州军做一比较,其规模之小更是显而易见的。如北宋洮州城,'北城周四里、楼橹十七,南城周七百步',再如秦州'东西广城四千一百步,高三丈五尺',可见,即使是规模最大的堡寨(周九百步)也不足以秦州周长的四分之一。"参见程龙:《北宋西北战区粮食补给地理》,第68页。

〔2〕张玉坤、李哲:《龙翔凤翥——榆林地区明代长城军事堡寨研究》,载《华中建筑》2005年第1期。

〔3〕〔明〕刘吉等:《明宪宗实录》卷14"成化元年二月壬辰"条,第320-321页。

〔4〕〔明〕刘吉等:《明宪宗实录》卷76"成化六年二月癸酉"条,第1471页。

"宁夏、榆林二处二十四堡,军多者或二三千,少者亦六七百。"[1]这与嘉靖时期魏焕《皇明九边考》所载数字是相符的。"中路镇城所辖十一城堡,官军共七千九百五十六员名。东路镇城所辖外八城堡,官军共四千九百七十二员名。西路参将所辖外十二城堡,官军共七千七百三十八员名。"[2]每堡平均约667名士兵。这与张雨所提供的大约同时期的数字是大体相符的。嘉靖年间,陕西巡按御史张雨撰《边政考》。张雨在《边政考·引》中记述了纂述缘起。"司马部仰切圣人旰忧,咨院都御史,核边政御史,爰周疆圉耳目之司,敢不祇承,以纾圣人旰忧,敢以不敏辞?乃檄诸司,猎往遗以溯。"[3]从都察院给予张雨的札子可以看出,都察院鉴于巡按御史三年一奏报边镇状况的制度逐渐荒废,遂请兵部重申旧制,责成巡按御史核实边镇实际,详细开报。[4]可见,相对于一般的图籍,《边政考》实直接为兵部作为政策制度参考之用。其所动用的,也是上到中央,下到地方的整个国家体制,甚至关于开报项目,皆一一规定,以国家任务的名目下达给各边镇巡按御史。故而,《边政考》实为嘉靖时期陕西具体情状的描写,史料价值很高。正统时期,明朝便不断给予延绥镇马匹。正统二年(1437),"甲辰,给延安、绥德二卫官军马二千匹。"[5]正统五年(1440),"给延安、绥德备御官军马一千匹。"[6]正统八年(1443),"给延安、绥德马一千五百匹有奇。"[7]正统十一年(1446),"给延安、绥德、庆阳等处官军马一千五百匹。"[8]在《边政考》中,张雨对嘉靖时期的军马数字具有详细的统计。现列表于下。

[1]〔明〕刘吉等:《明宪宗实录》卷87"成化七年春正月庚子"条,第1701页。

[2]〔明〕魏焕辑:《皇明九边考》卷7《榆林镇·军马考》,第302页。

[3]〔明〕张雨:《边政考·引》,第4页。

[4]〔明〕张雨:《边政考·院札都察院为申明旧议核实边政以弭虏患事》,第713页。

[5]〔明〕陈文等:《明英宗实录》卷36"正统二年十一月甲辰"条,第704页。

[6]〔明〕陈文等:《明英宗实录》卷63"正统五年春正月庚申"条,第1202页。

[7]〔明〕陈文等:《明英宗实录》卷108"正统八年壬申"条,第2192页。

[8]〔明〕陈文等:《明英宗实录》卷146"正统十一年冬十月丁酉"条,第2869页。

表 8－2　嘉靖时期延绥镇营堡军马数目表[1]

营堡	士兵(员)	马(匹)
高家堡	994	374
建安堡	701	401
双山堡	834	409
常乐堡	776	343
归德堡	366	167
鱼河堡	632	312
响水堡	573	255
波罗堡	692	364
怀远堡	424	521
威武堡	525	353
清平堡	602	340
神木堡	1661	1248
黄甫川堡	369	214
清水营	714	672
木瓜园堡	436	268
孤山堡	659	404
镇羌堡	659	567
永兴堡	762	478
大柏油堡	290	181
柏林堡	560	195
新安边营	1051	782
龙州城	572	377
镇靖堡	1087	503
靖边营	976	535

〔1〕此表依据《边政考》卷2《榆林卫·兵食》,第104－115页。

(续表 8 - 2)

营堡	士兵(员)	马(匹)
宁塞营	983	570
把都河堡	622	325
永济堡	703	303
旧安边营	954	466
新兴堡	384	89
石涝池堡	426	195
三山堡	320	254
饶阳水堡	188	188
定边营	844	443
盐场堡	125	118

所列 34 营堡总士兵数为 22464 员,平均每营堡约 661 员,与魏焕提供的数字基本一致。马共 13622 匹,平均每营堡 401 匹。相对于成化时期,不仅兵力已经大为充实,而且骑兵占了一半以上,机动性相应增强,符合明长城立体防御体系之下的野战需求。

总之,榆林两道边墙修筑之后,明朝在延绥镇继续发展营堡纵深防御体系,相应边墙与营堡之关系便不再是先后取代,而是互相配合、互为补充。边墙弥补营堡纵深防御体系之地理漏洞,并以横向阻隔的方式,在延缓蒙古骑兵入境与拦截蒙古骑兵方面,为营堡军队提供了更多的时间余地。而营堡保持野战能力亦有助于弥补边墙前沿防御体系之机械与被动,使其保持更久之生命力。因此,边墙、营堡、城寨、墩台共同组成了榆林明长城防御体系。相应,榆林明长城防御体系是静态阻隔与动态防御之结合,前沿防御与纵深防御相互配合之立体长城防御体系。

8.7 余子俊拓定延绥镇北界与后世“弃地守墙”之误解

正如前文所述，自明初以来，明朝一直未固定控制河套、实行政治统治。正统以后，伴随兀良哈、瓦剌、鞑靼先后进入河套地区，明朝更是将之视为与蒙古之间的过渡地带与军事边疆，而非正式疆域与政治边界。至迟在正统九年(1444)，明朝已至少明确将河套北半部视为异域。

> 命大同总兵官武进伯朱冕、宁夏总兵官都督同知黄真、镇守延安绥德都督佥事王祯、守备偏头关都指挥马贵巡视塞外。先是，真奏乞于天暖草青之时，会大同、延绥、偏头关边将，各率轻骑出境巡历，起自东胜、黄河，西抵百眼井，按视贼来径路，豫知地利所在。遇徼乘便易于追剿。[1]

百眼井位于今内蒙古鄂托克旗公其日嘎乡百眼井村。正统时期，明朝便已出于坚壁清野之考虑，严禁军民在河套开展经济活动，其标志便是榆林种田界石的奠立。

> 延绥沿边地方自正统初创筑榆林城等营堡二十有三，于其北二三十里之外筑瞭望墩台，南二三十里之内植军民种田界石。凡虏入寇，必至界石内方有居人，乃肆抢掠。后以守土职官私役官军、招引逃民，于界石外垦田营利，因而召寇。[2]

可见在未修筑边墙之时，在榆林边境地区，从南向北或从内向外，依次为屯田地带、界石、营堡、墩台。种田界石作用在于约束军民屯牧范围，从而在边境地区划出一条隔离带，以制约鞑靼之抢掠。正统时期河套地区已被明朝明确称作“塞外”。镇守陕西文官陈镒劾奏：“太保宁阳侯陈懋及都指挥王永多役军余，于塞外佃牧。恐致虏抄掠，懋复藏

[1]〔明〕陈文等：《明英宗实录》卷122“正统九年冬十月丙午朔”条，第2443页。

[2]〔明〕刘吉等：《明宪宗实录》卷102“成化八年三月庚申”条，第1994－1995页。

匿阍者,不以闻。"[1]天顺、成化时期,明朝屡次搜套,皆在实际行动层面,限于一时驱逐蒙古出套之军事胜利,而不及固定控制、移民河套之政治统治,河套之过渡地带与军事边疆地位便一直保持了下来。因此,虽然余子俊在修筑榆林边墙之时,亦有"榆林将士耕种于套,以省民运;牧马于套,以省内帑"[2]之设计,但在成化十年上奏朝廷之时,便已经称"边墙",即"边界之墙"的意思。而边墙则处于营堡、墩台之间。"缘边墙至烟墩,如清水营一带,中间多有耕种百里者。"[3]边墙修筑之后,起到了保护营堡屯牧之作用。"其界石迤北直抵新修边墙,内地俱已获亩起科,令军民屯种,计田税六万石有余。"[4]为防止鞑靼抢掠物资,明朝在修建边墙之后,禁止营堡军民越过界石屯牧。成化十年(1474)七月,

己未,命榜谕延绥等处所司严饬边备。时巡抚都御史余子俊等奏:"近奉敕旨,令臣等修缮塞垣,及区画屯田等事。俱已完备,宜降圣旨、榜文,谕戒延绥一路营堡及近边有司,每年四月、八月,令守备官军修葺垣墙、墩堡,增筑草场界至,时加巡察。敢有越出塞垣耕种,及移徙草场界至者,俱治以法。军职降调甘肃卫分差操,军民系他处者谪戍榆林卫分,本处者谪戍甘肃卫分,庶人知警惧、边备不瘝。"事下,兵部覆奏:请悉从之。故有是命。[5]

余子俊亦部署军队于沿边营堡,以保障边境经济体系。

成化十年,巡抚余子俊议达贼潜住河套,离边不远。凡遇沿边军民耕作时月,人畜在野,计令分守东路左参将领军于神木堡、游击将军领军于高家堡,俱系要害去处,住扎防御东、西二路。分守参将并把总都指挥等官每堡三路摆塘哨探,沿边墩空数塘,本堡东西相向数塘,迤南腹里东西相向数塘,遇警放炮,使耕作人畜、运粮

[1]〔明〕陈文等:《明英宗实录》卷37"正统二年十二月丁丑"条,第722页。

[2]〔清〕谭吉璁:《延绥镇志》(康熙)卷6-2《艺文志·榆问》(张珩),第539页。

[3]〔明〕陈子龙等:《明经世文编》卷61《余襄敏公文集·地方事》(余子俊),中华书局1962年版,第495页。

[4]〔明〕刘吉等:《明宪宗实录》卷130"成化十年闰六月乙巳"条,第2467页。

[5]〔明〕刘吉等:《明宪宗实录》卷131"成化十年秋七月己未"条,第2473-2474页。

人等取便回避。及令各官整兵提备,遇有小寇,随即追杀。若是大举,星驰通报,发兵策应。[1]

不过陕北军民仍有越界垦种者,明朝遂再加禁止。

甲戌,巡抚陕西右都御史余子俊等奉敕言备边事……一,延庆一带旧立界石为限,不许越地屯种。近年贪利之徒占田,出界石至有七八十里者。招衅纳寇,实此之由,乞加禁约。……兵部具拟其便,从之。[2]

据西安、凤翔二府所属咸宁、长安、凤翔等州县里老连名状告延庆地方。正统初年,蒙上司恐军民境外种田,引惹边隙,埋立石界,严加禁约,人知遵守,边境晏然。向后官豪人等越界种田,头畜遍野,达贼窥伺抢掠。……臣等议得延庆沿边一带,正统初年该镇守陕西都御史陈镒经理边务,埋立界石,彼时军民依界种田,不敢纤毫违越,未闻难过。近年营堡多有移出界石之外,远者七八十里,近者二三十里,越境种田,引惹贼寇。节该建议严禁,皆蒙俞允,今前项人民所告果实。缘边墙至烟墩,如清水营一带,中间多有耕种百里者,诚恐此弊一开,末流无所不至。……合无将原降圣旨、榜文,并各官建议边墙图本内事理,重与申明。乞敕兵部施行。[3]

那么,余子俊修筑边墙,相对于之前延绥镇防线,二者呈现何种关系呢?从上文论述可知,大边边墙位于营堡、墩台之间,这是否意味着边墙修筑导致延绥镇北界内移呢?并非如此。大体直到隆庆五年“隆庆和议”之前,明朝构建长城防御体系,往往在边墙之外设立墩台、驿站,以资瞭望敌情、传递信息,从而成为军事边疆标志性建筑。天顺七年(1463),明朝议于宁夏镇内设立墩台之奏疏便揭示出了这一点。

左副都御史王竑请于腹内宁夏中卫及庄浪等处增立墩台,以严边备。事下,宁夏镇守、总兵、巡抚等官议,皆言边外立墩举火,

---

〔1〕〔明〕魏焕辑:《皇明九边考》卷7《榆林镇·经略考》,第315-316页。

〔2〕〔明〕刘吉等:《明宪宗实录》卷170“成化十三年九月甲戌”条,第3077-3078页。

〔3〕〔明〕陈子龙等:《明经世文编》卷61《余襄敏公文集·地方事》(余子俊),第495页。

腹里移文驰报，自为定例，行之已久，未有不便。若腹里增设墩台，诚恐虏贼入境炮烽四起，官军之往御者无以的从、人民之散处者反致惊疑，是徒劳人力，无益边备也。遂已之。[1]

景泰二年(1451)，“有伯颜帖木儿同也先在下水海子一带住扎，被墩上瞭高官军偷马打搅，要将墩台围困炮倒，将人杀害。是[哈]铭再三也先处哀告：‘如今要差人往来和好，今将墩台炮倒时，大明皇帝一发不信有讲和之意。只可奏皇帝写敕书，叫墩上人下来，赍敕往各边城里去晓谕是好。’”[2]“墩”与“各边城里”相对，显然处于边境之外。可以直接证明这一推论的是，甘肃、大同、延绥烽墩皆有处于边墙境外者。正统三年，兵部尚书王骥奏：“甘肃一带乃极边苦寒之地，军士仰给赏赐，别无生计。而守瞭者艰苦尤甚。盖墩台俱孤悬境外，山高风猛，衣服单薄，手足皲瘃。”[3]成化十一年三月，“乙丑，赏延安、绥德二卫夜不收旗军五十四名银布，以境外白山墩哨探追杀功也。”[4]“省大同内地守墩官军行粮。先是，守墩者不分内外远迩，悉给行粮。至是，从佥都御史罗亨信等议，其境外冲要及离城百里之上者，给行粮；其内地不及百里者省之，岁省米四千三百石有奇。”[5]隆庆三年(1569)兵部撰绘而成之《九边图说·辽东总图》，便明确标墩台于“界”之外。[6]

但另一方面，由于身处境外，墩卒自身缺乏保障。嘉靖二十二年(1543)，兵部尚书戴金奏：“慎重墩台以明烽火。迩年各边虏患频仍，论者俱归咎于烽火之不明，烽火之不明由于墩军之故误，墩军之故误由于墩台之弗壮也。访得各边墩台狭小，不堪栖守。如密云一带者，诚为废弛。其山西、宣、大等处修筑亦云高厚，而墩军乃复多失事机，由于举火之后，援兵不至，虏贼攻围日久，墩军黑夜下墩取水，被其束缚，或因

[1]〔明〕陈文等：《明英宗实录》卷349“天顺七年二月壬戌”条，第7017页。

[2]〔明〕杨铭：《正统临戎录》，载薄音湖、王雄编辑点校：《明代蒙古汉籍史料汇编》第1辑，内蒙古大学出版社2006年版，第104页。

[3]〔明〕陈文等：《明英宗实录》卷46“正统三年九月己酉”条，第902页。

[4]〔明〕刘吉等：《明宪宗实录》卷139“成化十一年三月乙丑”条，第2061－2062页。

[5]〔明〕陈文等：《明英宗实录》卷75“正统六年春正月甲子”条，第1475页。

[6]〔明〕霍冀：《九边图说·辽东总图》，第38－40页。

而逃散。此非墩军之罪也,该关将领之过也。……其山陕宣大各边墩军月粮加倍,人亦乐从,顾未能供役称食;又由于提墩官多方需索,且三月更番,需索愈烦,人相猫鼠,而事焉以济?"[1]"墩卒之苦,日与死比。即在三时,尚自可遣。至如冬月,则皲瘃堕裂之惨,所不忍言。而况又有攻围杀害之祸,是以人皆惮为之,而数每不足。"[2]又多与蒙古接触,墩卒遂多有阴附蒙古者。嘉靖二十九年(1550),大同总兵官仇鸾奏:"各边虏患,惟宣大最急,盖由贼巢俱在大边之内,我之墩军、夜不收往往出入虏中,与之交易,久遂结为腹心。虏酋俺荅、脱脱、辛爱、兀慎四大贼营至,将我大边墩台割据分管,虏代墩军瞭望,军代达虏牧马,故内地虚实,虏无不知者。"[3]嘉靖三十二年(1553),御史吉澄言:"军有烽堠,犹身有耳目。近以通虏故,议罢墩军,专重哨探。然天下之事贵因时救弊,不可因弊废法。墩军孤处单外,宁能赤手捕龙蛇哉?其通虏也,计画无俚耳。虏来靡定,而变靡常,先事则哨探,将事则资烽火,若之何可以偏废。若抚而厚之,则易虏之耳目为我之耳目也。""上遂诏行修复。"[4]隆庆时期,"大边之外,旧有堠墩十五,设卒戍之,本以侦敌,而奸卒畏敌虐,且啖其利,反为敌耳目,而我之虚实动静,无能秘矣",[5]且这一现象十分普遍。《译语》载:"边方夙弊不可胜言。其甚者墩军多与零贼交易,以斧得裘,铁得羊肘,钿耳坠得马尾,火石得羔皮。墩军利其所有,或畏其攻墩,反传递消息,入则佯为不知,去后方举放炮火,近则敛戢。"[6]

与之不同,边墙一直是明朝正式边界之标志。明中期明军尚具一

---

〔1〕〔明〕戴金:《戴兵部奏疏》,收入《天一阁藏明代政书珍本丛刊》,影印明嘉靖龙山书院刻本,线装书局 2010 年版,第 37 - 39 页。

〔2〕〔明〕陈子龙等:《明经世文编》卷 247《胡庄肃公文集 · 答翟中丞边事对》(胡松),第 2597 页。

〔3〕〔明〕张居正等:《明世宗实录》卷 364"嘉靖二十九年八月丁丑"条,第 6483 页。

〔4〕〔明〕陈子龙等:《明经世文编》卷 434《冯元成文集 · 俺答前志》(冯时可),第 4747 页。

〔5〕〔明〕方逢时撰,李勤璞校注:《大隐楼集》卷 16《云中处降录》,辽宁人民出版社 2009 年版,第 268 页。

〔6〕〔明〕岷峨山人:《译语》,载薄音湖、王雄编辑点校:《明代蒙古汉籍史料汇编》第 1 辑,内蒙古大学出版社 2006 年版,第 230 - 231 页。

定野战能力，时有在边墙外作战之举，故边墙外一定距离内，甚至尚为明朝所实际控制。"土木之变"前，兀良哈请求近边固定驻牧，便反映出明朝实际控制地区在边墙地带，而非边墙建筑。正统十二年，泰宁为也先驱迫，明朝仍不许其靠近边墙，"听于境外远地居牧，敢有近边，调军擒剿"。[1]"土木之变"后，兀良哈驻地南迁至大宁旧址，但仍不得近边，即不得进入边墙以北200里内。"先是，泰宁等卫都督佥事革干帖木等遣人上书，言：'往者，也先令我三卫来扰边，方近又召我三卫听彼驱役。切思我三卫人民世受天朝大恩，不敢背逆，愿附塞居住，为中国藩篱。且乞大宁废城及甲盾见赐。如有外侮，愿备前驱。"明朝同意了这一请求。"许将家小附边二百里外居住，自在牧放，遇警尔等宜齐心戮力，以捍御之，以报朝廷。但近年来因虏狂悖，边将常领军马于二百里内巡哨。尔须严约下人，无故不许一人近边，恐被边将剿杀，则是自取犯边之祸，追悔无及。"[2]与兀良哈三卫相似，女真各部亦不得靠近边墙。正德八年(1513)，明朝在辽东镇开设马市，兵部称："广宁、开原旧设马市，所以羁縻诸夷。互市之日，宜严为之禁。其各城索赏夷人，俱出百里外，使之驻牧，或近塞垣者，即驱逐之。则在我无取衅之端，在彼知潜入之戒矣。"朝廷同意了这一建议，命"非互市日不许辄近塞垣"。[3]

兀良哈、女真由于尚在朝贡体系之内，故遵守明朝约定，未进入边墙地带，但正如上文所述，瓦剌却在"土木之变"后，已控制宣府以西边墙外广大地域，明朝与瓦剌遂以边墙建筑为界。比如汇集明中期与西域往来公文之《高昌馆课》便记载："分付守边官军知道，俱各谨慎。或有贼人在边墙外打围牧放，谨守地方，差人哨瞭。如有贼人走过边内，即调大军捉获，重罪不饶。"[4]嘉靖时期宁夏镇也以边墙作为其与蒙古

[1]［明］陈文等:《明英宗实录》卷156"正统十二年七月庚戌"条，第3046页。

[2]［明］陈文等:《明英宗实录》卷242"景泰五年六月辛丑"条，第5270－5272页。

[3]［明］费宏等:《明武宗实录》卷103"正德八年八月乙丑"条，第2133－2134页。

[4]［明］佚名《高昌馆课》，收入《北京图书馆古籍珍本丛刊》，书目文献出版社1989年版，第244页。

之界，为阻止蒙古进攻，“令人投毒药于近墙水泉”。[1]

值得注意的是，明朝在修筑边墙之后，为保持内外交通，遂留出了若干缺口，明、蒙双方皆称之为“口子”。故而口子在明代亦常被作为边境、边界之代称。如景泰二年(1451)，居于大漠的英宗用计，使大同边兵擒拿叛附也先的太监喜宁。“后过五、七日，有达子传说，去的太监口子上拿了。”[2]当年瓦剌经野狐岭，送英宗回朝，“行至野狐岭口边”，英宗与其被俘期间看管人伯颜帖木儿话别，“多定害生受你，我进口去”。后者哭道：“我的皇帝进去了，再几时得见？”[3]

明中后期，伴随明朝、蒙古战略态势逐渐向后者倾斜，军事边疆便逐渐由蒙古所实际控制，中间地带被蒙古逐渐蚕食，明朝对其控制力与实际作用逐渐减小，尤其在“隆庆和议”(又称“俺答封贡”)之后，明朝、蒙古关系得以缓和，双方在边墙建筑附近定期举行“互市”，边墙外墩台遂多为鞑靼所毁。“初，总督翁万达修筑宣大边垣千余里，烽堠三百六十三所，颇完固，后以通市故，大半为俺答众所毁。兵部请敕边臣修补，给事中李幼孜上言：‘敌垒卑小，宜于垣上增筑高台，营建房庐，以栖火器。’俱从之。”[4]当时明朝、蒙古遂基本以边墙为界。万历初年先后任大同巡抚、宣大山西总督的郑洛先后多次致书俺答，可以证实这一结论。未修边墙处，明、蒙双方可以模糊界限，并不深较，而一旦修边划界，入境即同侵犯。俺答女婿宰生倘不浪多次直入明境，郑洛致书俺答责之：“边已筑，非未筑时夷可径出入者。宰生再入边定禽之，无怪。”[5]并明确规定双方各自沿边墙巡逻。“且各夷俱从破坏边墙出入，甚难防。如你的人走过边内，不知从那口入，你问我讨便无处寻。

---

[1]〔明〕王琼：《北虏事迹》，见《中国野史集成》，影印金声玉振集本，巴蜀书社2000年版，第621页。

[2]〔明〕杨铭：《正统临戎录》，载薄音湖、王雄编辑点校：《明代蒙古汉籍史料汇编》第1辑，内蒙古大学出版社2006年版，第101页。

[3]〔明〕杨铭：《正统临戎录》，载薄音湖、王雄编辑点校：《明代蒙古汉籍史料汇编》第1辑，内蒙古大学出版社2006年版，第106页。

[4]〔清〕谷应泰：《明史纪事本末》卷60《俺答封贡》，第920－921页。

[5]〔明〕郑洛：《抚夷纪略·制宰生倘不浪入边打牲》，载薄音湖、王雄编辑点校：《明代蒙古汉籍史料汇编》第2辑，内蒙古大学出版社2000年版，第168页。

我这里人亦有生事的,出边外私赶达子牛羊马匹,我亦不能防。只因墙破坏无界限,致生事。我会军门、总府议,将原旧边墙补修完,你的头目在外口好巡防,我的官也在里口好巡防。"[1]再具体而言,墙属明朝,墙外属蒙古。"十月,镇口堡边墙下出银矿,板升猾贼勾黄台吉使使来凿,守备匿不报,且与夷众争,致夷使失行李被磕伤。越数日,黄酋使黄把总来告,且云夷采矿在边外,原未敢犯内地,守备何拦阻行打夺。"郑洛答复道:"此矿在墙外,我何能禁尔。尔归语黄酋,但来采。我与尔约,尔采矿,我守边军不许至洞口,至即系夺尔矿,尔执杀无论;尔采矿不许至墙下,至即系犯我边,我执杀无论。"[2]

借助隆庆和议,明朝、蒙古大体维持了数十年的整体和平形势,[3]边墙外之军事边疆作用相应并不突出,此后北疆军事主体转为明朝与女真之战争。也就是说,大体在隆庆和议后,明朝与蒙古、女真便基本以边墙为界了,边墙外的军事边疆之规模、作用已甚为弱小了。明朝、蒙古之间遂由"复合式"、"差序化"边疆格局渐变为"非此即彼"的单一疆界格局。比如万历后期辽东镇墙外即为蒙古部落,双方已无缓冲地带。万历三十八年(1610),朝鲜燕行使记:"自杏山至关外,距胡村远不过一二息,近则十余里,防备极紧。是以军法烟台戍卒昼夜瞭望,若有胡人出行,见形则不问多少,辄即放砲,所管各堡闻砲云集矣。"[4]"但其地窪下,故每夏雨节,则胡中之水奔齧长墙,墙缺而入。自沙岭十里铺至广宁制胜铺一百七八十里之间,浑成一海。高处则往往微露,窪处则可以运船,且与虏接境,远者或八九十里,或三四十里,近者则或

[1][明]郑洛:《抚夷纪略·修边谕诫虏王》,载薄音湖、王雄编辑点校:《明代蒙古汉籍史料汇编》第2辑,内蒙古大学出版社2000年版,第148页。

[2][明]郑洛:《抚夷纪略·制黄台吉采矿》,载薄音湖、王雄编辑点校:《明代蒙古汉籍史料汇编》第2辑,内蒙古大学出版社2000年版,第161－162页。

[3]"六十年来,塞上民物阜安,商贾辐辏,无异中原。"参见[明]陈仁锡:《陈太史无梦园初集·漫集》卷2《纪插赏》,见《续修四库全书》,影印崇祯六年张一鸣刻本,上海古籍出版社2002年版,第236页。这一说法虽可能有夸大、溢美之嫌,但可作为隆庆和议后明朝、蒙古双方关系缓和之一反映。

[4][朝鲜]佚名:《朝天录》,第187页。

十五六里。”[1]万历四十二年(1614),燕行使金中清亦记:“医无闾山自广宁之北,逶迤南注,横绝辽野,西亘百余里,逐峰列置烟台,山外距鞑子地仅三十四里云。”[2]

以边墙作为政治边界,是中国古代之普遍现象,秦汉在北部边疆大修长城之后,其实便以之作为与匈奴之政权界限。西汉初年刘邦与匈奴约定:“长城以北引弓之国受令单于,长城以内冠带之室朕亦制之。”[3]只不过西汉武帝时国力强盛,突破长城界限,北征大漠,这一政治边界才一度失去意义,武帝以后伴随西汉国力的下降,与匈奴界限大致仍复归长城。明朝国力则呈现逐渐下降趋势,边墙作为政治边界相应在修筑之后,便逐渐固定下来。

可见,余子俊修筑边墙,不仅符合明初以来对河套空置之边防立场,而且实依托明中期以来陕北军队在河套的固定势力范围。考虑到墩台只是一种军事建筑,常处正式边界之外的过渡地带与军事边疆,因此余子俊修筑标志正式边界边墙于营堡之外的做法,反而是拓展疆域的一种行为。相应,大边边墙不仅具有军事防御功能,而且具有保障陕北军民屯田活动之经济保障功能,以及阻止陕北民众进入河套,成为叛逃汉人“板升”之政治阻隔功能。由此可见,榆林明长城防御体系具有多方面作用与意义,是解决西北边疆军事地理缺陷、经济生产动荡、政治统治薄弱之多种问题的复合方案,是长期维持延绥镇防御体系、尽量减少河套蒙古威胁之综合方案。

尽管在当时地缘政治格局之下,余子俊并未有所谓“弃地守墙”行为,但伴随蒙古逐渐定居河套,榆林边墙确实成为明朝、河套蒙古边界划分之明显标志,二者从而形成隔墙对峙之政治格局。弘治元年(1488),延绥镇巡抚黄绂奏:“虏贼俱在河套,近边墙居住,日逐射猎。通事回话答说:并不做贼抢掠,到明春要来进贡。”[4]正德时期,阁臣蒋

[1]〔朝鲜〕苏光震:《朝天日录》,第6页。

[2]〔朝鲜〕金中清:《朝天录》,第35页。

[3]〔汉〕班固:《汉书》卷94《匈奴传上》,第3762页。

[4]〔明〕陈子龙等:《明经世文编》卷63《马端肃公奏疏二·为驱虏寇出套以防后患事疏》(马文升),第524页。

冕奏:“北虏屯牧黄河套内,不下二三十万,自西而东一带,边墙外无处无之。”[1]嘉靖时期,蒙古已牢固地控制河套。“今且盘据其中,滋其畜牧,遂其生养,譬之为家,成业久矣。”[2]弘治以至嘉靖时期,伴随河套蒙古对西北边疆影响与日俱增,明朝在西北边疆处于全面战略劣势,明人多有主张收复河套者,从而出于当时之政情,却忘记了明前中期实际上一直未固定控制河套,甚至主动弃之异域之故事,将明朝失去河套归咎于余子俊修筑边墙之“弃地守墙”模式带来的军事退缩与政治失利。余子俊与榆林边墙从而成为明中后期主张恢复明朝旧疆、发动对蒙进攻之政治势力批评的对象。也正因此之故,余子俊修筑榆林边墙之事,便成为后世长城修筑、边防建设议论之核心话题之一。嘉靖年间延绥镇巡抚张珩称:

使肃敏果欲立万世之业,即复张仁愿之所经略者,掣榆镇守哨之军,置青山见在墩台,则烽火明矣;移榆镇畚锸之夫,筑沿河塞垣故址,则保障固矣;采套中之材木,则公廨建矣,因套中之盐池,则国课兴矣;治地分田,则屯田举矣,立置设邮,则王命传矣。岂不为久安长治之策哉?奈肃敏智不及此,顾乃屑屑以就河套之利,置重镇于沙碛之间,譬如弃珠玉于道途,终必为人所得。河套之利,又安可保哉?果至弘治十四年,火筛入套,迄今吉囊据为巢穴,已为门庭之寇,深报蚕食之忧。[3]

宣大山西总督翁万达亦称:

乃竟因循画地,自捐天设之险,失沃野之利,此边疆之臣所宜卧薪尝胆,而有志之士所以扼腕而攘抉者也。先巡抚余肃敏公,置镇榆林,想亦有志斯举。而套卒未复,镇则空设,开垦无闻,转输难继,孤悬独立,沙迹为墟。外之不足恃为藩篱,内之无所资其赋役。不有其利,而益处其劳,岂豪贤固略于远谋,抑其时或亦有掣肘而

[1]〔明〕蒋冕著,唐振真等点校:《湘皋集》卷3《请驾还京疏》(正德十二年十二月),广西人民出版社2001年版,第25页。

[2]〔明〕翁万达撰,朱仲玉、吴奎信校点整理:《翁万达集》卷4《复河套议》,上海古籍出版社1992年版,第90页。

[3]〔清〕谭吉璁:《延绥镇志》(康熙)卷6－2《艺文志·榆问》(张珩),第538－539页。

未终其志邪![1]

但同样在嘉靖时期,兵部职方司主事许论便辩驳了筑墙黄河、复守东胜之不现实。

夫拒河为守,尚不能固,乃能遏虏于河外?其置烽堠千八百所,所须万人,而史云减戍,此皆不可晓者。近有复套之议,谓当循唐旧。又谓当复守东胜,则榆林东路可以无虞。审时度力,愚不知计所出矣。西路最称要害,而安边、定边连接花马池,更为冲剧,筑墙设险,事有不容已者。[2]

万历年间,谢肇淛称:"河套之弃,今多追咎其失策,然亦当时事势不得不弃也。何者?我未有以制其死命,令彼得屯牧其中,纵驱之去,终当复来。"[3]《延绥镇志》(万历)亦称:

"当其时倏来倏去,乘其虚亦易逐,而我步日却。是河套非虏夺之,实我弃之也。遗璧于途,拾者匿焉,其势不容不争。我明兴,迅荡胡腥,驱之漠北,河以南皆封属。自东胜不守,藩篱乃撤。防河之戍既罢,巡河之议又寝,若荒域潇潇空垒焉。虏觇其虚渡河,始则窥,继则据,迄今百年余,套不复为中国有矣。"[4]

《延绥镇志》(康熙)尤为明确地指出明朝早已放弃河套。

明成化时,有谓余子俊城榆林而不复河套为失策,盖以河套为《诗》之朔方故也。《诗》不云乎"王命南仲,城彼朔方。"笺之者曰《尧典》,云:"宅朔方,尔雅云朔北方也。皆其广号,为近猃狁之国耳。"未尝指为河套地也。后人不察,以为帝王之远略如此,则文王真秦皇、汉武之流尔,何以为文王也?况明之弃河套也久矣。在洪武时,止守东胜。未几,又不守,而守绥德。且新当土木之变,乃欲城榆林者城河套,不亦谬乎?自后曾铣倡其议,以忤严嵩而处死,怜之至今。独不思西北边境互相密迩,必选将练兵,时谨备之

---

〔1〕〔明〕翁万达撰,朱仲玉、吴奎信校点整理:《翁万达集》卷4《复河套议》,第89-90页。

〔2〕〔明〕许论:《九边图论·榆林》。

〔3〕〔明〕谢肇淛:《五杂俎》卷4《地部二》,第1559页。

〔4〕〔明〕郑汝璧等修,〔明〕刘余泽等纂,陕西省榆林市地方志办公室整理:《延绥镇志》(万历)卷6《河套·经略河套考》,第490页。

而不征者，此明太祖之训耶。至若安南，永乐时之郡县也，宣宗朝犹议而弃之。而谓子俊之策、朱涯之议也，而子俊之功远矣。嗟乎！有明三百年，士之通经者，止知宋以下之经，而不知汉以前专门之学。则殷之南仲，不几为唐之朔方节度使也哉？悲夫！[1]

以上评论皆说明了河套之放弃与边墙修筑本无关系，明朝无法固定控制河套是失去这一地区之根源。总之，榆林长城防御体系自其构建之始，便一直处于巨大争论之中，甚至其后世重修、增筑亦引起相应争议。[2] 但无论如何，余子俊以开创之功，成为延绥镇最为著名之人物。明朝在榆林所建唯一巡抚祠庙便为余公祠。“肃敏余公祠。镇城南门。正德初敕修，祀巡抚余公子俊。嘉靖戊子，铁山张公守中重修，西路兵巡佥事郭凤翱碑记。镇人岁时致祀，以开创大功也。”[3]

8.8 榆林明长城的示范意义与明中后期“明长城时代”的开启

虽然榆林明长城防御体系自构建之时起，便一直处于巨大的争论之中。但很显然，作为弥补明中期北部边疆缺口之防御模式，榆林明长城防御体系在整个明中后期北部边疆防御中，皆具有一种如何解决问题的示范意义。明朝历经天顺、成化、弘治、正德、嘉靖五朝，一直致力于解决西北边疆防御缺口、扭转对蒙战略劣势问题，作为其结果，明朝不断尝试“搜套”、“复套”，构建营堡纵深防御体系等多种形式，最终取得长期成效者，却一直是长城防御体系，明朝也逐渐将之作为抵御“套虏”的主流防御方案，而不断推广。相应，在明中后期北部边疆对蒙处于全面战略劣势之军事背景下，榆林明长城防御模式便逐渐获得关注与模仿，不仅西北边疆仿照建立起长城防御体系，而且东北边疆也不断

[1]〔清〕谭吉璁：《延绥镇志》（康熙）卷 1－3《地理志·附记》，第 300－301 页。

[2]〔明〕张居正等：《明世宗实录》卷 130“嘉靖十年九月丙子”条，第 3094－3096 页。

[3]〔明〕郑汝璧等修，〔明〕刘余泽等纂，陕西省榆林市地方志办公室整理：《延绥镇志》（万历）卷 4《庙寺·肃敏余公祠》，第 279 页。

修复原有边境地区长城防御体系，并进一步构建处于内地的内长城防御体系。也就是说，榆林明长城的修筑引领了明朝边墙即外长城，甚至内长城修筑风气。[1]

> 延绥则都御史余子俊筑边墙，延袤二千里，每二三里为敌台、墩寨，相比连不绝，再阅月而讫工。时徐廷璋修边于宁夏，马文升修边于陕西，与子俊称关中三巡抚云。而杨一清起都御史，总制三边时，亦以修筑为急。……而宁夏虏急，起尚书王琼，亦修边于花马池、定边一带，人称为"王总制墙"焉。嘉靖时，虏入古北口，薄京城。明年，筑蓟镇边墙一千三百余里，台如之。而宣、大、山西为虏蹂躏极，亦遍修墙堡，雉堞云连，至今以为恃。[2]

明中后期，榆林长城不断得以修缮、增修。除正德时期延绥镇巡抚文贵、陕西三边总制王琼修筑边墙之外，嘉靖时期延绥镇西侧亦增修了一段边墙。嘉靖三十四(1555)年，陕西三边总督贾应春奏："延绥西路议修边墙，自定边营瓦楂梁墩起，至龙州城止，计三百十一里，所以保障全陕。"朝廷同意了这一建议。[3]

其他军镇具体修筑过程如下。宣府、大同已有边墙之地得以大规

---

〔1〕学界普遍将榆林长城视为明长城开端。参见 Authur Waldron, *The Great Wall of China: From History to Myth*(《长城:从历史到神话》), p. 108；〔美〕牟复礼、〔英〕崔瑞德编，张书生等译：《剑桥中国明代史》，中国社会科学出版社 1992 年版，第 437 页；肖立军：《九边重镇与明之国运——兼析明末大起义首发于陕的原因》，载《天津师大学报》(社会科学版) 1994 年第 2 期；胡凡：《河套与明代北部边防研究》，东北师范大学博士学位论文，1998 年，第 197 页；杜祐宁：《从屯堡到边墙——明代北边防务研究》，成功大学(台北)硕士学位论文，2009 年。

〔2〕〔明〕熊廷弼撰，李红权点校：《熊廷弼集》卷 5《巡按奏疏第五 · 请停修屯辩抚院疏》，学苑出版社 2011 年版，第 243 – 244 页。

〔3〕〔明〕张居正等：《明世宗实录》卷 422"嘉靖三十四年五月甲寅"条，第 7327 页。

模修复与增筑。[1] 其中以弘治年间余子俊、嘉靖年间翁万达两次修筑规模较大。前者修筑一千三百余里，后者修筑一千余里，并与榆林长城一样，构建了内外两道复合式边墙。“翁万达以东北二路边垣几七百里，兵力少分，拟于东路镇南墩与蓟镇所属火焰墩接界，塞其中空，自北而西，历四海冶一带，共修外边一道。又自永宁墩至陆台子墩创修内垣一道，与北路新墙联而为一。经营二载，功始告成。”[2] 弘治五年(1492)，山西镇在河东亦修筑了100余里的长城。[3] 西部内核心边疆亦普遍构建了长城防御体系。在甘肃镇，弘治七年(1494)，兵部右侍郎张海奏称：

> 诸路或当增筑墩墙，或当修理壕堑，动有数十百里，取水之路远者或四五十里，工程浩大，必岁久乃可成功。乞敕甘肃守臣督官军于农间之时，渐次修理边防，或地有沙石者，用古人植木立栅之法；或水路不通者，用他边窖水之法，使营垒相望、哨守相闻，靖虏安边之计得矣。[4]

艾冲指出弘治、正德之际，甘肃镇在东起宁夏中卫冈子墩，西至讨来河之地，铲山挑堑、修筑长城。嘉靖时期在东起兰州卫安宁堡，西至肃州卫红泉墩，修建长城。[5] 官方还与民间合作，在甘肃全境普遍修建民堡，官民合作，共同防御。

> 经略边务侍郎杨博言：蓟镇往岁建议合数村筑一空堡，不惟收

---

〔1〕〔明〕李东阳等：《明孝宗实录》卷105“弘治八年十月壬子”条，第1911页；卷132“弘治十年十二月癸酉”条，第2329－2330页。〔明〕张居正等：《明世宗实录》卷236“嘉靖十九年四月癸未”条，第4822页；卷258“嘉靖二十一年二月己巳”条，第5170－5171页；卷467“嘉靖三十七年十二月甲子”条，第7869－7870页；卷473“嘉靖三十八年六月癸亥”条，第7946－7947页。

〔2〕〔明〕陈子龙等：《明经世文编》卷434《冯元成文集·俺答后志》(冯时可)，第4752页。

〔3〕“已经会行整饬兵备山西按察司副使胡汉，督同偏头等关守备署都指挥佥事等官王儒等节年取拨军壮，分投创修偏头关自老营堡界牌以东，丫角墩起西至黄河老牛湾止，东西长一百二十余里，高厚新墙，横阔一丈二尺，上筑阑马墙、垛眼、敌台、窝铺一百八十余处，砖砌门二座，上盖城楼各三间，里外壕堑阔各一丈二尺，通前应添墩台四十二座，雁门关东西一带十八隘口增补、修祝城垣石墙，水俱壕堑长二里余。至弘治五年十月内俱已完备。”参见〔明〕张敷华：《张简肃公奏议·题为修完边备乞恩等事疏》，第243页。

〔4〕〔明〕李东阳等：《明孝宗实录》卷89“弘治七年六月丙寅”条，第1645－1646页。

〔5〕艾冲：《明代陕西四镇长城研究》，第100－101页。

敛无及，亦且劳费不赀。乞如甘肃地方，五七家共筑小城，中立一墩，上盖楼房、天棚，设拦马墙，墙壕悬置板桥。大村令其左右夹峙，各筑二墩，或四墩、六墩，随处可筑，数人可守，而费不过百金。分置步兵与土人，相兼按伏，贼少入可以邀击……许之。[1]

而在宁夏镇，正统时期长城防御体系在黑山营一线。"宁夏久雨，河决汉唐坝，败黑山营及沿边汝箕等口关墙、墩台。总兵官都督同知黄真以闻，上命真亟率工修完之。"[2]天顺末年明朝尚不在边墙以内修筑墩台。"左副都御史王竑请于腹内宁夏中卫及庄浪等处增立墩台，以严边备。事下，宁夏镇守总兵巡抚等官议，皆言边外立墩举火，腹里移文驰报，自为定例，行之已久，未有不便。若腹里增设墩台，诚恐虏贼入境，炮烽四起，官军之往御者，无以的从，人民之散处者，反致惊疑，是徒劳人力，无益边备也。遂已之。"[3]成化十年增筑黄沙嘴至花马池之"二道边"。[4] 由于成化边墙较为简易，"尝观都御史徐廷章等所筑边墙，非但低薄易毁，每五七里置一墩，数人守，止花马池城聚兵不过二千，直去墩墙二十里，横斜至墙辄四五十里，贼少入，追之不及，大举闭门不敢出，常被围困"，正德时期陕西三边总制杨一清又在其上增高加修，但由于工程较大，不果而终。

正德元年，总制陕西边务左副都御史杨一清建议大发丁夫，宁夏并西安等二十四卫所四万名，西安等七府五万名，共九万人帮筑。先年，都御史徐廷章等所修旧墙高厚各二丈，墙上修盖煖铺九百间，用军四千五百人守之。挑浚旧堑，亦深阔各二丈，期以四月工完。二年夏四月兴工，起自横城，自西而东筑墙三十里。人众聚集，汲炊艰难。又皆露宿风雨无所避，多生疾病，至有死者，人心怨怼，遂折竿悬旗，呼噪欲溃散。管工官令骑兵围而射之，乃止。一清知众情难久，下令筑花马池城完即放散五日，而城完乃散归。[5]

---

[1]〔明〕张居正等：《明世宗实录》卷399"嘉靖三十二年六月甲午"条，第7007－7008页。

[2]〔明〕陈文等：《明英宗实录》卷168"嘉靖十三年秋七月戊戌"条，第3249页。

[3]〔明〕陈文等：《明英宗实录》卷349"天顺七年二月壬戌"条，第7017页。

[4]艾冲：《明代陕西四镇长城研究》，第66页。

[5]〔明〕王琼：《北虏事迹》，第614页。

嘉靖时期复出之陕西三边总督王琼亦内徙防线于险要之处，改而通过挖掘壕沟的方式，以较小的成本构建了类似于边墙的壕堑防御体系。嘉靖十年（1531），“今修墙堑，东南自定边营南山口，北至黄河岸横城，延袤三百里，高深峻险。”[1]“今议于各营堡有城去处，相连挑乞，沟堑深阔各二丈，内为堤垒，连沟高三丈。比之筑墙工省而难毁，贼至各营堡出兵，沿沟垒摆列，用火器、枪炮击之，所谓一夫当关，万人莫敌者，有险而能守之道也。”[2]壕堑亦可视作边墙之变种，相应亦属长城防御体系。王琼于河套南缘构建壕堑防御体系，有保障花马池盐政之利的因素。

甲申，总制三边尚书王琼奏：“臣先议于宁夏花马池延、绥定边相接地方，挑乞壕堑，防护盐池，以通盐利。今已修完六十余里，真如天险，可资保障。宜于花马池西北至横城堡通计一百六十里，尽为挑乞，庶无空隙。”事下，兵部议其策甚善。上曰：“挑乞壕堑事宜，诚防边至计。琼尚悉心督理，务收全功，以副朕托。”[3]

王琼弃地行为后来同样遭到指责。嘉靖十六年（1537），兵科都给事中朱隆禧等言：“祖宗之时，河套固中国地也。自余子俊修筑边墙，不以黄河为界，而河套为虏所据。宁夏与山后诸夷为邻，贺兰山其界也。自王琼弃镇远关，创为新边，而贺兰山为虏所据，遂使延宁二镇受患至今。”[4]

除宁夏镇以外，甚至内核心边疆最里层洮水流域，亦构建了临洮镇长城防御体系，从而捐弃青海以西之地。之所以如此，亦与榆林长城一样，多出于依托地理、加强防御考虑，甚至有出于重点保障军事要地者。可见，在明中后期北部边疆对蒙处于全面战略劣势之军事背景下，榆林明长城防御模式以其防御效力逐渐获得关注与模仿，相应引领了明朝边墙即外长城甚至内长城修筑风气。随着长城的大规模修筑，不仅明

[1]〔明〕张居正等：《明世宗实录》卷132“嘉靖十年十一月壬申”条，第3134页。

[2]〔明〕王琼：《北虏事迹》，第615页。

[3]〔明〕张居正等：《明世宗实录》卷118“嘉靖九年十月甲申”条，第2815页。

[4]〔明〕张居正等：《明世宗实录》卷203“嘉靖十六年八月庚申”条，第4253页。

中后期北方地区社会面貌、历史走向相应发生巨大变化，甚至明朝政权的兴亡也开始与长城军队、财政压力紧密地联系在一起。长城从而在明中后期成为与明朝国家命运密切相关的重要设施。

单纯从东亚秩序而言，明代九边长城防御体系起到了保障中国文化之军事作用，但从当时整个世界秩序而言，在同一时期欧亚大陆西端地中海催动的“大航海时代”正式开启之时，在亚洲西端阿拉伯文明向中亚、东南亚“伊斯兰教东扩”如火如荼之时，明朝所采取的这种边疆策略不仅标志着中国放弃了主动经略亚洲内陆、恢复中古以前在这一地区的传统势力范围；而且由于长城防御体系所带来的巨大吸附与内耗，也进一步降低了中国对东南海洋空间开拓的兴趣与注意力。可见，这一时期欧亚大陆东、西两端在历史指向上分呈陆疆内向收缩取向与海疆外向开拓取向之截然分途，在海洋贸易支持下迅速崛起之欧洲文明也便呈现迅速赶超中国文明这一最主要的竞争对手，导致欧亚大陆文明体系由东西平衡转向“西风压倒东风”，欧洲资本主义文明以压倒性优势控制整个世界秩序，较为单向的全球一体化进程也由此正式开启。参照“大航海时代”、“伊斯兰教东扩”概念，可将明中后期这一在政治、经济、军事等领域皆深受长城影响与驱动之历史时期，或者说长城成为具有决定意义关键历史事件的这一时期，称作“明长城时代”。这里虽有将“明长城时代”与“大航海时代”、“伊斯兰教东扩”相对比之意，但却无从主观上品评当时三种政治模式与文化体系孰优孰劣之问题，而更认为不同文明取向根源于具体之地理环境与历史背景。或者换句名言，“祸兮福之所依，福兮祸之所伏”。榆林明长城的修筑从而开创了明中后期的“明长城时代”，构建了一条横亘于明朝、蒙古之间的防御战线与政治界限，影响了明代北部社会与整体国运。

由于榆林明长城防御体系立足于防御，而未主动解决河套蒙古问题，河套蒙古威胁从而一直是明中后期西北边疆的核心隐患，并导致本非处于边境地区之西北内地逐渐呈现边疆化、军事化社会结构演变特征，从而与西北地区之脆弱生态、经济条件构成巨大矛盾与张力，成为明末农民战争爆发于陕北之根本原因，亦是中国古代北部边疆政治建设与地理制约矛盾的再次反映。榆林明长城防御体系构筑不久之成化末年,延绥镇已是北疆诸镇财政中最为困窘者。成化二十二年(1486),右副都御史黄绂巡抚延绥镇。

绂偶出,望见川中饮马妇片布遮下体,大惭。俯首叹息曰:我为延抚,令健儿家贫至此,何面目坐临其上?亟令豫出饷三月。边健儿素贫苦,延绥特甚。大臣巡抚者辄厚自奉,健儿虽冻饿死不问。延绥人又素忠朴,至死无怨言。闻绂惭叹,军中人人感泣,愿出死力为黄都堂一战。寇闻风不敢至。俄有诏毁庵寺,绂令汰尼僧,尽给配军之无妻者。及绂去,咸携子女拜送道傍。[1]

《延绥镇志》(万历)记载了晚明延绥镇军事防御与财政危机之内在严重冲突。“今榆沙深水浅,耕无菑获,渔无钓饵,百不一产。障二千里之长边,拥数十万之大众,费之不赀,如填溪壑,倍蓰他镇。”[2]而迁镇榆林亦增加了陕北粮草运输成本。王越奏:“国初因秦汉之旧,以绥德为边卫,东自葭州、黄河,西至宁夏、定边营,七百余里。中间冈阜相连,有险可据,犹易为守。自移镇榆林,绥德官军移徙不常,在绥德者不及什一。自是延庆之民困于远轮,日益流徙,田多荒芜,户口减什之六七,而边备日益匮乏矣。”[3]肖立军便指出,从地理因素来看,明末农民起义爆发于陕的根本原因有4点:一,陕省边民云集导致陕西完全丧失赈灾自救的能力,兵民不满情绪日益增长;二,明末国家财政已山穷水尽,不仅无法赈济陕北大旱,而且派征辽饷、东调勤王;三,陕省兵民战斗力强;四,陕西战略地位得天独厚。[4]

值得注意的是,伴随明后期大修长城,“摆边”战术即典型之沿墙体分散防御的线性体系逐渐盛行,并在很长一段时间内成为九边长城

[1][清]谭吉璁:(康熙)《延绥镇志》卷1之3《附记》,第374页。

[2][明]郑汝璧等修,[明]刘余泽等纂,陕西省榆林市地方志办公室整理:《延绥镇志》(万历)卷2《钱粮上·边饷》,第127页。

[3][明]郑汝璧等修,[明]刘余泽等纂,陕西省榆林市地方志办公室整理:《延绥镇志》(万历)卷6《河套·防御考略》,第493–494页。

[4]肖立军:《九边重镇与明之国运——兼析明末大起义首发于陕的原因》,载《天津师大学报》(社会科学版)1994年第2期。

军镇主流防御模式。摆边战术以沿墙体分散防御为特征，其直接用意是堵塞蒙古进入明境的每一处道路，从而御敌于国门之外，以减少明朝军民的生命、财产损失。摆边战术之出现既与长城防御体系普遍构建直接相关，也与明中后期文官系统督抚主宰了整个九边长城军镇，以保境安民作为主要职责的政治背景密切关联。摆边战术一方面在广阔空间内构建了抵御蒙古的前沿防线，增加了蒙古南下难度。比如嘉靖二十五年(1546)四月俺答部通事对明军称："你南朝将大边自黄河以东修至宣府，我们人马少时不得侵入，大举必得二十万，就便得入。又恐回来难出大边。你南朝人马强劲，不同往年。与你这令箭，前去大同与周太师讲和了罢。我们再不去抢，各种田禾，不许两家偷践。要将白马九匹、白牛九只、白骆驼九只进贡。"[1]嘉靖二十六年通事再来称："如今南朝兵马添的多了，比先强胜，修起边墙，墩堡稠密，不敢抢了。"[2]

但摆边战术却有其显著缺点：一方面，在这一战术下，军队不便集中，无法有效与蒙古展开大规模野战，从而逐渐丧失主动解决蒙古威胁之取向与能力。嘉靖年间，蓟辽总督杨博奏："比年以来，率以兵马预分边境，昼夜食宿，俱在墙上。不惟人力疲劳，诚为守株待兔。"[3]隆庆年间，工科给事中管大勋奏："今日摆边之说，病之者纷纷矣。……顾虏未至而分墙据垛，以尽其能，是谓之惰虏。既至而犹分墙据垛，以遏其入，是谓之愚夫。……然将领率皆贪懦，训阅全无。纪法、弓矢不闲，步骑不习。今日修墙，今日营堡，终岁勤勤者仅畚锸、土石之工。"[4]或者说，摆边战术是一种较为静止、消极的防御形式，无法从根本上解决蒙古威胁问题。另一方面，摆边战术需要较多的兵力分布于漫长防线，而且由于主动进攻取向的丧失，致使兵力大量增加成为长时期之常态，

〔1〕〔明〕翁万达撰，朱仲玉、吴奎信校点整理：《翁万达集》卷7《虏中走回人口疏》，第254页。

〔2〕〔明〕翁万达撰，朱仲玉、吴奎信校点整理：《翁万达集》卷10《北虏屡次求贡疏》，第318页。

〔3〕〔明〕陈子龙等：《明经世文编》卷275《杨襄毅公奏疏·陈时弊度虏情以保万世治安疏》(杨博)，第2898页。

〔4〕〔明〕管大勋：《焚余集·应诏陈言边事疏》，见《天一阁藏明代政书珍本丛刊》，影印明万历五年刻本，线装书局2010年版，第45页。

相应大大加重了明朝的财政负担。可见,在内政、边防两个层面上,摆边战术皆有其明显缺陷。

不仅如此,摆边战术静止、消极,蒙古在熟悉这一战术特性之后,多溃墙而入,[1]边墙弊端在嘉靖后期以来逐渐显现出来。比如宁夏边墙修筑30年之后,便被蒙古挖凿而大举进入。“[弘治]十八年十二月十七日,虏贼五万余骑到于花马池北柳杨墩西,乞开墙口二十处,及将灵州东北清水营堡攻陷,深入固原、平凉、安会等处,大掠而出。”此后便多次拆墙而入。[2] 蒙古甚至亦多次讥笑边墙之无用。“昨有人自虏中来,云俺答闻中国修边墙,亦笑曰:‘中国修此,徒作费钱粮,无益,不如乘此时节修完城堡、收拾人马,倒是紧要的。’”[3]明人遂由倡导修墙“摆墙”,即“挨墙摆列”,[4]改为修堡“摆堡”。宣大山西总督方逢时尤持这一立场。其以设问方式,撰成《辕门记谈》,对城堡、墩台、边墙之功用有反复辩论。

> 支离子(方假设之人)曰:敢问险。(方)曰:城堡是已。《诗》曰城彼朔方,此之谓也。方今之虏,如蜂如蚁,倏而聚、倏而散,惟利是趋耳。使吾城诚高、池诚深、兵诚精、粟诚积,彼环攻三日不胜,则夺气而去,夫孰与我?所谓坚壁清野,舍此何适矣。曰:边墙之修,墩台之筑,可乎?曰:可哉。夫墩台,瞭望之具,吾之耳目也,寇聚而入,炮火是资,非可据而御虏者也。一台之卒,七人而止,增益之五十人而止,数万之寇,五十卒何为哉!曰:边墙何如?曰:尤非所急也。曰:古之人修者多矣,子何云不然?曰:子见古之人有

[1]明末清军进攻长城时,甚至形成了固定的拆墙模式。天聪四年六月,“太宗御殿集贝勒大臣及众官谕曰:‘前出兵时,每备御下,甲兵或二十人或十五人,毁明国坚固边墙,长驱直入,拔其坚城,彼所号天下雄兵,在在摧败。……’”[明]阿桂、梁国治、和珅等奉敕撰:《皇清开国方略》卷13,《文渊阁四库全书》本,商务印书馆(台北)1986年版,第199-200页。

[2][明]王琼:《北虏事迹》,第614-616页。

[3][明]方逢时撰,李勤璞校注:《大隐楼集》卷13《上内阁张太岳、吕豫所论边事书》,第225页。

[4][明]翁万达撰,朱仲玉、吴奎信校点整理:《翁万达集》卷5《计处防秋戍边人马疏》,第120页。比如“宣、大、山西数年以来,主兵摆列,俱沿边界,不屯驻于腹里者,谓兵宜据险,不宜退守,且恐势分则力弱也”。[明]翁万达撰,朱仲玉、吴奎信校点整理:《翁万达集》卷5《预拟分布人马以御虏患疏》,第122页。

以墙而却虏者乎？夫墙，莫盛于秦二世之末，虏已至白登，汉高围焉，墙复安在？曰：然则已之？曰：胡可已也！谋夫孔多，咸以为奇策焉，吾安得而已之？曰：何以修之？曰：修之，其先度地利乎！不然徒伤财劳人耳。子见居庸、紫荆之间乎？崇山之巅，雉堞连云，非徒贻讥识者，而亦取笑虏人，呜呼惜哉。[1]

但另一方面，明后期仍多有官员认为边墙有用，比如万历后期辽东巡按御史熊廷弼在朝中并不支持的情况下，修成边墙等长城设施，并专门上奏称边墙之有用。

今墙之有无足恃，臣何敢知。惟知河东自去年到今以有墙故，辽阳、开原两道零窃各仅十起，海盖道绝无一尘，视河西宁前道之五十二起，分巡道之八十四起，钞略似少耳。惟知沿边荒地海州、汎、懿、开、铁间垦种，新、宽、辽阳今岁告垦纳科者一日百人，似若以墙为可靠耳。即如长定之役，未明挖墙，辰时至屯，人早登台，幸不尽剋。若果履平地之易如科臣言，直向梦中捉人耳，恐屠略将不止此。且虏以一口入，以八口出，连夜刨挖墙，北人畜践滑，皆前牵后拥始得过，至五更而出始尽。墙自羁虏以待邀截，而人自失误。非墙之罪也。[2]

因此关于长城防御体系是否有用，在明后期并无定论，相应直到明末，明朝仍不断修筑长城，并且结构愈来愈完善。嘉靖时期宣大山西总督翁万达奏："三镇边墙，亘连一道；其居然而内布者，城堡也；杂然而外环者，堑与窖也；亭然者墩，而穴通者台与队也。增旧为新，缺一不可，必如此而后可守者。……设虏以数万来侵，必塞窖填堑，而后及墙而仰攻，亦难矣。墙台我专，披坚鳞集，矢石并发，砲火远及，虏亦岂能飞度哉。"[3]而堡墩军事防御与坚壁清野之功能使其在明后期尤其得到了普及。嘉靖时期，蓟辽保定总督杨博又创设了结合堡、墩功能，规

[1]〔明〕方逢时撰，李勤璞校注：《大隐楼集》卷13《杂著一 · 辕门记谈》，第250页。

[2]〔明〕熊廷弼撰，李红权点校：《熊廷弼集》卷4《巡按奏疏第四 · 六驳兵科疏》，第192页。

[3]〔明〕翁万达撰，朱仲玉、吴奎信校点整理：《翁万达集》卷4《进宣大山西外边墙长图说》，第106－107页。

模较小、收敛方便之墩城保障体系。

复念蠢兹丑虏，拥众远来，其志原在抢掠。不遂其欲，不能但已，必然极力攻墙，万一我兵力竭，一处不支，别墙尽属无用。如嘉靖二十九年，既过黄榆沟、潮河川，突入密云、怀柔一带，但有城堡去处，苦不来攻。至于散居村落，任其杀掳，如入无人之境。事后虽分遣佥事张铎等修筑城堡，于时仓卒举事，计处未周。总合数村，筑一空堡，有去十余里者，甚至有二三十里者。堡内既无井泉，理难持久。穷民各有家园，岂肯轻弃？虏未至而先行收敛，妨废不赀；虏已至而方行收敛，缓不及事。臣往年巡抚甘肃之时，尝创为墩城之法，即如五七家之村，令其近村合力筑一小城，周回止二十八丈，底阔一丈二尺，高连垛口二丈，收顶七尺，于中各筑一墩，每座周围八丈，高连垛口二丈五尺，实台上盖房一层，架楼一层，最上盖天棚一层。此外更有棚马墙壕二道，近墩又有漫道。将至墩门，悬置板桥，防贼循道而上。大村则令其左右夹峙，各筑二墩，或四墩、六墩。盖守御之方，大则为城，其次则为堡。城非万金不能成，堡非千金不能成。惟此墩城通计不过百金，为费甚少，随处可筑。大城必须数千人，堡须千人，方能拒守。惟此墩城，十数人可以守。虏少则势力单弱，料彼不能攻宄；虏多则人马稠密，惧我乘高击打。纵使一墩，必先自伤数十百人，所得不足以偿其所失，虏必不肯为之。况我之墩城，随在皆设，虏势虽重，岂能一一攻之？不烦收保之劳，坐收障蔽之益，此之谓家自为守。且贼既入边，势必散抢。若各城之中，分置步兵，与土人相兼按伏，俟有零骑到墩，邀而击之，自然可以成功。此之谓人自为战。[1]

嘉靖中期，宣大山西总督翁万达进一步整合、改编民堡。

嘉靖二十四年二月，兵部侍郎翁公来督军务。三月，并民堡。边方村落多民堡，缘役起闾阎，谋鲜周密。亦有一乡数堡，一堡数

[1]〔明〕陈子龙等：《明经世文编》卷273《杨襄敏公奏疏一·议筑简便墩城疏》，第2880－2881页。

家者，又素无弓弩火器，虏入守空障坐视，恒有陷失，杀戮动千数百人。至是，总督军门下令合并其孤悬寡弱，度不可守者废之，编其民于附近大堡，协力拒守。每堡择才力者为堡长，次者为队长。堡长得制队长，队长以制伍众。立法曰：守障众五十名为一队，每队奇正各半，队长二人，一统其正，一统其奇。居常一人守一障，奇正相间，若有警则三方应援，奇者赴之，正者摄守。每队为红绿布旗，队长执之，以分其众。为方圆二牌，堡长收之，以出其奇。又多造火铳、飞炮、佛郎机之类，分给堡寨。[1]

隆庆时期，工科给事中管大勋奏请在堡墩之中进一步实行保甲体系，由兵备道统一管理。

臣等谓沿边之民素称骁悍，且熟山川、道路之险，切父母、室家之卫。宜仿保甲之意，加团练之法。如十人推一小甲，五十人推一总甲，百人推一保正，择府州县佐贰官一员，专率其事，严为教演，而兵道不时巡历课阅。仍于要害处预行堵垒，或数百家筑一大城，或数十家筑一小城，随地立栅，据险增台，平衍建营之野，多为垒石开沟，以防戎马之奔逸。寇至则烽火相应，什伍相守，坚壁清野，使无所得。或出其不意，便宜截杀，寇退照例旌赏。则土居之民便为精兵，如是而敢深入乡村、肆行劫掠者否也？[2]

甚至腹里地区亦普遍修筑堡墩，从而普遍而深刻地改变了核心边疆甚至以南民众的分布格局与聚落样式，成为内地“边疆化”、“军事化”之典型例证。

墩堡恃险修筑，堡类城郭，墩类庄圃，堡以敛藏人畜，墩以传报烽火，非细故也。先年边警时急，设立颇多，承平日久，废弛殆尽。……万历四十四年，知县刘世纶奉文申议，次第修复，拟五七里为一墩，十里为一铺，二十里为一堡。墩堡中为一台，上拟为楼屋，覆

〔1〕〔明〕翁万达撰，朱仲玉、吴奎信校点整理：《翁万达集》卷4《杂录》，第108页。关于此，翁万达《饬边防以恢戎务疏》有更为详细之记载。参见〔明〕翁万达撰，朱仲玉、吴奎信校点整理：《翁万达文集》卷5，第134－136页。

〔2〕〔明〕管大勋：《焚余集·应诏陈言边事疏》，第47－49页。

以天棚。以民兵分为二班,半于演武场操练待巡,半于各墩堡同保甲乡民巡守还操,庶几有备无患云。[1]

其实边民赖以自保之工事并不限于堡墩工事,而广泛体现了因地制宜之特征。比如万历时期辽东镇。"过狼子山。山南小丘有窟穴,如有达贼,则里人入窟而塞其穴。"[2]

但长城防御体系作为被动的军事方案,无力主动解决北部边疆战略劣势,尤其摆边战术进一步消解了明军的主动解决蒙古威胁的军事观念,削弱了明军的野战能力。鞑靼从而借助核心边疆之"过渡阶梯",不断掠夺、招徕汉人,从而建立牧业为主,农业为辅之复合经济形式。并将之纳入军队之中,从而建立了在经济、军事层面皆"涵化蒙汉",在政权层面亦在一定程度上吸收汉族文明的复合政权形式。比如嘉靖时期俺答汗在丰州滩通过此种形式的统治,从而进一步巩固了其在北部边疆的战略优势。而明朝北部社会则在鞑靼长期压力之下,边疆化、军事化进程逐渐加深,整个社会处于高风险、不稳定之社会状态,从而在明末自然灾害与财政危机共同冲击之下,西北社会内部发生动乱,明朝政权亦因此灭亡。满洲军队亦在获得投降汉人之火器技术后,大为提高了攻占长城设施之能力,"《清开国方略》有曰:'始患烟台难攻,士多死伤。及孔、耿降,造火器击之,日破数台云。'"[3]并最终入关,建立新的统一王朝。

8.9 小结

无论是营堡纵深防御体系,还是"搜套"攻势防御体系,皆在仁宣以后明朝边疆收缩政策大背景下,在蒙古逐渐由阴山走廊进入河套地区之后,顺应了明朝在北部边疆的战略劣势与防线内徙,从而皆将明朝

---

〔1〕〔明〕刘世纶重修,白我心纂:《通渭县志》(万历)卷1《建置》,见《日本藏中国罕见地方志丛刊续编》,影印明万历四十四年刻本,北京图书馆出版社2003年版,第423-424页。

〔2〕〔朝鲜〕赵宪:《朝天日记·过狼子山》,第111页。

〔3〕〔朝鲜〕金景善:《燕辕直指》,第54-55页。

河套防线定位于榆林一线。在这一军事背景下,延绥镇巡抚从安定社会之主要职责与政治利益出发,为弥补营堡纵深防御体系的地理漏洞带来的陕北战乱与“搜套”攻势防御带来的陕北财政危机与社会动荡,提出边墙修筑方案,倡导直接抵御河套蒙古于榆林境外之防御理念。这一防御模式与现代军事学中的“前沿防御”(forward defense)理念较为契合,可称之为“榆林边墙前沿防御体系”。

成化时期,西北巡抚系统共提出3种边墙方案。延绥镇巡抚王锐提出在榆林边境修筑边墙,从而弥补榆林边境风沙草滩区缺乏山险之地理缺陷。陕西巡抚马文升延续成化初年王复加强延绥镇西侧纵深防御之理念,提出沿白于山修筑包括墙垣、城堡、墩台在内的榆林内地长城防御体系。出身于户部系统的余子俊,在明中期西北社会出现财政危机的时代背景下,得以任职延绥镇巡抚,提出利用榆林南部白于山、横山等山脉,铲山筑垣,修筑二边边墙之方案。边墙防御方案由于能够安定陕北社会、减少财政投入,从而获得了户部系统的支持。搜套军队系统由于常年搜套无功,为避免承担罪责,亦逐渐转向这一防御方案。虽然兵部出于建立军功的部门利益,反对不同于“搜套”军事行动的其他边防方案,从而多次站在反对立场,但宪宗在内政、边防的协调平衡中,在“内政优先边防”政治文化影响之下,最终决定实行这一方案。

余子俊从而在成化九年开始修筑,一度中断之后,于成化十年最终建成两道边墙,从而构建了以静态阻隔为特征之榆林边墙前沿防御体系。在榆林与毛乌素沙地交界地带所修筑者,是延绥镇与河套蒙古间的“边界之墙”。二边则与之不同,系依托腹里白于山、横山山脉修建而成,相应并非“边界之墙”,而是延绥镇抵御河套蒙古之二道防线,其性质相应为“边防之墙”。可见,榆林边墙防御体系依托陕北地理特点,突破了之前边界“单一式”边墙模式,形成了边界、防御相互结合之内外“复合式”边墙,不仅弥补了北部平原的地理缺陷,而且结合了南部山脉优势,在延续边墙阻隔功能的基础上,进一步增加边疆防御功能,实开创了明中后期九边军镇内长城防御体系之先河。

边墙前沿防御体系与营堡纵深防御体系并非先后取代之关系,而是互相配合、相互弥补之关系。边墙弥补营堡纵深防御体系之地理漏洞,并以横向阻隔的方式,在延缓蒙古骑兵入境与拦截蒙古骑兵方面,为营堡军队提供了更多的时间余地。而营堡保持野战能力亦有助于弥补边墙前沿防御体系之机械与被动,使其保持更久之生命力。余子俊在修筑榆林边墙之前后,不断修筑、迁移了大量营堡,从而构建了由边墙、镇城、营堡、城寨、墩台共同组成的,结合了静态阻隔与动态作战两种因素,包含前沿防御与纵深防御两种理念的立体防御体系。明代延绥镇共建榆林镇城1座与营堡51座。

虽然明朝自洪武时期开始,便有长城各种设施之修筑,正统时期更在辽东大规模修筑长城,但由于终明一代,兀良哈只是充作蒙古南下之侧翼,因此辽东长城之筑,并未在朝廷引起太大争议。与之不同,成化时期,由于进入河套的鞑靼突破了整个西北边疆防线,从根本上改变了明蒙战略态势,从而给明朝朝野形成了巨大的震动。围绕如何解决河套问题,明朝很多部门都加入了多种边防方案的争执与辩论,最终确定了榆林明长城方案,并为九边其他地区不断模仿,成为明中后期长城防御体系的模板。但河套问题并未因此而解决,明朝相对于蒙古之战略劣势亦愈来愈重,相应后世关于榆林长城乃至整个九边长城是否有用,榆林长城在明中后期边防格局演变中扮演了什么角色,存在着巨大的争论,榆林长城相应成为后世长城修筑议论最多之焦点话题。因此可以说,虽然榆林长城并非最初修筑之明长城,但却成为明中后期长城修筑与观念之模仿与争论源头。

自明初以来,明朝一直未固定控制河套、实行政治统治。正统以后,伴随兀良哈、瓦剌、鞑靼先后进入河套地区,明朝更是将之视为与蒙古之间的过渡地带与军事边疆,而非正式疆域与政治边界,标志固定控制界限之界石在于边境营堡一带,因此余子俊于营堡外修筑边墙,不仅符合明初以来对河套空置之边防立场,而且实依托明中期以来陕北军队在河套的固定势力范围,并将之正式固定为明朝政治边界,故而实际上是拓展疆域的一种行为。但榆林边墙修筑之后,确实成为明朝、蒙古边界划分之明显标志。明中后期人鉴于河套蒙古造成之西北边疆战略劣势，将明朝失去河套归咎于余子俊修筑边墙，认为这是一种“弃地守墙”模式，导致军事退缩与政治失利。余子俊与榆林边墙从而成为明中后期主张恢复明朝旧疆、发动对蒙进攻之政治势力批评的对象。

但作为弥补明中期北部边疆缺口之防御模式，榆林明长城防御体系在整个明中后期北部边疆防御中，皆具有一种如何解决问题的示范意义。明中后期一直致力于解决西北边疆防御缺口，扭转对蒙战略劣势问题，最终取得长期成效者，却是长城防御体系。相应，在明中后期北部边疆对蒙处于全面战略劣势之军事背景下，榆林明长城防御模式便逐渐获得关注与模仿，不仅西北边疆仿照建立起长城防御体系，而且东北边疆也不断修复原有边境地区长城防御体系，并进一步构建处于内地的内长城防御体系。也就是说，榆林明长城的修筑引领了明中后期边墙即外长城甚至内长城修筑风气，奠定了长城防御体系在明中后期九边军镇的主流防御地位。大边边墙不仅具有军事防御功能，而且具有保障陕北军民屯田活动之经济保障功能，以及阻止陕北民众进入河套，成为叛逃汉人“板升”之政治阻隔功能。由此可见，榆林明长城防御体系具有多方面的作用与意义，是解决西北边疆军事地理缺陷、经济生产动荡、政治统治薄弱等多种问题的解决方案，是长期维持延绥镇防御体系、尽量减少河套蒙古威胁之综合方案。

相应，明中后期九边长城防御体系亦集军事防御、经济保障与政治阻隔等多种功能于一体，是横亘于整个北部边疆、构建于明朝、蒙古之间的防御战线与政治界限，不仅使明中后期北方地区社会面貌、历史走向相应发生巨大变化，甚至使明朝政权之兴亡也开始与长城防御效果、财政压力紧密地联系在一起，影响了明代北部社会与整体国运。参照欧亚大陆同一时期历史走向被冠以“大航海时代”、“伊斯兰教东扩”之概念，可将明中后期这一在政治、经济、军事等领域皆深受长城影响与驱动之历史时期，或者说长城成为具有决定意义关键历史事件的这一时期，称作“明长城时代”。从此角度而言，榆林明长城的修筑，实开启了明中后期的“明长城时代”。这一观点亦是“中国边疆假说”倡导之“边疆主体”观点的一个结果与印证。

由于长城防御体系作为被动的军事方案，无力主动解决北部边疆战略劣势，尤其摆边战术进一步消解了明军的主动解决蒙古威胁的军事观念，削弱了明军的野战能力。鞑靼从而借助核心边疆之“过渡阶梯”，不断掠夺、招徕汉人，建立牧业为主，农业为辅之复合经济形式，并将之纳入军队之中，从而建立了在经济、军事层面皆“涵化蒙汉”，在政权层面亦在一定程度上吸收汉族文明的复合政权形式。比如嘉靖时期俺答汗在丰州滩通过此种形式的统治，从而进一步巩固了其在北部边疆的战略优势。而明朝北部社会则在鞑靼长期压力之下，边疆化、军事化进程逐渐加深，整个社会处于高风险、不稳定之社会状态。这在生态条件、军事地理矛盾与张力尤为突出之榆林地区尤其明显。由于榆林明长城防御体系立足于防御，而未主动解决河套蒙古问题，河套蒙古威胁从而一直是明中后期西北边疆的核心隐患，并逐渐加深陕北地区边疆化、军事化社会程度，从而与长期军事压力与西北地区的脆弱生态、经济条件构成巨大矛盾与张力，成为明末农民战争爆发于陕北之根本原因，亦是中国古代北部边疆政治建设与地理制约矛盾的再次反映。

9 结论

人类活动与地理环境之间的长期冲突与互相适应，是自然历史变迁的外在动力，更是人类历史演变的唯一动力。或者说，地理环境是人类历史之起点与“元素”（最初与最为基本之因素）。人类历史的演变过程其实是人类对自然的开拓与自然的回应两项动力的交叉。地理环境对人类历史的决定作用，体现于每个文明的兴衰过程，而尤其表现在欧亚大陆游牧民族与农业民族的长期对峙上。虽然历史上多个文明的兴起与发展，共同构成了人类文明的基本内涵，但是，欧亚大陆文明体系却是推动世界联系并逐渐一体化之主要力量。由于史前地质构造的影响，欧亚大陆南北呈现了农业、牧业的经济分途，居住于两大区域之族群，在利用自然生态之过程中，完成了各自的专业化发展，从而各自建立了高度不同的经济方式与文明形态，二者的对峙与交流相应成为古代历史的主旋律与推动力。二者之间在保障各自文明体系的同时，对对方文明体系的控制倾向与手段方式，相应体现了人类活动超越地理环境的尝试与特征。但古代时期农业经济之优越与游牧骑兵之强大，促使南北社会长期处于对峙而无法彻底整合之局面。近世时期，火器技术尤其“红夷大炮”的发明，为农业社会在战术上克制蒙古骑兵提供了军事基础，于是才有了近世时期东欧俄罗斯、亚洲清朝的统一内陆欧亚与陆权国家的兴起。而长期涵化游牧文明形成之西欧文明在充分结合海洋因素之历史条件下，则进一步凭借现代资本主义经济方式推动了全球一体化进程的开展与南北社会的完全整合。而在此之前，农业民族处理游牧民族威胁时所采取之进攻或防御战略，皆受限于冷兵器与经济方式之制约，无法真正取得成功。在这其中，长城便是汉民族（华夏民族）处理亚洲内陆军事威胁的方式之一。

北宋以后，中原王朝已在抵御北方民族的军事战争中使用火器。

朱元璋也将这种传统火器与冷兵器相互配合,取得了在蒙古草原的多次军事胜利,声势直达瀚海、远及漠北。但朱元璋由于出身贫寒,故而秉持“小农政治意识”,为巩固皇权,他大规模诛杀武将集团,从而将地方军事权转移于诸王手中,建立起朱氏皇族政治。作为这一内政建设之代价,洪武末年明朝不再具有在蒙古草原上与蒙古骑兵一决高下之武将。事实上,朱元璋对完全控制蒙古草原本就缺乏兴趣,在与漠北蒙古势力作战中取得一定胜利之后,转而依托阴山山脉,建立卫所、羁縻降人,构建起漠南立体攻防体系,而这一攻防体系之指挥者正为诸王。朱元璋之所以在阴山构建攻防体系,在于阴山、太行山东西两大山系夹峙地带处于气候、生态、经济典型过渡地带,不仅为中原王朝、北方民族各自屏障与通道,而且在经济方式上具有一定的互补性,从而成为南北双方长期争夺、反复拉锯的核心地带。由于其关系中国历史的整体进程,可称为“核心边疆”。外核心边疆中阴山辐射地带之阴山边疆不仅处于中心位置,而且正对历代中原王朝、北族政权政治中心,相应是核心边疆的重点经营地区,可称之为“阴山边疆”。与阴山北疆相比,阴山南疆生态条件更为优越,成为中国古代南北双方争夺的焦点。明朝建国伊始,利用阴山南疆较为适宜之生态条件,在东起大马群山,西至黄河东北的广阔地带建立十七卫,其中东胜左右二卫不仅是控制蒙古由和林沿黑河南下阴山边疆的地理枢纽,也是蒙古由大漠东部进入阴山边疆之终点。明朝在大青山、大马群山之间的阴山之脊的元中都旧地兴和建立兴和卫。开平为明代阴山边疆起点,地处阴山北麓、滦河上游,不仅控制了蒙古南下之地理起点,而且对于消除北元残众南下故国之望,亦极具象征意义,为此明朝在这里设置开平卫与五屯卫。可见,洪武时期阴山边疆攻防格局中,开平为其起点,兴和为中转站,东胜为其终点,而其重心则在阴山南疆。明初通过借助这种“三位一体”的地缘格局,构建了阴山边疆立体攻防体系。

尽管洪武时期明朝阴山边疆攻防体系的构建,使明朝在阴山边疆保持了对蒙古高原的战略优势,但明朝并未借此建立对这一地区蒙古部落的固定控制,而是实行较为松散的羁縻制度,从而错失涵化汉蒙、整合边疆的历史机遇，不仅止步于局限国家，而未发展至统一王朝，甚至还为阴山边疆的松动埋下了隐患，反映出明初边疆开拓的"有限性"。这一历史现象反映出与上古时期汉民族初兴，锐意进取，故而在与北方民族战争中取得上风；中古时期汉民族仍能涵化北方民族，而保持边疆开拓之活力不同；近世以来，伴随北方民族在武力上彻底占据上风，汉民族已不复进取西北边疆之雄心壮志，对于北方民族既颇为畏惧，又心存芥蒂，从而放弃"以夷制夷"、固定统驭之政治愿望，不再重用北族降将，明朝军事领域华夷之别从而相对于秦汉、隋唐时期，大为突出。这种在边疆方面具有保守、内敛特征的"有限性"，在建文以后"内政"出现问题的情况下，进一步明确体现为"内政优先边防"的政治文化，边防建设从而逐渐让位于内政治理。靖难之役中，出于内政与边防的协调平衡之考虑，在"内政优先边防"政治文化的影响下，建文朝廷抽调开平卫、东胜二卫，大同境外八卫与宣化盆地宣府前卫等阴山边疆军队南下作战，从而导致除宣府大部分军队外，阴山边疆军队几乎倾巢南下，实已撤离阴山边疆。但由于燕王与鞑靼形成协议，鞑靼又由于与瓦剌之内战，并未趁机南下阴山边疆。

朱棣占领交阯，获取了当时世界上最先进的火枪技术，并将之与骑兵结合在一起，建立了当时世界上最先进的火枪骑兵，从而取得了对蒙古部落的3次战争胜利，促使明朝在"靖难之役"的政治内乱后，重新在军事上大体控制了亚洲内陆。但另一方面，由于"靖难勋贵"军事指挥能力的低下，导致永乐时期明朝亦不再具有在蒙古草原上与蒙古骑兵一决高下的武将指挥者。朱棣鉴于这一军事背景，从而将北部边疆防线向南迁移。不仅如此，在中国古代政治伦理之下，朱棣以武力夺取帝位，在政治合法性上存在问题。为巩固新生政权，朱棣同样出于内政与边防的协调平衡之考虑，在"内政优先边防"政治文化影响之下，加强新都北京周边的防御建设与削弱北疆诸王的军事影响。朱棣为加强北京防御体系、削除晋王势力，就地安置东胜诸卫于北京周边；出于加强北京外层防线考虑，仅将天城、阳和、宣府前卫、开平卫复归旧地。明朝在阴山边疆的防御体系遂从沿阴山边疆全面防御转变为在大马群山南北纵深防御。永乐二十一年，在鞑靼全面威逼之下，明朝最终内徙兴和卫。仁宣时期，鞑靼、兀良哈自东西两侧，截断开平与内地之联络，促使开平产生粮饷危机，明朝最终在地理孤远、气候寒冷、屯田不利等多重因素的直接作用下，出于“内政优先边防”政治文化之考虑，为节约财政，于宣德五年将之内徙大马群山以南。“内政优先边防”政治文化是中国古代汉族王朝一贯之政治观念与边防原则，但明朝在国力强盛之时，仍在这一观念之下，主动放弃大量战略重要地区，仍反映出明朝相对于前代国力强盛之中原王朝，如秦汉、隋唐，呈现出汉民族开拓精神衰退之后的保守与内敛，这也是明朝在具备充分的国际环境与自身实力的前提下，止步于局限国家，而未发展至统一王朝的根本原因。

明朝前期从阴山边疆逐渐撤离，导致本处内地之河套地区暴露于蒙古骑兵之下。核心边疆是中国古代中原王朝、北族政权扩张政权、统一全国之“地理阶梯”与“经济过渡区”，或者合称为“过渡阶梯”。在占据这一区域之后，中原王朝、北族政权从而获得了地理优势与经济补充，从而极大地壮大了自身实力。在这其中，河套正处大漠中心之南，三面环以山河，内、外核心边疆并无明显分割，阴山辐射之河套北部高原与黄土高原辐射之河套南部沙地自然地连为一体。相对于核心边疆其他地区之“分割性”，河套呈现出“整体性”特征。在经济上，南北地区分层并不明显，相对于核心边疆其他地区的经济方式“分层性”，呈现出更多的南北一体的“混合性”特征。这种“整体性”、“混合性”特征使河套成为核心边疆最为完整的过渡阶梯，河套相应是中原王朝与北族政权之间重要的过渡地带与通畅的军事道路。简单地说，在军事地理层面，河套具有更为明显的“过渡阶梯”特征。

从气候、山川、生态、经济等各项地理因素而言，河套既为中原王朝、北族政权提供了皆十分有利的地理条件，又埋下了南北双方皆无法长期、稳定控制的地理隐患；在相对保持自身的封闭性、独立性的同时，又呈现出一定的开放性与沟通性，从而处于南北之间，呈现典型混合性、动态性的过渡阶梯特征。正是这种居于中间地带的特征，使河套成为中国古代南北双方反复争夺、不断拉锯的核心地区。但由于近世时期中国北部边疆重心由“西北边疆时代”至“东北边疆时代”的转移，河套由中古以前中原王朝、北方民族争夺之“首要地带”与“优先地区”，逐渐转变为“差缓地带”与“次后地区”。由于近世时期政治重心东移，蒙古屠杀党项，以及成吉思汗葬地的原因，蒙元时代河套地位愈加下降。

明朝亦处东北边疆时代，北疆经营重心在太行山以东之地，在河套地区遂呈现延续蒙元脉络之势，明前期在河套几乎“空置”其地，并无军事经营。洪武初年短暂设置的察罕脑儿卫，亦处宁夏后卫花马池一带，而非河套境内。虽然东胜构成河套外层防线，宁夏、陕北构成河套内层防线，宁夏且有节制河套内部陕北军队之实，大同、山西亦有协防河套之势，但皆为附近区域之兼顾，河套本土除黄河东线内侧之少量陕北军队外，几乎无固定军事力量之驻扎，从而显示出明前期河套防御处于整个北疆防线最为薄弱之地，即“弱点”之地。这是明中后期失去河套的“内在地缘因素”，鲜明地体现了近世时期西北边疆的差缓特征。河套战略地位的变迁反映出长期而言，地理环境虽整体决定历史进程，但短期而言，时代、政权乃至个人都在其中扮演着非常重要的主动角色。也就是说，地理环境不是静止不变的静态空间，而是应时而变的动态空间。这既是反对地理环境决定论的必要观念，也是历史学的基本准则。所谓“地利不如人和”，“山河之固，在德不在险”，“形胜固难凭，在德不在险”，中国古代政治观念对于地理与政治关系的阐述，早已得出了辩证而深刻的结论。

在明朝逐渐撤离阴山边疆之后，河套防御弱点从而导致其成为蒙古突破明朝北部边疆防线之缺口。宣德中期以后，鞑靼阿鲁台在蒙古高原内战之中败于瓦剌，鉴于阴山边疆处于明朝防御空虚地带，从而不再选择北上，而是选择南下。明宣宗出于“以夷制夷”的考虑，默认并支持鞑靼部落固定游牧于阴山边疆，从而促使明朝、蒙古之间的政治边界逐渐产生而明确。宣府、大同墙垣从而由“边防之墙”转变为“边界之墙”。明英宗即位后，“边墙”一词遂正式产生。可见，明朝、蒙古间政治边界之明确是明朝边疆收缩政策与蒙古高原内乱内外双重因素共同作用之结果。鞑靼在瓦剌、兀良哈追击之下，并由于进攻明朝边境，导致后者后来的出境驱逐，从而由东至西，先后沿大青山、乌拉山、狼山，西至亦集乃，即打通了阴山边疆，将其转变为蒙古各部往来之军事走廊——阴山走廊。正统时期，兀良哈借助鞑靼打通的阴山走廊，自东北向东南，沿潢河—开平—西凉亭—兴和—官山—丰州—东胜—河套一线，不断往来于阴山走廊，并进入河套地区。“土木之变”后，瓦剌从整体上打乱了明朝北部边疆的战略部署，并驻牧于河套东北的断头山，以兀良哈三卫尤其福余卫为向导，大规模进入河套地区，并依仗与明军作战中的优势，有越季驻牧之举。鞑靼在这一历史剧变中，亦顺势南下大马群山南部，并由此沿宣府、大同边境，进入阴山南疆。景泰五年之后的瓦剌内乱中，鞑靼亦卷入进来，在蒙古高原政争与草原灾荒压力之下，鞑靼部落由专权太师孛来率领，南下河套周边地区。在进攻河东遭到明军痛击后，开始更长时间地居留河套地区，并利用河套“过渡阶梯”的战略地位，不断进攻河套周边地区，成为明中期西北边疆连番变动的“源地”与“原点”。不过与成化时期鞑靼部落游牧河套不同，此时孛来、阿罗出与其他鞑靼部落尚主要利用河套的地理阶梯跳板地位，仍基本停留于不断出入河套的流动阶段，尚未较为固定地游牧于此。可见，明朝失去河套的外在因素是蒙古高原的政治局势及由此形成的蒙古各部南下趋势，这也是中国古代北部边疆历史变迁的主线索。由于河套被蒙古部落实际控制，明中期以后，榆林军队明确将之视为境外，审视河套的标准从而由黄河北段改为河套南缘，“河套”之名亦由此而来。

明中期，伴随蒙古由河套正面冲击内核心边疆榆林地区，这一地区由明前期俨然内地一转为边疆征战之地，呈现了“边疆化”历史趋势。明朝不断提升榆林防御规格，最终于天顺二年建立独立的军镇——延绥镇，从而脱离陕西都司、宁夏镇管辖，成为独立的军事防区。陕北地区“边疆化”历史进程正式完成。延绥镇总兵官所佩将印不断变化，正德以后基本固定在“靖虏将军印”。延绥镇最初驻地在绥德卫。绥德卫地处榆林南部丘陵、低山分布之地，南依延安卫军事烘托，体现出

"依险"特点,这是延绥镇设治于绥德卫的军事因素。绥德卫地处无定河下游,控制陕北河谷主干通道,防止河套蒙古沿无定河南下,进入黄河中游两侧的西北内地,体现出"扼要"特点,这是明朝最初置镇于绥德的交通因素。此外,绥德卫在经济上还借助陕北屯田中心延安卫之便利,体现出"就粮"特点,这是延绥镇设治于绥德卫的经济因素。伴随蒙古逐渐大规模进入河套,对榆林展开长期、持久的军事威胁,榆林北部地处风沙区,相对于南部,山险较少,从而非常便于河套蒙古出入。为直接控制河套南缘,明朝于成化八年移镇榆林卫,故而延绥镇又俗称"榆林镇",不过在国家官方文书中,基本使用旧称。之所以选择榆林为新镇治,在于该地大体处河套南缘中部,且具山之险、川之便,控制蒙古经五道河、榆溪河南下无定河之主干通道。

伴随延绥镇之逐渐建立,明朝北部边疆其他地区流行之营堡纵深防御体系亦被移植于榆林地区,并呈现与陕北地形密切结合的军事地理特征。之所以出现这一现象,与陕北地形具有直接关系。陕北地处黄土高原,气候干旱,丘陵纵横,人口、农田、草地与聚落基本呈现沿河谷分布,以便用水之人文地理特征。相应,河谷地带是陕北地区的生命线与政治线。而由于中国地势大体呈现西北高、东南低的格局,榆林河流大多发源于河套地区,由北至南流过,甚至进一步汇入黄河。蒙古骑兵顺逐水草的军事特征,使这些河流沿岸之宽阔河谷地带,成为其重点借助的地理通道。而与之相比,由于陕北属于典型的黄土高原,丘陵纵横分布,非常不便于骑兵奔驰。不仅如此,明代蒙古部众南下中原的战略目的基本是抢掠人口和物资,以弥补其草原单一游牧经济的不足,相应河谷地带成为其重点进攻的目标。可见,陕北河谷地带又是明朝、蒙古军事交战的交通线与战争线,这是榆林地区的军事地理特征。明代榆林营堡位置选择呈现了"扼要"、"依险"、"就水"3 项具有先后次序的基本原则。扼要型城堡主要分布于榆林边境西部与内地少部分地区。明代榆林营堡大多体现了背山面河之依险特征,从而既保障自身,又控制河道。就水型城堡则是明朝为保障自身,在大体达到防御目的的基础上,对营堡位置进行适当调整的体现。因此,明代榆林营堡大体可分为“扼要型”、“依险型”、“就水型”3种类型。而在建立方式上，许多营堡皆是在北宋城寨基础上提升规格而成。

正统至天顺时期，由于蒙古重点沿黄河南下进攻河套东南缘，因此明朝重点于榆林东部，沿河谷地带，构建了城堡纵深防御体系。以山川地理优势弥补步兵战术劣势，通过充分拉伸战争空间的方式，达到诱敌深入、消灭敌人有生力量的战略目的。而在榆林西部，则重点构建了封锁河套的横向防御体系。与北宋依托横山－白于山建立的堡寨防御体系相比，明中期营堡纵深防御体系防线呈现了外拓特征，呈现了兼据北部平原与南部山区之特征。成化时期，明朝在完善榆林东部营堡纵深防御体系的同时，进一步在榆林西部拉伸防线纵深，从而构建了东西大体平衡的榆林营堡、城寨防御体系。正统以后，伴随蒙古进入河套地区，宁夏军队系统已提出黄河外层防线、河套内层防线相结合之河套营堡纵深防御规划，这一沿河筑守之战略规划具有恢复明初旧疆、固定控制河套之战略意味。天顺时期，搜套总兵官石亨则在孛来部落大规模压迫之下，倾向于将河套防线内移于河套南缘，主张将榆林营堡纵深防御体系转为河套南缘直线防御体系。成化二年，在扭转明前期以来阴山边疆、河套地区失去之攻势防御军事背景下，搜套军队系统杨琚再次主张沿河筑守。不过当年兵部尚书王复整顿榆林营堡防御体系时，基本是在石亨规划的基础上，增加河套西南缘之墩台通信体系，并增加瞭望性城堡，进一步建立了幅度更大的内核心边疆防御体系，从而为成化九年榆林明长城防御体系的形成奠定了基本格局。在此基础上，成化六年，明朝又在边境地区修筑民堡，并在内地亦增筑城堡，从而弥补了军堡强调军事防御、疏于保障民众之不足，在整个陕北地区构建了营堡纵深防御体系与民众聚堡工事体系，榆林营堡防御体系从而呈现类型多样、军民并重之丰富、平衡的特征。而与此同时，城堡、墩台增筑于内地之地理趋势，又使明中期营堡纵深防御体系，呈现出利用北宋故迹之历史倾向。可见明朝在营堡防御体系构建中不仅未恢复明初外核心边疆之旧局，甚至还内徙至北宋内层防线。这一历史现象反映了明中期河套蒙古进一步加强对明朝压力之历史趋势。由此可以看出，在河套蒙古逐渐施压之下，边境以内的内地地区也渐成战争之所。也就是说，榆林内地社会呈现出“边疆化”趋势，而社会结构与民众风气相应呈现“军事化”趋势。这不仅是榆林地区，甚至是西北边疆，乃至整个北部边疆在明中后期共同之历史趋势。

成化时期，鞑靼内乱加剧，为躲避战乱，毛里孩、阿罗出、孛罗乃、乩加思兰、孛罗忽、满都鲁各部先后南下。与天顺时期孛来等部南下主要为抢掠物资，故而河套草原并非其首选进攻之地不同，成化时期鞑靼各部避乱因素较重，因此选择空旷之地河套作为长期游牧之地。在此基础上，鞑靼不断对河套周边，尤其正南拦截之地榆林展开频繁进攻。自正统时期兀良哈进入河套地区开始，明朝开始改变以往在河套周边抵御蒙古的方式，在河套与之展开战争，以期将之驱逐至黄河以北。虽然“搜套”一词在《明实录》中出现于宪宗时期，但无疑“土木之变”后，明朝已开展这类军事行动，只是在战略观念、军队规模上有一定差别。石彪取得之野马涧大捷，便在防御基础之上，进一步北上河套，取得很大战功，亦被称作“搜套”。也就是说，“搜套”军事行动开始于天顺时期。但与天顺时期相比，成化时期明朝在河套战略劣势更加明显，搜套军事行动规模相应更大。为彻底驱逐鞑靼各部出套，明朝从成化二年至成化十年，先后 4 次调发京军与河套周边军队，在榆林防御基础之上，进一步进入河套，搜剿河套鞑靼部落，通过与鞑靼展开大规模野战方式，歼灭鞑靼部众有生力量，从而扭转天顺以来明朝在河套之战略劣势。这一行动在当时被称作“搜套”。成化时期中央主持搜套之文官系统，先后以阁臣李贤、兵部尚书白圭为代表，先后调用明中期第一武将杨信、内地平叛武将朱永、平叛“蛮夷”将领赵辅与英宗嫡系武将刘聚，充任搜套总兵官，佩“平虏将军印”，从而在明朝实施了通过大规模野战，扭转天顺以来河套战略劣势，彻底解决西北边疆问题之主动进攻方案。这一方案也相应成为成化时期对鞑靼的主流军事方案。

搜套军事行动虽以主动进攻为战争形式，但其战略目的却并非借之进入蒙古高原，而是解决西北边疆防御问题。因此这种进攻是以防御为目的，或者防御是以进攻为表现，与现代军事学中的“攻势防御”

理念契合,可称之为“搜套”攻势防御。搜套攻势防御虽凌驾于明前中期以来北部边疆流行之营堡纵深防御方案,成为成化时期主流防御方案,兵部出现与这一方案不同声音之时,明朝甚至不惜采取人事更迭之直接方式,维护这一主流防御方案,但明前期空置河套,将之弃于正式疆域之外,仅将之视为明朝与蒙古之间的过渡地带与军事边疆的历史影响,以及明中期以来蒙古对河套地区控制日渐加强之历史趋势,皆使搜套攻势防御并未有沿黄河筑守、恢复明初旧疆之战略宏图,而仍将战线定位于河套南缘榆林一线。因此,“搜套”虽然在表现形式上与榆林营堡纵深防御体系有所区别,但其地理定位与战略主旨却皆共同反映了明朝在撤离阴山边疆广大区域后,进一步放弃河套地区之退缩战略。由于明前中期政治事件对武将系统造成不断冲击,武将系统存在人才断层之现象,因此成化时期武将系统在搜套军事行动中表现不力,最终由文官系统王越在成化九年先后取得红盐池大捷、韦州大捷,鞑靼各部始在一段时间内不复入套,明朝始取得搜套在战略上之成功。文官系统从而在明中期武将断层之军事背景下,展现出优于武将系统之军事能力。成化十年,设立陕西三边总督并由王越担任,反映出搜套军队统率制度的制度化、文官化,开启了明代九边长城军镇总督制度之源头,亦是文官系统、武将系统在北疆军事地位、权力上的嬗代与分野的标志性事件,开启了明代九边长城军镇以文统武体制之滥觞。但即使如此,由于明朝在搜套军事行动战略设定上,便不包含将其纳入政治边界、固定控制之内涵,而仍保持其军事边疆、战略缓冲之地位,因此在毛里孩、阿罗出先后出套,以及王越取得军事成功之后,明朝虽然取得了战略性胜利,但却并未进一步在河套设置机构、实行固定控制,而仍采取空置河套之方式,从而为鞑靼部落的再次进入提供了可能与空间。河套亦逐渐成为鞑靼的固定驻牧之地。而在晚明,由于蒙古部落袄儿都司固定驻扎于此,遂有以之作为代称河套者。袄儿都司清代称“鄂尔多斯”,实皆为蒙古语“Ordos”之音译,即“宫”或“宫帐”之意,遂又演为今“鄂尔多斯”之地理新名。

搜套军事胜利之后,明朝并未按照当时部分官员所倡导之移民河套、沿河布防、收复东胜、恢复旧疆之主张，进一步固定控制河套，而是转向解决西北财政危机、安定西北社会之上。明朝之所以采取这一做法，不仅在于搜套军事行动与西北社会安定之间长期矛盾激发的时代背景下，“内政优先边防”政治文化弥漫开来，而且也在于兵部、户部权势消长对于明代政治斗争的影响。包括陕西北部、山西、河南西北在内的西北地区，成为成化时期“搜套”军事行动的财政负担者。由于这一区域处于半干旱向干旱过渡地带，降水较少，加之地处黄土高原丘壑纵横地带，灌溉不利，实为生态脆弱地区与经济落后地带，因此很快便陷入财政危机、社会动荡局面。在这其中，榆林地区不仅灾害频发，而且遭到毛乌素沙地的侵蚀，可以耕种的粮食种类较为有限而原始，当地大量驻军只能借助外调粮食。西北地区作为生态环境脆弱地带与军事战争重心地带之重合地区，体现了中国古代北部边疆政治实践与生态环境，或者说政治与地理之间长期、根本的矛盾与冲突。这也是中国古代北部边疆一直游移于汉民族、北方民族之间，中原王朝难于建立对北方民族长期、固定优势，北方民族反而不断南下打乱中原王朝正常进程的政治地理根源。这一根本性的冲突，体现了地理环境对历史进程的长期、决定性影响，也是核心边疆在中国古代历史中所呈现的重要面相。在以军事成功作为部门利益的兵部的坚持之下，户部竭力为搜套军队提供粮草供应，所采取方式除地方拨运、中央拨银、内廷出资、开中盐引等财政制度内部的“制度调剂”方式之外，还以其他部门调剂、补助户部的“部门调剂”之法，通过变通吏部、刑部制度，从而缴纳粮草、纳官免罪，以增加粮草供应。在这些方式皆未能填补财政亏空的情况下，兵部进一步建议实行赋税预征方案，从而导致西北地区出现大面积民众流徙、社会动荡局面，加速了民众向内流入荆襄地区，导致“荆襄之叛”与向外流入河套，与毛里孩等鞑靼部落相结合的进程。在这一政治背景之下，搜套军事行动长年无功，兵部地位与权势从而下降至“土木之变”后最低点。户部以节约财政为部门利益，聚合各种节约财政、反对搜套之舆论，不断提出中止搜套之主张。成化十年初春搜套的幸运成功，则缓解了这一政治斗争局面。而河套地区沙漠化的生态景观、寒冷的气候条件皆使移民河套存在巨大的不便与困难。明代河套在东北边疆时代战略地位的下降,仁宣以后明朝边疆收缩政策,皆使明中期主流边疆观念秉持撤离阴山边疆之后的边疆内缩政策,并未有固定控制河套、政治统治之愿望,而仍将河套视为与蒙古之间的过渡地带与军事边疆,从而将河套防线固定于榆林一线。部分官员所主张之收复河套、恢复旧疆之开拓边疆做法,只是明前中期在北部边疆战略劣势压迫下的一种反抗与勃兴,并非明代主流防御文化。

明朝虽然未自上而下,由官方组织移民河套,但明代西北民众在灾荒冲击之下,在包括陕北在内的西北社会边疆化、军事化历史进程进一步加剧社会动荡、生活困苦影响之下,不断脱离控制力逐渐弱化的社会机制,或者南向进入群山地带,成为荆襄叛乱民众的一部分;或者不时北上,自发地迁入河套。鞑靼从而依托河套这一"过渡阶梯",招徕汉人,不仅以之开展农耕从而弥补游牧经济之单一,而且纳入军队,借助其对汉族地区之了解,频繁进攻明朝西北防线,从而大为加剧了明朝、蒙古之间的战争。鞑靼借此不但在一定程度上改善了自身经济条件,壮大了自身军事实力,巩固了在西北边疆的战略优势,而且对明朝西北社会形成愈来愈重的压力,从而逐渐加深了明朝西北社会尤其陕北社会的边疆化、军事化社会程度,使这一地区长时期保持了高风险与不安定的社会机制。

无论是营堡纵深防御体系,还是"搜套"攻势防御体系,皆在仁宣以后明朝边疆收缩政策的大背景下,在蒙古逐渐由阴山走廊进入河套地区之后,顺应了明朝在北部边疆的战略劣势与防线内徙,从而皆将明朝河套防线定位于榆林一线。在这一军事背景下,延绥镇巡抚从安定社会之主要职责与政治利益出发,为弥补营堡纵深防御体系的地理漏洞带来的陕北战乱与"搜套"攻势防御带来的陕北财政危机与社会动荡,提出边墙修筑方案,倡导直接抵御河套蒙古于榆林境外之防御理念。这一防御模式与现代军事学中的"前沿防御"(forward defense)理念较为契合,可称之为"榆林边墙前沿防御体系"。成化时期,西北巡抚系统共提出3种边墙方案。延绥镇巡抚王锐提出在榆林边境修筑边墙,从而弥补榆林边境风沙草滩区缺乏山险之地理缺陷。陕西巡抚马文升延续成化初年王复加强延绥镇西侧纵深防御之理念,提出沿白于山修筑包括墙垣、城堡、墩台在内的榆林内地长城防御体系。出身于户部系统的余子俊,在明中期西北社会出现财政危机的时代背景下,得以任职延绥镇巡抚,提出利用榆林南部白于山、横山等山脉,铲山筑垣,修筑二边边墙之方案。边墙防御方案由于能够安定陕北社会、减少财政投入,从而获得了户部系统的支持。搜套军队系统由于常年搜套无功,为避免承担罪责,亦逐渐转向这一防御方案。虽然兵部出于建立军功的部门利益,反对不同于"搜套"军事行动的其他边防方案,从而多次站在反对立场,但宪宗在内政,边防的协调平衡中,在"内政优先边防"政治文化影响之下,最终决定实行这一方案。余子俊从而在成化九年开始修筑,一度中断之后,于成化十年最终建成两道边墙,从而构建了以静态阻隔为特征之榆林边墙前沿防御体系。在榆林与毛乌素沙地交界地带所筑者,是延绥镇与河套蒙古"边界之墙"。二边则与之不同,系依托腹里白于山、横山山脉修建而成,相应并非"边界之墙",而是延绥镇抵御河套蒙古之二道防线,其性质相应为"边防之墙"。可见,榆林边墙防御体系依托陕北地理特点,突破了之前边界"单一式"边墙模式,形成了边界、防御相互结合之内外"复合式"边墙,不仅弥补了北部平原的地理缺陷,而且结合了南部山脉优势,在延续边墙阻隔功能的基础上,进一步增加边疆防御功能,实开创了明中后期九边军镇内长城防御体系之先河。

边墙前沿防御体系与营堡纵深防御体系并非先后取代之关系,而是互相配合、相互弥补之关系。边墙弥补营堡纵深防御体系之地理漏洞,并以横向阻隔的方式,在延缓蒙古骑兵入境与拦截蒙古骑兵方面,为营堡军队提供了更多的时间余地。而营堡保持野战能力亦有助于弥补边墙前沿防御体系之机械与被动,使其保持更久之生命力。余子俊在修筑榆林边墙之前后,不断修筑、迁移了大量营堡,从而构建了由边墙、镇城、营堡、城寨、墩台共同组成的,结合了静态阻隔与动态作战两种因素,包含前沿防御与纵深防御两种理念的立体防御体系。明代延绥镇共建榆林镇城1座与营堡51座。

自明初以来,明朝一直未固定控制河套、实行政治统治。正统以后,伴随兀良哈、瓦剌、鞑靼先后进入河套地区,明朝更是将之视为与蒙古之间的过渡地带与军事边疆,而非正式疆域与政治边界,标志固定控制界限之界石在于边境营堡一带。与现代民族国家“均质化”或“单一均质”领土意识不同,边墙虽为明朝、蒙古政治边界,而在此外一定幅度的地域之内,明朝尚通过设置界碑的方式,划定明朝、蒙古之间的“军事边疆”。作为借助流动的军事巡逻,实现军事控制、屏障正式疆界的“缓冲地区”或“中间地带”。虽然明朝并不将之视为正式疆域,但却将是视为军事控制范围。由此可见,与现代国际关系中“非此即彼”的领土单一划分方式不同,明朝边疆观念呈现了彼、此之间尚有一中间地带的复合理念。这一“复合式”、“差序化”边疆观念不仅通过减少固定机构的方式减少了财政支出,而且通过军事巡逻方式,在相当程度上保障了边境地区的安全,相应是以最小成本形成最大边疆控制效力的典型方式,适应了明朝边疆收缩政策下的边疆防御需要,从而体现出浓厚的“前近代”特征。因此余子俊于营堡外修筑边墙,不仅符合明初以来对河套空置之边防立场,而且实依托明中期以来陕北军队在河套的固定势力范围,并将之正式固定为明朝政治边界,故而实际上是拓展疆域的一种行为。但榆林边墙修筑之后,确实成为明朝、蒙古边界划分之明显标志。明中后期人鉴于河套蒙古造成之西北边疆战略劣势,将明朝失去河套归咎于余子俊修筑边墙,认为这是一种“弃地守墙”模式,导致军事退缩与政治失利。余子俊与榆林边墙从而成为明中后期主张恢复明朝旧疆、发动对蒙进攻之政治势力批评的对象,因此可以说,虽然榆林长城并非最初修筑之明长城,但却成为明中后期长城修筑与观念之模仿与争论源头。

但作为弥补明中期北部边疆缺口之防御模式,榆林明长城防御体系在整个明中后期北部边疆防御中,皆具有一种如何解决问题的示范意义。明中后期一直致力于解决西北边疆防御缺口、扭转对蒙战略劣势问题,最终取得长期成效者,却是长城防御体系。相应,在明中后期北部边疆对蒙处于全面战略劣势之军事背景下，榆林明长城防御模式便逐渐获得关注与模仿，不仅西北边疆仿照建立起长城防御体系，而且东北边疆也不断修复原有边境地区长城防御体系，并进一步构建处于内地的内长城防御体系。也就是说，榆林明长城的修筑引领了明中后期边墙即外长城甚至内长城修筑风气，奠定了长城防御体系在明中后期九边军镇的主流防御地位。大边边墙不仅具有军事防御功能，而且具有保障陕北军民屯田活动之经济保障功能，以及阻止陕北民众进入河套，成为叛逃汉人"板升"之政治阻隔功能。由此可见，榆林明长城防御体系具有多方面作用与意义，是解决西北边疆军事地理缺陷、经济生产动荡、政治统治薄弱之多种问题的解决方案，是长期维持延绥镇防御体系、尽量减少河套蒙古威胁之综合方案。相应，明中后期九边长城防御体系亦集军事防御、经济保障与政治阻隔等多种功能于一体，是横亘于整个北部边疆、构建于明朝、蒙古之间的防御战线与政治界限，不仅使明中后期北方地区社会面貌、历史走向相应发生巨大变化，甚至使明朝政权之兴亡也开始与长城防御效果、财政压力紧密地联系在一起，影响了明代北部社会与整体国运。

在世界历史上，还有另一与核心边疆地位类似之地区——地中海。地中海位于亚洲、欧洲、非洲交界之地，是世界上最大的"陆间海"，相应与核心边疆一样，也是吸附历史、消耗能量之"核心地带"。但地中海与核心边疆地理条件及其所造成之历史脉络存在指向性区别。核心边疆四面环山，呈现强烈的封闭性、阻隔性，虽有沟通欧亚之经济走廊功能，这以丝绸之路最为著名，但其核心定位却在于军事征服。相应，核心边疆的历史主要限于内部封闭性消耗。新月地带政权一方面由于亚洲内陆政权长期军事优势所带来的军事压力与屈辱，另一方面由于周围政权缺乏相侔程度之文明竞争与刺激，从而在文明变迁趋势上，逐渐转向保守与内向，比如明朝；亚洲内陆政权过分注重于这一地区，甚至因此而忽略海疆，比如清朝，最终都导致单纯注重核心边疆，而忽视其他地区，尤其海洋边疆之内向性。地中海四通八达，西经直布罗陀海峡可通大西洋，东北经土耳其海峡连接黑海，东南经苏伊士运河出红海到达印度洋，呈现出强烈的开放性与连接性，相应在军事征服之外，经济交往亦居于同等重要地位。地中海历史所锻炼出之强者，其中往往是势力颉颃、彼此竞争之欧洲势力，多在建立地中海霸权之后，整合亚、欧、非资源，依托地中海之天然通道，展现出强烈的扩展空间、海外殖民之历史倾向，在近代时期从而聚合全世界资源，得以实现文明体系的发展与突破，将整个世界带向一体化时期之外向性。也就是说，作为地理条件最为优越的亚欧大陆，其东西两端都曾分别产生出高度发展之文明体系，并在很长一段时期内保持着大体平等之格局，但最终由于各自地理条件之差别，呈现了历史分流之势。相应，地中海与核心边疆是世界历史变迁中最为关键的两个"源地"与"原点"。值得注意的是，这两个点还彼此联系，在一定意义上呈现出"因果循环"之特征。古代世界核心边疆历史造成了游牧民族一波波向西迁徙，改变了地中海周边的历史；而近代世界却反过来呈现了海洋世界向核心边疆与所有陆地文明之"反扑"与"报复"。如果说古代社会是核心边疆催动产生的陆地世界秩序，那么近代社会便是地中海催动产生的海洋世界秩序。

单纯从东亚秩序而言，明代九边长城防御体系起到了保障中国文化之军事作用，但从当时整个世界秩序而言，在同一时期欧亚大陆西端地中海催动的"大航海时代"正式开启之时，亚洲西端阿拉伯文明向中亚、东南亚"伊斯兰教东扩"如火如荼之时，明朝所采取的这种边疆策略不仅标志着中国放弃了主动经略亚洲内陆、恢复中古以前在这一地区的传统势力范围；而且由于长城防御体系所带来的巨大吸附与内耗，也进一步降低了中国对东南海洋空间开拓的兴趣与注意力。可见，这一时期欧亚大陆东、西两端在历史指向上分呈陆疆内向收缩取向与海疆外向开拓取向之截然分途，在海洋贸易支持下迅速崛起之欧洲文明也便呈现迅速赶超中国文明这一最主要的竞争对手，导致欧亚大陆文明体系由东西平衡转向"西风压倒东风"，欧洲资本主义文明以压倒性优势控制整个世界秩序，较为单向的全球一体化进程也由此正式开启。参照"大航海时代"、"伊斯兰教东扩"概念，可将明中后期这一在政治、经济、军事等领域皆深受长城影响与驱动之历史时期，或者说长城成为具有决定意义关键历史事件的这一时期，称作“明长城时代”。这里虽有将“明长城时代”与“大航海时代”、“伊斯兰教东扩”相对比之意，但却无从主观上品评当时三种政治模式与文化体系孰优孰劣之问题，而更认为不同文明取向根源于具体之地理环境与历史背景。或者换句名言，“祸兮福之所依，福兮祸之所伏”。从此角度而言，榆林明长城的修筑，实开启了明中后期的“明长城时代”。

由于长城防御体系作为被动的军事方案，无力主动解决北部边疆战略劣势，尤其摆边战术进一步消解了明军的主动解决蒙古威胁的军事观念，削弱了明军的野战能力。鞑靼从而借助核心边疆之“过渡阶梯”，不断掠夺、招徕汉人，建立牧业为主，农业为辅之复合经济形式，并将之纳入军队之中，从而建立了在经济、军事层面皆“涵化蒙汉”，在政权层面亦在一定程度上吸收汉族文明的复合政权形式。比如嘉靖时期俺答汗在丰州滩通过此种形式的统治，从而进一步巩固了其在北部边疆的战略优势。而明朝北部社会则在鞑靼长期压力之下，边疆化、军事化进程逐渐加深，整个社会处于高风险、不稳定之社会状态。这在生态条件、军事地理矛盾与张力尤为突出之榆林地区尤其明显。由于榆林明长城防御体系立足于防御，而未主动解决河套蒙古问题，河套蒙古威胁从而一直是明中后期西北边疆的核心隐患，并逐渐加深陕北地区边疆化、军事化社会程度，从而与长期军事压力与西北地区的脆弱生态、经济条件构成巨大矛盾与张力，成为明末农民战争爆发于陕北之根本原因，亦是中国古代北部边疆政治建设与地理制约矛盾的再次反映。

总之，明朝最初虽然具备在一定程度上克制蒙古骑兵战术的世界最先进的火器技术，但在内政、边防的协调平衡中，在“内政优先边防”政治文化影响之下，将政权建设主要目标集中于巩固皇权统治，为此不惜在内外条件皆具备的情况下，放弃开拓边疆，甚至采取边疆收缩政策，从而失去了整合农牧社会、建立“统一王朝”之历史机遇。从而在欧洲进入“大航海时代”之海洋开拓时期，在亚洲西端阿拉伯文明向中亚、东南亚“伊斯兰教东扩”如火如荼之时，转入“明长城时代”之收缩内陆与漠视海洋之阶段。而伴随阴山边疆逐渐内徙防线，近边防线亦逐渐被蒙古所突破，内核心边疆相应呈现边疆化、军事化历史趋势，为蒙古整合农牧资源，建立对明朝之长期战略优势提供了条件。而明朝政权却因此面临北族进攻与内地叛乱之双重困局，并最终灭亡。总之，明朝在一定程度上具备克服北部边疆地理环境限制之实力与技术条件，却由于政治观念缘故，放弃了这一整合南北、建立陆权之历史机遇。而这一主动权的主动放弃，却导致明朝政治建设再次落入地理环境限制之窠臼，不仅未能成为近世以来首个横跨新月平原与亚洲内陆的陆权国家，甚至政权亦最终覆亡。这一历史使命最终由清朝完成，但与此同时，俄罗斯的强势崛起，使清朝西进脚步面临着强大的竞争。亚洲内陆两大陆权国家的争夺，遂成为近世时期亚洲地缘政治的基本内涵之一，而中国近代疆域界定亦相应受到这一格局影响的同时，进一步受到“大航海时代”形成中的西方资本主义国家或者海洋世界之强力冲击，最终导致政权覆灭与文明衰落，在陆权、海权方面皆丧失大量权益，从而使中国文明在古代时期保持了长期领先优势之后，在近代时期一转而成为西方国家建立的全球秩序下的一个被动者、模仿者，未来的前景仍取决于海陆边疆的重新恢复、开拓与一体化，而当前国际秩序从民族国家向区域共同体的转变趋势，中国所固有的“天下秩序”[1]的差序格局无疑为这种经济边疆、文化边疆的发展提供了历史可能。也许未来有一天，以中国为主导的东亚文明或东方文明，会再次反哺、回流于欧

---

[1]赵汀阳《天下格局——世界制度哲学导论》一书从哲学角度，指出西方哲学存在缺少世界政治制度的致命缺陷，国际理论只是国家理论“对外的”延伸，并非世界政治制度，这便导致“在今天，政治意义上的有制度、有管理、有秩序的‘世界’尚未存在，而地理或物理意义上的世界就成为一个没有人对它负责任的荒地，是可以被任意掠夺和争夺的公共资源，是个进行征服的战场”。这就是当今世界的最大的政治难题：“一个整体上无序的世界，一个没有政治意义的世界，就只能是一个暴力主导的世界。”该书从而开拓性地主张从中国古代超越“国家”的“天下”世界社会观念出发，吸收其“王者无外”、“礼不往教”的文化自由主义思想，超越西方的民族/国家思维方式，改从“以国观天下”为“以天下观天下”，利用天下观念中的多样性和谐原理，将西方思想中的“敌人假设”转变为“化敌为友”，从而以“世界”作为思考单位，“从世界去思考”，创造世界新理念和世界制度。但脱离历史事实的理想化论述——“天下秩序”虽然本身对于解决当前世界政治纠纷可以十分理想，从而受到了诸多质疑，相应仍具有从历史角度出发，挖掘传统政治内涵、构建世界新政治体系的空间与潜力。参见赵汀阳：《天下格局——世界制度哲学导论》，江苏教育出版社2005年版。

亚大陆西端与世界其他地区,实现双向甚至多向的全球化格局与面貌。伴随这一在长期历史进程中,具有决定意义的文明的重新复兴,世界秩序的平衡格局便会真正形成,“和而不同”的和谐结构也将为人类的和平共存、面向宇宙提供可资凭依的文明基础。

参考文献

〔唐〕孔颖达.尚书正义[M].《十三经注疏》本.北京:北京大学出版社,1999.

李民,王健.尚书译注[M].上海:上海古籍出版社,2004.

杨天宇.周礼译注[M].上海:上海古籍出版社,2004.

杨伯峻.春秋左传注[M].北京:中华书局,1990.

徐元诰.国语集解[M].王树民,沈长云,点校.北京:中华书局,2002.

〔汉〕戴德,戴圣.礼记[M].《四部备要》本.北京:中华书局,中国书店.

金良年.论语译注[M].上海:上海古籍出版社,2004.

〔宋〕朱熹.楚辞集注[M].蒋立甫,校点.上海:上海古籍出版社,安徽教育出版社,2001.

杨伯峻.孟子译注[M].北京:中华书局,1960.

〔汉〕司马迁.史记[M].北京:中华书局,1959.

〔西汉〕何宁.淮南子[M].北京:中华书局,1998.

〔汉〕班固.汉书[M].〔唐〕颜师古,注.北京:中华书局,1962.

〔宋〕欧阳修,宋祁.新唐书[M].北京:中华书局,1975.

〔宋〕范晔.后汉书[M].〔唐〕李贤,注.北京:中华书局,1965.

〔晋〕袁宏.袁宏后汉纪集校[M].李兴和,点校.昆明:云南人民出版社,2008.

〔北齐〕魏收.魏书[M].北京:中华书局 ,1974.

〔唐〕房玄龄.晋书[M].北京:中华书局 ,1974.

〔唐〕吴兢.贞观政要[M].北京:中华书局,2003.

〔清〕曹寅.全唐诗[M].北京:中华书局,1960.

〔宋〕司马光.资治通鉴[M].〔元〕胡三省,音注.北京:中华书局,1956.

〔宋〕苏轼.苏东坡集后集[M].上海:商务印书馆,1958.

〔宋〕岳飞.岳忠武王集[M].《丛书集成初编》本.上海:商务印书馆,1937.

〔宋〕欧阳修.欧阳修撰集[M].〔明〕欧阳铽,辑.《文渊阁四库全书》本.台北:商务印书馆,1986.

〔宋〕徐梦莘.三朝北盟会编[M].上海:上海古籍出版社,2008.

〔元〕脱脱.辽史[M].北京:中华书局,1974.

〔元〕脱脱.金史[M].北京:中华书局,1975.

〔元〕陶宗仪.南村辍耕录[M].北京:中华书局,1959.

〔明〕叶子奇.草木子[M].北京:中华书局,1959.

〔明〕宋濂.元史[M].北京:中华书局,1976.

〔明〕张德信.太祖皇帝钦录及其发现与研究辑录——兼及《御制纪非录》[M]//朱诚如,王天有.明清论丛:第10辑.北京:紫禁城出版社,2005.

〔明〕姚广孝.明太祖实录[M].台北:中研院历史语言研究所,1962.

〔明〕杨士奇.明太宗实录[M].台北:中研院历史语言研究所,1962.

〔明〕杨士奇.明宣宗实录[M].台北:中研院历史语言研究所,1962.

〔明〕陈文.明英宗实录[M].台北:中研院历史语言研究所,1962.

〔明〕刘吉.明宪宗实录[M].台北:中研院历史语言研究所,1962.

〔明〕李东阳.明孝宗实录[M].台北:中研院历史语言研究所,1962.

〔明〕费宏.明武宗实录[M].台北:中研院历史语言研究所,1962.

〔明〕张居正.明世宗实录[M].台北:中研院历史语言研究所,1962.

〔明〕叶向高. 明神宗实录[M]. 台北:中研院历史语言研究所,1962.

〔明〕汪楫. 崇祯长编[M]. 台北:中研院历史语言研究所,1962.

〔明〕金幼孜. 北征录[G]//薄音湖,王雄. 明代蒙古汉籍史料汇编:第1辑. 呼和浩特:内蒙古大学出版社,2006.

〔明〕金幼孜. 后北征录[G]//薄音湖,王雄. 明代蒙古汉籍史料汇编:第1辑. 呼和浩特:内蒙古大学出版社,2006.

〔明〕杨荣. 北征记[G]//薄音湖,王雄. 明代蒙古汉籍史料汇编:第1辑. 呼和浩特:内蒙古大学出版社,2006.

〔明〕朱㮵. 宁夏志笺证[M]. 吴忠礼,笺证. 刘忠芳,审校. 银川:宁夏人民出版社,1996.

〔明〕于谦. 忠肃集[M].《文渊阁四库全书》本. 台北:商务印书馆,1986.

〔明〕杨铭. 正统临戎录[G]//薄音湖,王雄. 明代蒙古汉籍史料汇编:第1辑. 呼和浩特:内蒙古大学出版社,2006.

〔明〕李贤. 大明一统志[M]. 影印明天顺五年内府刻本. 西安:三秦出版社,1985.

〔明〕李贤. 天顺日录[M]//邓士龙. 国朝典故:48卷. 许大龄,王天有,主点校. 北京:北京大学出版社,1993.

〔明〕余子俊. 余肃敏公经略公牍[M]. 北京:线装书局,2010.

〔明〕陆容. 菽园杂记[M]. 佚之,点校. 北京:中华书局,1985.

〔明〕佚名. 高昌馆课[M]. 北京:书目文献出版社,1989.

〔明〕王锜. 寓圃杂记[M]. 张德信,点校. 北京:中华书局,1984.

〔明〕陈洪谟. 继世纪闻[M]. 北京:中华书局,1985.

〔明〕杨一清. 杨一清集[M]. 唐景绅,谢玉杰,点校. 北京:中华书局,2001.

〔明〕蒋冕. 湘皋集[M]. 唐振真,等,点校. 南宁:广西人民出版社,2001.

〔明〕王琼. 北虏事迹[M]. 中国野史集成影印金声玉振集本. 成

都:巴蜀书社,2000.

〔明〕郑晓.端简郑公文集[M].四库全书存目丛书影印北京大学图书馆藏明万历二十八年郑心材刻本.济南:齐鲁书社,1997.

〔明〕郑晓.皇明北虏考[G]// 薄音湖,王雄.明代蒙古汉籍史料汇编:第1辑.呼和浩特:内蒙古大学出版社,1993.

〔明〕郑晓.今言[M].北京:中华书局,1984.

〔明〕许论.九边图论[M].嘉靖十六年谢少南刻本.藏国家图书馆.

〔明〕魏焕.皇明九边考[M].四库全书存目丛书影印国立北平图书馆善本丛书影印明嘉靖刻本.济南:齐鲁书社,1996.

〔明〕戴金.戴兵部奏疏[M].天一阁藏明代政书珍本丛刊影印明嘉靖龙山书院刻本.北京:线装书局,2010.

〔明〕廖希颜.三关志[M].续修四库全书影印北京图书馆藏明嘉靖二十四年刻本.上海:上海古籍出版社,2002.

〔明〕张雨.边政考[M].中华文史丛书影印明嘉靖刻本.台北:华文书局,1969.

〔明〕尹耕.两镇三关志[M].藏国家图书馆.

〔明〕杨守谦.大宁考[G]// 薄音湖,王雄.明代蒙古汉籍史料汇编:第2辑.呼和浩特:内蒙古大学出版社,2000.

〔明〕王越.黎阳王太傅疏议诗文辑略[M].四库全书存目丛书影印上海图书馆藏明嘉靖三十二年中山徐氏刻本.济南:齐鲁书社,1997.

〔明〕赵廷瑞,马理.陕西通志(嘉靖)[M].北京:全国图书馆缩微文献复制中心,1992.

〔明〕胡汝砺,管律.宁夏新志[M].银川:宁夏人民出版社,1982.

〔明〕张天复.皇舆考[M].中华文史丛书影印台湾师范大学图书馆藏嘉靖刻本.台北:台湾学生书局,1987.

〔明〕朱睦㮮.革除逸史[M].文渊阁四库全书本.台北:商务印书馆,1986.

〔明〕严从简.殊域周知录[M].余思黎,点校.北京:中华书局,

1993.

〔明〕陈建,岳元声.皇明资治通纪[M].四库禁毁书丛刊影印北京师范大学图书馆藏明刻本.北京:北京出版社,1995.

〔明〕岷峨山人.译语[G]//薄音湖,王雄.明代蒙古汉籍史料汇编:第1辑.呼和浩特:内蒙古大学出版社,2006.

〔明〕萧大亨.北虏世系[G]//薄音湖,王雄.明代蒙古汉籍史料汇编:第2辑.呼和浩特:内蒙古大学出版社,2000.

〔明〕张瀚.松窗梦语[M].盛冬铃,点校.北京:中华书局,1985.

〔明〕范钦.范钦集[M].杭州:浙江古籍出版社,2012.

〔明〕赵时春.赵时春文集校笺[M].杜志强,整理.天津:天津古籍出版社,2012.

〔明〕霍冀.九边图说[M].玄览堂丛书影印明隆庆三年刊本.台北:国立中央图书馆,1981.

〔明〕劳堪.宪章类编[M].北京图书馆古籍珍本丛刊影印明万历六年自刻本.北京:书目文献出版社,1988.

〔明〕焦竑.国朝献征录[M].台北:台湾学生书局,1984.

〔明〕王圻.续文献通考[M].四库全书存目丛书影印中国科学院图书馆藏明万历三十一年曹时聘等刻本.济南:齐鲁书社,1996.

〔明〕郑汝璧,刘余泽.延绥镇志[M].上海:上海古籍出版社,2011.

〔明〕杨时宁.宣大山西三镇图说[M].玄览堂丛书影印明万历癸卯刻本.台北:正中书局,1981.

〔明〕王世贞.弇山堂别集[M].魏连科,点校.北京:中华书局,1985.

〔明〕屠叔方.建文朝野汇编[G].北京图书馆古籍珍本丛刊影印明万历刻本.北京:书目文献出版社,1989.

〔明〕方逢时.大隐楼集[M].李勤璞,校注.沈阳:辽宁人民出版社,2009.

〔明〕管太勋.焚余集[M].天一阁藏明代政书珍本丛刊影印明万

历五年刻本. 北京:线装书局,2010.

〔明〕申时行,赵用贤. 大明会典[M]. 赵续修四库全书影印明万历内府刻本. 上海:上海古籍出版社,2002.

〔明〕郑洛. 抚夷纪略[G]//薄音湖,王雄. 明代蒙古汉籍史料汇编:第2辑,呼和浩特:内蒙古大学出版社,2000.

〔明〕焦竑. 焦太史编辑国朝献征录[M]. 续修四库全书影印明万历四十四年徐象枟曼山刻本. 上海:上海古籍出版社,2002.

〔明〕沈德符. 万历野获编[M]. 北京:中华书局,1959.

〔明〕谢肇淛. 五杂俎[M]. 上海:上海古籍出版社,2005.

〔明〕茅元仪. 武备志[M]. 四库禁毁书丛刊影印北京大学图书馆藏明天启年间刻本. 北京:北京出版社,2000.

〔明〕张萱. 西园闻见录[M]. 民国排印本. 台北:文海出版社,1984.

〔明〕郑大郁. 经国雄略[M]. 中华全国图书馆文献缩微中心据中国国家图书馆藏明末三槐堂刻本摄制. 1993.

〔明〕朱国祯. 涌幢小品[M]. 上海:上海古籍出版社,2012.

〔明〕陈全之. 蓬窗日录[M]. 顾静标,校. 上海:上海书店,2009.

〔明〕王士性. 广志绎[M]. 北京:中华书局,1981.

〔明〕熊廷弼. 熊廷弼集[M]. 李红权,点校. 北京:学苑出版社,2011.

〔明〕陈仁锡. 陈太史无梦园初集[M]. 续修四库全书影印崇祯六年张一鸣刻本. 上海:上海古籍出版社,2002.

〔明〕黄景昉. 国史唯疑[M]. 陈士楷,熊德基,点校. 上海:上海古籍出版社,2002.

〔清〕张岱. 石匮书[M]. 续修四库全书影印南京图书馆藏稿本. 上海:上海古籍出版社,2002.

〔明〕陈子龙. 明经世文编[M]. 北京:中华书局,1962.

〔清〕谈迁. 国榷[M]. 北京:中华书局,1958.

〔清〕顾炎武. 肇域志[M]. 续修四库全书影印上海图书馆藏清抄

本.上海:上海古籍出版社,2002.

〔清〕顾炎武.天下郡国利病书[M].上海:商务印书馆,1936.

〔清〕顾炎武,黄汝成.日知录集释[M].长沙:岳麓书社,1994.

〔清〕黄宗羲.明夷待访录[M].北京:北京古籍出版社,1955.

〔清〕查继佐.罪惟录[M].杭州:浙江古籍出版社,1986.

〔清〕谷应泰.明史纪事本末[M].北京:中华书局,1977.

〔清〕梁份.秦边纪略[M].台北:广文书局,1974.

〔清〕顾祖禹.读史方舆纪要[M].贺次君,施和金,点校.北京:中华书局,2005.

〔清〕谭吉璁.延绥镇志[M].四库全书存目丛书影印北京大学图书馆藏清康熙乾隆增补本.济南:齐鲁书社,1996.

〔清〕圣祖仁皇帝.圣祖仁皇帝御制文集[M].张廷玉,编.台北:商务印书馆,1986.

〔清〕温达.圣祖仁皇帝亲征平定朔漠方略[M].台北:商务印书馆,1986.

〔清〕高士奇.扈从西巡日录[M].台北:商务印书馆,1986.

〔清〕阿桂.钦定盛京通志[M].台北:商务印书馆,1986.

〔清〕唐执玉,李卫,田易.畿辅通志[M].台北:商务印书馆,1986.

〔清〕觉罗石麟,储大文.山西通志[M].台北:商务印书馆,1986.

〔清〕刘于义,沈青崖.陕西通志[M].台北:商务印书馆,1986.

〔清〕许容,李迪.甘肃通志[M].台北:商务印书馆,1986.

〔清〕张廷玉.明史[M].北京:中华书局,1974.

〔清〕阿桂,梁国治,和坤.皇清开国方略[M].台北:商务印书馆,1986.

〔清〕和珅.大清一统志[M].台北:商务印书馆,1986.

〔清〕高宗.续文献通考[M].台北:商务印书馆,1986.

〔清〕和绅,梁国治.钦定热河志[M].台北:商务印书馆,1986.

〔清〕高宗.钦定续文献通考[M].台北:商务印书馆,1986.

〔清〕冯一鹏.塞外杂识[M].上海:商务印书馆,1936.

〔清〕杨江. 河套图考[M]. 台北:新文丰出版公司,1989.

〔清〕李熙龄. 榆林府志[M]. 影印本. 台北:台湾学生书局,1968.

〔清〕苏铣. 西宁志[M]. 王昱,等. 校注,西宁:青海人民出版社,1993.

〔清〕张澍. 西河旧事[M]. 上海:商务印书馆,1936.

〔清〕高珣,龚玉麟. 葭州志[M]. 中国方志丛书影印清嘉庆十四年修,民国二十二年重刊石印本. 台北:成文出版社,1969.

〔清〕洪蕙. 延安府志[M]. 中国方志丛书影印清嘉庆七年刊本. 台北:成文出版社,1970.

〔清〕卢坤. 秦疆治略[M]. 中国方志丛书影印清道光年间刊本. 台北:成文出版社,1970.

〔清〕丁锡奎,白翰章. 靖边县志稿[M]. 中国方志丛书影印光绪二十五年铅印本. 台北:成文出版社,1970.

〔清〕孔繁朴,高维岳. 绥德州志[M]. 中国方志丛书影印清光绪三十一年刻本. 台北:成文出版社,1970.

〔朝鲜〕佚名. 神木乡土志[M]. 中国方志丛书影印民国燕京大学图书馆藏铅印本. 台北:成文出版社,1970.

谭其骧. 清人文集地理类汇编[G]. 杭州:浙江人民出版社,1986.

伊志. 明代"弃套"始末[J]. 禹贡(半月刊),1935,2(7).

张维华. 古代河套与中国之关系[J]. 禹贡(半月刊),1936,6(5).

蒙思明. 河套农垦水利开发的沿革[J]. 禹贡(半月刊),1936,6(5).

潘复. 西北垦殖计划[M]//《中国西北文献丛书续编 · 西北史地文献卷》:第10册. 兰州:甘肃文化出版社,1999.

张其昀. 中国军事史略[M]. 台北:中华文化出版事业委员会,1956.

吴缉华. 明代东胜的设防与弃防——边防制度的演变[M]//中研院历史语言研究所集刊:第34本. 台北:中研院历史语言研究所,1963.

吴缉华. 明代社会经济史论丛[M]. 台北:台湾学生书局,1970.

竺可祯. 中国近五千年来气候变迁的初步研究[J]. 考古学报, 1972(1).

侯仁之. 从红柳河上的古城废墟看毛乌素沙漠的变迁[J]. 文物, 1973(1).

周清澍. 从察罕脑儿看元代的伊克昭盟地区[J]. 内蒙古大学学报:社会科学版,1978(2).

孙金铸. 河套平原自然条件及其改造[M]. 呼和浩特:内蒙古人民出版社,1978.

北京大学地理系. 毛乌素沙区自然条件及其改良利用[M]. 北京:科学出版社,1983.

史念海. 以陕西省为例探索古今县的命名的某些规律[J]. 中国历史地理论丛:第2辑,1990.

史念海. 论黄土高原的治沟和治水[J]. 中国历史地理论丛:第2辑,1985.

《陕西风物志》编写组. 陕西风物志[M]. 西安:陕西人民出版社, 1985.

艾冲. 余子俊督修边墙的几个问题[J]. 陕西师范大学学报:哲学社会科学版,1986(1).

方豪. 中国交通史[M]. 长沙:岳麓书社,1987.

陕西师范大学地理系《陕西省榆林地区地理志》编写组. 陕西省榆林地区地理志[M]. 西安:陕西人民出版社,1987.

费孝通. 费孝通民族研究文集[M]. 北京:民族出版社,1988.

达力扎布. 北元初期的疆域和汗斡耳朵地望[M]//蒙古史研究:第3辑. 呼和浩特:内蒙古大学出版社,1989.

艾冲. 明代陕西四镇长城[M]. 西安:陕西师范大学出版社,1990.

梁冰. 鄂尔多斯历史管窥[M]. 呼和浩特:内蒙古大学出版社, 1989.

杨和春. 神木县志[M]. 北京:经济日报出版社,1990.

唐长孺. 魏晋南北朝隋唐史三论——中国封建社会的形成和前期

的变化[M].武汉:武汉大学出版社,1992.

温怀德.靖边县志[M].西安:陕西人民出版社,1993.

肖立军.九边重镇与明之国运——兼析明末大起义首发于陕的原因[J].天津师大学报:社会科学版,1994(2).

马大正.西域考察与研究[M]//西域探险考察大系.乌鲁木齐:新疆人民出版社,1994.

陈国庆.走出中世纪的黄土地——20世纪初期的陕北农村[M].西安:西北大学出版社,1994.

陈智亮.榆林史话[M].西安:陕西人民出版社,1994.

邹逸麟.明清时期北部农牧过渡带的推移和气候寒暖变化[J].复旦学报:社会科学版,1995(1).

叶新民.元上都的凉亭[J].内蒙古大学学报:社会科学版,1995(2).

范中义.明代九边的形成[J].大同高等专科学校学报,1995(4).

达力扎布.北元汗斡耳朵游牧地考[M]//南京大学元史研究室.内陆亚洲历史文化研究——韩儒林先生纪念文集.南京:南京大学出版社,1996.

《可爱的榆林》编委会.可爱的榆林[M].西安:陕西人民出版社,1996.

田广金,郭素新.北方文化与草原文明[M]//内蒙古文物考古文集:第2辑.北京:中国大百科全书出版社,1997.

宋乃平.西夏兴衰史中的地理环境[J].宁夏大学学报:社会科学版,1997(2).

宝音德力根.十五世纪前后蒙古政局、部落诸问题研究[D].呼和浩特:内蒙古大学,1997.

赵俪生.古代西北屯田开发史[M].兰州:甘肃文化出版社,1997.

吴宏岐.元代农业地理[M].西安:西安地图出版社,1997.

达力扎布.明代漠南蒙古历史研究[M].呼和浩特:内蒙古文化出版社,1997.

唐晓峰. 长城内外是故乡[J]. 读书,1998(4).

胡凡. 河套与明代北部边防研究[D]. 长春:东北师范大学,1998.

达力扎布. 明代漠南蒙古历史研究[M]. 呼和浩特:内蒙古文化出版社,1998.

史念海. 黄土高原考察琐记[J]. 中国历史地理论丛,1999(3).

费孝通. 费孝通文集:第11卷[C]. 北京:群言出版社,1999.

宝音德力根. 15世纪中叶前的北元可汗世系及政局[M]//蒙古史研究:第6辑. 呼和浩特:内蒙古大学出版社,2000.

袁占钊. 陕北长城沿线明代古城堡考[J]. 延安大学学报:社会科学版,2000(4).

乌兰.《蒙古源流》研究[M]. 沈阳:辽宁民族出版社,2000.

邓辉,夏正楷. 从统万城的兴废看人类活动对生态环境脆弱地区的影响[J]. 中国历史地理论丛,2001(2).

郭红. 明代都司卫所建置研究[D]. 上海:复旦大学,2001.

陈寅恪. 隋唐制度渊源略论稿[M]. 北京:生活·读书·新知三联书店,2001.

史念海. 黄土高原历史地理研究[M]. 郑州:黄河水利出版社,2001.

李开宇. 干旱区城市景观生态研究——以榆林市为中心[J]. 西安外国语学院学报,2002(3).

张久和. 秦朝对古代内蒙古部分地区的统治和开发[J]. 内蒙古社会科学:汉文版,2002(3).

胡凡. 论明代蒙古族进入河套与明代北部边防[J]. 西南师范大学学报:人文社会科学版,2002(3).

韦占彬. 明代"九边"设置时间辨析[J]. 石家庄师范专科学校学报,2002(3).

王炜林. 毛乌素沙漠化年代问题之考古学观察[J]. 考古与文物,2002(5).

孙周勇. 河套地区史前考古学史初步研究[J]. 文博,2002(6).

曾瑞龙.战略文化与中国战争史研究的前景[G]//香港中文大学“新世纪的中国历史学——挑战与思考”学术研讨会论文汇编.香港:香港中文大学,2002.

曹永年.蒙古民族通史:第3卷[M].呼和浩特:内蒙古大学出版社,2002.

宫玉振.中国战略文化解析[M].北京:军事科学出版社,2002.

顾琳.明清时期榆林城遭受流沙侵袭的历史记录及其原因的初步分析[J].中国历史地理论丛,2003(4).

韩昭庆.明代毛乌素沙地变迁及其与周边地区垦殖的关系[J].中国社会科学,2003(5).

张萍.明代陕北蒙汉边界区军事城镇的商业化[J].民族研究,2003(6).

李严.榆林地区明长城军事堡寨聚落研究[D].天津:天津大学,2003.

陈兴旺.定边县志[M].北京:方志出版社,2003.

张泊.本色榆林——沉睡在窑洞里的文明[M].桂林:广西师范大学出版社,2003.

曹永年.明万历间延绥中路边墙的沙壅问题——兼谈生态环境研究中的史料运用[J].内蒙古师范大学学报:哲学社会科学版,2004(1).

肖瑞玲.清末放垦与鄂尔多斯东南缘土地沙化问题[J].内蒙古师范大学学报:哲学社会科学版,2004(1).

于默颖.明蒙关系研究——以明蒙双边政策及明朝对蒙古的防御为中心[D].呼和浩特:内蒙古大学,2004.

中国大百科全书出版社编辑部.中国大百科全书·中国地理卷[M].北京:中国大百科全书出版社,2004.

宋耀祥.明代延绥镇的防务与长城的修筑[M]//吕静.榆林长城研究.西安:三秦出版社,2004.

《可爱的横山》编委会.可爱的横山[M].西安:陕西人民出版社,

2004.

惠富平,王思明.汉代西北农业区开拓及其生态环境影响[J].中国农史,2005(1).

张玉坤,李哲.龙翔凤翥——榆林地区明代长城军事堡寨研究[J].华中建筑,2005(1).

周松.明洪武朝陕北边防及其特点[J].中国边疆史地研究,2005(1).

赵汀阳.天下格局——世界制度哲学导论[M].南京:江苏教育出版社,2005.

郝志成,白音查干.论河套地域及其概念的演变[J].河套文化,2006(11).

邓庆平.州县与卫所:政区演变与华北边地的社会变迁——以明清蔚州为中心[D].北京:北京师范大学,2006.

朱风,贾敬颜.汉译蒙古黄金史纲[M].呼和浩特:内蒙古人民出版社,2006.

肖瑞玲,曹永年,赵之恒,于永.明清内蒙古西部地区开发与土地沙化[M].北京:中华书局,2006.

王天顺.河套史[M].北京:人民出版社,2006.

程龙.北宋西北战区粮食补给地理[M].北京:社会科学文献出版社,2006.

刘磐修.汉代河套开发中的政府行为[J].内蒙古社会科学:汉文版,2007(4).

周松.明初河套周边边政研究[M].兰州:甘肃人民出版社,2007.

胡凡.论明代九边延绥镇之形成[J].中国史研究,2008(2).

李生程.陕北长城[M].西安:陕西人民美术出版社,2008.

周松.明初察罕脑儿卫置废考[J].中国历史地理论丛,2009(2).

薄音湖.从明东胜卫到蒙古妥妥城[J].民族研究,2009(4).

杜祐宁.从屯堡到边墙——明代北边防务研究[D].台北:成功大学,2009.

赵现海.明代嘉隆年间长城图籍撰绘考[J].内蒙古师范大学学报,2010(4).

赵现海.第一幅长城地图《九边图说》残卷——兼论《九边图论》图版改绘与版本源流[J].史学史研究,2010(3).

胡凡.明代中叶在河套地区修筑长城的历史考察[M]//朱诚如,王天有.明清论丛:第10辑.北京:紫禁城出版社,2010.

何彤慧,王乃昂.毛乌素沙地历史时期环境变化研究[M].北京:人民出版社,2010.

葛兆光.宅兹中国——重建有关"中国"的历史论述[M].北京:中华书局,2011.

王晓霞.明代延绥镇把都河堡、镇罗堡建置年代考[J].黑龙江史志,2012(15).

舒时光.文贵修筑延绥镇"大边"长城及其地理意义[M]//历史地理:第26辑.上海:上海人民出版社,2012.

赵现海.明代九边长城军镇史——中国边疆假说视野下的长城制度史研究[M].北京:社会科学文献出版社,2012.

〔朝鲜〕崔溥.锦南漂海录[M]//弘华文.燕行录全编:第1辑第3册.桂林:广西师范大学出版社,2010.

〔朝鲜〕苏世让.阳谷赴京日记[M]//弘华文.燕行录全编:第1辑第3册.桂林:广西师范大学出版社,2010.

〔朝鲜〕权橃.朝天录[M]//弘华文.燕行录全编:第1辑第3册.桂林:广西师范大学出版社,2010.

〔朝鲜〕许震童.朝天录[M]//弘华文.燕行录全编:第1辑第3册.桂林:广西师范大学出版社,2010.

〔朝鲜〕许篈.荷谷先生朝天记[M]//弘华文.燕行录全编:第1辑第4册.桂林:广西师范大学出版社,2010.

〔朝鲜〕赵宪.朝天日记[M]//弘华文.燕行录全编:第1辑第4册.桂林:广西师范大学出版社,2010.

〔朝鲜〕赵宪.东还封事[M]//弘华文.燕行录全编:第1辑第4册.

桂林:广西师范大学出版社,2010.

〔朝鲜〕金诚一.朝天日记[M]//弘华文.燕行录全编:第1辑第4册.桂林:广西师范大学出版社,2010.

〔朝鲜〕崔岦.丁丑行录[M]//弘华文.燕行录全编:第1辑第4册.桂林:广西师范大学出版社,2010.

〔朝鲜〕柳梦寅.朝天录[M]//弘华文.燕行录全编:第1辑第5册.桂林:广西师范大学出版社,2010.

〔朝鲜〕闵仁伯.朝天录[M]//弘华文.燕行录全编:第1辑第5册.桂林:广西师范大学出版社,2010.

〔朝鲜〕申忠一.申忠一建州闻见录[M]//弘华文.燕行录全编:第1辑第5册.桂林:广西师范大学出版社,2010.

〔朝鲜〕李睟光.朝天录[M]//弘华文.燕行录全编:第1辑第5册.桂林:广西师范大学出版社,2010.

〔朝鲜〕李恒福.朝天日乘[M]//弘华文.燕行录全编:第1辑第5册.桂林:广西师范大学出版社,2010.

〔朝鲜〕李恒福.朝天录[M]//弘华文.燕行录全编:第1辑第5册.桂林:广西师范大学出版社,2010.

〔朝鲜〕李廷龟.戊戌朝天录[M]//弘华文.燕行录全编:第1辑第5册.桂林:广西师范大学出版社,2010.

〔朝鲜〕黄汝一.银槎录[M]//弘华文.燕行录全编:第1辑第5册.桂林:广西师范大学出版社,2010.

〔朝鲜〕赵翊.皇华日记[M]//弘华文.燕行录全编:第1辑第6册.桂林:广西师范大学出版社,2010.

〔朝鲜〕赵翊.朝天录[M]//弘华文.燕行录全编:第1辑第6册.桂林:广西师范大学出版社,2010.

〔朝鲜〕李安讷.朝天录[M]//弘华文.燕行录全编:第1辑第6册.桂林:广西师范大学出版社,2010.

〔朝鲜〕李民宬.万历壬寅朝天录[M]//弘华文.燕行录全编:第1辑第6册.桂林:广西师范大学出版社,2010.

〔朝鲜〕佚名. 朝天日录[M]//弘华文. 燕行录全编:第 1 辑第 6 册. 桂林:广西师范大学出版社,2010.

〔朝鲜〕佚名. 朝天录[M]//弘华文. 燕行录全编:第 1 辑第 7 册. 桂林:广西师范大学出版社,2010.

〔朝鲜〕郑士信. 梅窓先生朝天录[M]//弘华文. 燕行录全编:第 1 辑第 7 册. 桂林:广西师范大学出版社,2010.

〔朝鲜〕苏光震. 朝天日录[M]//弘华文. 燕行录全编:第 1 辑第 8 册. 桂林:广西师范大学出版社,2010.

〔朝鲜〕郑弘翼. 燕行录[M]//弘华文. 燕行录全编:第 1 辑第 8 册. 桂林:广西师范大学出版社,2010.

〔朝鲜〕李尚吉. 朝天日记[M]//弘华文. 燕行录全编:第 1 辑第 8 册. 桂林:广西师范大学出版社,2010.

〔朝鲜〕李民寏. 建州闻见录[M]//弘华文. 燕行录全编:第 1 辑第 8 册. 桂林:广西师范大学出版社,2010.

〔朝鲜〕李忔. 雪汀先生朝天日记[M]//弘华文. 燕行录全编:第 1 辑第 9 册. 桂林:广西师范大学出版社,2010.

〔朝鲜〕李渲. 燕途纪行[M]//弘华文. 燕行录全编:第 1 辑第 12 册. 桂林:广西师范大学出版社,2010.

〔朝鲜〕成以性. 乙酉燕行日记[M]//弘华文. 燕行录全编:第 2 辑第 1 册. 桂林:广西师范大学出版社,2012.

〔朝鲜〕李俣. 朗善君癸卯燕京诗[M]//弘华文. 燕行录全编:第 2 辑第 1 册. 桂林:广西师范大学出版社,2012.

〔朝鲜〕朴世堂. 使燕录[M]//弘华文. 燕行录全编:第 2 辑第 2 册. 桂林:广西师范大学出版社,2012.

〔朝鲜〕孙万雄. 燕行日录[M]//弘华文. 燕行录全编:第 2 辑第 2 册. 桂林:广西师范大学出版社,2012.

〔朝鲜〕金海一. 燕行录[M]//弘华文. 燕行录全编:第 2 辑第 2 册. 桂林:广西师范大学出版社,2012.

〔朝鲜〕韩泰东. 燕行日录[M]//弘华文. 燕行录全编:第 2 辑第 2

册. 桂林:广西师范大学出版社,2012.

〔朝鲜〕吴道一. 丙寅燕行日乘[M]//弘华文. 燕行录全编:第 2 辑第 2 册. 桂林:广西师范大学出版社,2012.

〔朝鲜〕申厚命. 燕行日记[M]//弘华文. 燕行录全编:第 2 辑第 3 册. 桂林:广西师范大学出版社,2012.

〔朝鲜〕柳命天. 燕行日记[M]//弘华文. 燕行录全编:第 2 辑第 3 册. 桂林:广西师范大学出版社,2012.

〔朝鲜〕朴汉. 西征别曲[M]//弘华文. 燕行录全编:第 2 辑第 3 册. 桂林:广西师范大学出版社,2012.

〔朝鲜〕孟万泽. 闲闲堂燕行录[M]//弘华文. 燕行录全编:第 2 辑第 4 册. 桂林:广西师范大学出版社,2012.

〔朝鲜〕李颐命. 甲申燕行录[M]//弘华文. 燕行录全编:第 2 辑第 4 册. 桂林:广西师范大学出版社,2012.

〔朝鲜〕闵镇远. 燕行录[M]//弘华文. 燕行录全编:第 2 辑第 4 册. 桂林:广西师范大学出版社,2012.

〔朝鲜〕金昌业. 燕行日记[M]//弘华文. 燕行录全编:第 2 辑第 5 册. 桂林:广西师范大学出版社,2012.

〔朝鲜〕韩祉. 燕行日录[M]//弘华文. 燕行录全编:第 2 辑第 6 册. 桂林:广西师范大学出版社,2012.

〔朝鲜〕李宜显. 庚子燕行杂识[M]//弘华文. 燕行录全编:第 2 辑第 7 册. 桂林:广西师范大学出版社,2012.

〔朝鲜〕李正臣. 燕行录[M]//弘华文. 燕行录全编:第 2 辑第 7 册. 桂林:广西师范大学出版社,2012.

〔朝鲜〕俞拓基. 燕行录[M]//弘华文. 燕行录全编:第 2 辑第 7 册. 桂林:广西师范大学出版社,2012.

〔朝鲜〕金舜协. 燕行录[M]//弘华文. 燕行录全编:第 2 辑第 8 册. 桂林:广西师范大学出版社,2012.

〔朝鲜〕赵最寿. 燕行录[M]//弘华文. 燕行录全编:第 2 辑第 8 册. 桂林:广西师范大学出版社,2012.

〔朝鲜〕赵春采.燕行录[M]//弘华文.燕行录全编:第3辑第1册.桂林:广西师范大学出版社,2013.

〔朝鲜〕徐命臣.庚辰燕行录[M]//弘华文.燕行录全编:第3辑第1册.桂林:广西师范大学出版社,2013.

〔朝鲜〕洪大容.燕记[M]//弘华文.燕行录全编:第3辑第1册.桂林:广西师范大学出版社,2013.

〔朝鲜〕李坤.燕行记事[M]//弘华文.燕行录全编:第3辑第2册.桂林:广西师范大学出版社,2013.

〔朝鲜〕卢以渐.随槎录[M]//弘华文.燕行录全编:第3辑第2册.桂林:广西师范大学出版社,2013.

〔朝鲜〕朴趾源.热河日记[M]//弘华文.燕行录全编:第3辑第3册.桂林:广西师范大学出版社,2013.

〔朝鲜〕佚名.燕行录[M]//弘华文.燕行录全编:第3辑第4册.桂林:广西师范大学出版社,2013.

〔朝鲜〕徐浩修.燕行纪[M]//弘华文.燕行录全编:第3辑第4册.桂林:广西师范大学出版社,2013.

〔朝鲜〕金正中.燕行日记[M]//弘华文.燕行录全编:第3辑第4册.桂林:广西师范大学出版社,2013.

〔朝鲜〕李在学.燕行日记[M]//弘华文.燕行录全编:第3辑第6册.桂林:广西师范大学出版社,2013.

〔朝鲜〕徐有闻.燕行日记[M]//弘华文.燕行录全编:第3辑第6册.桂林:广西师范大学出版社,2013.

〔朝鲜〕姜时永.輶轩续录[M]//弘华文.燕行录全编:第3辑第2册.桂林:广西师范大学出版社,2013.

〔朝鲜〕金景善.燕辕直指[M]//弘华文.燕行录全编:第3辑第9册.桂林:广西师范大学出版社,2013.

〔朝鲜〕朴齐寅.燕槎录[M]//弘华文.燕行录全编:第3辑第9册.桂林:广西师范大学出版社,2013.

〔朝鲜〕徐庆淳.梦经堂日史[M]//弘华文.燕行录全编:第3辑第

10册.桂林:广西师范大学出版社,2013.

〔日〕田村實造.明代滿蒙史研究——明代滿蒙史料研究篇[M].京都:京都大学大學文學部,1963.

〔美〕约翰·柯林斯.大战略:原则与实践[M].中国人民解放军军事科学院,译.北京:战士出版社,1978.

〔意〕利玛窦,〔比〕金尼阁.利玛窦中国札记[M].何高济,王遵仲,李申译,何兆武,校.北京:中华书局,1983.

〔日〕伊东忠太原.中国建筑史[M].陈清泉,译补.上海:上海书店,1984.

〔日〕和田清.明代蒙古史论集[M].潘世宪,译.北京:商务印书馆,1984.

杜文凯.清代西人见闻录[M].北京:中国人民大学出版社,1985.

〔法〕戈岱司.希腊拉丁作家远东古文献辑录[M].耿昇,译.北京:中华书局,1987.

〔英〕费瑯.阿拉伯波斯突厥人东方文献辑注[M].耿昇,穆根来,译.北京:中华书局,1989.

〔罗马尼亚〕尼·斯·米列斯库.中国漫记[M].蒋本良,柳凤运,译.北京:中华书局,1989.

〔美〕费正清.美国与中国[M].张理京,译,马清槐,校.北京:商务印书馆,1989.

〔美〕卡尔·A.魏特夫.东方专制主义——极权力量的比较研究[M].徐式谷,奚瑞森,邹如山,等译,邹如山,校订.北京:中国社会科学出版社,1989.

〔葡〕C.R.博克舍.十六世纪中国南部行纪[M].何高济,译.北京:中华书局,1990.

〔美〕牟复礼,〔英〕崔瑞德.剑桥中国明代史[M].张书生,译.北京:中国社会科学出版社,1992.

〔英〕丹尼尔·笛福.鲁滨孙历险记[M].黄杲炘,译.上海:上海译文出版社,1997.

〔美〕安德鲁·内森,〔美〕罗伯特·罗斯.长城与空城计——中国对安全的追求[M].柯雄,贾宗谊,张胜平,译.北京:新华出版社,1997.

〔日〕醍醐钦治.丝绸之路——我所走过的丝绸之路[M].曲凯,译.北京:社会科学文献出版社,1997.

〔葡〕费尔南·门德斯·平托.葡萄牙人在华见闻录[M].王锁英,译.艾思娅,评介.澳门:澳门文化司署,1998.

〔西〕门多萨.中华大帝国史[M].何高济,译.北京:中华书局,1998.

〔意〕马可·波罗.马可波罗行纪[M].沙海昂,注.冯承钧,译.党宝海,新注.石家庄:河北人民出版社,1999.

〔俄〕科兹洛夫.死城之旅[M].陈贵星,译.乌鲁木齐:新疆人民出版社,2001.

火者·盖耶速丁.沙哈鲁遣使中国记[M].何高济,译.北京:中华书局,2002.

澳门《文化杂志》.十六和十七世纪伊比利亚文学视野里的中国景观[M].范伟信,译.郑州:大象出版社,2003.

〔英〕杰弗里·帕克.地缘政治学:过去、现在和未来[M].刘从德,译.北京:新华出版社,2003.

〔芬兰〕马达汉.马达汉西域考察日记[M].王家骥,译,阿拉腾奥其尔,校订.北京:中国民族摄影艺术出版社,2004.

〔英〕斯坦因.斯坦因中国探险手记[M].巫新华,伏霄汉,译.沈阳:春风文艺出版社,2004.

〔英〕台克满(Eric Teichman).领事官在中国西北的旅行[M].史红帅,译.上海:上海科学技术出版社,2013.

〔德〕G.G.莱布尼茨.中国近事——为了照亮我们这个时代的历史[M].〔法〕梅谦立,杨保筠,译.郑州:大象出版社,2005.

〔英〕斯当东.英使谒见乾隆纪实[M].叶笃义,译.上海:上海书店,2005.

〔美〕欧文·拉铁摩尔.中国的亚洲内陆边疆[M].唐晓峰,译.南京:江苏人民出版社,2005.

〔美〕威廉·埃德加·盖洛. 中国长城[M]. 沈弘,恽文捷,译. 济南:山东画报出版社,2006.

〔日〕日野强. 伊犁纪行[M]. 华立,译. 哈尔滨:黑龙江出版社,2006.

〔英〕裕尔. 东域纪程录丛——古代中国闻见录[M].〔法〕考迪埃,修订. 张绪山,译. 北京:中华书局,2008.

〔英〕富勒. 战争指导[M]. 李磊,尚玉卿,译. 南宁:广西人民出版社,2008.

〔法〕伏尔泰. 风俗论[M]. 梁守锵,译. 北京:商务印书馆,2009.

〔瑞典〕斯文·赫定. 丝绸之路[M]. 江红,李佩娟,译. 乌鲁木齐:新疆人民出版社,2010.

〔德〕阿塔纳修斯·基歇尔. 中国图说[M]. 张西平,杨慧玲,孟宪谟,译. 郑州:大象出版社,2010.

〔英〕斯坦因. 斯坦因西域考古记[M]. 向达,译. 乌鲁木齐:新疆人民出版社,2010.

〔法〕谢和耐. 中国社会史[M]. 黄建华,黄讯余,译. 南京:江苏人民出版社,2010.

〔日〕橘瑞超. 橘瑞超西行记[M]. 柳洪亮,译. 乌鲁木齐:新疆人民出版社,2010.

〔日〕前田正名. 河西历史地理学研究[M]. 陈俊谋,译. 北京:中国藏学出版社,1993.

Arthur Waldron. The Great Wall of China: From History to Myth[M]. Cambridge: Cambridge University Press, 1990.

Piper Rae Gaubatz. Beyond the Great Wall: Urban Form and Transformation on The Chinese Frontiers[M]. Stanford: Stanford University Press, 1996.

Daniel Schwartz. The Great Wall of China[M]. London: Thames and Hudson Ltd, 2001.

Arthur Waldron. Chinese Walls in Time and Space: A Multidiciplinary Perspective[M]. New York: Cornell University, 2002.

索 引

C

G

J

K

L

M

N

O

P

Q

R

T

W

X

Y

后　记

本书是在我2007年完成的博士后出站报告《明长城的兴起——14至15世纪西北中国军事格局研究》一文基础上修订而成。一方面，这部书稿在方法视角上，与我上一本著作《明代九边长城军镇史——中国边疆假说视野下的长城制度史研究》一书有所契合，“长城社会史”的提法与研究也被置于“中国边疆假说”大框架之下；另一方面，上部著作由于体例的关系，重点强调明代军事制度的变迁，而这部书稿在于讨论“明长城时代”如何开启之历史问题，相应研究起点放在了蒙古部族的内部历史与南下过程之上。由于本书处理的地域范围相对容易把握，因此在研究方法上，我尝试对地理在历史中的长期作用进行更为细致的考察与分析。但由于我对蒙古史、历史地理素无研究，因此大体只是对历史现象的表面归纳与地理视角的稍加利用，相应属于十分浅薄的层次。至于地图，更只是为方便读者阅读，而绘制的十分粗糙的示意图。在绘制手法上，有意借鉴了中国古代地图形象绘法，以给予读者直观展示。

赵老师倡导“整体史观”之下的“区域社会史”研究。这种研究方式不仅强调打破学科藩篱，借鉴多学科方法，而且着意解除研究领域的束缚，提倡采用整体史视角，审视一切史学问题。在赵老师那里，并不存在所谓的政治史、社会史的领域分野，而只有研究方法“自上而下”或是“自下而上”的视角不同。正是在赵老师的影响下，我开始化解原来看似壁垒森严的领域区分，尝试从整体史的视角出发，借鉴一切可利用的方法与手段，对某一问题展开多层面、立体性的讨论，并从中提炼出自己的研究理念与模式。这种转变与成长最终体现在我的博士后出站报告的写法上，尤其是“长城区域社会史”的提出。

赵老师的区域社会史研究非常重视田野考察。2006年，我得以参加由北京师范大学、中山大学、香港科技大学共同组织的历史人类学高级研讨班，前往山西晋城考察。虽然这次所收获的具体史料，在我目前的研究中一直无从体现，但目睹大量寺庙、聚落与碑刻的现实存在，不仅强烈冲击了我对史料的原有概念，了解了地方史料的珍贵性与独特性，而且将我一下拉回了历史现场。我发现，历史不曾消失，仍然以各种各样的方式存在着。历史学家可以采取不同的方法、处于不同的领域，但将图书馆文献与田野史料相结合，既是向太史公"行千里路、读万卷书"的致敬，也是现代史学研究的必备步骤。

2007 年，我将十分粗糙的博士后出站报告提交给由中国长城学会副会长董耀会，中国社会科学院历史研究所万明研究员，北京师范大学历史学院教授王子今、曹大为。各位老师给予了我很多的鼓励与建议，这些建议相应被吸收到书稿修改之中。在报告会之后，他们还积极引荐我参加国内的长城学术会议，从而使我了解到了更多的长城知识与现实状况。在此对以上老师表示感谢。

在进入中国社会科学院历史研究所后，为完善出站报告，我申请了课题资助，从而数次踏上前往榆林考察明长城的道路。在那里，我领略了长城神圣而宁谧得令人想哭的壮观与美丽，也感受了长城残破而衰败得令人想哭的前世与今生。在此基础上，我撰写了考察记，形成了"长城社会史"研究理念，并整理成了调研报告，希望能对正在消失的榆林明长城保护做些贡献。明史研究室主任万明研究员以研究中外关系史见长，不仅对我的长城研究充满兴趣与期待，接纳我成为她的同事，而且在课题申请、参加会议等各方面给予了我很多的鼓励与支持。在此向她表示感谢。

博士后出站报告与这部书稿的完成，我都必须要感谢一位素未谋面的"文字交"——谢伟杰博士。我与伟杰兄在网络上认识之后，他为我介绍了香港中文大学已故著名宋史学者曾瑞龙教授研究宋代军事史的两部著作，并积极向我介绍西方军事史研究成果，从而使我领略了军事史研究借鉴军事学理论，在概念引入、框架建立方面存在的广阔前景，他对西方军事理论与军事史学的全面了解与精湛领悟，都给予我诸多启示。本书显然深受这一研究路径的深刻影响。

中国社会科学院历史研究所青格力研究员为我提供了不易找到的资料,向他表示感谢。

本书的出版,还必须要感谢中国社会科学院历史研究所余太山研究员、李锦绣研究员。两位先生倡导“内陆欧亚”研究,在国内外具有很大的影响。承他们的主动推荐与兰州大学出版社主编施援平先生的热情接纳,本书被纳入文库出版。由于事务繁多,交稿日期一再拖延,施老师也多加体谅,在此对她表示真挚的谢意;责任编辑许景先生认真负责地校订文稿,提出了许多中肯的建议,向她表示感谢。

2013 年 5 月 2 日

草于中国社会科学院历史研究所

欧亚历史文化文库

已经出版

林悟殊著:《中古夷教华化丛考》 定价:66.00元
赵俪生著:《弇兹集》 定价:69.00元
华喆著:《阴山鸣镝——匈奴在北方草原上的兴衰》 定价:48.00元
杨军编著:《走向陌生的地方——内陆欧亚移民史话》 定价:38.00元
贺菊莲著:《天山家宴——西域饮食文化纵横谈》 定价:64.00元
陈鹏著:《路途漫漫丝貂情——明清东北亚丝绸之路研究》
定价:62.00元
王颋著:《内陆亚洲史地求索》 定价:83.00元
〔日〕堀敏一著,韩昇、刘建英编译:《隋唐帝国与东亚》 定价:38.00元
〔印度〕艾哈默得·辛哈著,周翔翼译,徐百永校:《入藏四年》
定价:35.00元
〔意〕伯戴克著,张云译:《中部西藏与蒙古人
——元代西藏历史》(增订本) 定价:38.00元
陈高华著:《元朝史事新证》 定价:74.00元
王永兴著:《唐代经营西北研究》 定价:94.00元
王炳华著:《西域考古文存》 定价:108.00元
李健才著:《东北亚史地论集》 定价:73.00元
孟凡人著:《新疆考古论集》 定价:98.00元
周伟洲著:《藏史论考》 定价:55.00元
刘文锁著:《丝绸之路——内陆欧亚考古与历史》 定价:88.00元
张博泉著:《甫白文存》 定价:62.00元
孙玉良著:《史林遗痕》 定价:85.00元
马健著:《匈奴葬仪的考古学探索》 定价:76.00元
〔俄〕柯兹洛夫著,王希隆、丁淑琴译:
《蒙古、安多和死城哈喇浩特》(完整版) 定价:82.00元
乌云高娃著:《元朝与高丽关系研究》 定价:67.00元
杨军著:《夫余史研究》 定价:40.00元
梁俊艳著:《英国与中国西藏(1774—1904)》 定价:88.00元

〔乌兹别克斯坦〕艾哈迈多夫著,陈远光译:
《16—18 世纪中亚历史地理文献》(修订版) 定价:85.00 元
成一农著:《空间与形态——三至七世纪中国历史城市地理研究》
定价:76.00 元
杨铭著:《唐代吐蕃与西北民族关系史研究》 定价:86.00 元
殷小平著:《元代也里可温考述》 定价:50.00 元
耿世民著:《西域文史论稿》 定价:100.00 元
殷晴著:《丝绸之路经济史研究》 定价:135.00 元(上、下册)
余大钧译:《北方民族史与蒙古史译文集》 定价:160.00 元(上、下册)
韩儒林著:《蒙元史与内陆亚洲史研究》 定价:58.00 元
〔美〕查尔斯·林霍尔姆著,张士东、杨军译:
《伊斯兰中东——传统与变迁》 定价:88.00 元
〔美〕J. G. 马勒著,王欣译:《唐代塑像中的西域人》 定价:58.00 元
顾世宝著:《蒙元时代的蒙古族文学家》 定价:42.00 元
杨铭编:《国外敦煌学、藏学研究——翻译与评述》 定价:78.00 元
牛汝极等著:《新疆文化的现代化转向》 定价:76.00 元
周伟洲著:《西域史地论集》 定价:82.00 元
周晶著:《纷扰的雪山——20 世纪前半叶西藏社会生活研究》
定价:75.00 元
蓝琪著:《16—19 世纪中亚各国与俄国关系论述》 定价:58.00 元
许序雅著:《唐朝与中亚九姓胡关系史研究》 定价:65.00 元
汪受宽著:《骊靬梦断——古罗马军团东归伪史辨识》 定价:96.00 元
刘雪飞著:《上古欧洲斯基泰文化巡礼》 定价:32.00 元
〔俄〕T. Б. 巴尔采娃著,张良仁、李明华译:
《斯基泰时期的有色金属加工业——第聂伯河左岸森林草原带》
定价:44.00 元
叶德荣著:《汉晋胡汉佛教论稿》 定价:60.00 元
王颋著:《内陆亚洲史地求索(续)》 定价:86.00 元
尚永琪著:
《胡僧东来——汉唐时期的佛经翻译家和传播人》 定价:52.00 元
桂宝丽著:《可萨突厥》 定价:30.00 元
篠原典生著:《西天伽蓝记》 定价:48.00 元

〔德〕施林洛甫著，刘震、孟瑜译：

《叙事和图画——欧洲和印度艺术中的情节展现》 定价:35.00元

马小鹤著:《光明的使者——摩尼和摩尼教》 定价:120.00元

李鸣飞著:《蒙元时期的宗教变迁》 定价:54.00元

〔苏联〕伊·亚·兹拉特金著，马曼丽译：

《准噶尔汗国史》(修订版) 定价:86.00元

〔苏联〕巴托尔德著，张丽译:《中亚历史——巴托尔德文集第2卷第1册第1部分》 定价:200.00元(上、下册)

〔俄〕格·尼·波塔宁著，〔苏联〕B. B. 奥布鲁切夫编，吴吉康、吴立珺译：

《蒙古纪行》 定价:96.00元

张文德著:《朝贡与入附——明代西域人来华研究》 定价:52.00元

张小贵著:《祆教史考论与述评》 定价:55.00元

〔苏联〕K. A. 阿奇舍夫、Г. A. 库沙耶夫著，孙危译：

《伊犁河流域塞人和乌孙的古代文明》 定价:60.00元

陈明著:《文本与语言——出土文献与早期佛经词汇研究》

定价:78.00元

李映洲著:《敦煌壁画艺术论》 定价:148.00元(上、下册)

杜斗城著:《杜撰集》 定价:108.00元

芮传明著:《内陆欧亚风云录》 定价:48.00元

徐文堪著:《欧亚大陆语言及其研究说略》 定价:54.00元

刘迎胜著:《小儿锦研究》(一、二、三) 定价:300.00元

郑炳林著:《敦煌占卜文献叙录》 定价:60.00元

许全胜著:《黑鞑事略校注》 定价:66.00元

段海蓉著:《萨都剌传》 定价:35.00元

马曼丽著:《塞外文论——马曼丽内陆欧亚研究自选集》 定价:98.00元

〔苏联〕И. Я. 兹拉特金主编，М. И. 戈利曼、Г. И. 斯列萨尔丘克著，马曼丽、胡尚哲译:《俄蒙关系历史档案文献集》(1607—1654)

定价:180.00元(上、下册)

华喆著:《帝国的背影——公元14世纪以后的蒙古》 定价:55.00元

П. К. 柯兹洛夫著，丁淑琴、韩莉、齐哲译:《蒙古和喀木》 定价:75.00元

杨建新著:《边疆民族论集》 定价:98.00元

赵现海著:《明长城时代的开启

——长城社会史视野下榆林长城修筑研究》(上、下册) 定价:122.00 元

敬请期待

贾丛江著:《汉代西域汉人和汉文化》
王永兴著:《敦煌吐鲁番出土唐代军事文书考释》
薛宗正著:《西域史地汇考》
徐文堪编:《梅维恒内陆欧亚研究文选》
李锦绣编:《20 世纪内陆欧亚历史文化研究论文选粹》
李锦绣、余太山编:《古代内陆欧亚史纲》
李锦绣著:《裴矩〈西域图记〉辑考》
李艳玲著:《田作畜牧
——公元前 2 世纪至公元 7 世纪前期西域绿洲农业研究》
许全胜、刘震编:《内陆欧亚历史语言论集——徐文堪先生古稀纪念》
张小贵编:《三夷教论集——林悟殊先生古稀纪念》
李鸣飞著:《横跨欧亚——中世纪旅行者眼中的世界》
杨林坤著:《西风万里交河道——明代西域丝路上的使者与商旅》
林悟殊著:《华化摩尼教补说》
王媛媛著:《摩尼教艺术及其华化考述》
李花子著:《长白山踏查记》
芮传明著:《摩尼教敦煌吐鲁番文书校注与译释研究》
马小鹤著:《霞浦文书研究》
〔德〕梅塔著,刘震译:《从弃绝到解脱》
郭物著:《欧亚游牧社会的重器——鍑》
王邦维著:《华梵问学集》
李锦绣著:《北阿富汗的巴克特里亚文献》
孙昊著:《辽代女真社会研究》
王永兴著:《唐代土地制度研究——以敦煌吐鲁番田制文书为中心》
韩中义著:《欧亚与西北研究辑》
刘迎胜著:《蒙元史考论》
尚永琪著:《古代欧亚草原上的马——在汉唐帝国视域内的考察》
石云涛著:《丝绸之路的起源》
青格力等著《内蒙古土默特金氏蒙古家族契约文书整理研究》
尚永琪著:《鸠摩罗什及其时代》
石云涛著:《魏晋南北朝时期的外来文明》
